憲法訴訟の十字路

実務と学知のあいだ

石川健治❖山本龍彦❖泉徳治 編
Kenji Ishikawa　Tatsuhiko Yamamoto　Tokuji Izumi

弘文堂

はしがき

裁判所による違憲審査の在り方について、現在、少なくとも二つの「流派」がある。アメリカ流の違憲審査基準論と、ドイツ流の三段階審査論である。

ハーバード・ロースクールでのアメリカ在外研究（一九五九～一九六一年）を終えて帰国した芦部信喜を中心に提唱されたのが、「二重の基準」を基盤とするアメリカ流違憲審査基準論であった。このアメリカ流の方法論は、メリハリの効いた——裁判所が出るべきところは出て引っ込むべきところは引っ込むという——適切な違憲審査制の発展に寄与することを強く期待したものである。「公共の福祉」といった抽象的原理によって人権制限の合憲性を大雑把に判定する傾向のあった初期最高裁の判例を鍛え直すべく、芦部は、裁判官の判断過程を手続化・準則化しようと試みる。

実際、芦部の研究を督励した田中二郎が、指導力を発揮していた時代の最高裁においては、一定の共鳴板が存在したのであり、下級審判例を中心に芦部説を意識した言い回しが見出されるようになったのは事実である。そして、判例研究方法としても、事案の分析や論理の構成よりも、そこで働く違憲審査基準の抽出を重視する手法が支配的になる。かくして芦部は、自らが著した憲法教科書の中で、「二重の基準論は、学説において広く支持されているばかりではなく、判例においてもとり入れられている」と誇らしげに述べたのであった（芦部信喜〔高橋和之補訂〕『憲法〔第七版〕』（岩波書店、二〇一九年）一〇五頁）。

けれども、こうした評価は、憲法判例の丁寧な読みとその内在的な批判を多くの憲法研究者に強いた法科大学院時代にあって、特に一部のドイツ憲法研究者により激しく揺さぶられるようになった。かねて彼らは、民事法・刑事法に通常みられる法ドグマーティクを裁判所による違憲審査の過程にも展開し、これを構造化しようとしたベルンハルト・シュリンクらの、三段階審査論に基づく体系書に親しんでいたが、ここへきて、一定の構築性を持った日本の過去の憲法判例は、アメリカ流違憲審査基準論より、ドイツ流三段階審査論の方にむしろ適合的だったのではないか、などと表立って主張するようになったのである。

このように、最近の憲法訴訟をめぐる議論では、「アメリカ対ドイツ」というように、両者が対決的に捉えられる場面が増えている。しかし、この「対決」は、司法試験受験生的ないしは予備校的好奇心から、図式的・劇画的に語られることも多く、そこで言う「アメリカ流」や「ドイツ流」とは具体的に何を意味するのか、それらの背景にある憲法理論とはいったい何か、両者は何について「対決」しているのか（していないのか）などについて、十分な考察が加えられてきたわけではなかった。

本書の企画は、このような問題意識から「真剣勝負」の必要性を感じていた編者二人（石川・山本）が、その最も適切なアンパイアとして泉徳治元最高裁判事を誘い込み（その後、泉も編者として加わる）、アメリカ・ドイツ各陣営の精鋭を集めて研究会を組織したところから始まった。二年間にわたって行われた研究会は、「真剣勝負」と呼ぶに相応しい高度の理論的緊張感を保つ一方で、時にユーモアや「楽屋話」も飛び交う、研究者として極めて幸福な場であった。本書は、編者を含む参加メンバーが、最初に割り振られた憲法訴訟論上の重要トピック（立法事実、立法裁量、比例原則など）について、研究会でのディスカッションを踏まえて検討・執筆した論文を編んだもので、文字通り研究会の成果と呼ぶべきものである。

アメリカの道とドイツの道が交差する十字路。その交差点にあって、日本の違憲審査制は今後如何に発展していくべきであろうか。本書におけるアメリカ派とドイツ派との「対決」が、論理的構築性よりも結論的妥当性を重視しはじめたかのようにみえる――それゆえ立憲主義的観点からは一定のリスクを孕んだ――現在の最高裁の目前に、ぼんやりとではあれ新たな代替ルートを照らし出すことができたとすれば、それは本書の編者にとって望外の喜びである。

本書は、弘文堂・登健太郎氏の企画力と調整力、そして強靭な精神力がなければ決して世に出ることはなかった。記して感謝申し上げる次第である。

二〇一九年一〇月一五日

石川　健治
山本　龍彦
泉　　徳治

目次

比例原則の意義と問題点——ドイツ流の比例原則を手がかりにして

松本和彦

最高裁のなかの〈アメリカ〉——憲法的二次ルールとしての権限配分　山本龍彦　169

最高裁の「総合的衡量による合理性判断の枠組み」の問題点

立法事実論の再構成――事実認定論からみた違憲審査

巽　智彦

Ⅰ　立法事実論の諸相

憲法訴訟をめぐる「実務と学知のあいだ」を繋ぐものとして、立法事実論という論題の重要性は疑うべくもない。というのも、そこには事実認定という法実務の要を構成する技術とともに、法（解釈）と事実（認定）の関係という法学の根幹が関わるからである。本稿は、ドイツ法に根底を規定された我が国の訴訟法理論と、アメリカ法に範を求めた違憲審査制度とが交差するこの論題について、前者の側から徹底して論を組み立てることで、「憲法訴訟の十字路」の景色の一つを提示するものである。

1　立法事実論の広がり

立法事実の語を、「法律の立法目的および立法目的を達成する手段（規制手段）の合理性を裏付け支える社会的・経済的・文化的な一般事実」[1]という標準的定義において理解するならば、立法事実論という論題に包摂される論点は、多岐にわたる。雑駁に類型化すれば、立法事実の①立法過程における収集、活用および公開の問題[2]、②行政過程における蓄積、補完および立法過程への還元の問題[3]、司法過程における③裁判所の審査密度の問題および④訴訟手続上の取扱いの問題（弁論主義の適否など）が区別されよう。

しかしながら、いわゆる「憲法訴訟論」の一分枝として登場した我が国の立法事実論は、その語義から直感的に連想されるような、立法過程（およびそれに関連する行政過程）に着目する①②の論点ではなく、「憲法訴訟論」上の法解釈論的含意を濃厚に含む、司法過程に着目する③④の論点であった。一方で、泰斗たる芦部信喜[4]が薬事法判決（最大判昭和五〇年四月三〇日民集二九巻四号五七二頁）を格好の素材とし、違憲審査基準論との関係で論を運んだこと[5]は、我が国の立法事実論の力点が③の論点にあったことを端的に示している。他方で、芦部自身も④の論点の重要性を認識していたし[6]、彼と共に憲法訴訟実務の確立に心血を注いだ時國康夫は、むしろ④の論点に照準を当てた論考で、立法事実論に先鞭をつけている[7]。

本稿は、紙幅にも鑑み、現在の憲法学における主たる関心事である③の論点について整理を施し、裁判実務のフォーマットと公法学説の問題関心とを建設的に架橋する議論枠組みを提示することに重点を置く。④の論点は、民事訴訟法学の問題関心にも接合し、実践的な考察が進められてきたが[8]、本稿では立ち入らない。また、我が国の立法実務および行政実務の現状に鑑みると、むしろ①②の論点を詰めることが急務であるように見受けられ、[9]そもそも司法過程における③④の議論が錯綜しているのは、立法過程および行政過程における①②の論点が十分に詰められていない点にも原因があると思われるが、[10]こちらにも立ち入る余裕がない。

（1）芦部信喜〔高橋和之補訂〕『憲法〔第六版〕』（岩波書店、二〇一五年）三八三頁。

（2）基礎的業績として、新正幸『憲法と立法過程』（創文社、一九八八年）一一八頁以下、高見勝利「あるべき立法者像と立法のあり方」同『現代日本の議会政と憲法』（岩波書店、二〇〇八年）二三〇頁〔初出、一九七五年〕、同「立法の『合理性』もしくは'Legisprudence'の可能性について」同二五二頁以下〔初出、一九九四年〕。条例に関して、川﨑政司「自治立法のあり方と政策法務」北村喜宣ほか編『自治体政策法務』（有斐閣、二〇一一年）四〇〇頁以下。

（3）米丸恒治「情報化社会における行政とその法的環境」行政法研究六号（二〇一四年）三頁以下。

（4）芦部信喜「合憲性推定の原則と立法事実の司法審査」同『憲法訴訟の理論』（有斐閣、一九七三年）一五二頁以下〔初出、一九六二年〕。

（5）芦部信喜「職業の自由の規制と『厳格な合理性』基準」同『憲法訴訟の現代的展開』（有斐閣、一九八一年）二九五頁以下〔初出、一九七五年〕。

（6）芦部・前掲注（4）一五二頁以下、芦部信喜「憲法訴訟と立法事実」同『司法のあり方と人権』（東京大学出版会、一九八三年）二一六頁〔初出、一九七九年〕、芦部信喜「憲法訴訟論の課題」同『人権と憲法訴訟』（有斐閣、一九九四年）一六四頁以下〔初出、一九八七年〕。

（7）時國康夫「憲法事実」同『憲法訴訟とその判断の手法』（第一法規、一九九六年）一五頁以下〔初出、一九六三年〕、同「憲法訴訟における立法事実論の位置づけ」同六一頁以下〔初出、一九八〇年〕。

(8) たとえば、江橋崇「立法事実論」芦部信喜編『講座憲法訴訟 第二巻』（有斐閣、一九八七年）八五頁以下、畑博行「憲法訴訟と立法事実」伊藤満先生米寿記念『憲法と行政法の現在』（北樹出版、二〇〇〇年）六七頁以下。ドイツの状況の概観として参照、巽智彦「公法関係訴訟における事実認定について」成蹊八五号（二〇一六年）一一〇頁以下、一一八頁以下。

(9) 参照、高見勝利「『より良き立法』に向けた法案審査の課題」同・前掲注（2）二七八頁以下、川﨑政司「立法をめぐる昨今の問題状況と立法の質・あり方」慶應法学一二号（二〇〇九年）七五頁以下、宍戸常寿「立法の『質』と議会による将来予測」西原博史編『立法学のフロンティア2 立法システムの再構築』（ナカニシヤ出版、二〇一四年）七八頁以下。

(10) 参照、佐藤幸治『日本国憲法論』（成文堂、二〇一一年）六六六頁注七八、笠木映里ほか「［座談会］憲法と社会保障法」宍戸常寿＝曽我部真裕＝山本龍彦編『憲法学のゆくえ』（日本評論社、二〇一六年）四三四頁〔曽我部真裕発言〕〔初出、二〇一五年〕。

2 立法事実の意義

まず確認しておくべきは、先述の立法事実の定義、すなわち、「法律の立法目的および立法目的を達成する手段（規制手段）の合理性を裏付け支える社会的・経済的・文化的な一般事実」という定義（1参照）には、すでに複数の観点が混在しているという点である。具体的には、①法律の合憲性を支える事実という観点（憲法事実ないし狭義の立法事実）と、②当該事案においてのみ問題となるわけではない一般的な事実という観点（一般事実ないし法創造事実[11]）とが、相互関係が不明瞭なまま併存している。[12]また、司法事実という用語は、「『誰が、何を、いつ、どこで、いかに行ったか』という、当該事件に関する事実」として定義されているが[13]、これは②一般事実に対比されるところの、いわば個別事実を指すものと捉えられる。

①憲法事実と②一般事実の性質の違いは、その取扱いに関して妥当すべき規律の差異を導き得るため、二つのカテゴリーは区別して把握する必要がある[14]。具体的には、本稿の関心たる裁判所の審査密度を直接に左右するのは、当該事実について立法府の「認定」が先行するか否かであり、この文脈で重要なのは①憲法事実である。他方で、②一般事実であることが即座に裁判所の審査密度を低下させるわけではなく、①憲法事実ではない②一般事実については、裁判所が認定することを前提にその精度を上げることに力点が置かれてきた[15]。

(11) 事実の一般性と（判例）法の創造との関係について参照、巽・前掲注（8）一一三頁。
(12) 参照、原竹裕『裁判による法創造と事実審理』（弘文堂、二〇〇〇年）二五九～二六〇頁、淺野博宣「立法事実論の可能性」高橋和之先生古稀記念『現代立憲主義の諸相（上）』（有斐閣、二〇一三年）四二一頁以下。
(13) 芦部・前掲注（1）三八三頁。
(14) さしあたり参照、巽・前掲注（8）一七七頁。
(15) 原・前掲注（12）二七七頁以下。

3 立法事実論と「合憲性の推定」

立法事実論の重点は、言うまでもなく、違憲審査の実質化にある[16]。裁判所の審査密度の問題に即して言えば、法律の合憲性を支えるところの立法事実（憲法事実）の存否ないし評価について裁判所の踏み込んだ審査を確保することが、我が国の立法事実論の目論見であったのであり[17]、現在もそのような観点から立法事実論に期待がかけられることが多い[18]。

しかし、憲法事実の審査密度の向上は、いわゆる「合憲性の推定」原則との間に緊張関係を孕む[19]。我が国においてもよく参照されるドイツの薬局判決（BVerfG Urt. v. 11. 7. 1958, BVerfGE 7. 377）[20]は、以下のようにこの緊張関係を語っている。曰く、「このような審理〔立法者の規範構築（Normierungen）の基礎にある仮定的因果経過の、蓋然性の多寡の観点からの判断。引用者注〕に際して、立法者の経験の基礎（Erfahrungsgrundlagen）、衡量および価値評価が連邦憲法裁判所にとって常に最も大きな意義を有することは、自明のことである。それらが覆されない場合には、正しさの推定（Vermutung der Richtigkeit）を利用することが許される。しかし他方で、基本権を保護する義務により、裁判所は、正当なやり方で基本権保護以外の目的をも追求する立法者の解釈を簡単に受容し、その措置を不可避的な基本権の制限として甘受することを、妨げられる」。しかし、ここでの「正しさの推定」は、何をいかなる意味で「推定」しているのか、必ずしも判然としない[21]。

この点について我が国の学説は、近時の指摘の通り[22]、合憲性の推定を憲法事実の存在の推定としてではなく、それを憲法事実の衡量に基づき判断されるところの法規範の合憲性の「推定」、すなわち違憲審査の「厳格さ」の問題として論じることで、憲法事実の審査密度の向上と「合憲性の推定」原則との緊張関係を、黙示のうちに解消してきた[23]。事実認定論の観点から敷衍すれば、ここでは、規範的要件の充足判断のために必要とされる憲法事実の存在そのものの推定の問題と、それらの事実を衡量して規範的要件たる違憲性の充足の有無を論証する責任の配分の問題とが、正当に区別されている。以下では、この点についての議論の枠組みを事実認定論の観点から具体的に整理して、違憲審査の構造をさらに明確化することを試みる。

(16) アメリカの文脈について参照、尾形健「立法事実」大林啓吾＝見平典編『憲法用語の源泉をよむ』（三省堂、二〇一五年）二二八頁以下。

(17) 参照、芦部信喜「憲法裁判の問題点」同・前掲注（4）一八〇頁以下〔初出、一九六六年〕。

(18) 遠藤比呂通「立法事実」同『市民と憲法訴訟』（信山社、二〇〇七年）一六頁、西村裕一「『審査基準論』を超えて」木村草太＝西村裕一『憲法学再入門』（有斐閣、二〇一四年）一三四頁以下〔初出、二〇一二年〕。ただし、その困難さも同時に認識されている。参照、駒村圭吾『憲法訴訟の現代的転回』（日本評論社、二〇一三年）一二頁注一二。

(19) 芦部・前掲注（4）一三一頁以下、戸松秀典『憲法訴訟〔第二版〕』（有斐閣、二〇〇八年）二四五頁。

(20) 邦語解説として参照、覚道豊治「薬局開設拒否事件」ドイツ判例百選（一九六九年）六六頁、野中俊彦「薬事法距離制限条項の合憲性—薬局判決」ドイツ憲法判例研究会編『ドイツの憲法判例〔第二版〕』（信山社、二〇〇三年）二七二頁〔初出、一九九六年〕。

(21) なお、ドイツでは合憲性の推定は、憲法適合的解釈（verfassungskonforme Auslegung）を要請する原理として言及されることがある（BverfG Beschl. v. 7. 5. 1953, BVerfGE 2, 266; *Klaus Schlaich / Stefan Korioth*, Das Bundesverfassungsgericht, 10. Aufl., 2015, Rn. 443; クラウス・シュテルン（赤坂正浩ほか編訳）『ドイツ憲法Ⅰ 総論・統治編』（信山社、二〇〇九年）四七〇頁）が、立ち入らない。

(22) 宍戸常寿『憲法 解釈論の応用と展開〔第二版〕』（日本評論社、二〇一四年）六五頁、淺野・前掲注（12）四二九頁以下。大沢秀介「『合憲性推定の原則と立法事実の司法審査』を読む」同『司法による憲法価値の実現』（有斐閣、二〇一一年）一四五頁以下も、夙にこの点を指摘していたものと解される。

(23) 芦部信喜『憲法学Ⅱ』(有斐閣、一九九四年)二三五頁は、「立法事実の存在」の推定を、「立法府の判断に合理的な立法事実の基礎が欠けている場合には合憲性が推定されないということ」と言い換えた上で、「合理性の基準」の説明に移っている。ここでは、「立法事実の存在」の推定という言葉の下で、立法事実の存在そのものの推定(Ⅱ2〈1〉参照)ではなく、違憲性の論証責任の配分の問題(Ⅱ2〈2〉参照)が論じられているのである。

Ⅱ　事実認定論からみた違憲審査

立法事実論は、事実認定論において、「要件事実が流動的不確定的な状況」における裁判所の事実認定の合理化の一助となるものとして理解されている。[24] 法令の違憲審査における要件事実は一般的に流動的ないし不確定的であるところ、そこに確定的な判断枠組みを構築するために、事実認定論としての立法事実論が役立つ。[25] そこで以下では、事実認定論の観点から違憲審査の構造を整理し、そこにおいて立法事実が如何なる形で登場するのか、とりわけいわゆる違憲審査基準論と如何なる関係にあるのかを分析する(1)。その後、いわゆる「合憲性の推定」を、こうして明確化した違憲審査の構造に照らしてより具体的に検証する(2)。

(24) 原・前掲注(12)四頁。

(25) 違憲審査を要件事実論になぞらえた先駆的業績として、大貫裕之「『立法裁量』の一考察」菅野喜八郎先生還暦記念『憲法制定と変動の法理』(木鐸社、一九九一年)五〇三頁

1　違憲審査基準の二義

我が国における法令の違憲審査の構造化の試みが、いわゆる違憲審査基準論として展開されてきたことは、周知の事実である。[26]より具体的にみれば、違憲審査基準論による違憲審査の構造化は、①審査基準の定立による規範的要件の具体化と、②その論証責任の設定という、二つの局面からなされてきた。[27]この点は、①実体的判定基準（「合憲性を計る物差作り」）と②審査基準（「それの実物へのあてはめ」）を区別する見解[28]や、①合憲性判断基準と②審査基準（審査の程度）とを区別する見解[29]、①目的手段審査の枠組みと②立法事実の確証度とを区別する見解[30]などに、すでに表れているようにもみえる。そして、本稿の関心たる立法事実は、この二つの局面のそれぞれに関わる。従来の立法事実論は、主として②論証責任の設定における立法事実の働きに焦点を当てて展開されてきたが、近時はこの二つの局面を明確に分節し、とりわけ①規範的要件の具体化における立法事実の在り方に関心を向けて、審査基準の定立の構造を明示化する見解が登場している。[31]

以下では、①審査基準の定立による規範的要件の具体化（〈1〉）と、②その論証責任の設定（〈2〉）という、違憲審査基準の二つの意義を掘り下げることで、違憲審査において立法事実の占める位置付けを明確化する。

以下、五一一頁注一九。

（26）本書収録の泉徳治「最高裁の『総合的衡量による合理性判断の枠組み』の問題点」も、この点に違憲審査基準論の眼目を見出している。

（27）憲法学の議論の経緯を踏まえた明快な整理として、宍戸・前掲注（22）六四頁以下。

（28）江橋崇「二重の基準論」芦部編・前掲注（8）一二七〜一二八頁、一二九頁。

(29) 松井茂記『二重の基準論』（有斐閣、一九九四年）五〇頁以下、二七〇頁以下、同『日本国憲法〔第三版〕』（有斐閣、二〇〇七年）一一二頁。

(30) 安西文雄「立法事実論」ジュリ一〇三七号（一九九四年）二一八頁、安西文雄＝巻美矢紀＝宍戸常寿『憲法学読本〔第二版〕』（有斐閣、二〇一四年）三三〇～三三一頁〔安西文雄〕。

(31) 青井未帆「憲法判断の対象と範囲について（適用違憲・法令違憲）」成城七九号（二〇一〇年）八九頁。浅野・前掲注（12）四三九頁は、我が国の立法事実論が法創造的契機を受け継がなかったことが、①のレベルでの立法事実の作用を見落とすことになったと指摘する。

〈1〉要件具体化機能

ある請求の前提問題として法律の違憲性が争点となる場合、法律の違憲性は、一種の規範的要件として、請求原因または抗弁の一部を構成するものと考えることができる。法律の違憲性の審理構造を、規範的要件の審理構造にあてはめて敷衍すれば、法律の違憲性を主張する側が違憲性を根拠付ける諸事実（評価根拠事実）を主張し、法律の合憲性を主張する側が合憲性を根拠付ける（違憲性を否定する）諸事実（評価障害事実）を主張し、裁判所が両者を衡量して法律の違憲性という規範的要件の充足の有無を判断する、という形となる。[32]ここで、規範的要件としての違憲性を構成する各種の下位要件（目的の正当性、手段の合理性、必要性の欠如など）と、各種下位要件の充足の有無を判断するための評価根拠事実／評価障害事実を設定するのが、違憲審査基準の役割となる。換言すれば、違憲審査基準は、法律の違憲性という規範的要件の内容を具体化し、立証主題を特定する機能を有する（要件具体化機能）。

立法事実は、まずはこの要件具体化の段階に密接に関わる。例えば、薬事法判決（Ⅰ1参照）は、許可制による職業の自由の「強力な制限」を理由に、「重要な公共の利益のために必要かつ合理的な措置であること」という要件（手段の合理性の要件）を立てるとともに、規制が「消極的、警察的措置」である場合には、許可制よりも緩やかな制限では目的を十分に達成することができないことという要件（LRAないし手段の必要性の要件）がさらに妥当することを示した。[33] そして、薬事法上の適正配置条項の立法目的が「国民の生命及び健康に対する危険の防止」という「消極的、警察的措置」を主としていることを認定し、当該事案において後者の要件が適用されることを明らかにした。その際に最高裁は、改正提案者の趣旨説明を参照している。この趣旨説明は、立法目的を支える立法事実ないし憲法事実であり、ここでは違憲審査のための規範的要件の具体化のために、すなわち本件ではLRAないし手段の必要性の要件が用いられることを論証するために用いられたものであると位置付けることができる。

(32) 実務における標準的な規範的要件の審理構造理解として参照、司法研修所編『増補 民事訴訟における要件事実 第一巻』（法曹会、一九八六年）三〇頁以下。刑事訴訟において刑罰規定の違憲性が問題とされる場合も同様と考えられる。違憲審査に即した叙述としてさらに参照、巽・前掲注（8）一二六頁以下。

(33) 宍戸・前掲注（22）六五頁は、これを合憲性判定基準の差異化と分析し、規範的要件の具体化として明確に主題化する。

〈2〉 論証責任設定機能

こうして具体化された規範的要件の充足の有無を判断するにあたっては、ある立証主題の存在を認定するための裁判所の心証度（証明度）がどの程度に設定されるべきか、ある立証主題について裁判所の心証が真偽不明に陥ったときにいずれの当事者の不利に判断を下すか（証明責任）、といったルールが重要となる。違憲審査基準は、このような規範的要件の証明ないし論証のルールを設定する機能をも有している。[34]

（34） 参照、石川健治「自分のことは自分で決める」樋口陽一編『ホーンブック憲法〔改訂版〕』（北樹出版、二〇〇〇年）一七四頁以下、原・前掲注（12）二八六頁、三一二〜三一三頁。

〈a〉 規範的要件としての違憲性　現在の標準的な要件事実論によれば、不法行為責任の要件としての「過失」（民法七〇九条）や借地契約および借家契約の更新拒絶の要件としての「正当の事由」（借地借家法六条、二八条）のようないわゆる規範的要件については、そうした規範的要件の充足の有無を基礎付けるもう一段具体的な諸種の事実（評価根拠事実／評価障害事実）が主要事実と位置付けられ、それらの総合的な衡量によって、規範的要件それ自体の充足の有無が判断される。[35]

再び薬事法判決を例に出すならば、そこでは、先述のように合理性の欠如と必要性の欠如（ＬＲＡの存在）という二つの違憲性の下位要件が立てられたのち（〈1〉参照）、評価根拠事実／評価障害事実が衡量された結果、当該下位要件の充足が認められている。すなわち、被告は薬局の過密が医薬品の乱売をもたらすこと、それが医薬品の供給の不適正化につながること、それを防ぐために適正配置条項による薬局の過密の防止が実効性を有することという、適正配置規制の合理性および必要性を基礎付ける諸事実（合理性・必要性欠如の評価障害事実）を主張しているが、最高裁は、薬事法が医薬品の製造、貯蔵、販売の全過程を通じてその品質の保障および保全上の種々の厳重な規制を設けていることや、薬剤師法もまた調剤について厳しい遵守規定を定めていること、これらの規制違反に対しては罰則および許可または免許の取消し等の制裁が設けられているほか、不良医薬品の廃棄命令、施設の構造設備の改善命令、薬剤師の増員命令、管理者変更命令等の行政上の是正措置が定められ、さらに行政機関の立入検査権による強制調査も認められ、このような行政上の検査機構として薬事監視員が設けられていること、すなわち適正配置規制の合理性および必要性を否定する諸事実（合理性・必要性欠如の評価根拠事実）を指摘し、結論的に適正配置条項の合理性および必要性を否定している。(36)

(35) 司法研修所編・前掲注（32）三〇頁以下。

(36) なお、法律の違憲性の審理において、主要事実たる評価根拠事実／評価障害事実のレベルと間接事実のレベルを如何に区別すべきかについては、弁論主義や証明責任の適用の問題と相まって、なお議論を詰める必要がある（評価根拠事実／評価障害事実について、弁論主義は適用するが証明責任は適用しないとする有力説として、山本和彦「総合判断型一般条項と要件事実」同『民事訴訟法の現代的課題』（有斐閣、二〇一六年）二六九頁以下〔初出、二〇〇九年〕）。本文で述べた例についても、本来は主要事実のレベルと間接事実のレベルとを区別する必要があるが、本稿では立ち入らない。

〈b〉論証度ないし論証責任　民事訴訟における規範的要件の審理において、こうした評価根拠事実／評価障害事実の存否の認定と、それらの衡量の過程とを規律するのは、証明度ないし証明責任の概念である。証明度とは、裁判官の心証の程度（心証度）が如何なるレベルに達した場合に事実が証明されたとすべきかの基準を言い、証明責任とは、ある事実の存否いずれの心証度も証明度を超えない場合（真偽不明ないしノン・リケットの状態）に、当該事実の証明の有無を決するための法技術である。具体的には、ある事実の存否について裁判官の心証度が真偽不明の状態に陥った場合、当該事実の存否は証明責任を負っている当事者に不利に処理されることとなる。[37]

この点に関してドイツでは、違憲審査における法律の内容的合理性、正当性の論証の問題を規律するものとして、論証責任（Argumentationslast）が観念されることがある。[38]ある論者によれば、論証責任は、「ある事実が要件基準にあてはまる、またはある要件基準がより高次の規範に適合すると言えるための確信の度合い（Überzeugungsgrad）を定める」ものであり、[39]「評価が積極にも消極にもなされ得ない場合に、誰が不利益を引き受けなければならないのか」を定める機能を有するものである。[40]我が国でも、「提出された立法事実たる社会科学が、合理的判断をなすには質的あるいは量的に不十分であるか、相互に対立しあっており、裁判官が法的規整の諸選択肢の中のどれが最も優れたものであるかの確信を得られない場合（法的判断不能の場合）」のルールとして、正当化責任（burden of justification）を観念する見解がある。[41]すなわち、論証責任や正当化責任の概念（以下「論証責任」で統一する）[42]は、いわば法令の違憲性という規範的要件の充足に係る証明責任を表すものであり、法律の違憲性に関する裁判官の心証度が違憲・合憲のいずれに関しても「論証度」を超えない場合、当該法律の違憲性は論証責任の所在に応じて判断されることになる。[43]

違憲審査基準の機能は、この論証責任および論証度を定めるところにも存在する（論証責任設定機能）。後に詳しくみるが、表現の自由の規制立法については政府が立証責任を負うという主張などは、この文脈で理解することが可能である（2〈2〉〈a〉参照）。

(37) 参照、新堂幸司『新民事訴訟法〔第五版〕』（弘文堂、二〇一一年）五六八頁、六〇二頁以下、三木浩一ほか『民事訴訟法〔第二版〕』（有斐閣、二〇一五年）二四八～二四九頁、二六三頁以下。

〈c〉心証度と解明度　他方でしばしば、法律の違憲性の判断について、こうした証明責任類似の概念を立てることに疑念が呈されてきた。その理由は、法律の違憲性の判断は法解釈の問題であり、そこに真偽不明を観念することは、裁判所が自身の職責において法解釈を行わなければならないという命題と矛盾するという認識にある。(44)

しかし、裁判所が自身の職責を果たし、審理を尽くしたとしても、ある法規範が違憲であるか否かについ

(38)　*Juliane Kokott*, Beweislastverteilung und Prognoseentscheidungen bei der Inanspruchnahme von Grund- und Menschenrechten, 1993, S. 47ff.

(39)　*Heinrich Weber-Grellet*, Beweis- und Argumentationslast im Verfassungsrecht unter besonderer Berücksichtigung der Rechtsprechung des Bundesverfassungsgerichts, 1979, S. 55.

(40)　*Weber-Grellet* (Anm. 39), S. 65. ただし、別の個所では法問題のノン・リケットが明確に否定されている（S. 68）。

(41)　太田勝造「裁判による民事紛争解決」同『民事紛争解決手続論〔新装版〕』（信山社、二〇〇八年）一五五頁〔初出、一九八八年〕。

(42)　論証責任と正当化責任の同質性について、原・前掲注（12）三二〇頁注一五、太田勝造『社会科学の理論とモデル７ 法律』（東京大学出版会、二〇〇〇年）二二二頁注四七。

(43)　従来の日本の憲法学において、論証責任の概念は、主張立証の必要性（証明論で言えば、いわゆる証明の必要ないし主観的証明責任。三木ほか・前掲注（37）二六五～二六六頁）の意味で用いられている（内野正幸「憲法訴訟における『主張・立証責任』」同『憲法解釈の論理と体系』（日本評論社、一九九一年）二八六頁〔初出、一九八五年〕、新・後掲注（49）三六六頁）が、本稿ではこれをノン・リケットの際の判断を可能とする仕組み（証明論で言えば客観的証明責任）として捉えている。

て、結果的に裁判所の心証度が真偽不明ないし判断不能（合憲／違憲の心証がともに五〇％）の域にとどまってしまうことはあり得るのではないか[45]。要するに、ここで問題とされるべきは、裁判所が判断不能の心証度の下で判断を下すことではなく、審理結果の確実性（解明度）[46]が低い状態、すなわち十分に審理を尽くさない状態で判断を下すことの是非なのではないか[47]。違憲性判断について真偽不明の観念を否定する諸見解の眼目は、むしろ、裁判所に十分な解明度に達するまでの審理を行う義務を観念することなのではないか[48]。

そして、法律の違憲性の判断において十分な解明度を要求するという点では、すでに学説には一致があるように見受けられる。公衆浴場判決（最大判昭和三〇年一月二六日刑集九巻一号八九頁）などが立法事実の十分な審理を経ていないとして批判されるのは[49]、十分な解明度に達しないまま合憲判断が下されたからだと理解することができる。

（44）安念潤司「憲法訴訟の当事者適格について」芦部信喜先生還暦記念『憲法訴訟と人権の理論』（有斐閣、一九八五年）三七三頁、三八一頁注八、同「憲法訴訟論とは何だったか、これから何であり得るか」論ジュリ一号（二〇一二年）一三二～一三三頁、木村草太『憲法の急所』（羽鳥書店、二〇一一年）一四頁。

（45）規範的要件に関する類似の見解として、笠井正俊「不動産の所有権及び賃借権の時効取得の要件事実に関する一考察」判タ九一二号（一九九六年）七～八頁、一〇頁注一六。法問題についてもノン・リケットを観念し、法問題の「推定（Vermutung）」を論じるものとして、*Götz Meder*, Das Prinzip der Rechtsmäßigkeitsvermutung - dargestellt für die Vermutung der Verfassungsmäßigkeit von Gesetzen, 1970, S. 33ff., S. 39ff.

（46）太田勝造『裁判における証明論の基礎』（弘文堂、一九八二年）一〇八頁以下。

（47）ここで、解明度が終局判決の要件としての「訴訟が裁判をするのに熟したとき」（民事訴訟法二四三条一項）に関わるとされていることが参考になろう（参照、太田勝造「『訴訟カ裁判ヲ為スニ熟スルトキ』について」新堂幸司編『特別講義民事訴訟法』（有斐閣、一九八八年）四三七頁以下）。

(48) 解明度の概念を用いて行政庁の「調査義務」を精緻化した業績として、山本隆司「行政手続および行政訴訟手続における事実の調査・判断・説明」小早川光郎先生古稀記念『現代行政法の構造と展開』（有斐閣、二〇一六年）二九九頁。「事案の成熟性導出義務」と職権探知主義との関連を取り扱う須田守「取消訴訟における『完全な審査』（四）」論叢一七八巻五号（二〇一六年）二八頁以下も、この文脈で示唆的である。公法関係訴訟における手続規律と心証度、証明度、解明度の概念については、さらに別稿を期したい。

(49) 和田英夫「憲法訴訟と立法事実」法論四一巻一号（一九六六年）三九頁以下、新正幸『憲法訴訟論〔第二版〕』（信山社、二〇一〇年）五七七頁以下。

2 「合憲性の推定」の二義

右に述べたように、法律の違憲性の論証を規範的要件の論証とパラレルに理解するならば、「合憲性の推定」は、論証の局面に応じて異なった意味合いを持つことになる。すなわち、「合憲性の推定」は、一方で立法事実の存在の推定ないし証明責任の転換（〈1〉）を意味し、他方で規範的要件認定の際の論証度ないし論証責任の分配（合憲性そのものの推定）（〈2〉）を意味する。[50]

(50) 類似の理解として夙に、安西文雄「憲法訴訟における立法事実について（三・完）」自研六五巻三号（一九八九年）七八頁。*Kokott* (Anm. 38), S. 52ff.も、「合憲性の推定」の語の下で不明瞭ながらこの両者の局面を取り扱っている。

〈1〉立法事実の存在の推定——証明責任の転換

立法事実それ自体の存在の推定とは、立法府がある立法事実ないし憲法事実を認識したという事実（前提事実）の存在から、当該立法事実（推定事実）の存在を推定することを意味する。この推定により、法律の違憲性を主張する側が、当該立法事実の不存在を証明しなければならない状況が生じる。(51) 証明責任のデフォルト・ルールが、違憲性を基礎付ける諸事実については違憲性を主張する側に、合憲性を基礎付ける諸事実（立法事実）については合憲性を主張する側に配分するものであるならば、ここでは結局、立法事実の存在に関する証明責任が、合憲性を主張する側から違憲性を主張する側へと転換されていることになる。(52) なお、立法事実が存在するものとみなす規律も想定できる。これは立法事実の不存在の証明を許さない点で、合憲性の推定よりもさらに極端な規律と位置付けられる。(53)

(51)　ここで、前提事実たる「立法府がある立法事実を認識したという事実」の証明責任はなお合憲性を主張する側にあると理解するならば、立法資料が不足する場合などには、そもそも当該前提事実の証明がなされておらず、立法事実の存在の推定が働かない場面があり得ることになる。この点は、立法過程および行政過程における立法事実の規律が、司法過程における立法事実論の充実につながり得る具体的な論点と位置付けられよう（Ｉ1参照）。

(52)　法律上の事実推定が、立証主題の変更を通じて本来の主要事実の証明責任を転換する作用を果たすことについて、新堂・前掲注（37）六一五頁、三木ほか・前掲注（37）二七三～二七四頁。

(53) 公職選挙法上の法定外文書頒布罪に関する福岡地判昭和五〇年三月二四日刑月七巻三号三八〇頁は、「とりわけ刑事訴訟の場においては」立法事実を「事実問題として裁判所の審理の対象とすることはその手続構造上不可能」としており、いわば立法事実が存在するものと「みなす」規律を採用したようにもみえる。ただし、これが証拠申請を認めないための理由付けにすぎないとの見方として、田中正人「立法事実の証明の必要性及び証明の方法」判タ八九〇号（一九九五年）一〇頁。

〈a〉 事実推定――証明責任の配分　規範的要件の論証に仮託して違憲性の論証を語るならば（Ⅱ1〈2〉〈a〉参照）、そこで問題となる立法事実としては、①規範的要件の具体化に関わる事実、②違憲性要件の充足の有無を判断する際の基準となる経験則等、③違憲性の評価根拠事実／評価障害事実の三種類を区別できる。[54] 立法事実の存在の推定は、このそれぞれについて観念できる。薬事法判決で言えば、①規範的要件の具体化に関わる事実の推定としては、規制が積極目的でないことを示す事実の証明責任を、原告に負わせることが観念できる。また、②違憲性要件の充足の有無を判断する際の基準となる経験則の推定としては、「スーパーマーケットによる低価格販売等が医薬品の乱売の原因となる」という経験則の不存在ないし不合理性の証明責任を、原告に負わせることが観念できる。さらに、③違憲性の評価障害事実としての立法事実の存在の推定としては、過当競争、乱売競争の存在、一部薬局の経営悪化といった事実が存在しないことの証明責任を、原告に負わせることが観念できる。

我が国においては、この意味での「合憲性の推定」には一貫して批判が向けられてきた。「国会の審議資料の一部をただ繰り返しただけ」で、「『国会の認定した立法事実』をただそのまま受け容れる」判例の傾向を厳しく批判する論調は、その典型であろう。[55] ドイツにおいても、立法府の事実認定を一般的に尊重する理解は否定されている。その理由は、「連邦憲法裁判所は、法律が基礎としている事実関係の正しさ（Richtigkeit）ないし完全さ（Vollständigkeit）を無制限に再審理できる」[56]という、事実認定を司法作用の核心部分に据えるテーゼにある。[57]

(54) ②③に関して参照、巽・前掲注（8）一二八頁以下。

(55) 新・前掲注（49）五七七頁以下。

(56) *Fritz Ossenbühl*, Die Kontrolle von Tatsachenfeststellungen und Prognoseentscheidungen durch das Bundesverfassungsgericht, Bundesverfassungsgericht und Grundgesetz - Festgabe aus Anlaß des 25 jährigen Bestehens des Bundesverfassungsgerichts, Bd. 1, 1976, S. 458 (484).

(57) 連邦憲法裁判所は、行政裁量の文脈でも、裁判所が法解釈および事実認定の最終判断権限を有し、それを制限するには明確な法律の根拠が必要である旨を繰り返し宣言している（BVerfG Beschl. v. 31. 5. 2011, BVerfGE 129, 1; BVerfG Beschl. v. 8. 12. 2011, DVBl. 2012, 230）。参照、高田倫子「行政による法の適用の再構成(二・完)」中京五〇巻三・四号（二〇一六年）六八頁以下。

〈b〉将来予測ないし仮定的事実の「認定」　他方で、ドイツにおいては、議会の将来予測の司法統制の密度について議論がある。[58] 連邦憲法裁判所は、先述の薬局判決において、参入規制を廃止するならば薬局店舗の増加による競争過多を原因とする薬剤供給の不適切化が生じ、住民の健康への悪影響が発生するという立法者の予測の検証を行い、それを覆している。これに対し、一九七九年の共同決定判決（BVerfG Urt. v. 1. 3.

1979, BVerfGE 50, 290)[59] は、将来予測に関する議会の判断について、いわゆる主張可能性審査（Vertretbarkeitskontrolle）を行い、裁判所の審査密度を緩和したため、両判決の関係が問題とされてきた。[60]

ここで殊更に将来の予測が問題とされるのは、将来の事実の認定ないし予測は過去または現在の事実の認定と質的に異なるという理解による。[61] しかし、過去または現在の事実の認定であっても、困難な評価を伴うことは往々にしてある。とりわけ、「ある条件が満たされていれば／いなければ、こうであった／こうであるはずだ」という形での過去または現在の仮定的な事実の「認定」は、将来の事実の推測と質的に異なるところはないように思われる。ここで問題とされているのは、将来の事実の予測というよりは、過去・現在・将来の事実いずれについてもあり得る、仮定的事実の「認定」である。

こうした仮定的事実の「認定」の困難性は、民事訴訟や刑事訴訟において一般的に存在するものであり、[62] それ自体として司法審査の密度の低下を正当化するわけではない。[63] 司法審査の密度を左右しているのは、やはり議会の判断が介在しているという点である。[64] 他方で、議会の仮定的判断の統制は、それ自体が説得的であるかという観点のみならず、当時予測し（得）なかった事情が後に生じた場合に、法令の違憲性を如何に判断すべきかという観点からも問題とされる。[65] この場面ではむしろ、審査密度というよりも審査手法の差異化[66]（〈2〉参照）や、判決方式の問題[67]が重要となり、立法と司法との権限分配が別の角度から主題化されることになる。

（58） 議論の文脈について参照、巽・前掲注（8）一一四頁以下。

（59） 邦語解説として、栗城壽夫「所有権等の規制と立法者の予測―共同決定判決」ドイツ憲法判例研究会編・前掲注（20）三〇二頁〔初出、一九九六年〕。

(60) 近時の言及として、高橋和也「ドイツ連邦憲法裁判所が活用する首尾一貫性の要請の機能について」一法一三巻三号（二〇一四年）一一六頁。

(61) Vgl. z.B., *Klaus Jürgen Philippi*, Tatsachenfeststellungen des Bundesverfassungsgerichts - Ein Beitrag zur rational-empirischen Fundierung verfassungsrechtlicher Entscheidungen, 1971, S. 28ff.; *Ossenbühl* (Anm. 56), S. 496ff.; *Weber-Grellet* (Anm. 39), S. 69ff.

(62) 不法行為訴訟における因果関係の「認定」（参照、米村滋人「法的評価としての因果関係と不法行為法の目的(一)(二・完)」法協一二二巻四号五三四頁、同五号八二一頁（二〇〇五年））や、株式買取請求権の行使による株式取得価格決定（例えば参照、藤田友敬「新会社法における株式買取請求権制度」江頭憲治郎先生還暦記念『企業法の理論 上巻』（商事法務、二〇〇七年）二八八頁以下、鈴木謙也「株式取得価格決定申立事件の審理についての一考察」東京大学法科大学院ローレビューVol. 9（二〇一四年）一七九頁以下）など、仮定的事実の「認定」の在り方が問題となる例は枚挙にいとまがない。

(63) 藤田宙靖「自由裁量論の諸相」日本学士院紀要七〇巻一号（二〇一五年）八一頁以下も、「未来裁判」を裁量の肯定に結び付けることに違和感を示す。*Ossenbühl* (Anm. 56), S. 497も、離婚訴訟や刑事の量刑判断においても将来予測は問題となるが、そのような「第一義的に司法においてなされる予測」は、他の機関の行った予測と裁判所のそれとの競合が生じないため、問題はないとしている。

(64) したがって、問題の本質は議会の予測余地にある。Vgl. *Uwe Seetzen*, Der Prognosespielraum des Gesetzgebers, NJW 1975, S. 429.

(65) 入井凡乃「立法者の予測と事後的是正義務」法学政治学論究九六号（二〇一三年）三四六頁以下。

(66) 参照、櫻井智章「事情の変更による違憲判断について」甲南五一巻四号（二〇一一年）一四九頁以下。「違憲の主観化」や判断過程審査といった議論はここに関わる（宍戸・前掲注（9）六七頁以下、七〇頁以下）。
(67) ドイツ連邦憲法裁判所の判決形式に関する論考は数多いが、議会の将来予測の統制に関連付けた近時の論考として、入井凡乃「事後的是正義務と新規律義務」法学政治学論究一〇一号（二〇一四年）一〇五頁以下。

〈2〉合憲性そのものの推定——論証責任の分配

合憲性の推定のもう一つの意義は、立法事実ないし憲法事実（違憲性の評価根拠事実および評価障害事実）の衡量に基づいて判断されるところの、法律の合憲性そのものの「推定」にある。[68] この「推定」は、要するに、法律の違憲性という規範的要件の論証責任の配分であり、個々の立法事実の存在の推定ないし証明責任の転換の問題とは異なる。[69] 合憲性の推定が本来の意味での推定、すなわち事実推定ではないという理解[70]は、この局面を念頭に置くものと見受けられる。

(68) *Meder* (Anm. 45), S. 62 は、不明瞭ながらこの「推定」を語るものと解される。
(69) 原・前掲注（12）三一六頁。
(70) 例えば、高橋和之「審査の方法と立法事実」同『憲法判断の方法』（有斐閣、一九九五年）一一二頁〔初出、一九八三年〕。

〈a〉論証責任の配分ないし論証度の増減

この意味での「合憲性の推定」は、具体的には、違憲性の下位要件（手段の合理性の欠如など）の論証責任（1〈2〉〈b〉参照）を、当該法律の違憲性を主張する側に負わせることを意味する。逆に言えば、「合憲性の推定」の排除は、違憲性の下位要件の論証責任を、当該法律の合憲性を主張する側に負わせることを意味する。経済的自由等の規制立法については、その違憲性を主張する当事者がなぜ違憲であるかを主張立証すべきであるのに対して、表現の自由をはじめとする精神的自由の規制立法については、内容規制であれ内容中立規制であれ、当該法律が合憲であることを政府の側が論証すべきとされているのは、この点に関わるものと解される。[71]

また、この「推定」は論証度の増減という形で、段階的にもなされ得る。具体的には、違憲性の下位要件の論証度を加重するならば、この「推定」は強化されるし、逆に論証度を軽減するならば、この「推定」は緩和される。例えば、いわゆる明白性の基準が、目的達成のための手段の合理性の欠如が「明白である」ことを要求しているのは、合理性の欠如という規範的要件の論証度を加重するものと考えられる（合憲性の「推定」の強化）。逆に、いわゆる厳格な合理性の基準が目的と手段の「実質的な」関連性を要求しているのは、関連性の欠如という規範的要件の論証度を軽減するものと考えられる（合憲性の「推定」の緩和）。[72]

(71)　長谷部恭男『憲法〔第六版〕』（新世社、二〇一四年）一九九頁、二〇五～二〇六頁。

(72)　石川健治「判批：平成七年七月五日大法廷決定」法協一一四巻一二号（一九九七年）一五五〇頁は、厳格な合理性の基準の「実質的（substantial）」とは「立法事実を考慮して」という意味であり、厳格な合理性の基準は立法事実を踏み込んで審査する点に妙味があると指摘する。木村・前掲注（44）一四頁による「合理的関連性」と「実質的関連性」の対比も、この文脈で理解することができる。

〈b〉司法審査の「厳格さ」の複層性　こうした論証責任の配分は、規範的要件の具体化（1〈1〉参照）とは区別される。従来の公法学では、司法審査の「厳格さ」の問題として、ともすればこの両者が混然一体に議論されてきたが、この「厳格さ」は、論証責任の配分による審査密度の差異化と、規範的要件の具体化による審査手法の差異化という、質的に異なる二つの観点[73]から複合的に決定されるものと理解すべきであろう[74]。

例えば、表現の自由の規制立法について違憲審査が「厳格化」されるのは、内容中立規制であればいわゆるオブライエン・テスト、内容規制であれば「真にやむを得ない目的の存在」と手段の必要最小限度性との審査という、違憲性の論証をしやすい規範的要件が立てられた上で、さらにその論証責任が政府側に課されるのであり、単に「合理性の基準」の論証責任の転換がなされるわけではない。また、経済的自由の消極目的規制について、積極目的規制よりも審査が「厳格化」されるのは、手段の合理性の論証責任ないし論証度が軽減されるからとみるよりは、手段の必要性（LRA）という別の規範的要件が定立されるからだとみるのが素直である[75]。

ただし、規範的要件の内容によっては、この両者の区別が付けづらくなるのも確かである。例えば、表現の自由の内容規制で用いられる「真にやむを得ない目的の存在」という基準は、目的の正当性や重要性といった他の目的審査の基準とは質的に異なる要件を立てたものとも解されるし、政府側が負う目的審査の論証責任の論証度を加重したものとも解される。先にみた明白性の基準（〈a〉参照）も、単なる「合理性の欠如」の論証度を加重するものというよりは、それとは質的に異なる別個の規範的要件たる「明白性」を要求するものと解する余地がある[76]。この点は、違憲審査基準の規範的要件の具体化としての側面をより意識的に議論することで、精緻化を図る必要があろう。

(73) 行政法学においても、裁量審査の文脈において、規範的要件の具体化（審査手法ないし審査基準の問題）と論証責任ルールの設定（審査密度ないし審査の「深さ」の問題）とが区別されつつある（例えば、山本隆司『判例から探究する行政法』（有斐閣、二〇一二

年）二三二頁〔初出、二〇一〇年〕、村上裕章「判断過程審査の現状と課題」法時八五巻二号（二〇一三年）一六頁、大貫裕之『ダイアローグ行政法』（日本評論社、二〇一五年）一五六頁〔初出、二〇一三年〕）。

（74）宍戸・前掲注（22）六五頁。西村枝美「法令審査における厳格さ」手島孝先生古稀記念『新世紀の公法学』（法律文化社、二〇〇三年）二〇二頁以下も、違憲審査基準が「審査の厳格さ」という単線上の整理に収まるものではないことを指摘するものと見受けられる。

（75）この点で、ドイツの比例原則の枠組みが、合理性と必要性とを異なる要件として定立しているのが示唆的である。参照、松本和彦『基本権保障の憲法理論』（大阪大学出版会、二〇〇一年）二七九頁。

（76）行政行為の無効事由の文脈においては、瑕疵の明白性は瑕疵の重大性とは異なる要件として理解されている。参照、塩野宏『行政法Ⅰ〔第六版〕』（有斐閣、二〇一五年）一八〇頁。

〈3〉補論：法令の違憲性の主張責任

なお、一般的な理解によれば、合憲性の推定を認めるか否かにかかわらず、法令の違憲性が主張されない限りは、裁判所は当該法令が違憲であるか否かの審査を行う義務を負わない[77]。したがって、法令の違憲性を主張しなかったことによる不利益は法令の違憲性を主張する（べき）側の当事者が負うこととなり、法令の違憲性に関する主張責任は、法令の違憲性を主張する側が負っていることになる。

そこで問題となるのは、この法令の違憲性の主張をどの程度具体的に行えば主張責任を尽くしたことになるのかである。最高裁は、「単に抽象的に違憲又は違法を主張するに止まり、風俗営業取締法等の如何なる条項が、如何なる理由により、憲法の如何なる条項に違反するかにつき、及び同法に基いて東京都長官の発した如何なる法令の如何なる条項が、如何なる理由によつて、同法の委任の範囲を逸脱するものであるかにつき、何ら具体的に示していないのであつて、かくのごときは違憲違法の主張としては適法のものとは認められない」とする（最大判昭和二八年一一月一一日民集七巻一一号一一九三頁）が、どの程度の主張が必要であるかについては明確に述べていない。この点は、なお具体的に議論する必要があると言えよう。(78)

(77) 参照、林屋礼二『憲法訴訟の手続理論』（信山社、一九九九年）一二六頁（初出、一九九五年）、戸松・前掲注（19）一〇八頁。基本的に主張責任を検察官が負う刑事訴訟においても、違憲の争点に限っては被告人に主張責任があるものと解されている。新・前掲注（49）三六四頁。

(78) なお、ドイツの連邦憲法裁判所法二三条一項は、申立人に一定の協力義務を負わせている（巽・前掲注（8）一二一頁）。行政訴訟における請求原因の特定の必要性を具体的に考察するものとして参照、山本・前掲注（48）三〇七頁以下。

Ⅲ　立法事実の変化——「憲法の論理」と「司法の論理」

立法事実をめぐる議論のうち、近時特に活発になされているのは、「立法事実の変化」を理由とする違憲判断に関するものである。とりわけ、国籍法違憲判決（最大判平成二〇年六月四日民集六二巻六号一三六七頁）や非嫡出子相続分違憲決定（最大決平成二五年九月四日民集六七巻六号一三二〇頁）においてなされた「立法事実の変化」の認定の恣意性が取り沙汰されている。(79) 最後に、最高裁における「憲法の論理」と「司法の論理」(80)という示唆的な分析視座に照らして、この問題をめぐる近時の議論動向を概観し、本稿の結びに代えたい。

(79) 木村草太「立法過程の法的統制」憲法理論研究会編『変動する社会と憲法』(敬文堂、二〇一三年)二六頁以下。最高裁が法の安定的適用や論理性というよりも、国民意識の変化に対する応答性を重視したとの評価として、座談会「憲法学と司法政治学の対話」宍戸＝曽我部＝山本編・前掲注(10)一〇九頁〔山本龍彦発言〕〔初出、二〇一四年〕。
(80) 宍戸常寿「憲法裁判における調査官の役割」北法六六巻二号(二〇一五年)二九五頁。

1 「憲法の論理」からの逃避?

「立法事実の変化」の認定の恣意性として具体的に問題とされているのが、審査基準を抽象化することで違憲性の論証を曖昧にしたことだとすれば、問題は違憲性の論証の前提となる規範的要件の具体化が十分になされなかったことであると把握できる。最高裁が違憲性の規範的要件の具体化を先送りする背景には、「基準を定立して自らこれに縛られることなく、柔軟に対処している」[81]という自負に象徴される、優れて実務的な発想、いわば一種の「司法の論理」が伏在しているものと見受けられる。裁判所による憲法判断の客観化の必要性を強調してきた違憲審査基準論からすれば、こうした発想は、まさに「憲法の論理」からの逃避として問題視されることになろう。

他方の「憲法の論理」の側は、裁判実務に受け容れられるようなフォーマットを構築すべく、アメリカ流の違憲審査基準論とドイツ流の三段階審査論というコードの比較対象を通じて、議論を彫琢してきた。[82]その結果、憲法学説は徐々に裁判実務との対話の回路を開きつつあるように見受けられる。[83]しかし、「憲法の論理」を「司法の論理」に注入しようとするのみでこの問題状況を打開することができるとみるのは、楽観的に過ぎよう。違憲審査を司法の実践に浸透させるためには、それに適した司法制度が仕組まれなければならないが、我が国にドイツやアメリカに匹敵する制度的前提が存在しないことは、憲法訴訟に造詣の深い実務家も夙に指摘するところである。[84] すなわち、併せて「司法の論理」から立ち現れる「憲法の論理」を掬い出すことに、これまで以上に注力する必要があるのではないか。[85] 刑事司法における「裁判官の量刑判断の相場観」が尊属殺重罰規定違憲判決（最大判昭和四八年四月四日刑集二七巻三号二六五頁）を支えたとする見方は、[86]「司法の論理」から立ち現れる「憲法の論理」の一つを示しているように見受けられる。[87]

(81) 堀越事件（最二小判平成二四年一二月七日刑集六六巻一二号一三三七頁）千葉勝美補足意見。

(82) このコードの違いは、まさに本書収録の諸論考が様々に浮き彫りにするものである。ただし、この問題は、本来より大きな比較法的文脈の中で語られてよいものである。フランス法に造詣の深い論者は、濫用論をstandardで規律するという違憲審査基準論と、違法論を徹底するドイツ三段階審査論を対比する見取り図を示す（小島慎司『制度と自由』（岩波書店、二〇一三年）二二一頁注一三二。なお、同「比例原則」上法五六号二・三号（二〇一二年）七七～七八頁は、比例原則という語で後者のコードのみを理解することに警鐘を鳴らす）。また、蟻川恒正「政教分離規定『違反』事案の起案(1)」法教四三四号（二〇一六年）一一三頁は、違憲審査を判断要件（elements）と考慮要素（factors）との分節によって精緻化する可能性を示す。

(83) 本書収録の泉徳治「最高裁の『総合的衡量による合理性判断の枠組み』の問題点」を参照。

(84) 違憲審査機能と一般法令違反審査機能の双方を十全に機能させるには、現行の最高裁判所組織では制度的に無理な面があるとの指摘として、泉徳治『私の最高裁判所論』（日本評論社、二〇一三年）一一九頁以下。この点に関する憲法学者の業績として、笹田栄司「最高裁判所改革による違憲審査の活性化」同『司法の変容と憲法』（有斐閣、二〇〇八年）三頁〔初出、二〇〇〇年〕。

(85) ここで、「キャリア裁判官としての専門性に沈潜した職業倫理に基づく」第三の違憲審査制を構想する、樋口陽一「比較憲法論から見た日本の裁判官制度像」同『転換期の憲法？』（敬文堂、一九九六年）二二九〜二三〇頁〔初出、一九九二年〕が、改めて注目に値する。

(86) 座談会「憲法と刑事法の交錯」宍戸＝曽我部＝山本編・前掲注（10）三七頁〔宍戸常寿発言〕〔初出、二〇一四年〕。

(87) より一般的に言えば、ここで立ち現れているのは狭義の比例性の発想であり、「司法の論理」の先に「憲法の論理」を見出すために、狭義の比例性は有効な着眼点となると思われる。また、合憲性の推定を承認する場合でも狭義の比例性は有効に機能し得る（参照、宍戸常寿『憲法裁判権の動態』（弘文堂、二〇〇五年）二一八頁）ことも、この文脈で着目されてよい。

2 「司法の論理」の透徹の必要性

こうした見方からすると重要になるのは、現在の憲法判例の趨勢はむしろ「司法の論理」を透徹しているわけでもないという点である。

本稿の主題である立法事実論に関して言えば、裁判所の立法事実ないしその変化の認定の根拠が、判決文中に十分に示されていない点が問題となる[88]。特に、「立法事実の変化」を認識する近時の一連の最高裁判決は、具体的な評価根拠事実／評価障害事実についての証拠表示をしておらず、その衡量の過程も明確にしていない。しかし、事実認定の理由の説明を怠ることは、裁判官の恣意防止という「司法の論理」の核心を侵すものとなり得る(89)。こうした最高裁の態度の背景には、立法事実の認定は事実問題ではなく法問題であり、その解決は裁判所の職権に委ねられるとの理解があるようだが(90)、法的観点指摘義務に関する議論(91)に照らすと、そのような素朴な理解が通用するのか否かは、まさに「司法の論理」から精査されなければならないと思われる。この「司法の論理」の透徹を「憲法の論理」が補強するには、立法目的の認定の際に連邦議会への提案理由を引用するのが通例となっているドイツの連邦憲法裁判所の実践を参考に、立法過程における立法事実論の充実を図るという戦略が重要となろう(I1参照)。

他方で、先にみた規範的要件の具体化の先送りの傾向も、立法事実の変化を持ち出すことで判例変更を回避するという判断の現れなのであれば(92)、やはり問題であろう。不必要な一般論を避け、事案限りでの妥当な解決に注力することが「司法の論理」たり得るのは、その前提として、先例との距離を綿密に測り、判例(法)を意識的に積み重ねるという実践があるからである。現在の憲法判例がこうした実践に欠けていることは、やはり「司法の論理」の根幹を枉げることになるのではないか(93)。

(88) すでに芦部・前掲注(17)一九〇頁。
(89) 参照、兼子一原著『条解民事訴訟法〔第二版〕』(弘文堂、二〇一一年)一三六八頁以下〔竹下守夫〕。
(90) 参照、西野吾一＝矢野直邦「判解：最大判平成二三年一一月一六日(裁判員制度合憲判決)」最判解(刑)平成二三年度三一四頁注六四。
(91) さしあたり参照、山本和彦「情報開示による民事訴訟」同『民事訴訟審理構造論』(有斐閣、一九九四年)二八七頁(初出、一九八九〜一九九〇年)以下は、裁判所による「立法事実」の探知は「適用されるべき法命題の内容確定のための基礎作業をなすもの」であり、法問題に属するとした上で（三一七頁）、法的観点指摘義務による審理規律を模索している。

(92) 参照、宍戸常寿「日本型違憲審査制の現在」全国憲法研究会編『日本国憲法の継承と発展』（三省堂、二〇一五年）二六二頁。

(93) 小粥太郎「制定法と判例法」大村敦志編『岩波講座現代法の動態5 法の変動の担い手』（岩波書店、二〇一五年）一九四頁は、裁判官には、「国会による集権的な決定＝制定法に対して、あくまでも法的な、個別・分散的決定を続けていくこと」が求められるとし、そこから生まれる判例法を積極的に位置付ける。日本とは逆に、裁判所の積極的な違憲審査を掣肘するという文脈においてであるが、ドイツ連邦憲法裁判所にこうした「司法の論理」の透徹を求める見解として、オリヴァー・レプシウス「基準定立権力」マティアス・イェシュテットほか（鈴木秀美ほか監訳）『越境する司法』（風行社、二〇一四年）二一〇頁以下。

3　結びに代えて

本稿は、「司法の論理」から論を組み立てることで見える景色を示すことで、「憲法の論理」を裁判実務、立法実務に適切に伝達する前提を整えることを目指したものと言えよう。本稿の方針によって立ち現れ、または零れ落ちる「憲法の論理」の存在が明らかになるならば、狭義の憲法学者ではない筆者があえて物した本稿にも意味があると思われる。本稿が、本書の中で様々に浮き彫りになる「憲法の論理」を際立たせる一助になれば幸いである。

※本研究は、財団法人野村財団二〇一四年度社会科学助成（法規範の効力を争う訴訟の判決効の構造——司法府と立法府・行政府との協働の一断面）、およびＪＳＰＳ科研費１５Ｋ２１３７５（平成二七－二八年度若手研究（Ｂ）「紛争の画一的解決の要請の諸相」）の助成を受けたものである。

※在外研究中に校正作業を行ったため、近時の文献を十分にフォローできていないことをお断りしておく。

立法裁量と司法審査——アメリカ憲法論の一視点から

尾形　健

Ⅰ　はじめに

「裁判所はある法律が賢明でないとか又は実効がないとかの理由でそれを無効とすべきでないことは明らかであるが、一方、殆どすべての法律は政策実施のためのものであるから、その適宜性の問題に立ち入らなくては、違憲審査権を行使することができない場合が多いといわなければならないのである」。河原畯一郎は、「違憲審査の基準について——立法政策の審査はできないか——」と題する論考の冒頭でこのように述べ、アメリカ合衆国の判例法理を参照しつつ、立法の合憲性審査に向けた理論的基礎を考察した(1)。戦後違憲審査権を付与された最高裁には、発足以来、実に多くの法律の合憲性をめぐる訴えが提起されたが、当初、その主張を排斥する論拠としてしばしば用いられたのが、「立法政策」という思考であった。[2] 河原の論考は、そうした状況に対する一つの回答を示そうとしたものと言うことができるが、以来、わが国憲法訴訟論において、「立法に関して憲法上立法府に委ねられた判断の自由」という意味での立法裁量は、[3] 違憲審査基準論、政治部門と司法府との間の権限分配論、そして裁判官の司法哲学にも関わる様々な論点を含みつつ、考察の対象とされ続けている。[4]

本稿に与えられた課題は、こうした状況を踏まえつつ、アメリカ憲法論を素材に、立法裁量と司法審査の在り方について考察するというものである。のちにみるように、立法裁量は様々な場面で問題となるが、本稿はその中でも、社会・経済政策の領域における立法裁量論に焦点を当てたい。これは、筆者自身、福祉国家現象下における憲法問題に関心を寄せてきたという事情もあるが、[5] ここにはより根本的な理由がある。周知のように、最高裁は、例えば職業の自由（憲法二二条一項）制約立法の合憲性審査について、それが積極的な「社会経済の分野」における立法措置の場合、「著しく不合理であることの明白である場合」にのみ違憲とする判断基準を示し、[6] また、生存権（憲法二五条）を具体化する立法について、それは「立法府の広い裁量にゆだねられ」、「著しく合理性を欠き明らかに裁量の逸脱・濫用と見ざるをえないような場合」にのみ司法審査が及ぶとする基準を示している。[7] 憲法上の権利保障に関し、「『最高裁の形』が見えない」とされる最高裁判例法理にあって、[8] この領域についてだけは、立法府の判断に強く敬譲する姿勢がほぼ確立されている。国権の最高機関であり唯一の立法機関であって、財政決定権をも有する国会（憲法四一条、八三条）に対し、この領域について、裁判所がその判断を尊重するというのは、憲法構造上予定されているものとも言い得る。しかし一方で、我が国の違憲審査制は、具体的事件・争訟を前提とする付随的違憲審査制であることは、改めて確認しておくべきであろう。「『事件・争訟性』の要件は、問題の政府の行為によって最も影響を受ける個人が、そのおかれた具体的状況に即して、その行為を争うことができることを保障してくれる」はずのものであるが[9]、広汎な立法裁量論を前提とした憲法判断にあっては、当事者の主張する権利や事件の具体的状況、問題となる立法の性格、それが当該事件に与えている影響等を十分に吟味・顧慮することがないまま、極めて概括的・抽象的に合憲性が肯定される可能性がある。そこには、「そもそも訴訟で当事者が法律の違憲性を主張し、裁判所がそれについて具体的に立ち入って判断することが異例事であるかのような趣」が含意されている[10]。社会経済政策の領域にあっても、憲法上の権利をめぐって当事者が真摯に争うことは憲法訴訟一般と同断であって、「国民の基本的な権利・自由を擁護するため、裁量権の幅を絞って、裁量権行使の合憲性を厳格に審査」する、司法が「一歩前に出るべき場面」はあるはずである[11]。しかし先にみた最高裁判例の姿勢は、こうした営みを極めて困難にさせている。

本稿では、こうした問題関心から、社会経済政策の領域における立法裁量とその司法的統制の可能性について、アメリカ憲法論を参照しつつ、その手がかりを考察したい。以下ではまず、立法裁量の意義等について、学説・判例での議論を簡単に概観する（Ⅱ）。本稿は、学説における立法裁量論の把握をみた上で、最高裁判例が、先述のように、当初は「立法政策」としていたものが、司法審査の可否と関連させた上で、次第に「立法裁量」という理解に比重を移した点を踏まえ、立法裁量論を司法審査の可能性の観点から捉えるべきことを確認する。次に、社会経済政策の領域に関わる立法とその司法審査について、アメリカ憲法判例の展開を一瞥する（Ⅲ）。福祉国家下における社会経済政策は、「給付」と「規制」の両面にわたって展開されることから、ここではそれぞれの側面に関する判例展開をみておきたい。ここでは、我が国にいう「二重の基準」論の淵源である United States v. Carolene Products Co. 判決の脚注4で示された司法審査観を前提に[12]、基本的には民主政過程における政策形成に敬譲が払われるが、第一に、「給付」に係る領域については、その実体的内容の合憲性が争われるケースでは立法府に対する譲歩がみられるものの、憲法上の適正手続保障や憲法上の基本的権利、そして性に基づく区別が問題となる場面ではより踏み込んだ司法審査の例もみられること、また、「政治問題」の法理との関係が問題となり得る場面でも、司法の専権領域である法解釈が争点の中枢となる場合には政治部門への敬譲がみられなかったことを確認する。第二に、「規制」の領域について、本稿は州際通商条項をめぐる判例動向を概観するが、そこでは、連邦議会の権限に強く敬譲する姿勢が二〇世紀半ば頃から続いたが、近年、踏み込んだ司法審査がなされるものもみられる現況を概観する。これらの検討を踏まえた上で、本稿なりの若干の方向性を指摘したい(Ⅳ)。

(1) 河原畯一郎「違憲審査の基準について」ジュリ一一六号(一九五六年)一六頁。
(2) さしあたり横田喜三郎『違憲審査』(有斐閣、一九六八年)第六章参照。
(3) 野中俊彦「立法裁量論」芦部信喜編『講座憲法訴訟 第二巻』(有斐閣、一九八七年)九三頁。
(4) 戸松秀典『立法裁量論』(有斐閣、一九九三年)第一章参照。近時の判例展開を踏まえた議論状況につき、矢口俊昭「立法裁量論」大石眞=石川健治編『憲法の争点』(有斐閣、二〇〇八年)二五六頁、同「立法裁量論」戸松秀典=野坂泰司編『憲法訴訟の現状分析』(有斐閣、二〇一二年)二一二頁、山本真敬「立法裁量統制のこれから」片桐直人=岡田順太=松尾陽編『憲法のこれから』(日本評論社、二〇一七年)二〇一頁など参照。
(5) 尾形健「憲法と社会保障法の交錯」季刊社会保障研究四一巻四号(二〇〇六年)三二〇頁、同『福祉国家と憲法構造』(有斐閣、二〇一一年)、同「法曹実務にとっての近代立憲

主義（第一〇回）社会権 立憲主義と福祉国家」判時二三〇二号（二〇一六年）三頁など参照。

(6) 小売市場事件（最大判昭和四七年一一月二二日刑集二六巻九号五八六頁）。

(7) 堀木訴訟（最大判昭和五七年七月七日民集三六巻七号一二三五頁）。

(8) 泉徳治（渡辺康行＝山元一＝新村とわ（聞き手））『一歩前へ出る司法』（日本評論社、二〇一七年）二五六頁〔泉徳治発言〕。また、本書所収の同「最高裁の『総合的衡量による合理性判断の枠組み』の問題点」をも参照。

(9) 佐藤幸治『現代国家と司法権』（有斐閣、一九八八年）七四頁。

(10) 佐藤幸治「『国民の司法』へのさらなる発展を求めて」滝井繁男先生追悼『行政訴訟の活発化と国民の権利重視の行政へ』（日本評論社、二〇一七年）三頁、一三頁（圏点原文）。

(11) 泉徳治『私の最高裁判所論』（日本評論社、二〇一三年）一五三頁。

(12) United States v. Carolene Products Co., 304 U.S. 144, 152-153 n. 4 (1938).

Ⅱ　立法裁量論の意義

まず、議論の端緒として、「裁量」ないし「立法裁量」の意義について、学説における捉え方と、判例における位置付け等について、のちの議論に必要な範囲で、確認しておきたい。

1　「立法裁量」の理解

〈1〉我が国学説における立法裁量観

「立法裁量」とは、端的には立法機関が行使する裁量を意味するが[13]、我が国憲法学での立法裁量観を確認しておくと、立法裁量を検討した先駆的業績の一つとして、覚道豊治の論考が挙げられる。同論考は、行政法における自由裁量概念と対比させつつ、現行憲法下において、行政の法律による羈束の要請だけでなく、法律制定についても、憲法による羈束が強く要請されることなどから、「憲法の分野においても、従来の行政法の分野におけると同様に、……国会やそれぞれの国家機関にどの程度自由裁量がみとめられ、又どの程度それらが憲法に羈束されているかの問題、そしてそれが裁判所の審査に際して、どこまでが審査の範囲であるか否かの問題」が生じる、と言う。そして、憲法が国会にどのような自由裁量を認めているかについては、「憲法の規定がどのようなものであるか」によって判断し得るとされ、具体的には、①法律に委任する規定、②不確定概念を用いる規定、③国務請求に関する規定、④統治行為概念、に区別して論じられる。[14]

一方、のちにみるように、昭和四〇年代から五〇年代の最高裁判例法理において、立法裁量論が展開されたが、学説では、その汎用が懸念され、立法裁量を限定的に用いることが目指された。[15] 戸松秀典による次のような「立法裁量論」の位置付けは、そうした懸念を反映したものとなっている。戸松によれば、「ここで注目しているのは、裁判所による司法審査権の行使の場面であり、そこにおいて、立法府が、その法律制定権限の行使について、裁判所によりどの程度の裁量が認められることになっているのか、ということである」。その上で戸松は、立法裁量論が適用されることによる人権保障の程度に着目しつつ、①立法裁量論の広い適用、②立法裁量論の狭い適用、③立法裁量論の不適用、という類型化を示している。[16]

(13) 法令用語研究会編『有斐閣法律用語辞典〔第四版〕』(有斐閣、二〇一二年)一一五六頁。

(14) 覚道豊治「憲法における自由裁量の概念」阪法四〇・四一号(一九六二年)八八頁、八九頁、九二頁、九八頁以下。なお、一般概念としての「立法裁量」の構造分析を試みるも

〈2〉法的基準と「裁量」

以上のうち、覚道説は「実体的に立法裁量の抽出」を試みたものと言うことができるが、[17] 一方、戸松の議論は、最高裁による立法裁量論の多用に警戒する観点から論じられたものと言うことができ、この点で、司法審査の在り方との関係を意識したものと言い得る。司法審査との関係で立法裁量が論じられるということは、そこに法的統制を前提とする裁量理解が含まれている、と言うこともできるであろう。そして、法的統制を前提にするということは、そこに統制を指示する法的基準が存在することを含意する。

ここで、「裁量」の意義を改めて確認しておきたい。ドゥオーキン（Ronald Dworkin）の古典的な説明によれば、人が「裁量」を有すると言うとき、それは、極めて特定の文脈に依存するとされる。つまり、自身の家族のために購入する住宅を選択する際、その者に「裁量」がある、と言うことはないが、「一般に、ある者が、ある特定の権威によって設定された基準に従って判断する責務を負うとき」、「裁量」という語はふさわしいものと言い得る。「裁量とは、ドーナツの穴のように、周りを取り囲む制約の輪によって空けられた領域のほかには、存在しないのである」[18]。また、行政法学者のジャッフェ（Louis L. Jaffe）によれば、次のように説明される。「裁量とは、……執行権者が、法的に妥当な二つ以上の解決策から選択を行うことである。そ

のとして、長尾一紘『基本権解釈と利益衡量の法理』（中央大学出版部、二〇一二年）第四章参照。

（15） 芦部信喜『人権と憲法訴訟』（有斐閣、一九九四年）四六七～四七〇頁。矢口・前掲注（4）「立法裁量論」二五六頁（大石＝石川編・前掲注（4）所収）参照。

（16） 戸松・前掲注（4）三頁、三〇頁。

の解決策は、それが授権された権限の行使であって、当該権限行使が制定法の目的に関連した（少なくとも制定法上排除されていない）考慮によって動機付けられたものである場合、妥当なものと推定される」[19]。

以上は司法裁量・行政裁量を論ずる文脈での捉え方であって、立法裁量をめぐる議論とは異なる観点からのもの、という点には留保が必要である[20]。ただ、これらの理解を前提にすると、少なくとも、法的な意味での「裁量」とは、権威ある者が設定した法的基準を前提に、その法的基準を実行しようとする際に行われる選択ないし判断、と言うことができるであろう。ファロン（Richard H. Fallon, Jr.）による「裁量」概念についての次の説明は、こうした点を裏書きするもののように思われる。すなわち、公職者は、如何に判断するかについてしばしば裁量を有しているが、裁量とは、枠付けられているという特徴がある。公職者が裁量権の範囲を超えて行動した、と言う場合、「裁量の濫用（abuse of discretion）」として批判されるが、「裁量権の範囲を超える」と言う場合、二つのケースがあり得る。第一に、法的権能がないのにある考慮事項を重要視しそれに基づいて判断をした場合があり、第二に、考慮事項の評価において特に不当な判断をした場合である[21]。また、ジャッフェによる「裁量の濫用」に係る次の指摘も、裁量論が法的基準との関係を前提に絶えず問題とされてきたことを示すもののように思われる。「広義で言えば、裁量の濫用とは、関連するある考慮事項が、他の事項を犠牲にして過大視され、『不合理な』重み付けを与えられた裁量行使を言う。『文言』は遵守されたが、その『精神』は没却されたのである。裁量とは、『利益衡量（balancing）』を含意している。帰結が常軌を逸しているとき、そこには衡量が存しなかったか、隠された不当な動機が作用したかのいずれかである」[22]。

(17) 野中・前掲注（3）一一〇頁。

(18) RONALD DWORKIN, TAKING RIGHTS SERIOUSLY 31 (1977).

(19) LOUIS L. JAFFE, JUDICIAL CONTROL OF ADMINISTRATIVE ACTION 586 (1965). *See also* HENRY M. HART, JR. & ALBERT M. SACKS, THE LEGAL PROCESS 143-158 (William N. Eskridge, Jr. & Philip P. Frickey, ed. 1994).

(20) 佐藤・前掲注（10）二二頁は、「〝法律は単に憲法の執行か〟と考えると、一方では、法律の執行にかかわる行政裁量と同じように立法裁量ということに違和感がまったくないわけではない」、と言う（圏点原文）。

(21) Richard H. Fallon, Jr., *Legitimacy and the Constitution*, 118 HARV. L. REV. 1787, 1818-1819 (2005). ファロンはこのように述べつつ、司法判断の正当性（legitimacy）について、裁判所が、①その面前の事案等を判断する法的権能を持ち、②その際、適法な権能によって考慮し得るか、または重要視し得る事項のみに基づいて判断し、③合理的な法的判断の枠内に収まる帰結に到達するとき、司法判断の正当性が語られることを示唆する。*Id.* at 1819.

(22) JAFFE, *supra* note 19, at 586.

2　最高裁判例における立法裁量論

このように、「裁量」とは、一定の法的基準を前提にした判断・選択と言うことができるが、次に、我が国最高裁判例における「立法裁量」の展開を概観しておきたい[23]。

(23) 判例展開につき、横田・前掲注（2）第六章、野中・前掲注（3）九七〜一〇九頁、山本・前掲注（4）など参照。

〈1〉「立法政策」論

野中俊彦が指摘するように、最高裁判例における「立法裁量」の捉え方は、昭和三〇年代末を境に変化している。[24] すなわち、戦後初期から昭和三〇年代までの時期では、すでに触れたように、立法府の判断に委ねられる領域を、「立法政策」と表現していた。具体的には、裁判所の事物管轄・構成に関し、「憲法第八一条の違憲審査権に関する場合を除いては、他に憲法に特別の規定がないのであるから、国憲〔ママ〕の最高機関であり国の唯一の立法機関である国会が、国民の基本的人権を故なく害せざる限り、事件の性質、種類、裁判所の機能、国の実力その他諸般の事情を考量して時宜に適するよう法律をもつて規定するところに一任されていると解すべきものと言わなければならない。すなわち、すべては立法当時における理想的な又現実的な国の立法政策によつて決せらるべき問題である」、とするのがその例である。[25] また、上訴制度の在り方に関わる審級制度について、「憲法は審級制度を如何にすべきかに付ては〔憲法八一条に定める以外は〕何等規定する処がないから此の点以外の審級制度は立法を以て適宜に之れを定むべきものである」、とし、審級制度の在り方については立法政策の問題であるとの姿勢を一貫して示していた。[26] ここに「立法政策」とは、横田喜三郎によれば、「立法上の裁量の問題であるというのと実質的には異ならない」とされ、「立法政策の問題ということは、立法機関にまかされた問題であって、立法機関が社会の実情、その他諸般の事情を考慮し、裁量によって適宜に決定のできるものであるということになる」、と言われる。[27] これは、所論は当該立法措置の政策的当否を争うにすぎないことを説示するものと言うことができ、「立法政策の問題だということは要するに合憲だということ」を言うにとどまるものであった。[28]

(24) 野中・前掲注（3）九七頁。
(25) 最大判昭和二三年七月二九日刑集二巻九号一〇〇七頁（裁判所法二六条二項二号が一定の罪に係る事件について合議体で扱うことから除外することが合憲とされた事例）。
(26) 最大判昭和二三年三月一〇日刑集二巻三号一七五頁（刑訴応急措置法による上告理由等の制限が合憲とされた事例）。このほか、最大決昭和二四年七月二二日集民二号四六七頁（裁判所法七条二号が「訴訟法において特に定める抗告」のほか最高裁の権限に属しないとしていたことが合憲とされた事例）、最大判昭和二九年一〇月一三日民集八巻一〇号一八四六頁（簡易裁判所を第一審とする民事事件の上告審を高等裁判所とすることを定めた旧民訴法三九三条等が合憲とされた事例）など参照。
(27) 横田・前掲注（2）三六三頁、三八一頁。
(28) 野中・前掲注（3）九九頁。

〈2〉「立法裁量」論――司法審査の可能性

しかし、昭和三〇年代末以降、こうした意味での「立法政策」論は影を潜めていく。その転機と位置付け得るのは、参議院議員定数不均衡訴訟に関する昭和三九年判決である。[29] 周知のように、この判決は、「憲法が両議院の議員の定数、選挙区その他選挙に関する事項については特に自ら何ら規定せず、法律で定める旨規定した所以のものは、選挙に関する事項の決定は原則として立法府である国会の裁量的権限に委せている ものと解せられる」、とした。その上で、「国会が裁量的権限を有する以上、選挙区の議員数について、選挙人の選挙権の享有に極端な不平等を生じさせるような場合は格別、各選挙区に如何なる割合で議員数を配分するかは、立法府である国会の権限に属する立法政策の問題であつて、議員数の配分が選挙人の人口に比例していないという一事だけで、憲法一四条一項に反し無効であると断ずることはできない」、とした。ここでは「立法政策」が用いられているが、しかし、選挙制度構築に係る国会の裁量的権限を前提に、「選挙人の選挙権の享有に極端な不平等を生じさせるような場合は格別」として、その権限行使にも限界があり得ることが示されている。[30] ここにおいて、当該立法措置の政策的当否の問題であることを表現する「立法政策」という捉え方が、法的に一定の限界があり得ること、言い換えれば、憲法的な基準に従ってその統制がなされる可能性があり得ることが示唆されていた。最高裁はこれ以降（昭和四〇年代以降）、国会には立法措置に係る裁量的権限があること、しかしそこには一定の限界があり得ることを示す形で、「立法裁量」を論じていくようになる。その嚆矢とも言うべきものは和教組事件であるが、そこでは、憲法二八条の労働基本権を制約する立法について、団結権尊重の必要と公共の福祉を確保する必要とを比較考量し、両者の適正な均衡を目的として制約の程度を決すべきであるとされ、「いちじるしく右の適正な均衡を破り、明らかに不合理であつて、立法府がその裁量権の範囲を逸脱したと認められるものでないかぎり、その判断は、合憲、適法なものと解するのが相当である」、とされた。[31] 以後、司法審査の可能性との関係で立法府の判断ないし権限行使を「立法裁量」と位置付ける例が積み重ねられていくことになる。[32]

(29)　最大判昭和三九年二月五日民集一八巻二号二七〇頁。
(30)　野中・前掲注（3）一〇一頁。
(31)　最大判昭和四〇年七月一四日民集一九巻五号一一九八頁。その調査官解説によれば、この判示は、「アメリカにおける合理的疑い（reasonable doubt of rational question）の原則……に通ずるものであるように思われる」、とされ、その際、一九世紀末にアメリカで司法審査に関する「明白の原則」を説いた、セイヤー（James B. Thayer）の議論などが援用されている。渡部吉隆「判解」最判解（民）昭和四〇年度二三二頁、二四三〜二四四頁、同「専従休暇判決の意味するもの」ジュリ三二九号（一九六五年）七八頁、八四頁。*See* James B. Thayer, *The Origin and Scope of the American Doctrine of Constitutional Law*, 7 Harv. L. Rev. 129, 142 (1893).

（32） 周知のことではあるが、昭和末期までの例として、小売市場事件・前掲注（6）、薬事法事件（最大判昭和五〇年四月三〇日民集二九巻四号五七二頁）、衆議院議員定数不均衡訴訟昭和五一年判決（最大判昭和五一年四月一四日民集三〇巻三号二二三頁）、参議院議員定数不均衡訴訟昭和五八年判決（最大判昭和五八年四月二七日民集三七巻三号三四五頁）、堀木訴訟・前掲注（7）、森林法違憲判決（最大判昭和六二年四月二二日民集四一巻三号四〇八頁）などを挙げることができる。

〈3〉「立法裁量」の枠付けの可能性

そして、平成期に入り、判例における立法裁量論には、その枠付けをより意識的になそうとする例がみられるようになった。「枠付け」は、大別して、①「事案との関係で審査密度を高める実体的要素を抽出すること」、②「審査の手法に関して『事情の変化』をしばしば用いること」、という観点からなされている。[33] ①については、すでに昭和期において、職業の自由の意義を強調した薬事法事件、投票価値の平等の意義に言及した衆議院議員定数不均衡訴訟昭和五一年判決などでもみられ、また、②についても、同じく衆議院議員定数不均衡訴訟昭和五一年判決がその先駆として位置付けられるが、これら①・②の観点から、立法裁量を枠付けつつ違憲判断が導かれた平成期の例として、国籍法違憲訴訟、平成二五年婚外子相続分差別規定違憲訴訟、再婚禁止期間違憲訴訟を挙げることができる。[34]いずれも、当該立法措置が国会の裁量的判断に委ねられることを前提としつつ、①について、それぞれ、国籍の法的地位の重要性、家族における「個人の尊重」、婚姻・家族制度が「個人の尊厳」と「両性の本質的平等」に立脚すべきものであること（憲法二四条二項）および「婚姻をするについての自由」の尊重（同条一項）といった実体的価値が、裁量統制の上で重視されている。そして、いずれも、②の観点、つまり当該立法措置が制定当初は合憲であったものの、その後の「事情の変化」によりその合理性を失ったことが違憲判断の手がかりとなっているものがある。②については、その判断手法等について学説では議論もあるが、[35]「国会との摩擦を避け、国会でのスムーズな改正を得るための手法」としての意義も指摘される。[36]

(33) 山本・前掲注（4）二〇四頁。この間の判例動向につき、藤井樹也「立法者の努力を評価する司法判断」戸松＝野坂編・前掲注（4）四〇六頁参照。平成期以降の法令違憲判決における審査基準については、泉・前掲注（8）「最高裁の『総合的衡量による合理性判断の枠組み』の問題点」も参照。

(34) 最大判平成二〇年六月四日民集六二巻六号一三六七頁、最大決平成二五年九月四日民集六七巻六号一三二〇頁、最大判平成二七年一二月一六日民集六九巻八号二四二七頁。

(35) 多くの研究があるが、さしあたり櫻井智章「事情の変更による違憲判断について」甲南五一巻四号（二〇一一年）一四五頁、渡辺康行ほか『憲法Ⅰ 基本権』（日本評論社、二〇一六年）八四～八六頁〔渡辺康行〕。平成二五年婚外子相続分差別規定違憲訴訟につき、山崎友也「判批」金沢五六巻二号（二〇一四年）一六五頁、一八〇～一八六頁、一八九頁、蟻川恒正「婚外子法定相続分最高裁違憲決定を読む」法教三九七号（二〇一三年）一〇二頁など参照。

(36) 泉・前掲注(8)『一歩前へ出る司法』二〇八頁〔泉発言〕。泉は、こうした手法につき、「生活の知恵」とも評しているが(同書一六八頁、一七八頁)、それは、裁判所の憲法判断に関する「賢慮(prudence)」を意味するもののように思われる。*See* PHILIP BOBBITT, CONSTITUTIONAL FATE 7, 61, 63 (1982). なお参照、尾形健「権利保障と憲法的協働」公法七八号(二〇一六年)二〇一頁、二〇八頁。

3 小括――立法裁量の司法的統制

以上、簡単に立法裁量の意義と判例での展開についてみてきたが、ここでは次の点を確認しておきたい。第一に、法的な意味での「裁量」とは、権威ある者が設定した法的基準を前提に、その法的基準を実行しようとする際に行われる選択・判断を含意するのであって、それは、法的基準に照らした統制の可能性を示唆するものであった。第二に、我が国最高裁判例における「立法裁量」は、当初は政策的当否の問題であることを示すものとして語られていた(「立法政策」)が、次第に、国会の裁量権行使を前提に、そこに一定の憲法上の限界があり得ることを示すものとして捉えられ、近年ではさらに、実体的価値や立法事実の変遷などによって、その枠付けがなされている。これらを踏まえると、立法裁量の司法的統制を追究する可能性は、我が国最高裁判例法理においてすでにその途は開かれている、と言うこともできるであろう。

しかし、本稿が焦点を当てたいと考える社会経済政策の領域については、すでに触れたように、有意義な司法的統制がなされているとは言い難い状況にある。生存権について言えば、広い立法裁量と極めて謙抑的な司法審査が墨守され、そこには、「憲法ランクの実体権」が憲法二五条には存在せず、本来的に裁量統制の余地が乏しいものという認識があるかのようである。[37] また、社会経済規制に係る立法措置について言えば、先に触れた当該立法措置の「事情の変化」にもかかわらず、なおその必要性・合理性を肯定する例もみられ、この手法自体が司法審査の厳格度を高める要因となっていない状況も散見される。[38] 憲法構造上、この領域で国会の裁量的判断を尊重せざるを得ない部分があることは確かに否定し難いとしても、なお立法裁量への司法審査の可能性を追究する方途はあり得るのだろうか。以下では、この点につき、アメリカ合衆国最高裁判例法理を手がかりに、探ってみたい。

(37) 太田健介「憲法学から見た行政裁量とその統制」東京大学法科大学院ローレビューVol. 5(二〇一〇年)二五頁、四三頁注九九。最近のものとして、不法残留者生活保護訴訟(最三小判平成一三年九月二五日訟月四九巻四号一一七三頁)、学生無年金障害者訴訟(最二小判平成一九年九月二八日民集六一巻六号二三四五頁)、混合診療訴訟(最三小判平成二三年一〇月二五日民集六五巻七号二九二三頁)、地方公務員遺族補償年金訴訟(最三小判平成二九年三月二一日裁時一六七二号三頁)などがある。長谷部恭男『憲法入門』(羽鳥書店、二〇一〇年)六五頁は、憲法二五条にいう最低限度の生活やその実現手段について、法律家の間でコンセンサスがとれていないことが、判例の消極的態度の原因とする。

(38) 例えば、酒類販売免許制に関する最三小判平成一四年六月四日判時一七八八号一六〇頁、農業災害補償法における農業共済組合当然加入制に関する最三小判平成一七年四月二六日裁時一三八七号三頁などが挙げられる。

Ⅲ　立法裁量の司法的統制——アメリカ憲法論から

以上の関心を踏まえ、アメリカ憲法論における立法裁量の司法的統制をめぐる諸相について概観するが、本論に入る前に若干留意点を指摘しておきたい。第一に、違憲審査基準については、①法律等の国家行為の合憲性審査において裁判所がどの程度の審査を及ぼすか、という、審査の方法・程度に関わる基準と、②個別の事案において、ある法律等が憲法に反しているかどうかを審査する際に用いられる（具体的な）基準とに大別することができる。(39) 本稿では、①の論点、すなわち、社会経済政策の領域における裁判所の立法裁量統制は如何なる姿勢でなされるべきか、という点を軸に、アメリカ憲法判例を概観したい。ドイツ憲法論の文脈では、立法裁量に対する憲法裁判的統制について、「首尾一貫性の要請」や手続的統制等、様々な手法が形成されているようであり、(40) こうした動きも踏まえつつ、学界では、立法措置を伴う基本的人権保障の在り方に関する研究が深化しつつある。(41) この点で、②の論点、つまりアメリカ憲法論における社会経済政策の領域における具体的な司法審査手法の考察が意義を持つものと思われるが、しかし、筆者のみる限り、アメリカ憲法論にあっては、立法事実論などのほかは、立法裁量統制に特化した形での司法審査の判断枠組みないし違憲審査基準が、例えば判例法理のレベルで開発され、展開してきたとは言い難いようにも思われる。(42) ここでは、前節でみた問題状況に鑑み、社会経済政策の領域における司法審査の可能性に関する理論的基礎を探る見地からの考察に重点を置きたい。もちろん、それを前提としつつ、可能な範囲であり得る司法審査の枠組みについても言及してみたい。第二に、以下ではアメリカ合衆国最高裁判例を概観するが、社会経済政策の領域に関する法律の合憲性審査については、彼の地では、州議会の立法と、連邦議会の立法とが問題となる。司法審査の基本的姿勢に関して厳密に言えば、憲法構造上からも両者は同列に論じられないのであるが[(43)]、ここでは社会経済立法に係る司法審査一般という観点から、これらに相違があることを念頭に置きつつ、両者を併せて概観しておきたい。

(39) 松井茂記「違憲審査基準論」大石=石川編・前掲注(4)二八二頁(同論考では①を「審査基準」、②を「合憲性判断基準」と整理する)、市川正人「違憲審査制と民主制」佐藤幸治=初宿正典=大石眞編『憲法五十年の展望Ⅱ 自由と秩序』(有斐閣、一九九八年)二八一頁、三二六~三三〇頁、佐藤・前掲注(10)二四~二六頁など参照。

(40) 連邦憲法裁判所の「首尾一貫性」の要請などについて、西村枝美「ドイツにおける社会権の法的性質と審査基準」関西大学法学論集六二巻四・五号(二〇一三年)二三頁、四七~五一頁、玉蟲由樹『人間の尊厳保障の法理』(尚学社、二〇一三年)第五章、高橋和也「ドイツ連邦憲法裁判所が活用する首尾一貫性の要請の機能について」一法一三巻三号(二〇一四年)一六五頁、松本奈津希「生存権の自由権的側面による最低生活保障」一法一七巻一号(二〇一八年)六五頁など参照。

(41) それぞれ観点は異なるが、渡辺康行「立法者による制度形成とその限界」法政七六巻三号(二〇〇九年)一頁、宍戸常寿『憲法 解釈論の応用と展開〔第二版〕』(日本評論社、二〇一四年)第三章一四・一五、小山剛『「憲法上の権利」の作法〔第三版〕』(尚学社、二〇一六年)第六章第一節・第二節、長谷部恭男『憲法の理性〔増補新装版〕』(東京大学出版会、二〇一六年)第九章、篠原永明「『指導原理』・客観法・憲法上の権利」甲南五七巻一・二号(二〇一六年)一四五頁、渡辺ほか・前掲注(35)第四章第二節など参照。

(42) 関連して、本書所収の巽智彦「立法事実論の再構成―事実認定論からみた違憲審査」および御幸聖樹「憲法訴訟における立法事実論の現況と展望」論ジュリ二九号(二〇一九年)一七九頁参照。*See* Henry Wolf Biklé, *Judicial Determination of Questions of Fact*

Affecting the Constitutional Validity of Legislative Action, 38 Harv. L. Rev. 6 (1924); Kenneth L. Karst, *Legislative Facts in Constitutional Litigation*, 1960 Sup. Ct. Rev. 75.

(43) 例えば、平等保護条項（合衆国憲法修正一四条一節）は、その成立経緯および文言から、直接的には州に対する規律であり、州議会の立法について連邦がより積極的に平等保護の措置を講ずることが構造上予定されていると言える（同条五節は、連邦議会に同条を執行する権限を付与している）。アメリカにおける立法裁量の検討については、黒澤修一郎「立法裁量」大沢秀介＝大林啓吾編『アメリカの憲法問題と司法審査』（成文堂、二〇一六年）二二九頁、藤井樹也「立法裁量」山本龍彦＝大林啓吾編『違憲審査基準』（弘文堂、二〇一八年）一七一頁など参照。

1　立法に対する司法審査の基本姿勢

まず、アメリカ憲法判例における司法審査の基本姿勢を確認しておきたい。そもそも、二〇世紀初め頃までのアメリカ連邦最高裁は、今日的な意味での審査基準（standards of review）、つまり、厳格度の異なる多段階の審査基準によって憲法判断を行うことをしていなかった[44]。当初、連邦最高裁は、公権力と個人の権利の領域との間の境界線を画することをその任務と考えていたとされる。最高裁は、州の立法は、その規制権限（ポリス・パワー）の範囲にとどまるよう、合理的に行使されなければならない、といった判断基準で審査を行っていたが、ここに「合理的（reasonable）」とは、州の規制権限の妥当な行使の範囲を画する要件として考えられており、憲法上の様々な自由について、広くこの判断枠組みで違憲審査を行っていた。例えば、一定の学年に達するまで英語以外の言語を教育することを禁ずる州法の合憲性が争われた一九二三年の判決で、連邦最高裁は、教師の教育権や児童に教育を受けさせる親の権利が適正手続条項（修正一四条一節）に言う「自由」に含まれるとしつつ、合憲性判断について、恣意的であるかまたは適切な規制目的と「合理的に」関連しない立法によってこの「自由」は侵害されてはならない、としている。[45] つまり、精神的自由に近い領域の権利・利益であっても「合理性」の有無を審査しており、その権利・自由の意義・性質如何にかかわらず、審査基準は一元的なものであった。しかし、Lochner v. New York 判決（一九〇五年）が象徴的であるように、連邦最高裁は、二〇世紀初頭のこの時期、あらゆる「自由」について権限行使の範囲画定という観点から審査することにより、社会経済立法を違憲とし、政治的にも逆風にさらされることになる。[46] また、そもそも理論的にも、公権力と私的領域の境界を明確かつ客観的に区分することが困難であることも認識されるようになった。連邦最高裁は、それまでの姿勢を大きく転換し、女性の最低賃金を定めた州法を合憲としたWest Coast Hotel Co. v. Parrish 判決（一九三七年）など、経済規制立法について、立法府に強い敬譲を示す、今日我が国でもよく知られる合理性審査（「合理的根拠」審査（rational basis review））を行うようになった。[47]

もっとも、そうなると、憲法上の権利について、全てこのような合理性審査に服すべきなのか、という問題が生じる。そこで、一定の場合にはより厳格な司法審査が妥当し得ることを示唆したのが、まさにUnited States v. Carolene Products Co. 判決（一九三八年）の脚注4であった。[48] この判決自体は、のちにみるように社会経済規制立法については合憲性の推定が妥当するとしたものであったが、我が国憲法訴訟論にも大きな影響と論争を巻き起こした脚注4は、[49] これもよく知られるように、①合衆国憲法の修正条項のうち最初の一〇か条と修正一四条、②政治過程を制限する立法、③宗教・国籍・人種に係る少数者の地位、④「分離され孤立した少数者（discrete and insular minorities）」に対する偏見に基づく立法、について、厳格な司法審査が妥当し得ることを示唆した。その後、紆余曲折を経て、表現の自由等「優越的地位」を占める権利保障の文脈などにおいて、「厳格審査（strict scrutiny）」――問題となる立法は、「極めて重要な（compelling）」政府利益を促進するのに、「必要（necessary）」または「密接に調整されている（ぴったりと仕立てられた）（narrowly tailored）」ものでなければならない――が広く用いられることなどを通じ、より定式的・段階的な審査基準が形成されていくことになった。以上のように、アメリカにおける審査基準論には、固有の歴史的背景があったことに留意する必要があるが、ここでは、Carolene 判決脚注4が、アメリカ憲法論における違憲審査基準論形成の出発点であり、その基本方向を決定したという点を、まずは確認しておきたい。

さて、以下では、社会経済政策の領域における立法裁量統制の在りようをみていきたいが、アメリカ合衆国にあっては、社会経済問題の是正について、二〇世紀初頭は労働基準法制や経済規制等、私人間の法的関係を積極的に規律する形で展開し、その後、二〇世紀半ばに至り、こうした法的関係の規整を超え、様々な給付活動を通じて資源の再分配に積極的に乗り出す姿勢が顕著になったと言われる(50)。つまり、彼の地では、現代国家における「給付」と「規制」の各側面にわたって立法措置が様々に講じられ、これに対する司法審査が問題となった、と言うことができる。以下では、この「給付」的側面と「規制」的側面に大別して、限られた範囲ではあるが、アメリカ憲法論における立法裁量の司法的統制を概観しておきたい。

(44) 以下の記述につき、*See* Richard H. Fallon, Jr., *Strict Judicial Scrutiny*, 54 UCLA L. Rev. 1267, 1285-1294 (2007). なお参照、尾形健「厳格な基準」山本=大林編・前掲注 (43) 三三頁。

(45) *See* Mayer v. Nebraska, 262 U.S. 390, 399-400 (1923). ただし、当時すでに、表現の自由

を重視した審査基準（「明白かつ現在の危険」テスト）は宣明されていた。*See* Schenck v. United States, 249 U.S. 47, 52 (1919).

（46） Lochner v. New York, 198 U.S. 45 (1905). ただし、当時の連邦最高裁による判断には合憲判決も多かったとされる。*See* PAUL BREST ET. AL., PROCESSES OF CONSTITUTIONAL DECISIONMAKING 478 (7th ed. 2018). 黒澤・前掲注（43）二三七〜二三八頁参照。

（47） West Coast Hotel Co. v. Parrish, 300 U.S. 379 (1937).

（48） United States v. Carolene Products Co., 304 U.S. 144, 152-153 n.4 (1938).

（49） 我が国における脚注4の継受とそれをめぐる批判的検討をした代表的作品として、松井茂記『二重の基準論』（有斐閣、一九九四年）参照。泉徳治は、芦部信喜『憲法訴訟の現代的展開』（有斐閣、一九八一年）等の著作を通じ脚注4の存在を知り、自身の司法審査論が脚注4に非常に大きな影響を受けていることを折に触れて強調する（泉・前掲注（8）『一歩前へ出る司法』七〇〜七三頁、一五九頁〔泉発言〕、同・前掲注（11）一五八〜一六二頁。なお泉徳治「判解」最判解（民）昭和六〇年度七四頁、八九〜九〇頁参照）。

（50） *See* PAUL BREST ET. AL., PROCESSES OF CONSTITUTIONAL DECISIONMAKING 1602-1606 (5th ed. 2006).「給付」と「規制」の問題は、我が国にあっては表現の自由の文脈でむしろ研究が蓄積されてきた。蟻川恒正「国家と文化」岩村正彦ほか編『岩波講座現代の法1　現代国家と法』（岩波書店、一九九七年）一九一頁のほか、同「政府と言論」ジュリ一二四四号（二〇〇三年）九一頁、同「表現『不助成』の起案（1）」法教四一七号（二〇一五年）八五頁、中林暁生「違憲な条件の法理」法学六五巻一号（二〇〇一年）三三頁、長谷部恭男『Interactive 憲法』（有斐閣、二〇〇六年）一九二頁、横大道聡『現代国家における表現の自由』（弘文堂、二〇一三年）第三章など参照。

2 立法裁量の司法審査（1）――政府給付をめぐる立法措置の合憲性審査

〈1〉司法審査の基本姿勢

〈a〉合理性審査による判断　まず、連邦最高裁は、政府給付の水準等、給付の実体的内容が主たる論点となる場合、基本的に立法府の判断に敬譲的な姿勢を示している。その代表例としては、要扶養児童家庭扶助（Aid to Families with Dependent Children: AFDC）の世帯当たり支給額に上限を設けた州の措置の合憲性が争われた Dandridge v. Williams 判決（一九七〇年）が挙げられる。ここで連邦最高裁は、審査基準との関係では、「経済および社会福祉の領域にあっては、州は、当該立法による区別が不完全であるという理由だけでは、平等保護条項に違反するものとは言えない。当該区別に『何らかの合理的根拠（rational basis）』があれば、……合衆国憲法に違反するものとは言えない」、とし、合理性審査によることを明らかにしている。[51] 州が提供する初等・中等教育について、財源の獲得力に各学校区において格差があることが平等保護条項違反であるとして争われた、San Antonio Independent School District v. Rodriguez 判決（一九七三年）は、本件区別は「疑しき」区別に該当せず、また、教育が基本的権利（fundamental rights）でもないとして、合理性審査を行った。「当裁判所の裁判官は、公の財政の歳入と処理に関する賢明な判断をなすのに必要な、地方固有の問題についての経験および知識に欠けていることを認識するとき、〔州立法府への介入を控えるべきであるという〕よく知られた論拠におかれるのである。……〔教育財政のような〕完全な選択肢といったものが一切存しない、かような複雑な領域にあっては、当裁判所は、平等保護条項の下で全ての地方財政制度が批判にさらされることのないよう、審査の厳格度を強く高めることはしないのである」。[52]

(51) Dandridge v. Williams, 397 U.S. 471, 485 (1970).

(52) San Antonio Independent School District v. Rodriguez, 411 U.S. 1, 28, 37, 40-41 (1973).

〈b〉より踏み込んだ司法審査の例（1）——憲法上の権利・自由への制約を伴う場合

しかし、政府給付をめぐる事案であっても、一定の場合には、厳格な司法審査がなされる例がある。その一つに、政府給付に対する条件付けが、合衆国憲法が保障する権利・自由の制約を伴う場合がある。まず、適正手続保障の観点から問題とされたものが挙げられるが、そもそも、一九六〇年代末から、学説において、雇用・福祉等の公的給付に係る不利益処分であっても、コモン・ロー上観念される身体の統一性（bodily integrity）や財産（property）の場合と同様の手続的保障をなすべきことが主張されていた（伝統的「権利／特権」区分論の否定）[53]。その思考を明示的に採用し、福祉給付に適正手続保障を及ぼしたのが、Goldberg v. Kelly 判決（一九七〇年）であった。ここで連邦最高裁は、公的扶助給付支給停止に際し、事前の証拠聴聞手続なくして行うことは適正手続条項に反するとした[54]。また、州による福祉給付の受給に際し、当該州等に一定期間居住することを要件とする措置を講ずることが、平等保護条項に反するとして争われたものとして、Shapiro v. Thompson 判決（一九六九年）がある。連邦最高裁は、当該措置は基本的権利（fundamental rights）たる州際移動という移動の権利（right to travel）を制約するものであって、厳格な審査に服するとして、居住要件を平等保護条項違反とした[55]。

(53) *See generally* GEOFFREY R. STONE ET. AL., CONSTITUTIONAL LAW 928-929 (8th ed. 2018). この

方向に先鞭をつけたのが、我が国でも広く紹介された、ライク（Charles A. Reich）の「新しい財産」論である。*See* Charles A. Reich, *The New Property*, 73 Yale L.J. 733 (1964); Charles A. Reich, *Individual Rights and Social Welfare*, 74 Yale L.J. 1245, 1252-1253, 1255-1256 (1965).

(54) Goldberg v. Kelly, 397 U.S. 254, 264 (1970). 同判決は、「福祉受給の権利（welfare entitlement）は、『恩恵』というより『財産』と解する方が、今日では現実的かもしれない。我が国にみられる富（wealth）の多くは、伝統的なコモン・ロー上の財産観念には収まらない権利の形式を持っている」と指摘し、ライクの論考を引用する。*Id.* at 262 n. 8.

(55) Shapiro v. Thompson, 394 U.S. 618, 638 (1969). 同じく移動の自由が問題となった例として、*See also* Memorial Hospital v. Maricopa County, 415 U.S. 250 (1974); Saenz v. Roe, 526 U.S. 489 (1999).

〈c〉より踏み込んだ司法審査の例（2）——性差別に関する場合

また、政府給付をめぐっては、性に基づく区別を採用する立法の合憲性が争われたものがある。連邦最高裁は、我が国でもよく知られるように、性に基づく区別について、いわゆる中間審査基準（intermediate scrutiny）——当該区別が重要な（important）政府目的に仕えるものであって、その目的達成に実質的に（substantially）関連しているものであること——が妥当するとの判例法理を確立させている。[56] ここにおいて重要な役割を果たしたのが、社会保障給付をめぐる事例であった。その先駆となったのは、軍隊における手当等の支給要件において、男女で差があることが平等保護条項に反するとして争われたFrontiero v. Richardson判決（一九七三年）であったが、ブレナン（William J. Brennan, Jr.）裁判官による相対多数意見は、性に基づく区別は「不快に（invidiously）」女性を劣った地位におくものであって、「疑わしい区別（suspect classification）」として厳格審査に服すべきことを説いた。[57] その後、男性と女性の古典的性別役割分担観を前提としたかのような区別（「『古風で過度に広汎な』一般化（"archaic and overbroad" generalization）」）で、社会保障給付で男女に差を設けることはおよそ違憲とされた[58]。そこでは、社会福祉プログラムでの給付に係る区別については連邦議会が広汎な裁量権を有することを認め、「この点において、連邦議会の判断は、我が国統治機構にあって、対立する政策ないし諸利益の観点から判断を行う主たる責務を担う機関のものとして、敬譲に価するものと言うべきである。しかし、『違憲性の主張を排斥するためには、性に基づく区別は、重要な政府目的に仕え、かつ、当該目的の達成に実質的に関連していなければならない』」とされ、議会の立法裁量を一定程度尊重しつつも、性に基づく区別の合憲性審査を厳密に行おうとする姿勢がみられる[59]。

なお、この点に関して近時、国籍付与に関する立法について注目すべき判断が示された。Sessions v. Morales - Santana 判決（二〇一七年）では、合衆国市民と外国人との間に出生した子であって外国で出生したものが国籍（citizenship）を取得する要件として、合衆国市民である一方の親に一定の合衆国滞在期間を要件としていた連邦法が、未婚夫婦の場合に父と母とで異なる取扱いをしていたこと（父の場合は子の出生前一〇年の滞在が必要とされ、そのうち五年間は一四歳以降の期間でなければならないとされたが、母の方は一年の滞在のみという例外規定が設けられた）の合憲性が争われた。ギンズバーグ（Ruth B. Ginsburg）裁判官による法廷意見は、上記の性差別に係る連邦最高裁判例を引用し、中間審査基準によって審査し、当該規定の背景には、家庭において夫が優位に、妻が従属的地位にあること、そして、未婚の母が婚外子については専ら保護者となることという想定があることを指摘し、本件規定を違憲とした[60]。その際、区別が重要な政府目的に実質的に関連するかは今日的な観点から検討されなければならないことを指摘し、——我が国最高裁判例の言う「事情の変化」論と同様に——

「平等保護条項解釈にあっては、新たな知見と社会的認識が、……かつては見過ごされ、異議が唱えられなかったような、正当化されざる不平等の存在を明らかにし得るということを、当裁判所は認識してきた」、としている[61]。

(56) *See* Craig v. Boren, 429 U.S. 190, 197 (1976); United States v. Virginia, 518 U.S. 515, 531-534 (1996). *See also* Reed v. Reed, 404 U.S. 71, 75-77 (1971).

(57) Frontiero v. Richardson, 411 U.S. 677, 686-688 (1973) (Opinion of Brennan, J.). 本件は連邦政府の措置に対する違憲主張が問題となったが、連邦政府に対する平等保護の要請は、合衆国憲法修正五条が定める適正手続条項に含まれると解されている。*See* Bolling v. Sharpe, 347 U.S. 497, 499 (1954); *Shapiro*, 394 U.S. at 641-642.

(58) *See* Weinberger v. Wiesenfeld, 420 U.S. 636, 643 (1975); Califano v. Goldfarb, 430 U.S. 199, 206-207 (1977); Califano v. Westcott, 443 U.S. 76, 89 (1979).

(59) *Goldfarb*, 430 U.S. at 210-211 (*quoting Craig*, 429 U.S. at 197).

(60) Sessions v. Morales-Santana, 137 S.Ct. 1678 (2017) (Slip Op. at 7-23).

(61) *Id.* at _ (Slip Op. at 9) (*quoting* Obergefell v. Hodges, 135 S.Ct. 2584, 2603 (2015) (Slip. Op. at 20)). さらに注目されるのは、本判決は本文のように規定自体は違憲としつつも、その救済について、これまでの先例では給付を原告に有利に拡張することが妥当してきたところ、本件でそれを行うと立法趣旨と矛盾することなどから、原告に有利に規定の拡張をすることをしなかった点である。*Id.* Slip. Op. at 23-28.

〈2〉「政治問題」法理と政府給付

アメリカ憲法論において、政治部門の裁量論が問題となる領域として、いわゆる「政治問題（political

question)」法理が挙げられ、これが政府給付の文脈でも問題となる場合がある。[62]

(62) *See* Note, *Political Questions, Public Rights, and Sovereign Immunity*, 130 Harv. L. Rev. 723, 736 (2016). 最近の分析として、大林啓吾「政治問題の法理のゆくえ」法学研究八七巻二号（二〇一四年）一九七頁がある。

〈a〉「政治問題」法理　我が国でもよく知られるように、仮に適法な連邦憲法違反の主張が提起されたとしても、一定の論点については当該領域における有責な政治部門（すなわち連邦議会と大統領（執行府））の判断に委ね、裁判所が司法審査をなすのに適しないものとするのが、「政治問題」の法理である。[63]「『政治問題』が生じるのは、〔連邦〕司法府と連邦政府の対等な部門との間の関係に関するものであって、連邦司法府と州との関係ではない」[64]。

これまで連邦最高裁判例で「政治問題」と処理されてきた領域として、外交関係（foreign relations）、交戦状態の始期・終期（dates of duration of hostilities）、憲法修正または立法の成否（validity of enactments）、インディアン部族の地位（status of Indian tribes）、そして共和政体保障条項（合衆国憲法四条四項）[65]をめぐる事案が挙げられる。「政治問題」とされる事例にみられる諸要素は多様であるが、「権力分立の作用（function of separation of powers）」に関わる部分があるとした上で、その特徴は、次のように整理される。「〔i〕当該争点が、憲法の文言上明らかに対等な政治部門に委ねられていること、〔ii〕当該争点の解決について、裁判所が見出すことができ、かつ用いることのできる基準が欠けていること、〔iii〕司法的裁量に属するものと言えないことが明らかな類の第一次的な政策決定がなければ、〔当該争点を〕判断することが不可能であること、〔iv〕対等な政府の他部門に対する適切な敬譲を示すことなく、裁判所が独自の解決を行うことが不可能であること、〔v〕すでになされた政治的決定に異議を唱えず従うことが要請される異例の事態であること、〔vi〕ある一つの問題について、様々な国家機関が各々判断することによって生じる不都合の蓋然性が存すること、である」(66)。司法審査との関係では、これら〔i〕～〔vi〕の諸要素について、次のように整理するソトマイヨール（Sonia Sotomayor）裁判官の指摘が注目される(67)。彼女によれば、〔i〕のケースは裁判所は争点を解決する権限を欠いていることを示しており、〔ii〕・〔iii〕は裁判所の能力を超えた判断が求められる場合であり、〔iv〕～〔vi〕は、賢慮（prudence）的観点から裁判所の法的判断を控えることが求められる場面である、とされる(68)。

（63） *See* ERWIN CHEMERINSKY, CONSTITUTIONAL LAW 135 (5th ed. 2015). もっとも、極めて政治性の強いと考えられる事案であっても連邦最高裁は司法審査を行う例がある。*See, e.g.*, Youngstown Sheet & Tube Co. v. Sawyer, 343 U.S. 579 (1952); United States v. Nixon, 418 U.S. 683 (1974). このため、「政治」的色彩の度合いというより、むしろ端的に「司法判断不適合の法理（doctrine of nonjusticiablity）」の問題と考えるべきである、との指摘もみられる。*See* 1 RONALD D. ROTUNDA & JOHN E. NOWAK, TREATISE ON CONSTITUTIONAL LAW 462-463 (5th ed. 2012).

（64） Baker v. Carr, 369 U.S. 186, 210 (1962). ただし、すぐ次に触れるように、州の政治体制が合衆国憲法の要請する共和政体を保持したものかについても、政治問題と扱われることがある。

（65） 合衆国憲法四条四節「合衆国は、この連邦に存する全ての州に対し、共和政体（Republican Form of Government）を保障し、各州を侵略から保護する。……」

(66) *Baker*, 369 U.S. 211-226, 217.
(67) Zivotofsky v. Clinton, 566 U.S. 189, 202-205 (2012) (Sotomayor, J., concurring in part and concurring in the judgment).
(68) これら三つの整理に加え、ソトマイヨールは、Baker 判決の〔vi〕で示唆された「異例」の事態についても敷衍する。*Id.* at 205-207.

〈b〉政府給付と政治問題の法理

最近の事例で、政府給付をめぐる司法審査が政治問題の法理によって排斥されるかが争われたものがある。Zivotofsky v. Clinton 判決（二〇一二年）は、エルサレムで出生した合衆国市民の旅券における出生記録について、合衆国市民から申請があった場合、出生地をイスラエルと記載すべき旨定める連邦法が、外国主権の承認を排他的に持つ執行府の権限を侵害するかが争われた[69]。原審は、これが政治問題の法理に属するとして司法判断不適合（nonjusticiable）なものとしたが、ロバーツ（John G. Roberts, Jr.）長官による連邦最高裁法廷意見は、本件原告の訴えは政治問題の法理によって妨げられない、とした。ロバーツによれば、本件訴えは、上記連邦法の定めるところに従い認められる（旅券において出生地を「イスラエル」と記載されることを求める）制定法上の権利を裁判所に執行すべきことを求めているのであって、その解決には同法の合憲性が問題となるところ、その判断は通常の司法権の行使である、とした。執行府側は、本件はBaker 判決の示す〔i〕（憲法の文言上明らかに対等な政治部門に委ねられていること）に照らし、本件争点は大統領の外国承認権に委ねられているとしたが、ロバーツは次のように述べてこれを斥けた。「しかし、言うまでもなく、制定法の合憲性を判断する権限を執行府に排他的に委ねる規定は一切存しない。司法府はこの権限を適切に行使し得るのであり、そこには、本件のように、『ほかの部門の権限を犠牲にして自己の権限を増大させる』のは連邦議会か執行府であるか、といった問題が論点となる事案を含むのである」。(70)外国主権の承認権の所在と権限行使に関わる点で、本件は極めて政治性の高い論点を含むものと言えるが、司法審査との関係では、連邦最高裁は、あくまで制定法の合憲性という、より焦点を絞ったものとして争点を捉えることで、本件の争点を法解釈をめぐる判断という司法権の射程におき、司法審査の可能性を拓いたものと言い得る。(71)

(69) 国務省の運用では、旅券申請者の出生地が他国と議論のある領域にあるときは、旅券には出生地として都市または地域のみを記載することとされ、エルサレムで出生した者については、イスラエルまたはヨルダンと記載せず、ただ「エルサレム」とのみ記載することとされていた。

(70) *Zivotofsky*, 566 U.S. at 195-197.

(71) *Id.* at 197-198. 本件は差戻しとなり、それが再び連邦最高裁に上訴されたが、連邦最高裁は、外国主権の承認権は大統領が排他的に有しているとして、本件連邦法を違憲とした。*See* Zivotofsky v. Kerry, 135 S.Ct. 2076, 2094-2096 (2015). 大統領の外交関係に関する権限の歴史的経緯等については、*See* EDWARD S. CORWIN, THE PRESIDENT 207-223 (5th revised ed. Randall W. Bland, et. al., eds. 1984).

3 立法裁量の司法審査（2）——州際通商条項をめぐる判例展開

次に、社会経済政策領域における「規制」の領域に焦点を当てたい。ここでは特に、州際通商条項(commerce clause: 合衆国憲法一条八節三項)をめぐる判例法理の展開を取り上げる。

〈1〉 州際通商条項の意義

合衆国憲法は、その一条一節で立法権について規定し、同条八節において、連邦議会の権限を列挙するが、その中に、「外国、州の間及びインディアン部族との通商を規制すること（To regulate Commerce with foreign Nations, and among the several States, and with the Indian Tribes）」を挙げる（三項）。「一七八七年の合衆国憲法の目標の一つは、まさに、合衆国の共通の市場を創設し、よって各邦が全て、その浮き沈みをともにする、ということであった」(72)。国家的に通商規制を行うことは、合衆国憲法の重要な目的の一つであり、州際通商条項は、そうした役割を期待された規定であった。一九世紀末に至り、全国的な経済活動が急速に発展するのを受け、連邦議会は、一八八七年州際通商法（Interstate Commerce Act of 1887）等を制定し、連邦議会による全国的な通商規制がどこまで許容されるかが争点となるようになった(73)。

（72） *See* Rotunda & Nowak, *supra* note 63, at §1.1 (c) (ii) (5th ed. 2012).

（73） Breest, et. al., *supra* note 46, at 487. 連邦最高裁の州際通商条項解釈を初期において方向付けたのは Gibbons v. Ogden 判決（一八二四年）のマーシャル長官による法廷意見であるが、そこでは、①州際通商規制は、純然たる州の内部事項には及ばないが、他州に影響を与える州内部の活動には規制が及ぶ、②州際通商規制権限は、憲法各条の規定に反しない限り、広く行使し得る、③その制約は、憲法上のもののほか、民主政によるものが想定されている、ということが示唆された。*See* Gibbons v. Ogden, 22 U.S. (9 Wheat.) 1, 194-197 (1824). 以下、ここでの判例法理の展開につき、*See* Chemerinsky, *supra* note 63, §§3.4.3-3.4.5.

〈2〉州際通商権限行使と司法審査

〈a〉立法府の広汎な裁量の承認と目的・手段審査の枠組み

まず、一九世紀末から一九三七年までの州際通商条項解釈は、「通商（commerce）」の意味を限定的に解し、州際通商条項の射程を限定的に捉え、かつ、たとえ州際通商条項上規制し得るものであっても、州に留保された領域を侵害する連邦法は違憲となるとされた（修正一〇条の尊重）[74]。ただし、連邦議会の立法裁量を広く認めた例がある。Champion v. Ames 判決（一九〇三年）では、富くじ（lottery tickets）の郵送等を禁ずる連邦法について、富くじの州間の輸送は州際通商条項上の「通商（commerce）」に該当しないなどとして合憲性が争われた。ハーラン（John Marshal Harlan）裁判官による法廷意見は、先例を確認しつつ、連邦議会に委ねられた州際通商規制権限は、「その権限は十全なもの（plenary）であって、それ自体で完結しており、連邦議会によって最大限まで行使することができ、ただ、憲法が与えた権限行使に課される制約のみに服するのである。そして、採用されるべき規制の性質を決するにあたり、連邦議会は広汎な裁量（large discretion）を有しており、それは、裁判所の判断からみて、当該規制がとり得るものとして最善または最も効果的とは言えない、として、統制されるものではないのである」とした[75]。

(74) 合衆国憲法修正一〇条「合衆国憲法によって、合衆国に委ねられていない権限であって州に禁止されていないものは、各々の州または人民に留保される。」一九世紀末から二〇世紀初頭は、「公」と「私」の領域を区別する「境界画定」的法思考が支配的とされ、「境界画定」的法思考は、州際通商条項解釈にも影響を与えていた。*See* Barry Cushman, Rethinking the New Deal Court 47, 108 (1998); Barry Cushman, Carolene Products *and*

Constitutional Structure, 2012 Sup. Ct. Rev. 321.

(75) Champion v. Ames (Lottery Case), 188 U.S. 321, 352-355 (1903); *See also* McCulloch v. Maryland, 17 U.S. (4 Wheat.) 316, 420 (1819).

〈b〉社会経済立法に対する厳格な統制　二〇世紀以降、Lochner判決などを経て、連邦最高裁は、一時厳格な司法審査に乗り出すことになる。一定年齢未満の子どもを使用して生産された商品等を州際通商において流通させること等を禁じた連邦法の合憲性が争われたHammer v. Dagenhart判決（一九一八年）では、州際通商の規制は、州際通商の経路を用いることで弊害発生が生じることを抑止するために用い得ること、州際間の移送には規制が及び得るが「物品の製造（production of articles）」には及ばないなどとして、連邦法が違憲とされた(76)。また、連邦法に基づく州内の事業者に対する賃金・労働時間規制の賦課が州際通商条項に照らして正当化されるかが争われたA.L.A. Schechter Poultry Co. v. United States事件（一九三五年）において、連邦最高裁は、州内の事項が州外にどれほど影響を与えるかについて、「直接的（direct）」・「間接的（indirect）」影響の区別を用い、州内で雇用される者の賃金・労働時間は、「州際通商に何ら直接的な関係を持たない」などとして、違憲とした(77)。

(76) Hammer v. Dagenhart, 247 U.S. 251, 271-272 (1918).

(77) A.L.A. Schechter Poultry Co. v. United States, 295 U.S. 495, 546-550 (1935).

〈c〉「実質的影響」テスト――連邦議会への敬譲　これらに示されるように、社会経済立法を次々に違憲とした連邦最高裁は、時のローズヴェルト（Franklin D. Roosevelt）政権と激しく対立し、一九三七年以降、社会経済立法に係る合憲性審査について、緩やかな姿勢へと転換する。[78] そして連邦最高裁は、連邦議会の広い裁量権を承認する姿勢へと傾斜していく。

その先駆として、一九三五年全国労働関係法（National Labor Relations Act of 1935）の合憲性が争われた、National Labor Relations Board v. Jones & Laughlin Steel Co. 判決（一九三七年）がある。連邦最高裁は次のように言う。「〔連邦議会の州際通商規制権限は〕十全なもの（plenary）であって、『通商を脅す危害の淵源が如何なるものであっても』州際通商を保護するよう、行使し得るのである。……その規制が、州際通商に密接かつ実質的な関連性があり、通商を負荷および妨害から保護するのに不可欠または適切であるときは、連邦議会は、当該規制を行使する権能を否定されてはならない」。[79] さらに、一九三八年公正労働基準法（The Fair Labor Standards Act of 1938）の合憲性が争われたUnited States v. Darby 判決（一九四一年）では、連邦議会の州際通商規制権限が「それ自体完結しており、最大限にまで行使することができ、憲法に定められているもの以外には、如何なる制約も知らない」としたGibbons 判決（本稿注（73）参照）を引用しつつ、「その動機及び目的が如何なるものであっても、憲法上の禁止に反しない通商の規制は、州際通商条項によって与えられた連邦議会の十全たる権能の範囲内となるのである。かような制約のみに服することを踏まえ、……当裁判所は、規制された労働条件以下で生産された商品の州際間の輸送を禁ずることは、連邦議会の憲法上の権限内にあると結論する」と判断している。[80]

小麦生産の割当制限等を課す一九三八年農業調整法（Agricultural Adjustment Act of 1938）の合憲性が争われた、Wickard v. Filburn 判決（一九四二年）で、法廷意見を執筆したジャクソン（Robert H. Jackson）裁判官は、次のように、これまでの判例法理を集約し、「実質的影響テスト」とも言うべき判断枠組みを示した。問題となる規制事項が、「製造」・「消費」等であれ、連邦政府の権限を判断するためには重要なことではない。そして、当該規制事項が州内の地域で行われ、それ自体通商とは考えにくいとしても、「その性格がいかなるものであっても、それが、州際通商に実質的な経済的影響を及ぼすときは、連邦議会がなお規制し得るのであって、それは、その効果が、かつては『直接的』または『間接的』として位置付けられていたものであるか否かにかかわらず、そうなのである」。「規制される者と規制によって利益を得る者との間での経済的利益の対立は、我が国の体制にあっては、より柔軟で、かつより責任のある立法府の過程の下で、賢明にも議会の判断に委ねられているのである」[81]。

そして、州際通商条項解釈は、ほぼ合理性審査（rational basis review）と遜色のないものにまで緩やかになっていく。州際通商に影響を与える公共的施設における人種差別等を禁止する一九六四年市民的権利に関する法律（the Civil Rights Act of 1964）の規定が、州際通商条項に基づく連邦議会の適切な権限行使とされたHeart of Atlanta Motel Inc. v. United States事件（一九六四年）で、連邦最高裁は次のように述べる。「ここで連邦議会によって発動されている州際通商規制権限は、合衆国憲法じしんによって、格別にかつ十全に授権されたものである。ここでの唯一の問題とは、(1) 連邦議会は、〔上記法律の適用対象とされる〕モーテルによる人種差別が〔州際〕通商に影響を与えるものであるという事実認識を持つことにつき、合理的根拠（rational basis）があるかどうか、そして、(2) 合理的根拠があるとした場合、連邦議会が選択した弊害除去の手段は、合理的かつ適切であるか、ということである」[82]。同法の合憲性が争われた別の事件でも、「連邦議会のこの領域での権限は広範かつ包括的なものであって、その領域にとどまり、かつ如何なる憲法上の明示的制限にも反しないときは、当裁判所は干渉しない、というのが、わが共和国建国期にまで遡る、当裁判所の原則である」[83]とされた。

(78) *See, e.g.,* West Coast Hotel Co. v. Parrish, 300 U.S. 379 (1937). ただし、この「転換」がローズヴェルト政権との対立等、政治的圧力によるものではないとの有力な分析がある。*See* CUSHMAN, *supra* note 74, at 18.
(79) National Labor Relations Board v. Jones & Laughlin Steel Co., 301 U.S. 1, 37 (1937).
(80) United States v. Darby, 312 U.S. 100, 114-115 (1941). 本判決はこうして Dagenhart 判決を覆した。*Darby*, 312 U.S., at 116-117.
(81) Wickard v. Filburn, 317 U.S. 111, 124-125, 129 (1942).
(82) Heart of Atlanta Motel, Inc. v. United States, 379 U.S. 241, 258-259 (1964).
(83) Katzenbach v. McClung, 379 U.S. 294, 305 (1964).

〈d〉 **厳密な司法審査による揺り戻し——現在の状況**

右に顕著な、拡張的な州際通商条項理解によれば、ほかの憲法条項に抵触するものでない限り、連邦議会が規制できないものはほぼないに等しいことになる[84]。こうした状況の中で、連邦最高裁判例の姿勢は、現在、若干の揺り戻しがみられる。

United States v. Lopez 判決（一九九五年）は、その画期をもたらした。この事件では、学校施設・敷地内等において銃を所持することを禁止する連邦法の合憲性が争われた。レンキスト（William H. Rehnquist）長官が執筆した法廷意見は、同法は、「経済活動を規制するものとも、〔銃の〕所持が何らかの形で州際通商に関連しているという要件も含むものではな」く、州際通商条項の規制権限を超えるものとして違憲とした。その際、法廷意見は、これまで連邦議会が州際通商条項で規制が認められてきたものとして、①州際通商という経路(channels)を利用することに対して行う規制、②その脅威が州内から生じるものであっても、その弊害の観点から、州際通商のための手段やそこで行き交う人・モノ等の保護に対して行う規制、③州際通商に実質的に関連する活動に対して行う規制、と整理し、本件銃規制法は③に相当するものの、刑事法である本件規定は「通商」に何ら関連しないなどとして、違憲と判断した(85)。

Lopez判決の方向性は、同じくレンキスト長官の法廷意見で判断された、United States v. Morrison判決(二〇〇〇年)でも踏襲された。この事件では、性を理由とする暴力に係る犯罪を犯した者に対し損害賠償等の責を負わせることとした連邦法(一九九四年女性に対する暴力に関する法律(Violence Against Women Act of 1994))の制定が、州際通商条項の権限行使として認められるかが争われ、連邦最高裁は認められないとした。レンキスト長官は、Lopez判決を踏襲し、本件の連邦法は州際通商に実質的に関連する活動に対して行う規制の問題とした上で、性を理由とする暴力に係る犯罪は、州際通商規制が対象とし得る「経済的活動」にはあたらないとする。また、この種の犯罪は州際通商に実質的影響があるとする連邦政府等の主張についても、この主張を受け容れると、「……その犯罪の有する全国的で集合的な効果が、雇用・生産・運送・消費に実質的影響が及ぶ限りで、連邦議会はどんな犯罪でも規制し得ることを認めることになってしまう」という(86)。

さらに、包括的医療保障法(Patient Protection and Affordable Care Act of 2010)の医療保険強制加入条項の合憲性等が争われた、National Federation of Independent Business v. Sebelius判決(二〇一二年)では、強制加入条項を合憲とする理由のうち、州際通商条項に基礎付けることができるかが問題となった。ロバーツ長官が執筆した意見は、連邦議会が有する州際通商規制権限は、規制されるべき経済活動が存在していることを前提にしており、州際通商規制を拡張的に解してきた先例も、「これらは、この規制権限を、『行為（activity）』に及ぶものと一致して述べてきた」、とした。しかし強制加入条項は、既存の経済活動に対する規制ではなく、「むしろ個人に対し、行動しないことが州際通商に影響を与えるとの理由で、商品を購入することで通商において行動するように仕向けるものである。連邦議会が、人々が何もしていないからというまさにその理由で、個人を規制する権限を行使し得るものとして、州際通商条項を解釈することは、連邦議会の権能に、新たな、そして潜在的に広汎な領域を開くことになる」。こうして、州際通商条項では、強制加入条項は正当化できないとされた。ただし、課税権の行使（合衆国憲法一条八節一項）としては正当化し得る、とした。(87)

（84） *See* CHEMERINSKY, *supra* note 63, at 271.
（85） United States v. Lopez, 514 U.S. 549, 552, 558-559, 561（1995）.
（86） United States v. Morrison, 529 U.S. 598, 613-616（2000）.
（87） National Federation of Independent Business v. Sebelius, 567 U.S. 519, 550-551, 558, 563-574（2012）（原文イタリックでの強調部分は省略）.

4 小括

以上、社会経済政策の領域に係る立法裁量の司法審査について、駆け足で素描してきた。問題となる立法裁量が、連邦議会・州議会とで憲法的規律も異なり得るが、「給付」と「規制」の側面について言えば、さしあたり次の点を指摘し得るように思われる。基本的には民主政過程における政策形成への敬譲が払われるが、第一に、「給付」に係る領域については、その実体的内容の合憲性が争われるケースでは立法府に対する敬譲がみられるものの（例えば、Dandridge v. Williams 判決・San Antonio Independent School District v. Rodriguez 判決（本節2〈1〉〈a〉））、憲法上の適正手続保障や憲法上の基本的権利、そして性に基づく区別が問題となる場面では、より踏み込んだ司法審査の例もみられた（Goldberg v. Kelly 判決、Shapiro v. Thompson 判決、Frontiero v. Richardson 判決など（本節2〈1〉〈b〉））。また、「政治問題」の法理との関係が問題となり得る場面でも、司法の専権領域である法解釈が争点の中枢となる場合には政治部門への敬譲がみられなかった（Zivotofsky v. Clinton 判決（本節2〈2〉〈b〉））。

第二に、本稿は「規制」の領域について、州際通商条項をめぐる判例動向を概観したが、一定の時期を経て、一九三七年以降、当該規制事項が州際通商に累積的・実質的な影響がある場合には如何なる経済活動も規制されるものとされた（Wickard v. Filburn 判決など（本節2〈2〉〈c〉））。しかし近年の例では、規制対象事項が州際通商に実質的影響があるかについて、経済的活動に該当しないことや、規制の事実的根拠に欠ける点などから違憲と判断する例が登場し、踏み込んだ司法審査がなされ得るものもみられる（United States v. Lopez 判決、United States v. Morrison 判決、National Federation of Independent Business v. Sebelius 判決（本節3〈2〉〈d〉））。

以上のようなアメリカにおける展開を、立法裁量論としてどのように受け止めるべきだろうか。節を改めて検討したい。

Ⅳ　立法裁量と司法審査

以上、雑駁ながら、社会経済政策領域に関わる立法裁量と司法審査をめぐって、我が国の判例展開を概観した上で、合衆国判例法理を素描した。ここでは以上を整理しつつ、アメリカの経験から得られる示唆について考えてみたい。

1　行政国家と司法審査

違憲審査制を確立したMarbury v. Madison判決（一八〇三年）が、次のように述べていたのはよく知られている。「強調しておくべきなのは、何が法であるかを宣明すること（to say the what the law is）は、司法府の領域であり、かつ職責である」[88]。行政国家におけるこの判示の意義を検討する論考で、モナハン（Henry P. Monaghan）は次のように指摘していた。すなわち、憲法および行政法における司法審査とは、いずれも、裁判所による法文の解釈に関わるものであるが、行政訴訟においては、連邦議会による行政機関への（法解釈を含む）法形成的作用の授権が問題となる関係で、裁判所の責務とは、行政機関に授権された権能の範囲を画定することに帰着する。行政の法形成的作用に司法が「敬譲」する（judicial deference）ということは、より適切には、実体的な法形成的権能が行政機関に委ねられているということを、司法が承認することを意味する。一方、憲法訴訟にあっては、右のMarbury判決の判示は、憲法典の文言の意味を裁判所が独自に解釈することに尽きることを示すもののようにみえる。しかし、かつてセイヤーが示していたように、憲法訴訟の複雑性等を前提にすると、合憲性審査の「究極の問いは、何が憲法典の真の意味か、ではなく、立法は維持し得るか否か」となる。[89] つまり、筆者の理解するところでは、司法審査をなし得るということと、その範囲（its scope）とは区別し得るのであって、この場合、裁判所は、憲法典の規定の文言の意味そのものを明らかにするというより、立法が法的にみて合理的基礎があるかどうかを審査する方向へと進むことになるが、それは、先にみた行政訴訟における司法審査とそれほど逕庭はないことになるのではないか、と言うのである。つまり、他の国家機関（連邦議会または行政機関）の法形成的作用が等しく問題となり、それに一定の敬譲を払うことが必要になるかどうか（その行為に合理性があるか否か）という判断が求められる場面では、Marbury 判決の右判示の力は弱まり、当該機関の権能の行使の範囲を適切に確定することが、司法の役割となり得ることを指摘する。「連邦最高裁は、要するに、連邦議会が、非常に広い選択肢の外縁を超えたか否かということを判断するに留まる。……司法による独立した〔法解釈上の〕判断を要求する Marbury 判決は、……正確ではあるものの、憲法訴訟の複雑性を捉えきれていないと言える」[90]。

(88) Marbury v. Madison, 5 U.S. (1 Cranch) 137, 177 (1803).

(89) Thayer, *supra* note 31, at 150（原文はイタリックで強調してあるが右本文では省略）. 憲法規範の意義（meaning）と憲法法理（doctrine）とを区別した上で憲法実践を捉えるアプローチは、ニュアンスに相違があるものの、いくつかの論者によって共有されている。Kermit Roosevelt III, The Myth of Judicial Activism 19-20 (2006). *See, e.g.*, Richard H. Fallon, Jr., Implementing the Constitution 37-38 (2001); Mitchell N. Berman, *Constitutional Decision Rules*, 90 Va. L. Rev. 1 (2004); Lawrence G. Sager, Justice in Plainclothes 86-91, 93-128 (2004).

(90) Henry P. Monaghan, Marbury *and the Administrative State*, 83 Colum. L. Rev. 1, 6, 13-

14. 33-34 (1983). もちろん、合理性審査のような敬譲が求められない場面では、裁判所による独立した憲法解釈による判断が妥当するが、モナハンは、それでも連邦最高裁は憲法の意味を全て語り尽くすのではなく、「憲法政治のシステムの下で、他の意思決定者と、連邦最高裁が継続的な対話（continuous dialogue）を行うことへと歩みを進める」在り方を示唆する。憲法の意味の最終的判断権は連邦最高裁にあるが、他の機関からのインプットを反映することがしばしばあり得る。*See Id.* at 34.

2 社会経済政策領域における立法裁量と司法審査

以上のモナハンの整理には論ずべき点も多いが（特に、先述のZivotofsky v. Clinton判決のように、最近では、行政事件で一見すると「政治問題」の法理が妥当し得る論点であっても、法解釈の問題として司法による専権的処理がなされた例がある）、ここでは少なくとも、社会経済政策の領域における司法審査の出発点が示唆されていることを確認しておきたい。本稿でも確認したように、そもそも「裁量」とは、一定の法的基準を前提にした、ある機関（ここでは立法府）の判断・選択の領域と言うことができるが（本稿Ⅱ1参照）、司法審査の文脈で捉え直すと、それは、憲法上立法作用を託された機関がその権能を適切に行使・判断したか否か、つまり、当該機関に憲法上認められた権能の範囲を超えていないかどうかという審査へと帰着する。アメリカ法の文脈で、「立法裁量」が語られるのは、——全てではないにしても——その権能が憲法上適切な範囲で行使されたことを説明する場面においてであった、と言えるように思われるが[91]、そうだとすると、立法裁量とは、立法機関に認められた「非常に広い選択肢の外縁」（モナハン）の内実を言い換えたものにすぎず、司法審査の文脈で言えば、それは結局、立法府に憲法上認められる権能行使の境界画定を如何に行うかという問いへと集約されるもののように思われる。すなわち、立法裁量として考えるべき問いは、究極的には、憲法典から示される法的基準の実施にあたり、その権限行使の結果を、よりよく達成し得るのは誰なのか、という、憲法の実施（implementation）をめぐる、立法府と司法府との機能分担の問題へと収斂していくように思われる。その際、社会経済政策の領域にあっては、憲法の実施ないし実現可能性を第一義的には民主政（立法府）に託さざるを得ないであろう。しかし一方で、憲法の実施には、憲法的要請等の実体的価値や権限行使の基礎となる事実的根拠への配慮も必要であって、これらを踏まえた権限行使を図ることについて政治部門を措信し難い場合、司法府は踏み込んだ審査を行う必要がある。[92] 本稿のⅢで概観した、「給付」と「規制」をめぐるアメリカの判例展開が、立法府への敬譲を示しつつも、憲法的原理・基本的権利が関わる場合や、規制の実際上の根拠（州際通商への「実質的影響」）が薄弱な場合には踏み込んだ司法審査がなされてきたのは、こうした観点から説明が可能であるように思われる。

（91）一例を挙げると、本文中では言及しなかった連邦社会保障法（Social Security Act）の合憲性が問題となった事案で、次のような言及があった。「裁量を行使し得る、中間地点ないし境界領域が存在する。……裁量は連邦議会に帰属する。その選択が明白に誤っているか、恣意的な権限の行使であるか、熟慮した判断権行使とは言えないものでない限りは」。Helvering v. Davis, 301 U.S. 619, 640 (1937).

（92）*Cf.* John Hart Ely, Democracy and Distrust 158 (1980). 憲法的正義の実現をめぐって、政治部門と司法府との間で「正義希求的（jusitice-seeking）」な協働関係を描こうとしたのが、セイガー（Lawrence G. Sager）である。*See* Sager, *supra* note 89, at 5-10, 19-29.

3　立法権の司法的統制に向けて

このように、本稿はさしあたり、立法裁量の問題について——例えば覚道説のように——「実体的に立法裁量を抽出」するアプローチをとらず、司法審査との関係では、立法府に憲法上認められる権能行使の境界画定を如何に行うかという問いと捉え直した上で、どこまで裁判所による統制が可能かという観点から、社会経済政策の領域に係る立法権統制を構想したい。(93) もとより紙幅も尽き、具体的な検討は他日を期すほかないのであるが、ここでは本稿が概観したアメリカの判例法理に関連して、一部学説で論じられているものから、若干の方向性を示唆したい。

(93)　本稿のさしあたっての帰結は、立法権統制を「裁量」から論じ始めるか、「司法審査」から語るか、という問いに関わるとも言えるかもしれない。行政裁量の文脈ではあるが、当事者による紛争解決という裁判システムを通じた行政裁量の違法性コントロールの観点から、行政庁側の裁量の主張・立証と原告側のそれとの公平性ないし均衡を図ることの重要性を指摘する、藤田宙靖「自由裁量論の諸相」日本学士院紀要七〇巻一号（二〇一五年）七一頁、七九頁以下が興味深い。

〈1〉「給付」の領域への司法審査

ここでも「給付」と「規制」の領域に区別して考えてみたいが、まず「給付」について言えば、福祉権（welfare rights）に関わる判例法理を分析しつつ、この領域での司法審査の在り方を論ずる見解が注目される。リュウ（Goodwin Liu）は、福祉権の哲学的基礎を論じたマイケルマン（Frank I. Michelman）の諸説や政治哲学者のウォルツァー（Michael Walzer）の見解によりつつ、福祉権をめぐる司法審査の可能性を論じている[94]。彼によれば、立法の実体的内容を直截に審査・判断するのではなく、立法府における熟慮の程度（the extent of legislative deliberation）とそれを支え得る民主的正統性（democratic legitimacy）に焦点を当てるアプローチを志向する。具体的には、裁判所の審査はまず、問題となる「給付」を根拠付ける立法の趣旨・目的を同定し、それが、当該「給付」の前提をなす公共的価値を表明する、民主的に熟慮された目的であるか否かを検討する。次に裁判所は、問題となる「給付」に係る規定等が立法の趣旨・目的に一見するとそぐわないとされる場合に、その「給付」は立法府において慎重に検討された政策選択であったか（conscious and considered policy choice）、あるいは、不注意・衝動的な判断の結果であったか、といった手続的観点（立法過程の適正性審査（due process of lawmaking inquiry））からその妥当性を審査する、というものである。理論的により精緻化する必要はあるが、「給付」の実体的内容実現は立法権の領域にあることを前提としつつ、その権限行使の過程を審査するアプローチと言い得る[95]。

(94) *See* Goodwin Liu, *Rethinking Constitutional Welfare Rights*, 61 Stan. L. Rev. 203, 263-264 (2008). *See also* Frank I. Michelman, *In Pursuit of Constitutional Welfare Rights*, 121 U. Pa. L. Rev. 962 (1973); Michael Walzer, Spheres of Justice 64-94 (1983). なお尾形・前掲注（5）『福祉国家と憲法構造』第二章、尾形健「文化的な生活を実現する途」ジュリ一四二二号（二〇一一年）六七頁参照。

(95) 残念ながら本稿に論ずる能力がないのであるが、この発想は、ドイツ連邦憲法裁判所の判例法理として紹介される手続的統制に近いもののような印象も受ける。高橋・前掲注（40）二二三頁以下、松本・前掲注（40）一二〇頁以下、宮地基「立法裁量統制の意義と限界」公法七七号（二〇一五年）一八四頁、一八八頁以下、石塚壮太郎「『生存権』の法的性質」法学政治学論究一一〇号（二〇一六年）一〇一頁、一二五～一二七頁、柴田憲司「生存権の『制約』可能性」戸波江二先生古稀記念『憲法学の創造的展開 上巻』（信山社、二〇一七年）六七七頁、六九八頁のほか、関連して、藤井・前掲注（43）一八六～一八七頁、小林祐紀「アメリカにおける立法記録審査の展開」法学政治学論究九三号（二〇一二年）一九九頁、宍戸常寿「立法の『質』と議会による将来予測」西原博史編『立法学のフロンティア2 立法システムの再構築』（ナカニシヤ出版、二〇一四年）六〇頁、八〇頁も参照。また、福祉権実現について、司法審査や救済の在り方、さらに立法府による人権保障の構想といった諸外国の理論・実践を展望し、比較憲法的考察を行う、遠藤美奈「生存権論の現況と展開」尾形健編『福祉権保障の現代的展開』（日本評論社、二〇一八年）一五頁が注目される。

〈2〉「規制」の領域への司法審査

第二に、「規制」の領域については、ジャクソン（Vicki C. Jackson）による、連邦制をめぐる司法審査のアプローチがある。[96] 彼女は、連邦制下における、州と連邦政府との利益を適切に考量し得る、「適度に敬譲的な司法審査（appropriately deferential judicial review）」の在り方を示す。ジャクソンによれば、連邦最高裁が連邦制に係る憲法的制約を司法的に執行できないと宣言することは、法適用の基本が司法的執行にあると捉えられてきたアメリカ立憲主義下における「法の支配」の理解と深刻な矛盾を来す。一方で、州の利益を第一次的に調整し解決するのは、やはり連邦レベルの政治的プロセスであって、その限りでは、立法府に対し司法府が相当の敬譲を払うことは正当化され得る。しかし、司法審査の可能性と司法府からの異議の表明があり得る余地を確保しておくことは、政治的プロセスが州と連邦の利益の考量をより適切に行う可能性を高めることに寄与するかもしれない。ボビット（Philip Bobbitt）が指摘するように、「〔司法府から異議を表明する判断が示され得るということは〕判例法理の重大な転換ということではなく、同輩たる憲法上のアクターに対する合図（cue）、すなわち、州の擁護者としての連邦議会という伝統的役割を刷新することを、連邦議会に動機付けるものである。それは、立法それ自体を違憲にするという脅しというより、より強固な連邦制を保持するための、合衆国憲法の異なる解釈への議論を提示するものである」[97]。このように連邦制に関する司法審査の論拠を整理した上で、ジャクソンは具体的な司法審査の在り方に言及するが、本稿との関係で言えば、州際通商条項のように連邦政府が私人の活動を規制する領域にあっては、「必要かつ適切」条項に依拠しつつ「よりプロセス指向的な、議論促進的な法理（a more process - oriented, deliberation - forcing form of doctrine）」を目指す。具体的には、裁判所は、問題となる規制について、（1）それが連邦議会に憲法上授権された権限の行使として正当化できるかを問い、（2）当該規制が列挙された権限との関係性が明らかでないときは、当該規制が、連邦議会の権限を行使する上で「必要かつ適切」なものとして正当化し得るかどうかを判断すべく、連邦議会が依拠した立法事実等を審査する、というものである。州際通商の司法審査について言えば、司法府の役割は、連邦議会が既存の権限行使の領域を超えて行動した場合、連邦議会に、それを真摯に再考させ、かつ、州際通商に実質的に影響を与え得る私人の活動をめぐる問題を解決する上で連邦法が必要であることの合理的根拠を、確かなものとさせることにある[98]。連邦制を前提とする判断組みではあるが、リュウの見解と同じく立法過程に注目しつつも、規制権限の憲法的正当性を問い、よりよき立法過程への〝cue〟を志向する司法審査の在り方を追究する点が注目される。

(96) Vicki C. Jackson, *Federalism and the Uses and Limits of Law*, 111 HARV. L. REV. 2180, 2223-2228 (1998).
(97) *See* BOBBITT, *supra* note 36, at 194.
(98) Jackson, *supra* note 96, 2230, 2236-2246.

Ⅴ　結びに代えて

以上、社会経済政策の領域における立法裁量と司法審査をテーマに、日米の議論を検討しつつ論を進めてきた。本稿の暫定的な結論は、立法裁量の問題を「実体的に」把握するアプローチを採らず、司法審査との関係では、立法府に憲法上認められる権能行使の境界画定を如何に行うかという問いと捉え直した上で、どこまで裁判所による統制が可能かという観点から、社会経済政策の領域に係る立法権統制を構想する、というものであった。

憲法は憲法的価値実現のため、それにふさわしい役割をそれぞれの国家機関に委ねたものと解されるが、「基本的人権の保障をはじめとする憲法価値の最終的な実現は、国民の関与を得ながら、憲法上の国家機関相互の協調と抑制の均衡の上に図られなければならない」[99]。立法作用の実現を託された立法府の権能行使が、憲法的観点からみて「信頼」に値するか否か——「国家機関相互の協調と抑制の均衡」を図るために、裁判所が「一歩前に出る」司法であり続けることは[100]、複雑な社会経済状況に対処することが求められる現代国家にとって、重要な課題であるように思われる。

(99) 土井真一「憲法判断の在り方」ジュリ一四〇〇号(二〇一〇年)五一頁、五六頁、同「違憲審査の対象・範囲及び憲法判断の方法」同編『憲法適合的解釈の比較研究』(有斐閣、二〇一八年)二一三頁、二六七頁。

(100) 泉・前掲注(8)『一歩前へ出る司法』iii頁、同・前掲注(11)一五三頁。

比例原則の意義と問題点——ドイツ流の比例原則を手がかりにして

松本和彦

Ⅰ　はじめに

比例原則は、現在、世界のかなり広範囲の法域において受容され普及していると言われる。イスラエルの最高裁長官も務めたエルサレム・ヘブライ大学のアーロン・バラク（Aharon Barak）によれば、比例原則はドイツを起点にして、そこから欧州共同体・欧州連合や欧州人権条約を経由し（あるいは直接に）欧州諸国に伝播するとともに、カナダ・イスラエル・南アフリカといった非欧州諸国にも継受されていき、さらには、ニュージーランド・オーストラリアといったオセアニア諸国、香港・韓国・インドといったアジア諸国、コロンビア・ペルー・メキシコ・チリといった南米諸国にも受け容れられていることが認められるという。(1) つまり、実定的な法原則としての比例原則は、ドイツに起源を有し、かつそこから世界の各地に伝えられ、それぞれの法域に見合った変容を被りつつも、一般的な法原則として普及していったというのである。

このことは、比例原則の起源とされるドイツの側からも、ドイツ流の比例原則のグローバル化を示すものと理解されている。(2) 世界各地の比例原則は、ドイツのそれが現地において花開いたものだという理解である。もちろん、法の継受が一般に母法をそのまま受容するものではないように、各国や各法域で展開される比例原則が、ドイツの比例原則をまるごと受け容れているわけではない。拡散は必ずしも収斂に向かうものではなく、文脈の諸条件の在りように応じて、異なる方向に展開していくこともある。(3) 例えばカナダでは、ドイツで言うところの相当性原則よりも必要性原則（両原則については後述する）に焦点を合わせる形で比例原則が理解されている。(4) 比例原則を受け容れた他の諸国や法域も、多かれ少なかれドイツとは異なった傾向を示しており、その意味でドイツ流比例原則のグローバル化の実相は、法のドイツ化現象というより、様々な比例原則の在りようを各地で自覚させたところにあるのではないかと思うのである。

本稿においては、比例原則にバリエーションがあるということに留意しつつも、ドイツの比例原則が一つの理念型を提示したものと受け止め、その理念型を明確化することに努めるとともに、ドイツ憲法学の内部においても、比例原則をめぐる批判的検討が積み重ねられていることを示して、比例原則の重層的理解に貢献したいと思う。その上で、日本の憲法の視点から比例原則を考察し、日本法においても比例原則が果たしている（あるいは果たすべき）役割を考えてみたい。ドイツの比例原則に関する研究は、翻訳によるそれも含めて、質量ともにすでにかなりの充実ぶりを示しているが[5]、本稿は、比例原則のグローバル化という文脈の下で、ドイツ流比例原則の意義と問題点を今一度洗い出し、日本法の文脈に照らして再検討しようとするものである。

（1） *Aharon Barak*, Proportionality, 2012, 182.

（2） *Johannes Saurer*, Die Globalisierung des Verhältnismäßigkeitsgrundsatzes, Der Staat 2012, S. 3ff.; *Christoph Knill / Florian Becker*, Divergenz trotz Diffusion?, Die Verwaltung, 2003, S. 447ff. ライナー・ヴァール（Rainer Wahl）は、比例原則が「ヒット輸出品」になったと述べる。*Rainer Wahl*, Der Grundsatz der Verhältnismäßigkeit, in: FS T. Würtenberger, 2013, S. 823.

（3） *Knill / Becker* (Anm. 2), S. 481.

（4） *Dieter Grimm*, Proportionality in Canadian and German Constitutional Jurisprudence, University of Toronto Law Journal 57, 2007, p. 383; 佐々木雅寿「カナダ憲法における比例原則の展開」北法六三巻二号（二〇一二年）六五四頁。

（5） さしあたり、青柳幸一「基本権の侵害と比例原則」芦部信喜先生還暦記念『憲法訴訟と人権の理論』（有斐閣、一九八五年）五九九頁、K・シュテルン『ドイツ憲法II 基本権編』（信山社、二〇〇九年）三〇五頁、柴田憲司「憲法上の比例原則について（一～二・完）」新報一一六巻九・一〇号一八三頁、一一六巻一一・一二号一八五頁（二〇一〇年）、松本和彦「ドイツの比例原則の普遍性と特殊性」比較七五号（二〇一三年）二二八頁参照。

II　比例原則の理念型

1　比例原則の基本枠組み

〈1〉 憲法原則としての比例原則

比例原則が憲法原則であること、しかもそれが基本権を保障するための重要な道具概念であることは、今日のドイツの憲法解釈学にとって、とりわけドイツの基本権ドグマーティクにとって、自明であるようにみえる。しかし、ドイツの憲法（すなわち、ドイツ連邦共和国基本法、以下では単に「基本法」という）には、比例原則を明示する規定はないし、それを前提とした条文構成にもなっていない。[6] ドイツにおいて比例原則が現在のような姿になったのは、いくつかの歴史的条件が積み重なった結果だと言える。

そもそも比例原則的な思考は古くからあり、その源流はギリシャ・ローマ時代に遡ると言われる。[7] しかしそれがドイツにおける法原則として確立していくのは、一九世紀の警察法領域における発展の成果である。[8] いわゆる警察比例の原則の確立である。これは、警察が公共の安全秩序の維持のため、危害の発生（またはそのおそれ）がある場合にのみ、公権力の発動が許されるとともに、公権力の発動が許される場合であっても、その権力行使は必要最小限度でなければならない、とする法原則であった。

この警察法上の法原則が、第二次世界大戦後、新設された連邦憲法裁判所の判例の展開を通じて、憲法原則でもあるという理解として定着する。[9] 憲法原則としての比例原則は、先にも述べたように、明文で規定されているわけではないものの、基本法上にいくつかの手がかりがあるため、そこに依拠する形で、例えば、統治機構上の諸関係を規律する際にも用いられたが、主たる適用領域は公権力と個人の自由が対峙する基本権制約の領域であった[10]。基本法上の基本権は、明文の規定（基本法一条三項）によって、立法者をも拘束すると定められている。基本権は、一部の例外を除いて、無制約の権利ではないため、立法者による基本権制約を受け容れるのだが、その立法者が基本権によって拘束されるため、立法者といえども無制約の基本権制約は許されない。立法者の基本権制約も制約される。このジレンマに対処するための手立てが比例原則である。「基本権は、基本権に介入する行政行為を法律に基づいてのみ認めている」。これは「基本権が行政を法律の留保によって拘束しているということである」。「しかし、立法の基本権による拘束の下においては、基本権の法律の留保は、基本権の比例的法律の留保となっている。基本権は、法律の留保によって法律の根拠のない基本権介入的行政作用を禁止してきたし、今も禁止しているが、比例的法律の留保によれば比例的でない基本権介入的法律を禁止する」[11]。法律による基本権の制約は、基本権を制約する法律自体が比例原則に適っているという条件の下でのみ、憲法上許されるというのである[12]。

（6）ただし、例えば、基本法一一条二項が「移転の自由」について、「この権利は……連邦若しくはラントの存立若しくは自由で民主的な基本秩序に対する差し迫った危険を防止するために必要な場合、伝染病の危険、自然災害若しくは特に重大な災害事故に対処するために必要な場合、少年が放置されないように保護し、若しくは犯罪行為を防止するために必要な場合にのみ、これを制限することが許される」と規定していることから推論して、「必要な場合にのみ……制限することが許される」とする発想の前提には比例原則があると解すべきであるとされる。

（7）*Franz Wieacker*, Geschichtliche Wurzeln des Prinzips der verhältnismäßigen

Rechtsanwendung, in: FS R. Fischer, 1979, S. 867.

（8） *Klaus Stern*, Zur Entstehung und Ableitung des Übermaßverbots, in: FS P. Lerche, 1993, S. 165 (168); 高木光「比例原則の実定化」芦部信喜先生古稀祝賀『現代立憲主義の展開（下）』（有斐閣、一九九三年）二一五頁。

（9） *Stern* (Anm. 8), S. 172によれば、連邦憲法裁判所は、一九五一年九月に活動開始してすぐ、すでに最初のいくつかの判決で比例原則の諸側面に触れていたが、一九五四年に初めて明示的に比例原則に言及したという。

（10） 青柳・前掲注（5）六〇四頁、柴田・前掲注（5）（一）二〇三頁。

（11） B・ピエロート／B・シュリンク／Th・キングレーン／R・ポッシャー『現代ドイツ基本権〔第二版〕』（法律文化社、二〇一九年）八九～九〇頁。

（12） 松本和彦「基本権の制約と法律の留保」栗城壽夫先生古稀記念『日独憲法学の想像力 上巻』（信山社、二〇〇三年）三七一頁。

〈2〉原則・例外思考

比例原則は基本権保障と基本権制約の二項対立を調停する機能を果たす。基本権保障と基本権制約が矛盾を来さないようにするためには、比例原則を媒介にして、両者を適切に関係付ける必要がある。この関係付けを導く考え方として、しばしば原則・例外（Regel-Ausnahme）思考の様式が持ち出される。原則・例外思考とは、カール・シュミット（Carl Schmitt）が彼の主著『憲法理論』において提唱した「配分原理（Verteilungsprinzip）」を基礎に置いた考え方である。それは「個人の自由の領域が国家以前に与えられたものとして前提され、しかもこの領域への国家の侵入の権能は原理的に限定されているのに対して、個人の自由は原理的に無限定である[13]」（傍点は原文）とする原理である。この配分原理から、自由に対して「国家は原理的に可測的な範囲に限り、規律された手続においてのみ侵害しうる」[14]とする命題が導き出される。この命題により、原則である自由が例外的に制約できるのは、比例原則に適う場合であるとの解釈が出てくるのである[15]。

しかし、自由が原則で自由の制約が例外とみなす思考は、古典的自由主義に偏った思考であるとみることもできる。自由の制約が望ましい場合もある（それが別の自由の保障のために必要とされる場合もある）ことを思えば、自由の制約を単に例外とみなすのは単純に過ぎる。そこでこの配分原理を再解釈する者が現れる。例えばシュリンク（Bernhard Schlink）によれば、「自由の行使は原理的に正当化される必要がないのに対して、自由の制約は正当化されなければならない上、その際の正当化の可能性は限定されている」[16]という。この再解釈によれば、正当化の論証責任が、自由の側ではなく、自由を制約する側にあるとする理解になる。

同様の読み替えはフォン・アーナウルト（Andreas von Arnauld）も行っている。彼によれば、基本法における自由と自由の制約の関係は「動態的で実質的な原則・例外関係[17]」とされる。こうした理解によれば、自由は改めて根拠付ける必要がないのに対して、国家による自由の制約には、それを根拠付ける義務が課されることになる[18]。シュリンクが言うところの論証責任が根拠付け義務に代わっているものの、いずれにしても、そのような責任・義務は自由を制約する国家の側にだけ課せられている。そして比例原則がこの責任・義務を果たすために用いられると言うのである。

(13) C・シュミット『憲法理論』（創文社、一九七二年）一五九頁。
(14) シュミット・前掲注（13）二〇三頁。
(15) もっとも、柴田・前掲注（5）（二）二〇九頁は「少なくとも（とりわけ『均衡性の原則』（衡量）を構成要素とする）今日の判例・通説における比例原則の背後にシュミットの『市民的・法治国的配分原理』があるとみなすことには、ややミスリーディングの難がある」と述べる。

(16) *Bernhard Schlink*, Freiheit durch Eingriffsabwehr, EuGRZ 1984, S. 457 (467).

(17) *Andreas von Arnauld*, Die normtheoretische Begründung des Verhältnismäßigkeitsgrundsatzes, JZ 2000, S. 276 (280).

(18) *Andreas von Arnauld*, Die Freiheitsrechte und ihre Schranken, 1999, S. 38f; *ders.*, Zur Rhetorik der Verhältnismäßigkeit, in: Matthias Jestaedt / Oliver Lepsius (Hrsg.), Verhältnismäßigkeit, 2015, S. 276 (281).

〈3〉目的・手段図式

原則・例外思考によれば、基本権保障とは、基本権制約の正当化の保障である。基本権制約は正当化されなければならない。この正当化の際に比例原則が用いられる。どのように用いられるのかというと、それは、基本権制約を目的達成のための手段と捉えて、目的・手段の関係（Zweck/Mittel-Relation）を問う手法である。すなわち、「審査されなければならないのは、目的が手段の投入を正当化するかどうかである」[19]。基本権を制約する国家行為を目的・手段の図式にあてはめ、当該手段が目的合理性（Zweckrationalität）を有しているかどうかを問うのである。

国家行為を目的・手段図式にあてはめ、手段の目的合理性を審査することが、基本権保障にとって自明の前提であるとみなすことはできない。そもそも国家行為を目的・手段図式で捉えきることができるのかといった問題は一旦度外視し得たとしても、国家行為の目的合理性だけに焦点を当てて審査することが本当に基本権保障に資するのか、疑ってみることには道理があると思われる。[20] しかしここでは、この本質的な問いもひとまずおいて、逆に、手段の目的合理性審査の意義について考えてみたい。手段の目的合理性に焦点を当てて基本権制約の妥当性を検討することに、どのような意義があるのかについて考えてみたいのである。

比例原則を用いるということは、基本権制約の目的に照らして、当該基本権制約が手段として正当化できるかを問うということである。基本権制約の目的は、通常、立法者によって与えられている。何のために基本権を制約するのかという理由は、立法者により調達される。立法者が設定した制約目的（例えば、ある害悪の発生を防止しなければならないとする規範命題）の達成のために、何らかの手段が投入されることになったとき、その手段が過剰であるとみなされたら（すなわち、比例原則に適っていなければ）、手段が目的を飛び越えることになってしまう。[21] それは合理的とは言えない。合理的とは言えない手段は排除しなければならない。このような推論が手段の目的合理性審査の場で行われる。

ここでは、立法者によって設定された目的が基礎にあって、この目的に照らして手段が統制される。この場合、仮に手段が目的を超えるという理由で排除されたとしても、立法者が当該手段を手直しし、目的の枠内にとどまる手段を再度用意すれば、基本権制約それ自体は許されることになる。つまり、比例原則は立法者による基本権制約を全否定せず、修正の余地を残すものになっている。もちろん、目的達成のための手段は当該手段しかないという事情があれば、当該手段の否定はそのまま基本権制約の否定を導くが、[22] こうした事態は通例とは言えないとする理解が比例原則を支えている。このことがまた、政治部門と司法部門の正面衝突のリスクを緩和しているとも言える。

(19) *Lothar Michael / Martin Morlok*, Grundrechte, 6. Aufl., 2017, S. 303.

(20) *Wieacker* (Anm. 7), S. 878ff.

(21) *Detlef Merten*, Verhältnismäßigkeitsgrundsatz, in: Detlef Merten / Hans-Jürgen Papier (Hrsg.), HGR, Bd. 3, 2009, S. 517 (540).

(22) 他方で、手段と目的がマッチしないのは、手段に問題があるのではなくて、設定された目的が真の目的ではなく、真の目的を隠蔽するための口実にすぎなかったためであるという場合も考えられる。アメリカでは、このような場合に、手段と目的の関連性を厳格に問うことで、立法者の不当な動機を炙り出す動機審査（大林啓吾「動機審査」山本龍彦＝大林啓吾編『違憲審査基準』（弘文堂、二〇一八年）一八九頁）が行われることもあるとされる。目的が不当だとして否定されるのなら、基本権制約も当然に否定されざるを得ない。このような動機審査は比例原則を用いた審査にも応用可能である。柴田憲司「比例原則と目的審査」新報一二〇巻一・二号（二〇一三年）二一四頁参照。

2　比例原則の法構造

比例原則は基本権制約を目的・手段図式で捉えた上で、目的達成のための手段として正当化できるか否かを審査するものである。その法構造は段階をなしており、各段階において一つひとつ論証を積み重ねながら、基本権制約の正当化（あるいは、基本権制約の正当性の論駁）を行うという過程になっている。したがって、各段階の正当化過程の構造を分析すれば、比例原則の法構造を解明することができる。

比例原則を構成する段階は、五つであると言うものもあれば、[23] 四つであると言うものもあるが、[24] オーソドックスな捉え方によれば三つである。[25] この三つは比例原則の部分原則を構成するものでもある。すなわち、適合性原則（Geeignetheit）、必要性原則（Erforderlichkeit）、相当性原則（Angemessenheit）である。最後の相当性原則については、後述するように、一部に異論はあるが、この一部の異論を別にすれば、判例・通説において概ね一致して受け容れられている。また、この部分原則を表現する用語について、必ずしも統一されているわけではないものの[26]、以下では、適合性、必要性、相当性に統一して用いる。なお、四つだとする説によれば、上記三つの部分原則に加えて、正当目的（legitimer Zweck）の検討段階が入り、五つだとする説によれば、さらに受忍可能性（Zumutbarkeit）の検討段階が加わる。

　比例原則の審査の際に、まず、基本権制約の目的の正当性を論証しておかなければならないと主張するのは、ある意味、当然のことである（目的審査）。目的が不当だと、目的・手段図式によって構造化される比例原則は、その前提を欠くことになってしまう。ただ、理論上は必要不可欠とされる独立した目的審査が、それ単独で果たす役割は実際上必ずしも大きくない[27]。

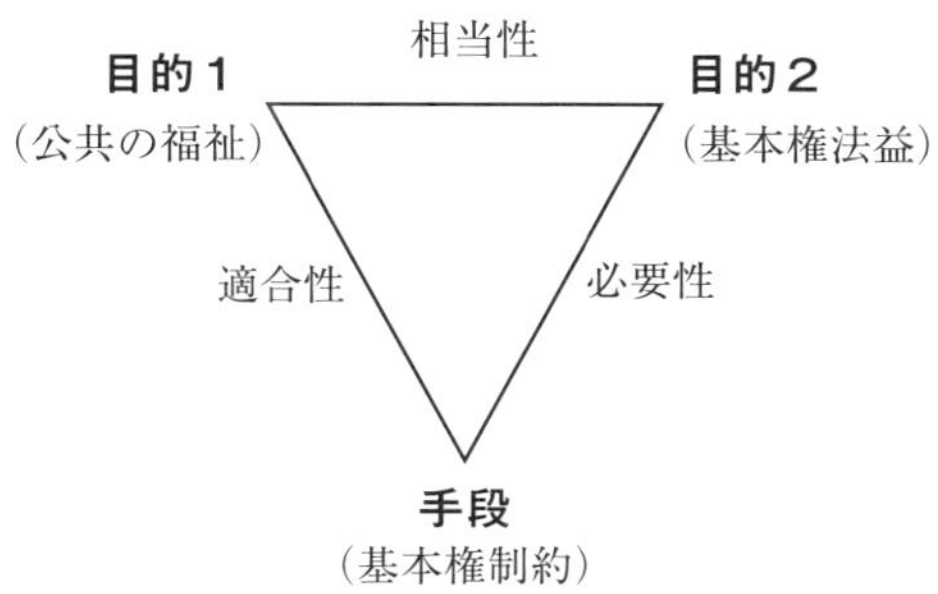

図表：比例原則の法構造

　また、受忍可能性の検討段階を設けるべきとの主張は、適合性、必要性、相当性の部分原則をクリアした後も、なお残る疑念を排除するための「個別事案の正義の基準」[28]が要るとの主張である。目的・手段図式では捉えきれない基本権問題があり得ることを思えば、その主張には理解できるところもないではない。しかしその輪郭が不明瞭なこともあって、やはり実際上の役割は大きくない[29]。

　したがって、比例原則の法構造を簡潔に表すとすれば、基本権制約が正当目的を追求するものであることを前提に、それが目的達成のための手段として、適合性、必要性、相当性を有することを論証させる段階構造であると描写できる。韓国人のイ・ジュンイル（Yi Zoonil）はこの法構造を前頁のような解明図を使って説明している。[30]

前頁の解明図は三つの部分原則の関係を一目で理解させてくれる。すなわち、適合性とは、目的1の達成にとって手段が有用なものでなければならないという意味であり、必要性とは、目的2を毀損する手段は必要最小限度でなければならないという意味であり、また、相当性とは、目的1と目的2が互いに均衡していなければならないということを意味する。

柴田憲司も比例原則の法構造を説明するためにイ・ジュンイルの解明図を借用する。[31] イ・ジュンイルと柴田という二人の（ドイツ人ではないという意味での）外国人が、解明図で比例原則を描写していることは極めて興味深い。というのも、この解明図によって、余剰をそぎ落とした純粋な理念型としての比例原則が提示でき、かつ、ドイツという文脈を超える比例原則が定立できたと思えるからである。おそらく外国人にとっては、文脈に依存しない理念型の定立が魅力的に映るのだろう。

(23) *Merten* (Anm. 21), S. 546.

(24) *Christian Bumke / Andreas Voßkuhle*, Casebook Verfassungsrecht, 7. Aufl., 2015, S. 35.

(25) *Michael / Morlok* (Anm. 19), S. 307.

(26) 適合性は目的有用性（Zwecktauglichkeit）、必要性は不可欠性（Notwendigkeit）、相当性は均衡性（Proportionalität）あるいは狭義の比例性（Verhältnismäßigkeit im engeren Sinne）といった呼ばれ方（ほかにもある）をされることもある。

(27) 柴田・前掲注（22）二一八頁。

(28) *Fritz Ossenbühl*, Freiheit, Verantwortung, Kompetenz, 1994, S. 274.

(29) *Philipp Reimer*, Verhältnismäßigkeit im Verfassungsrecht, ein heterogenes Konzept, in: Matthias Jestaedt / Oliver Lepsius (Hrsg.), Verhältnismäßigkeit, 2015, S. 60 (72).

(30) *Zoonil Yi*, Das Gebot der Verhältnismäßigkeit in der grundrechtlichen Argumentation, 1998, S. 131. ただし、イ・ジュンイルは「相当性」の代わりに「均衡性」の語を用いて説明している。

(31) 柴田・前掲注（5）（一）一九四頁。

Ⅲ　アレクシー学派による比例原則の精緻化

1　アレクシー学派の戦略

一方、当のドイツにおいても、ドイツという文脈を超えた比例原則の定立に関心を寄せる者がいる。ロベルト・アレクシー（Robert Alexy）を中心とする研究者集団・アレクシー学派の面々である。アレクシーがキール大学を拠点に活躍したことから、キール学派（Kieler Schule）と呼ばれることもある。アレクシー学派にとって、比例原則はドイツ国内で展開されるドメスティックな法原則にとどまるものではなく、ヨーロッパ法[32]は言うに及ばず、世界の各国法や国際法にも受容可能なグローバルな法原則として確立されるべきものと認識されている[33]。

アレクシー学派に属するクラット（Matthias Klatt）とマイスター（Moritz Meister）は、「ユニバーサルな憲法原理としての比例原則」と題した論文において、次のように述べている。「とりわけ過去二〇年の間に、全世界の多くの法秩序において、比例原則がまさにドラマチックに普及したことが認められる。比例原則は、リベラル・デモクラシーにおいて、全世界に及ぶ基本権統制の中心的な審査基準になったと言われる。それは『合憲性のユニバーサルな基準』と呼ばれ、『グローバル立憲主義の基礎』とみなされる」。(34) クラットとマイスターは、グローバル立憲主義を確立するためには、「トランスナショナルに妥当する公法の構造メルクマール」を探究する必要があると主張しており、比例原則が「そうした本質的構造要素」になるとみている。(35) こうなると、比例原則はもはやローカルな基準のままでよいというわけにはいかず、「グローバル立憲主義の統一言語(36)」として理論的にも洗練させていかなければならないということになる。そこでアレクシー学派は、アレクシーの原理理論（Prinzipientheorie）に依拠して、比例原則の精緻化を図ろうとしている。アレクシーの原理理論は日本でも広く紹介されているが(37)、ここでは必要な範囲内でのみ言及する。

（32） 基本法と異なり、EU条約五条一項および四項、並びにEU基本権憲章五二条一項には、比例原則が明記されていて、それがEUの法原則であると明示されている。
（33） 松原光宏「ドメスティック・グローバルモデルとしての比例性原則」法哲二〇一〇（二〇一一年）一七六頁。
（34） *Matthias Klatt / Moritz Meister*, Verhältnismäßigkeit als universelles Verfassungsprinzip, in: Matthias Klatt (Hrsg.), Prinzipientheorie und Theorie der Abwägung, 2013, S. 62 (63).
（35） *Matthias Klatt / Moritz Meister*, Der Grundsatz der Verhältnismäßigkeit, JuS 2014, S. 193 (194).
（36） *Klatt / Meister* (Anm. 34), S. 104.
（37） 柴田・前掲注（5）（二）二一七頁、松原・前掲注（33）一七六頁のほか、さしあたり、早川のぞみ「アレクシーの原理理論をめぐる近年の議論展開」法学七七巻六号（二〇一三年）九二九頁、長尾一紘『基本権解釈と利益衡量の法理』（中央大学出版部、二〇一二年）、渡辺康行「憲法学における『ルール』と『原理』区分論の意義」栗城古稀・前掲注（12）一頁だけを挙げておく。

2　アレクシーの原理理論と比例原則

原理理論の出発点はルール（Regel）と原理（Prinzip）の区別にある。[38] ルールとはあるものを確定的に要求する規範であり、確定的命令であるのに対して、原理とは事実的・法的可能性と相関して、あるものをできる限り高い程度において実現するよう要求する規範であり、最適化命令（Optimierungsgebot）であるとされる。ある規範がルールであれば、充足されるか否かの二者択一の判断になるため、ルールの適用形式は包摂になる。これに対して、ある規範が原理であれば、その原理が実現されるかどうかは、別の対抗原理との相関において決まる。それ故、原理の適用形式は比較衡量になる。アレクシーによれば、ルールと原理の区別は質的な区別であって、両者の違いを程度問題に解消してはならないとされるが、[39] ルールの妥当性を支えているのは原理なので、結局、全ての規範は最適化命令としての原理を基礎にしているということになる。

さらに、基本権は本質的に原理の性格を持つ権利として解釈されなければならないという。[40] 原理と原理の対抗は比較衡量によって解決されなければならないため、基本権が原理であるのなら、別の対抗原理と衝突したときは、両原理を比較衡量して均衡点を見出さなければならない。こうして「原理と比例性の必然的な結合」[41] が語られることになる。あるいは、「原理の性格は比例原則を含意し、かつ、比例原則は原理の性格を含意する」[42] と言われる。先のイ・ジュンイルの解明図で言えば、目的1と目的2の衝突がみられるときは、両者を衡量し、両原理をできる限り実現するよう努めなければならないという最適化命令が課されるのである（相当性原則の適用）。これは法的可能性との相関に関わるが、事実的可能性との相関と関わって、最適化命令は、目的1と手段の適合性を要請し（適合性原則の適用）、目的2と手段の必要性を要請する（必要性原則の適用）。かくして原理理論によって、三つの部分原則から構成される比例原則が理論的に解明されるのである。

もっとも、原理間の比較衡量（相当性原則の適用）の過程が不明確・不透明であるとの批判を受けて（ちなみに、この批判は原理理論に固有の批判というより、比較衡量一般に対する批判である）、アレクシーは、比較衡量の過程を合理化するための衡量法則として、自らの側で重み付け定式（Gewichtsformel）と名付けた数式を提示した[43]。その精緻な内容をここで説明することは紙数と能力の関係で避けるが、敢えて一言で言えば、ある原理の犠牲の程度が大きければ大きいほど、別の原理を実現する重要度が大きくなければならないという Je-desto 定式の形をとるものである。相当性原則の適用は、この重み付け定式により、かなりの程度において合理化されるという。これに加えてアレクシーは、比較衡量の外枠で法的論証理論[44]を構想し、法的根拠付けを合理化しようと試みている。

(38) *Robert Alexy*, Theorie der Grundrechte, 1985, S. 71ff.

(39) *Alexy* (Anm. 38), S. 75.

(40) *Robert Alexy*, Grundrechte, Demokratie und Repräsentation, Der Staat 2015, S. 201 (202). ロバート・アレクシー（松原光宏訳）「基本権・民主制・代表」法時八七巻三号（二〇一五年）六一頁。

(41) *Robert Alexy*, Grundrechte und Verhältnismäßigkeit, in: FS E. Schmidt-Jorzig, 2011, S. 3 (4).

(42) *Alexy* (Anm. 38), S. 100.

(43) *Robert Alexy*, Die Gewichtsformel, in: GS J. Sonnenschein, 2003, S. 771ff.

(44) *Alexy* (Anm. 38), S. 498ff.; vgl., *ders.*, Theorie der juristischen Argumentation, 2. Aufl., 1991.

3 原理理論の挫折？

アレクシーはもともとドイツの実定憲法である基本法のための基本権理論を構想しようとしていた[45]。それは一般理論の構想ではあったが、決してグローバルで普遍的な理論の構想ではなかった。ところが、その理論の汎用性の高さが多くの注目を惹きつけた結果、基本法の基本権理論に落ち着くことができなくなってしまう。

アレクシー学派において、原理理論は「衝突する権利と利益の秩序付けられた考慮と合理的な衡量」に理論的基礎を与え、衡量を通じた事案解決に対し、高度の「根拠付け合理性」を付与することに成功したと理解されている[46]。この理論が「事案処理にとって大きな効用[47]」を有すると考えられたことも理解できないわけではない。しかし、「全てを説明する理論の効用について[48]」疑義が生じるのもまた自然なことである。原理理論の批判論[49]をここで検討することは控えるが、敢えて原理理論の抱える問題点を以下において一つだけ指摘しておきたい。

原理理論は、当初の意図とは違ったのかもしれないが、結果的にグローバルで普遍的な理論の追求に走った。しかし理論の精緻化が進むにつれて、理論内部で抱え込むことのできる不整合性[50]の許容度がますます小さくなってきている。そうして、グローバル志向とは裏腹に、原理理論は内向性の度合いを強めていき、学派内部での細かい意見調整に四苦八苦するようになっている。学派内部での重要問題が、学派外部では軽視（たいていは無視）されつつある。また、「グローバル立憲主義の統一言語」になることを期待された比例原則も、原理理論においては、エスペラントのような人工言語として扱われているようにみえる。そのためなのか、比例原則の精緻化は内輪受けの議論に向かいつつある。もちろん、原理理論は今もなお魅力的な理論である。しかし、それが比例原則の普遍化を推進する見込みは、あまり大きくないと言わざるを得ない。

(45) *Alexy* (Anm. 38), S. 21.
(46) *Martin Borowski*, Grundrechte als Prinzipien, 3. Aufl., 2018, S. 333.
(47) *Daniel Couzinet*, Die Prinzipientheorie der Grundrechte, JuS 2009, S. 603.
(48) *Jan Henrik Klement*, Vom Nutzen einer Theorie, die alles erklärt, JZ 2008, S. 756.
(49) *Ralf Poscher*, Theorie eines Phantoms – Die erfolglose Suche der Prinzipientheorie nach ihrem Gegenstand, RW 2010, S. 349ff.; *ders.*, Einsichten, Irrtümer und Selbstmissverständnis der Prinzipientheorie, in: Jan-R. Sieckmann (Hrsg.), Die Prinzipientheorie der Grundrechte, 2007, S. 59ff.; *Matthias Jestaedt*, Die Abwägungslehre, in: FS J. Isensee, 2007, S. 253ff.
(50) 原理理論に当初からあった矛盾の一つとして、形式的・手続的原理の組込みが指摘される（これについては、毛利透「アレクシーの原理理論における形式的原理と立法裁量」辻村みよ子先生古稀記念『憲法の普遍性と歴史性』（日本評論社、二〇一九年）八一頁参照）。例えば、アレクシーは形式的・手続的原理の一つとして立法裁量の尊重を挙げたが、これも原理であると位置付けて、実体的な原理間の比較衡量の過程に組み込もうとした。しかし、そこには無理があるとの指摘が、アレクシー学派の内部からも寄せられていた。

Ⅳ ドグマーティク批判のなかの比例原則

ドイツ流比例原則の普遍化戦略をひとまず脇に置くとしても、比例原則がドイツ基本権ドグマーティクの「中心的な構成部分」[51]であることに変わりはない。基本権ドグマーティクの発展にとって、比例原則はなくてはならない原動力であったし、比例原則の側においても、それが基本権ドグマーティクの中に位置付けられたおかげで、現在の正統な地位を獲得し得たと言える。しかし一部には比例原則が過剰評価されているとの指摘がある。また、比例原則を「中心的な構成部分」とするドグマーティク自体の過大視も咎められている。その代表として、ここではオリヴァー・レプシウス（Oliver Lepsius）の見解にだけ着目する。

レプシウス曰く、「特にドイツの文献を見ると、比例性の要点はユニバーサルに使える原則にあるという印象を受けることもある」[52]とされる。この言葉がアレクシー学派を念頭に置いたものなのかどうかはわからないが、彼がアレクシー学派と対極にいることは確かである。レプシウスも比例原則の効用を認めないわけではない。ただ、比例原則の限界にも目を向けるよう注意喚起するのである。

レプシウスが比例原則の限界として挙げるのは、次の八つである。[53] ①関係付けのできない法的問題（特に租税法問題）は、目的・手段図式にあてはめることができないため、比例原則が使えない。②一般条項の適用の場面も、目的・手段の特定ができないため、比例原則は使えない。③将来予測を要する場面も、仮定に基づく議論しかできないため、比例性審査の適性に欠ける。④立法事実の検討を迫られる場合も、司法による比例性審査は困難になる。⑤基本権と公益の衡量の場面など、比較衡量の適性のない法益も存在する。⑥法律が相互に矛盾する目的・手段を設定した場合も、目的・手段図式にうまくあてはめることができない。⑦

同様に、法律が妥協の産物であった場合も、目的・手段図式へのあてはめは困難である。⑧何が立法者によって設定された目的なのか確定困難な場合も、目的・手段図式へのあてはめは困難である。当たり前のことであるが、比例原則は万能ではない。だからこそ、比例原則とは別の代替手法（例えば、平等原則や明確性の原則）の利用可能性も検討せよ、という提言が、当然のこととして受け止められるのである。

さらにレプシウスは「個別事例のカズイスティク（決疑論的）な統制」も適切とされる場合があると指摘する。[54] そもそもドグマーティクは、カズイスティクと決別して成立している。しかしレプシウスは、ドグマーティクへのこだわりがかえって合理性の喪失を招く結果になっていると言う。[55] ドグマーティクがもたらす合理性喪失の問題とは、第一にヒエラルヒー問題（ドグマーティクは法定立権限が様々であることを無視している）であり、第二に拘束問題（ドグマーティクは法定立権限者の拘束の程度が様々であることも無視する）であり、第三にシステム問題（ドグマーティクは法秩序の統一性にこだわってしまう）であり、第四に時間問題（ドグマーティクは文脈を軽視し、時間の限界を知らない）であるという。

ドグマーティクによる脱文脈化の傾向に対しては、むしろ逆に文脈化の要請を対置する。[56] それ故、アメリカ流の判例法の手法（例えば、distinguishing の手法）に学び、[57] カズイスティクのための取扱いルールを発展させるべきだとされる。同様の見地に立ち、レプシウスは、「ドイツの国法学はアメリカの法学から何を学ぶことができるか」[58] と題した論考において、アメリカの法的思考にドグマーティクとシステム志向が欠如していることを挙げ、事実と向き合った規範理解の重要性を説いている。[59]

こうした発想からすれば、レプシウスが比例原則を手放しで賞賛しないのも当然と思われる。ただ、レプシウスは、比例原則の利点として、個別事案の諸状況を考慮に入れ、例外を許容して、法秩序の統一性を損なわないようにすることで、カズイスティクとドグマーティクを互いに和解させる適性があると評価しており(60)、その限りにおいて、比例原則に対し明らかに一定の意義は認めている。このような姿勢は、ドイツの判例・通説の中に普及している比例原則の過剰評価を戒め、その適用範囲を比例原則の適性に即して定めようとする試みとみることもできる。

(51) *v. Arnauld*（Anm. 17）, S. 276.

(52) *Oliver Lepsius*, Die Chancen und Grenzen des Grundsatzes der Verhältnismäßigkeit, in: Matthias Jestaedt / ders.（Hrsg.）, Verhältnismäßigkeit, 2015, S. 1（27）.

(53) *Lepsius*（Anm. 52）, S. 28ff.

(54) *Lepsius*（Anm. 52）, S. 39.

(55) *Oliver Lepsius*, Kritik der Dogmatik, in: Gregor Kirchhof / Stefan Magen / Karsten Schneider（Hrsg.）, Was weiß Dogmatik?, 2012, S. 39（54ff.）.

(56) *Oliver Lepsius*, Kontextualisierung als Aufgabe der Rechtswissenschaft, JZ 2019, S. 793ff.

(57) オリヴァー・レプシウス「基準定立権力」マティアス・イェシュテットほか（鈴木秀美ほか監訳）『越境する司法』（風行社、二〇一四年）二一三頁。

(58) *Oliver Lepsius*, Was kann die deutsche Staatsrechtslehre von der amerikanischen Rechtswissenschaft lernen?, in: Helmuth Schulze-Fielitz（Hrsg.）, Staatsrechtslehre als Wissenschaft, 2007, S. 319.

(59) *Lepsius*（Anm. 58）, S. 326f. もっとも、アメリカ憲法に詳しいディーター・グリム（Dieter Grimm）によれば、「ここで基礎に置かれている、判例法に依拠したコモン・ローも含む、ある程度、脱国家化された広義のドグマーティク理解において、アメリカでも別の名称の下ではあるが、同様にドグマーティクを見出すことができる。コモン・ロー世界は規範と先例の向こうにシステムを探究しない。しかし、コモン・ロー世界もまた矛盾回避と整合性の向上に関心を持っており、この関心から、たとえ原理思考が大陸のシステム思考よりも射程がかなり狭いとしても、比例性に対する反感や原理付けられた推論に対する選好を展開する」という。*Dieter Grimm*, Das Öffentliche Recht vor der Frage nach seiner Identität, 2012, S. 70.

(60) *Lepsius* (Anm. 52), S. 24f. レプシウス・前掲注(57)一九三頁。

V 比較衡量批判

比例原則が、ドイツにおいて極めて重要な法的道具として承認されていることは、先に述べた通りである。しかし、その比例原則も比較衡量(Abwägung, balancing)を内実としている点については、以前から厳しい批判の対象になっている。比較衡量(とりわけ、その実体である相当性原則)をめぐっては、法益相互を比較する基準に欠ける点や、衡量の過程が不明確で不透明である点に疑義が提示され、衡量を行う者の主観に依存した決断主義にすぎないのではないかとの疑問が絶えず提起されている。そこで以下では、比較衡量批判とその対処の仕方について、シュリンクとクム(Mattias Kumm)のそれを取り上げ、検討しておきたい。

1 シュリンクの相当性原則批判

シュリンクは、比例原則の擁護者であると同時に、比例原則の批判者でもある。シュリンクは、いわゆる三段階審査(Drei-Schritt-Prüfung)(61)の枠組みを提唱した論者として知られているが、この三段階審査における実質的正当化段階の「中心的な構成部分」に据えられたのが比例原則であった。にもかかわらず（と言うべきか）、シュリンクの比例原則論は、判例・通説のそれとは異なるものになった。シュリンクが判例・通説と異なる方向で比例原則を展開したのは、比例原則の中核とも言える比較衡量（相当性原則）の構造に強い疑問を感じ、この構造に修正を加えなければ比例原則は有用ではない（むしろ有害である）とみなしたからである。

繰り返しになるが、比例原則は、部分原則たる相当性原則も含めて、ドイツではすでに確固とした地位を築いている。比較衡量への疑念は今も潜在的に根強く残っていると思われるが、比例原則の地位を揺るがすような影響を及ぼすことは、まず考えられない。それにもかかわらず、シュリンクは今世紀に入ってからも、次のように述べていた[62]。すなわち、「手段と目的の価値評価と比較衡量が論争的であるのは、求められる価値評価の方法論的・規範的な地位が不明確だからである。目的と手段の価値評価は如何にして行われるべきなのか。価値評価に必要とされる基準が基本法上に見出せるのか。連邦憲法裁判所が価値評価を行ったとき、それは正しいと言えるのか。連邦憲法裁判所が価値評価を行うから、それが正しいと言っているのか。正しい価値評価というものは、ただ自ずとわかるというものなのか。別のやり方をすれば、価値評価の方法論的な信頼性と規範的な拘束性を得ることができるのか。それとも、信頼も拘束もないのだから、価値評価はそもそも断念されなければならないのではないか。目的達成のための手段は、単に適合的かつ必要不可欠であればよいのではないか」。問いの形をとっているが、答えは最初から想定されている。

「手段と目的の価値評価と比較衡量」に対するシュリンクの批判的姿勢は、博士学位論文『憲法における比較衡量[63]』を著した頃から一貫している。シュリンクは、適合性原則と必要性原則こそが比例原則の内実をなすと理解した上で、相当性原則を比例原則から除外する。相当性原則が除外されるのは、それが「価値評価に必要とされる基準」を用意できないからである。基準がなければ、相当性の評価は主観的で決断主義的にならざるを得ず、その決定は評価者（とりわけ連邦憲法裁判所）の裁量に委ねざるを得なくなってしまう。その結果、民主主義社会における価値選択という、民主的正統性による支えを不可欠とする公的決定が、民主的正統性のない（あるいは乏しい）国家機関（とりわけ連邦憲法裁判所）によって下されてしまう。[64] このことを由々しき事態だと考えるのである。

比較衡量が評価者（とりわけ裁判所）の主観的判断によって左右されることに対する批判は、日本でもしばしばみられるところであるが、[65] ドイツ側の危惧が、裁判所による立法判断の転覆にあるのに対して、日本側の危惧は、裁判所による立法判断の追随にあるという点で、危惧の方向性が逆であることが目を引く。いずれにしても、相当性原則の適用が価値評価を含むものである以上、一定の基準の客観的な適用という審査にはならない。[66] それにもかかわらず、相当性原則の地位に揺るぎがないのは、その放棄がかえって基本権保障の水準を下げてしまうと思われているからである。[67] こうした状況を如何に把握すべきかについては、民主的立法に対する連邦憲法裁判所の姿勢に関する国民的評価、あるいは国民的受容と併せて理解しなければならないのではないかと思われる。

シュリンクは、比例原則を適合性原則と必要性原則の二つで捉え、とりわけ必要性原則を重視する。必要性原則の重視は、カナダの最高裁の姿勢でもあって、[68] シュリンクの主張も荒唐無稽ではないと思われるが、必要性原則の適用の際に、結局、価値評価の要素を滑り込ませることになるだけであるとの批判を跳ね返すことができなかった。ただし、適合性と必要性だけでは心許ないと思われたのか、当初シュリンクは、基本権保障の最後の砦として、市民の「最低限度の地位（Mindestposition）」の保障という論証段階を提示していた。[69]

しかし、この主張も一般に受け容れられるところとはならず、[70]その後はシュリンク自身もこれに言及しなくなる。代わりに、平等原則、遡及効の禁止、信頼保護原則の意義を説くようになっている。[71]

一見すると「負け戦」にみえるシュリンクの比較衡量批判であるが、この批判のおかげで、相当性原則が基準を欠いた危ういものであるとの認識が普及したことを見逃すわけにはいかない。すでに述べた通り、この批判に応答して、アレクシー学派が原理理論を基礎に置き、比較衡量の合理化を図ろうとしたのである。また、シュリンクの師匠で連邦憲法裁判所の裁判官でもあったベッケンフェルデ（*Ernst-Wolfgang* Böckenförde）も、基本権の保護領域の中に、対抗利益との衡量にさらされない保障内容（Gewährleistungsinhalt）を観念することで、「客観的な基準なき比較衡量多幸症」に対処しようとした。[72]これらの試みが成功したかどうかは、ここでは問わない。ここでは、こうした試みを傍観者的に眺めてコメントするブムケ（Christian Bumke）の言葉だけを引用しておく。「論争が合意可能な結論を見出すことはなく、ただ、ベッケンフェルデ学派の懐疑的・還元主義的アプローチが、アレクシー学派の楽観的・包括的なアプローチと対峙している」[73]。

(61) 三段階審査の内容については、松本和彦『基本権保障の憲法理論』（大阪大学出版会、二〇〇一年）参照。

(62) *Bernhard Schlink*, Der Grundsatz der Verhältnismäßigkeit, in: FS 50 Jahre Bundesverfassungsgericht, 2001, S. 445 (453f.).

(63) *Bernhard Schlink*, Abwägung im Verfassungsrecht, 1976. シュリンクの見解については、彼の憲法解釈方法論や憲法理論の評価まで含めて、渡辺康行「『憲法』と『憲法理論』の対話（六・完）」国家一一四巻九・一〇号（二〇〇一年）二五頁が詳しい。

(64) *Schlink* (Anm. 16), S. 426; *Schlink* (Anm. 62), S. 460ff.; *Bernhard Schlink*,

Proportionality in Constitutional Law, Duke Journal of Comparative & International Law 22, 2012, p. 291 (299-300).

(65) 高橋和之「違憲審査方法に関する学説・判例の動向」曹時六一巻一二号（二〇〇九年）一一三頁参照。

(66) *Horst Dreier*, Dimensionen der Grundrechte, 1993, S. 56.

(67) *v. Arnauld* (Anm. 18), S. 264.

(68) 前掲注（4）参照。

(69) *Schlink* (Anm. 63), S. 193f.

(70) 市民の「最低限度の地位」の保障と言わなくても、基本法一九条二項には「いかなる場合でも、基本権はその本質的内容において侵害されてはならない」と規定されているので、ここに言及すれば済んだのではないかと思われる。実際、シュリンクもそのように理解している節がある。Vgl., *Schlink* (Anm. 16), S. 462.

(71) *Schlink* (Anm. 62), S. 459f.

(72) *Ernst-Wolfgang Böckenförde*, Wissenschaft, Politik, Verfassungsgericht, 2011, S. 261f.

(73) *Christian Bumke*, Der Grundsatz der Verhältnismäßigkeit. Beispiel für eine rechtsimmanente Innovation im Recht, in: Wolfgang Hoffmann-Riem (Hrsg.), Innovationen im Recht, 2016, S. 117 (143).

2　クムの義務論的多元主義

基準なき比較衡量の問題性は、比較衡量を行う評価者の権限の問題でもあった。その評価者が民主的立法者であれば、その評価者の比較衡量は民主的正統性による下支えを期待できる。しかし、民主的正統性に支えられた比較衡量といえども、誤って基本権に過度の負担をかけることがあるのであり、そのような場合は基本権侵害を招来する。基本権の重要性に鑑みれば、民主的立法者よりも、基本権保障への関心を制度的に保持している組織（例えば独立の裁判所）を設け、そこを熟議（deliberation）の場として、基本権制約を理性的な討議に付し、そこで見出された決定の妥当性は、国民による受容の度合いによって測るようにする方がよいのではないか。これが近年のアレクシーの戦略であるようにみえる。(74) しかしこの戦略は、当該独立組織が、たとえ善意に基づくものであっても、専制化してしまえば、とたんに破綻する。マティアス・クムはそうした破綻を危惧する。(75)

クムは、アレクシー学派の一員として出発したが、その後、米独の間を頻繁に往来しながら、主として英語での業績を積み重ねている。彼もまたグローバル立憲主義に強い関心を寄せているが(76)、アレクシー学派の「楽観主義的」な傾向からはやや距離をとっており、グローバル立憲主義の欺瞞にも自覚的に対処しようとしている。グローバルな次元においても、あるいはその次元においてこそ、人権保障は重要な意味を持つ。その場合、人権の範囲は広く捉えておく必要があるとクムは言う。(77) 人権の範囲を広く捉えることから、その制約もまた広い範囲を持つことになる。そのため、人権制約の正当化を図ることが必至になり、比例原則に基づく審査を行わざるを得なくなる。(78)

しかし、人権制約の正当化を比例原則に照らして行うというだけであれば、人権制約の目的合理性が保障されるだけなので、「切り札としての人権(79)」の観念と相容れない。リベラリストであることを自認するクムにとって、これは重大な問題であった。そこでクムは、たとえ比例原則に適った人権制約であっても、なお人権侵害になる場面はあると考え、それは人間の尊厳に抵触する場合であると理解した。人間の尊厳に抵触するような人権制約は、比例原則の審査を通過しようとしまいと、許されるべきではない。人間の尊厳は比較衡量に服さない特別の対象であるべきなのである。これをクムは「人間の尊厳」例外主義と呼んだ[80]。比例原則では政治道徳の構造的特徴である「人間の尊厳」の保護が適切に取り扱えない。それ故、「人間の尊厳」を含む諸事例の範疇を予め抜き取っておく必要があるとしたのである。

ところがそれから間もなくクムは改説する。アレック・ウェイレン（Alec D. Walen）との共著論文において、クムは「人間の尊厳」例外主義が誤っていたと告白する[81]。比例原則が「人間の尊厳」と調和しないという捉え方は間違いである。比例原則は十分に柔軟だから、政治道徳の構造的複雑性を考慮することにも差し支えはないと言うのである。その一方で、比例原則の適用の際に行われる比較衡量は、徹底的に義務論的なものとして理解されなければならないと主張している。クムは義務論をそれ自体において構造的に多元主義的であると理解した上で、自らの立場を義務論的多元主義（deontic pluralism）[82]であると名付け直している。

義務論的多元主義によれば、「人間の尊厳」は必ずしもルールの如き絶対的なものではないし、比較衡量も必ずしも単純な利益衡量ではないとされ、かつ、比較衡量の潜在的に複雑な性質が一度理解されたら、「人間の尊厳」と比較衡量の間に緊張は生じないとされる。これは一体どういうことなのか。クムは事例を挙げつつ説明を加えている。一例として挙げられるのは、「合理的な疑いを超える証明の基準」である[83]。これは、言うまでもなく、刑事証拠法上の原則である。その内容は、通常人であれば誰もが疑問を抱かない程度の確実さをもって証明された場合に限り、当該証拠は有罪の基礎にすることができるとするものである。クムがこの基準を義務論的多元主義の例として挙げたのは、この基準の導出が、法益間の比較衡量に依りつつも、「人間の尊厳」に対しては義務論の位置を保っているからであると思われる。

比較衡量の中には、定義付け衡量（difinitional balancing）のように、個別事例を志向した衡量（ad hoc balancing）と異なり、要件の構成の段階で法益間の比較衡量を行おうとするものがある。この場合は、個別の事情に惑わされることなく、「人間の尊厳」のような抽象度の高い法的要請も組み込んで、要件構成を行うことが可能になる。クムの義務論的多元主義の主張も、そうした考え方と同じ潮流に属するのかもしれない。だとしたら、これも比例原則のあり得べき発展方向の一つとみなすことができるだろう。

（74） *Alexy* (Anm. 40), S. 209ff.

（75） *Mattias Kumm*, Alexy's Theory of Constitutional Rights and the Problem of Judicial Review, in: Matthias Klatt (ed.), Institutionalized Reason, 2012, p. 201 (206-207).

（76） マティアス・クム「グローバル立憲主義の歴史と理論について」憲法研究三号（二〇一八年）一七七頁参照。

（77） *Mattias Kumm*, Is the Structure of Human Rights Practice Defensible? Three Puzzles and Their Resolution, in: Vicki C. Jackson / Mark Tushnet, Proportionality, 2017, p. 51 (57).

（78） *Kumm* (Anm. 77), S. 59.

（79） *Ronald Dworkin*, A Matter of Principle, 1986, p. 359.

（80） *Mattias Kumm*, Political Liberalism and the Structure of Rights, in: George Pavlakos (ed.), Law, Rights and Discourse, 2007, p. 133.

（81） *Mattias Kumm* / *Alec D. Walen*, Human Dignity and Proportionality, in: Grant Huscroft / Bradley W. Miller / Grégoire Webber (eds.), Proportionality and the Rule of Law, 2014, p. 67 (69).

（82） *Kumm* / *Walen* (Anm. 81), S. 70.

（83） *Kumm* / *Walen* (Anm. 81), S. 77-83.

Ⅵ　日本法からみた比例原則

最後に、ドイツ流の比例原則を日本法の文脈からみたとき、どのような示唆が得られるのか、検討しておきたいと思う。ドイツの比例原則の理念型に照らして、日本の憲法論を見直すとき、そこにドイツと同様の志向を見出すこともできるし、逆に、ドイツとは異なる志向を見出すこともできる。しかし、日本法の全てを検討するわけにはいかないことから、以下では、まず、日本の最高裁判例を素材に、ドイツと同様の比例原則志向が見出せるかどうかを考察する。その上で、平等原則をめぐる展開の中に比例原則の展開がみられることを指摘しておきたい。(84)

(84)　松本和彦「公法解釈における諸原理・原則の対抗」公法八一号（二〇一九年）六〇頁参照。

1　最高裁判例における比例原則

日本においても、比例原則はドイツ流であるとの理解が広く普及していると思われるが、日本の最高裁判例（憲法判例）をみると、そこには比例原則を適用したと言って差し支えないものも見出せる。ここで二つだけ、最高裁が法令審査において比例原則を適用したと思われる例を紹介しておく。一つは著名な薬事法判決であり、もう一つは外国人指紋押なつ事件判決である。

まず、薬事法判決である。(85)この判決では、薬局乱立が引き起こす不良医薬品の供給防止と薬局偏在阻止による無薬局地域・過少薬局地域への薬局開設の間接的促進が、薬局の適正配置規制の正当な規制目的と理解された上で、前者の消極的・警察的目的が主たる目的であり、後者の政策目的が副次的・補充的目的と解釈され、かつ、いずれの規制目的に照らしても、薬局の適正配置規制は正当化できないと判断されている。このうち前者の消極的・警察的目的に関する判示が有名であるが、ここでは（短いということもあり）敢えて後者の副次的・補充的目的に関する判示[86]を抜き出し、比例原則の理念型が比較的明瞭に示されていることを指摘したい。

最高裁曰く「薬局等の偏在防止のためにする設置場所の制限が間接的に被上告人の主張するような機能を何程かは果たしうることを否定することはできないが、しかし、そのような効果をどこまで期待できるかは大いに疑問であり、むしろその実効性に乏しく、無薬局地域又は過少薬局地域における医薬品供給の確保のためには他にもその方策があると考えられるから、無薬局地域等の解消を促進する目的のために設置場所の地域的制限のような強力な職業の自由の制限措置をとることは、目的と手段の均衡を著しく失するものであって、とうていその合理性を認めることができない」。この短い文章の中に、比例原則の部分原則三つ全てが言及されているという点で、この判示は貴重なサンプルである。

次に、外国人指紋押なつ事件判決[87]である。この判決において最高裁は、在留外国人の指紋押なつ制度を定めた外国人登録法の合憲性を論証する際、「その立法目的には十分な合理性があり、かつ、必要性も肯定できる」とした上で、「本件当時の制度内容は、押なつ義務が三年に一度で、押なつ対象指紋も一指のみであり、加えて、その強制も罰則による間接強制にとどまるものであって、精神的、肉体的に過度の苦痛を伴うものとまではいえず、方法としても、一般的に許容される限度を超えない相当なものであったと認められる」と判示している。この判決では、相当性原則に重点を置いて検討された跡が窺えるものの、必要性原則については、指紋押なつ制度の「必要性も肯定できる」とあっさり判示しただけで、その検討に重点を置かなかった。この点に批判があるのは周知のことであろう。(88) にもかかわらず、必要性原則と相当性原則が適用されたこと自体は疑うべくもない。

わずか二つの例を提示したにすぎないが、合憲性をめぐる法令審査において、最高裁がドイツの比例原則と志向を同じくする判示を行っていることが確認できれば、さしあたりここでは十分である。

(85) 最大判昭和五〇年四月三〇日民集二九巻四号五七二頁。薬事法判決に対しては、ドイツの著名な薬局判決(BVerfGE 7, 377)の影響の下で下されたと推測するに十分な根拠があるとされる。野中俊彦「薬事法距離制限条項の合憲性」ドイツ憲法判例研究会編『ドイツの憲法判例〔第二版〕』(信山社、二〇〇三年)二七二頁参照。

(86) この副次的・補充的目的は「社会経済的・積極目的に分類」(駒村圭吾「宿泊拒否の禁止とホスピタリティの公法学」法教三三四号(二〇〇八年)三五頁)されるにもかかわらず、別段緩やかに審査されていないということにも留意する必要があろう。

(87) 最三小判平成七年一二月一五日刑集四九巻一〇号八四二頁。

(88) 芦部信喜『憲法学Ⅱ 人権総論』(有斐閣、一九九四年)一五七頁。

2 比例原則と平等原則

日本における比例原則の展開を検討するにあたって、大変興味深く思われることは、それが平等原則の展開に大きな影響を与えていることが確認できることである。もちろん、平等原則はもともと比例原則とは異なる法原則であり、適用構造も異なるものであった。ところが、平等原則の具体的展開は、比例原則を自らの内に取り込み、比例的な平等原則化へと変容していく過程として進行する。その結果、平等原則は以前とは異なる構造を有するようになった。しかし、このことは平等原則が完全に比例原則と融合したことを意味しない。なぜなら比例原則を取り込まない平等原則も依然として存在するからである。つまり、平等原則は比例原則を取り込んだ平等原則とそれを取り込まない平等原則の二本立てになったのである。

さらにその後の展開において、比例原則を取り込んだ平等原則は、比例原則の三つの部分原則のうちの適合性原則を取り込んだ平等原則と、残りの二つの部分原則である必要性原則・相当性原則を取り込んだ平等原則の二つに分岐する。そのため、平等原則の現状は、比例原則を取り込まない平等原則、適合性原則を取り込んだ平等原則、必要性原則・相当性原則を取り込んだ平等原則の三本立てになっている。

〈1〉比例原則を取り込まない平等原則

平等原則とは、相対的平等を保障するものである。それは「事柄の性質に即応した合理的な根拠に基づくものでないかぎり、差別的な取扱いをすることを禁止する趣旨[89]」であり、「差別すべき合理的な理由なくして差別することを禁止している趣旨[90]」なので、平等原則に違反しているかどうかの判断は、誰かと誰かの異なった取扱いが、「合理的な根拠」や「合理的な理由」のない区別にあたるかどうかの判断になる。違憲かどうかは、当該区別の「合理的な根拠」「合理的な理由」の有無で決まるのである。

しかし、「合理的な根拠」「合理的な理由」の有無の積極的な論証は、法律家（とりわけ裁判所）にとって荷が重い作業である[91]。いかなる根拠・理由に合理性を見出すのかについて、明快な基準が認められない以上、何らかの根拠・理由に対し「合理的である」「合理的でない」と断定するのは、恣意的判断であるとの誹りを免れない。そこで、積極的な論証に代えて、「明らかに不合理である」「不合理であるとまでは言えない」と判断する消極的論証で済ますことになる。消極的論証なら、立法府・行政府の決定を覆すことになっても、元来異論のほとんどない判断のはずだから批判を浴びるリスクは小さいし、逆に立法府・行政府の決定に追随した場合でも、その決定を積極的に支持したわけではないと抗弁できるからである。もちろん、このような論証の仕方だと、誰もが不合理であると思う明らかに不当な区別でなければ、平等原則違反の判断に至らないことになってしまう。

そこで修正策として、「疑わしい範疇」に該当する区別に限り積極的論証を行うことにし、それ以外の区別については消極的論証にとどめるという見解が登場する。[92] すなわち、歴史的・社会的に差別の現実が実感できる類型（例えば、人種や性別）に関する区別を「疑わしい範疇」と位置付け、当該区別に限っては「合理的である」「合理的でない」という判断を許すのである。「疑わしい範疇」での区別は、不合理性を推定しても不自然ではないので、積極的論証を許しても、恣意的判断に陥る恐れは小さい。そう捉えられたら、平等原則にも実用性を発揮できる領域が確保できたかもしれない。しかし、日本の最高裁はこのような道を歩まなかった。[93]

(89) 最大判昭和四八年四月四日刑集二七巻三号二六五頁。
(90) 最大判昭和三九年五月二七日民集一八巻四号六七六頁。
(91) 石川健治「国籍法違憲大法廷判決をめぐって（2）」法教三四四号（二〇〇九年）四三頁。

(92)　一例として、佐藤幸治『日本国憲法論』(成文堂、二〇一一年）二〇八頁参照。
(93)　前掲注（90）の判決によれば、「例挙された事由は例示的なもの」とみなされ、格別の法的意義は見出されなかった。

〈2〉平等原則に比例原則を取り込むことは可能か

最高裁が採用したのは、平等原則に比例原則を取り込んで適用するという方法であった。もともと発想を異にする比例原則を平等原則に接合し、比例的平等原則に再構成するという方法である。しかし平等原則は、適用の構造上、目的・手段図式で捉えられてこなかった。それは、区別を設定する国家行為に一定の正当目的を達成するための手段を認め、その合理性を問うものではなかった。もちろん、当該区別には正当目的があるはずなので、その目的を引き合いに出すことはできるが、そのための手段は平等原則にとって大きな意味を持つものではなかった。例えば、国立女子大への男性入学の禁止は、男女の取扱いの区別それ自体を問題視すべきもので、入学禁止という手段の選択を問うべきものではない。入学禁止という手段に焦点を当ててしまうと、違う観点からの評価になってしまう（この点は後述する）。手段を問題にしたとたん、平等原則の焦点がずれてしまうのである。それ故、平等原則に比例原則を接合するのは、平等原則の構造上そもそも無理があった。

にもかかわらず、その無理を押して比例原則を取り込む努力がなされてきた。それはひとえに平等原則の実用化を図るための努力であったと評してよい。比例原則は、目的に照らして手段を統制する手法であるが、立法府によって設定された目的を基点に据え、そこを足がかりに国家行為の合理性を審査すれば、実践的な審査が可能になるからである。「合理的な根拠」「合理的な理由」だけで国家行為の合理性を審査するのではなく、立法府によって設定された目的に照らしてその合理性を審査するところに、比例原則の実用上の利点が認められたのである。(94)

ここでの要点は立法府が設定した目的を基点に据えるところにある。国家行為の合理性審査といっても、あくまでも立法府が設定した目的に照らした合理性審査である。すなわち、目的合理性の審査である。したがって、立法府の意図したところに国家行為が収まっているのかどうかの審査にすぎない。たとえ合理性に欠けるとの結果が出されたとしても、それは、立法府の判断の全面否定ではなく、立法府の意図したところに国家行為が収まっていないとする評価にすぎず、若干の修正を施しさえすれば、立法府の意図の具体化は十分に可能であるとの余地を残す。そのため、審査する側は立法府との深刻な対立を避けることができる。目的合理性の審査にとどまる限り、立法府の判断を尊重するという要請も一応満たされる。そこに比例原則の意義があると同時に限界もあると言える。(95)

(94) 平等原則の比例原則化はドイツの「新定式」にもみられる。井上典之「平等原則の裁判的実現（二）（三）」神戸四六巻一号（一九九六年）一二七頁、四六巻四号（一九九七年）六九三頁参照。

(95) 本稿Ⅱ1〈3〉参照。

〈3〉 適合性原則を取り込んだ平等原則

平等原則に比例原則を取り込むために考えられた一つの方法は、比例原則のうちの適合性原則だけを取り込むことである。適合性原則は手段の目的有用性を問うものである。しかし、平等原則が手段自体を問題にするものでないとすれば、ここで手段を持ち出すのは躊躇される。手段を持ち出すと話がずれてしまう。それなら、手段そのものよりも、人と人の区別が問題なのだから、手段の箇所に区別を代入し、区別の目的有用性を問うことにすればよいのではないか。審査しなければならないのは、誰かと誰かの区別が一定の正当目的に照らして有用と言えるのかである。これこそが適合性原則を取り込んだ平等原則である。国籍法違憲判決[96]において、最高裁が依拠した区別と目的の合理的関連性の基準もこれにあたる。

国籍法違憲判決では、国籍法の立法目的と国籍取得要件との合理的関連性が審査された。そこで言う立法目的とは、日本社会との密接な結びつきが生じている子に対して日本国籍を取得させようというものであった。この立法目的を前提に最高裁は、日本人父と外国人母の間に生まれたものの、父に認知されたのは生後であり、かつ、その時点で父母の間に婚姻関係がなかったところまで同じ境遇にある子であっても、準正子になれば届出により日本国籍が付与されるが、非準正子のままだと届出をしても日本国籍が与えられない点（準正子と非準正子の区別）に、もはや先の立法目的とは合理的関連性が認められないと判示したのである。

立法目的達成のための手段ではなく、あくまでも区別（準正子と非準正子の区別）に焦点を当て、区別と目的の合理的関連性を検討させるのが、適合性原則を取り込んだ平等原則の適用である。適合性原則を取り込み、目的の契機を内部に組み込むことで、平等原則の構造は変容することになるが、その変容はまだ大きなものではない。というのも、適合性原則の場合、達成されるべき目的に含まれる保護法益（国籍法違憲判決の事案であれば、子と日本社会との密接な結びつきの確保）が前面に登場し、その正当性を前提にした審査をせざるを得ないものの、審査の焦点は区別と目的の合理的関連性なので、目的に含まれる保護法益が、当該区別によって促進されるのか、あまり関係ないのかの審査に限定されるからである。

適合性審査では不平等取扱いを受ける者の権利利益は直接扱われない。ここに焦点が当たってしまうと、不平等取扱いを受ける者の実体的な権利利益に制限を加えることの合理性が問われざるを得なくなるからである。しかも、実体的な権利利益が前面に出てくれば、この権利利益と目的に含まれる保護法益との対抗関係を扱わざるを得なくなり、平等原則の構造に根本的な変容が生じてしまうだろう。

(96) 最大判平成二〇年六月四日民集六二巻六号一三六七頁。

〈4〉必要性原則・相当性原則を取り込んだ平等原則

平等原則に根本的な変容が生じるのは、必要性原則・相当性原則を自らに取り込んだときである。平等原則が比例原則の残りの二つである必要性原則や相当性原則を取り込んでしまうと、不平等取扱いを受ける者の実体的な権利利益を俎上に挙げざるを得なくなり、目的に含まれる保護法益との対抗を意識しなければならなくなる。このような適用構造は、もはや平等原則のそれではなく、比例原則のそれそのものになる。つまり、必要性原則・相当性原則を取り込んだ平等原則とは、比例的な平等原則というより、実質的には比例原則そのものなのである。

このことを示す具体例が尊属殺重罰規定違憲判決[97]である。同判決では尊属を殺めた者に死刑・無期懲役を科すことの合憲性が問われた。当初の問題設定では、刑法上、尊属を殺めた者と尊属以外の者を殺めた者とを区別することが、平等原則に適合するか否かであった[98]。ここで最高裁は、尊属に対する尊重報恩の保護に言及し、平等原則の審査の場面で、立法目的を考慮する姿勢を明らかにした。その上で、尊属に対する尊重報恩は、刑法上の保護に値するとされ、これを処罰に反映させても、あながち不合理であるとは言えないし、刑の加重要件を刑法に設けても、合理的な根拠を欠くものと断ずることはできないとした。

ここまでは、適合性原則を取り込んだ比例原則の審査で済んだ。ところが、この後すぐに最高裁は刑の加重の程度を問題視し、本格的な目的・手段審査に突き進む。その結果、尊属殺の法定刑は立法目的達成の手段として甚だしく均衡を失し、これを正当化し得べき根拠を見出し得ない、と判示することになる。これは明らかに比例原則のうちの相当性原則を適用した結果である(99)。

必要性原則・相当性原則の適用においては、本格的な手段審査が登場する。適合性の審査の場合は、手段の代わりに区別を置くことで、どうにか手段審査を回避することができたのであるが、必要性原則・相当性原則の場合は、不平等取扱いを受ける者の実体的な権利利益を前面に出すため、当該権利利益を制約する手段に焦点を合わせざるを得ない。

尊属殺違憲判決の事案では死刑・無期懲役という加重された刑罰の是非が問われた。このとき実際に審査されていたのは、当該刑罰を加重することが、立法目的に照らして行きすぎたものになっていなかったかという点であった。尊属に対する尊重報恩を保護するという立法目的は重要であるとしても、これを保護するために、尊属を殺めた者の生命・身体の実体的利益を大きく毀損してもよいかと言えば、やはり限界はあると言うべきであって、死刑・無期懲役では行きすぎである、というものであった。ここには尊属に対する尊重報恩の利益と尊属を殺めた者の生命・身体の利益の対抗がある。この法益間の対抗の解決が比例原則の下で行われている(100)。ただ、このような対抗図式の下で議論されると、そこに平等原則の居場所を見出すことがますます難しくなっていくのである。

(97) 最大判昭和四八年四月四日刑集二七巻三号二六五頁。
(98) 同判決では、当初、目的合理性の問題よりもむしろ、「尊属に対する尊重報恩の保護」という目的の正当性が問われたことは、周知の通りである。
(99) 渡辺康行「平等原則のドグマーティク」立教八二号(二〇一一年)五三頁以下参照。
(100) 再婚禁止期間のうち一〇〇日を越えて設けられた部分を憲法一四条一項違反であるとした最高裁判決(最大判平成二七年一二月一六日民集六九巻八号二四二七頁)も、相当性原則の適用例である。同判決では「婚姻するについての自由」という実体的な自由が明示されていた。

Ⅶ おわりに

以上をもって比例原則の考察を終えることにする。本稿の目的は、グローバルモデルとして名高いドイツ流の比例原則を分析することによって、その理念型を提示し、それに照らして現実の議論を検討することで、比例原則の重層的理解に貢献することにあった。ドイツ本国における比例原則の法的地位は、確固たるものがあるとはいえ、子細に検討すると、そこには様々な問題が潜んでいることも理解できる。本稿の分析によって、比例原則が抱える問題の所在がある程度明らかになったのではないかと思う。ドイツの比例原則もまた発展の途上にある。

最後に、ドイツ流の比例原則の分析を踏まえて、日本の憲法の視点から比例原則を考察し、日本法においても比例原則が果たしている(あるいは果たすべき)役割を考えてみた。[101] 結果的には、最高裁判例のわずかな分析と、比例原則と平等原則の関係についての考察を行うにとどまってしまったが、そこに一定の成果を見出してもらえるのであれば、本稿の試みにもそれなりの意義があったと言えるかもしれない。依然として残る問題は全て今後の課題である。

(101) 日本では審査基準論との比較において比例原則を論じる傾向がある。例えば、高橋和之ほか「憲法訴訟論と審査基準論」法時九〇巻三号（二〇一八年）八八頁参照。両者の対比は確かに有意義ではあるが、あれかこれかで論じられると話が単純化し、生産的とは言えなくなるだろう。

司法審査の様式としての「類推《アナロジカル》によるリーズニング」
――アメリカ例外主義の一断面

青井未帆

Ⅰ　はじめに

「司法のグローバル化」が語られるようになり、[1]その特徴の一つに、各国の司法審査で比例原則を用いた[2]分析手法が採用されていることが挙げられている。[3]ある論者曰く、このドイツ生まれの手法は、「中央・東ヨーロッパのかつての共産主義国家も含め、ヨーロッパに広がり、イスラエルに及んでいる。さらに、カナダ、南アフリカ、ニュージーランド、そしてヨーロッパ法を通じて英国といったコモンウェルス体制にも取り入れられて、現在、中央・南アメリカに進行中である。……驚くべきことに比例原則は欧州連合（EU）、欧州人権条約（ECHR）、世界貿易機関（WHO）といった、ある意味で『憲法的』と言い得るような三つの条約を基礎とした制度にも及んでいる」(4)。

そのような中で、しかし、アメリカ合衆国（以下「アメリカ」という）での司法審査の在り方は「例外」として扱われる傾向がある。事案に応じて柔軟に扱うことのできる比例原則を用いた分析手法に対し、アメリカで用いられる判断枠組みは、カテゴリカルであり、形式主義的であって、硬直的であるとの批判がしばしばなされている。そしてこのことと深い関係を有するであろうこととして、他の諸国に対するモデルとしてかつてアメリカが有していた影響力が衰えつつあることが指摘されることもある(5)。

本稿は、司法審査の分析手法としての比例原則との関わりにおいて、アメリカにおける「司法審査の様式」の一断面を考察する。日本では、第二次世界大戦後、司法審査権が憲法八一条により司法府に与えられ、アメリカでの司法審査論が日本の憲法訴訟論に多大な影響を与えてきた。しかし、最高裁判所をはじめとする裁判所は、学説がアメリカの憲法訴訟論に着想を得て提示してきた枠組みを、そのままの形では受け容れてきてはいない(6)。日本の判例法理がそれなりの蓄積を経てきており、日本でもドイツ式の分析枠組みとして三段階審査や比例原則が注目を集める中で、モデル諸国との距離を再考することは不断に必要とされよう。

これを考えるにあたり本稿は、先例からの類推を通じたリーズニング（analogical reasoning）による司法審査の様式に着目する。アメリカ憲法判例と一口に言っても、どこか一つの時点を捉えて理論化し、領域横断的に適用される一貫した枠組みを引き出すことには困難が伴う。先例に根拠を置く形で、内在的な展開を繰り返してきたことを重視するなら、司法審査の様式もまた、動態的な把握を必要としよう。このことをどのような言葉で言い表すかは難しいが、しばしばアメリカの議論において憲法判例の展開を「コモン・ロー」[7]になぞらえるものがある点に注目し、この言葉を補助線として用いる。

本稿は、アメリカでの司法審査の手法と比例原則との違いを一般的に論ずるものではなく、限定的にアメリカにおける思考様式の一断面を捉えようとしたものにすぎない。これはもちろん筆者の力量不足に起因した限界であるが、同時に、考察する過程で改めて感じたのは、問題関心の所在が、アメリカと日本では、決定的に異なっているという点である。半ば「物語」として法律家の間で共有されているLochner v. New York（198 U.S. 45（1905））を代表とするロックナー時代という、いわば「負の遺産」や、抽象的で統一的な法理論を回避する一般的な傾向などは、比例原則と並ぶような司法審査の分析枠組みをアメリカでの議論に見出すことを、そもそも困難にしているものと思われる。[8] かかる断絶を踏まえながら、司法によるルール形成に関する彼の地での経験に、何を学ぶことができるかを、領域ごとに精査してゆくことが求められよう。

（1） *See, e.g.*, David S. Law, *Globalization and the Future of Constitutional Rights*, 102 Nw. U. L. Rev. 1277（2008）; Anne-Marie Slaughter, A New World Order 65-66（2004）; Moshe Cohen-Eliya & Iddo Porat, Proportionality and Constitutional Culture 103（2013）.

（2） 比例原則に関する主な英語文献として、*See, e.g.* Robert Alexy, A Theory of Constitutional Rights（Julian Rivers trans., 2002）; David M. Beatty, The Ultimate Rule of Law（2004）; Ahron Barak, Proportionality（Doron Kalir trans., 2012）; Kai Möller, The Global Model of Constitutional Rights（2012）. なお、比例原則という言葉は、原理論的な側面から論じられる場合もあれば、審査の具体的なテストの一つとして位置付けられることもある。本稿では、これを司法審査の分析枠組みとして捉えている。アメリカと比例

原則について扱った近時の論考として、村山健太郎「憲法訴訟―審査基準論はどこに向かおうとしているのか?」大沢秀介=大林啓吾編『アメリカの憲法問題と司法審査』（成文堂、二〇一六年）一九五頁、阪口正二郎「違憲審査基準について」浦田一郎先生古稀記念『憲法の思想と発展』（信山社、二〇一七年）六六九頁など。

(3) Slaughter, *supra* note 1は、グローバル化が裁判官の間での積極的な対話を生み出し、それがグローバルな立憲主義的法体系を生じさせていることを指摘する。

(4) Alec Stone Sweet & Jud Mathews, *Proportionality Balancing and Global Constitutionalism*, 47 Colum. J. Transnat'l L. 72, 74 (2008).

(5) 衰えるアメリカの影響力について、*see, e.g.*, Anthony Lester, *The Overseas Trade in the American Bill of Rights*, 88 Colum. L. Rev. 537 (1988); Melissa A. Waters, *Mediating Norms and Identity: The Role of Transnational Judicial Dialogue in Creating and Enforcing International Law*, 93 Geo. L.J. 487 (2005); David S. Law & Mila Versteeg, *The Declining Influence of the United States Constitution*, 87 NYU L. Rev. 762 (2012)。

(6) 最大判平成四年七月一日民集四六巻五号四三七頁（成田新法事件）の千葉勝美調査官解説（最判解（民）平成四年度二二〇頁）など。調査官解説は最高裁の公式見解ではないとはいえ、右千葉調査官解説はほぼそのまま最二小判平成二四年一二月七日刑集六六巻一二号一三三七頁（堀越事件）の千葉勝美裁判官補足意見に採用されており、今日における最高裁の憲法判断手法の一面を描き出すものとして重要であると理解され得る。

(7) 「コモン・ロー」という言葉は多義的であるが、本稿ではリーズニングの観点から検討する。

(8) これまで「アメリカの判例は、あくまで個々の人権制約の文脈の中で先例の中から展開されてきた基準によって議論を行なっているのである。人権制約のすべての場合を網羅する包括的な『法理』、『基本的人権総論』などという発想自体が欠けているのである」と指摘されてきている通りである（松井茂記『二重の基準論』（有斐閣、一九九四年）二六五頁）。

II　アメリカのアプローチ

1　例外主義

先に述べたようにアメリカは、司法審査の方法・判断手法の観点でしばしば「例外」扱いされるとはいえ、当のアメリカでそのことへの関心はそれほど高くなく、この領域の研究の蓄積は比較的限定的と言える。比例原則を用いる手法の導入を提唱する学説もあるとはいえ、アメリカ憲法学の中心課題とは言い難い[9]。比例原則の導入に対しては、総じて気が進まない雰囲気があるようである。シャウアー（Frederick Shauer）は、修正一条の領域に焦点を当てた論述の中ではあるが、世界中に比例原則が広がっていることについて、アメリカとの経験の差を指摘し、他の国でも経験が積み重ねられれば、アメリカのようなテストで置き換わっていく可能性があると指摘する[10]。

他の多くの国の憲法と比べて、アメリカ合衆国連邦憲法の権利章典は古く、また簡潔に権利が保障されることのみをうたう形式で規定されている（絶対的保障形式）。そして有力な憲法観として、憲法は政府に明快なルールを、そして市民に明快な不可侵の権利を保障し、政府が正当に活動できる範囲を限定したとする理解があり、連邦憲法の採る解釈として説得力を持ち続けている[11]。より新しい時代に憲法を制定した国々では、憲法がより詳細な制約条項を含んでいることと[12]比べると大きな違いである。

アメリカ例外主義の「象徴」とでも言うべき位置を占めている権利が、表現の自由であり、例えばヘイトスピーチ規制に消極的であること[13]や、名誉毀損表現の扱い[14]に表れているように、表現の自由は極めて手厚い保障の対象であり、連邦憲法の他の領域と比べても特殊にカテゴリカル(15)であり、種々のドクトリンやルールの展開をみてきている。

憲法判断の構成という点でみるに、他の国では「権利の保障範囲・制限」と「正当化」という二つのステップからなるのが一般的であるが、アメリカではこれらがしばしば分化することなく、制限が権利の定義や範囲の一部として概念化される傾向が生じている。そしてそのため、保障範囲を狭くし、権利が侵害されたかどうかに全力が傾けられる傾向が指摘されている(16)。

前述の通り、アメリカの在りように対する批判に、「カテゴリカルに過ぎ、論証過程が不透明で、不公正な判断過程の中で、衡量要素への重み付けと排除が行われていて詳細がわからない」といった指摘がなされている(17)。対照として語られるのが比例原則であり、透明で公正さが担保されていると評価される。アメリカの司法審査方法論の傾向は、様々な権利について領域横断的に適用される一般理論を志向する者からすれば、「人権保障任務の放棄」「ムラがある」「不完全」という批判(18)に繋がるものであろう。

右のような問題意識は連邦最高裁判事の間でも持たれており、現在のロバーツ・コートにおいても、比例原則に類した司法審査方法論に好意的な論者がいる(19)。あるいは、もしかすると将来的に、少しずつ世界標準に近づいていくのかもしれないが少なくとも当分の間、場合によっては今後も変わることなく、アメリカは多かれ少なかれ「特殊」であり続けるものと思われる。

(9) Robert Alexy, Frank I. Michelman, Mattias Jumm, Grégoire Webber, Moshe Cohen-Eliya & Iddo Porat, Kai Möller, Jacco Bomhoff, Vicki C. Jackson, Vlad Perju, Stephen Gardbaum, Katharine G. Young, David M. Beatty, Mark Tushnet, Aharon Barakという、

世界的に著名な比例原則研究者による論考を集めた出色の英語による論文集として、VICKI C. JACKSON & MARK TUSHNET ED., PROPORTIONALITY: NEW FRONTIERS, NEW CHALLENGES (2017)がある。第二部のトピックが「比例原則とアメリカ」である。また、この主題を扱っている論考として、*see, e.g.*, Vicki C. Jackson, *Being Proportional about Proportionality*, 21 CONST. COMMENT. 803 (2004); Vicki C. Jackson, *Constitutional Law in an Age of Proportionality*, 124 YALE L.J. 3094 (2015); Sweet & Mathews, *supra* note 4; Alec Stone Sweet & Jud Mathews, *All Things in Proportion?: American Rights Review and the Problem of Balancing*, 60 EMORY L.J. 797 (2011); Stephen Gardbaum, *The Myth and the Reality of American Constitutional Exceptionalism*, 107 MICH. L. REV. 391 (2008); Stephen Gardbaum, *Limiting Constitutional Rights*, 54 UCLA L. REV. 789 (2007)。

(10) Frederick Schauer, *Freedom of Expression Adjudication in Europe and the United States: A Case Study in Comparative Constitutional Architecture*, in EUROPEAN AND US CONSTITUTIONALISM 49, 57-61 (Georg Nolte ed. 2005).

(11) そのような権利観に立つものとして例えば、District of Columbia v. Heller, 554 U.S. 570 (2008) でスカリア（Antonin G. Scalia）判事は次のように述べていた。「まさに権利が〔憲法に〕列挙されているというそのことが、当該権利が真に主張するに値するものかを個別事件ごとに決定する権限が、政府——その第三部門〔司法府〕であっても——の手から取り上げられたことを意味するのである」と。そのほか、例えばグレンドン（Mary Ann Glendon）は、アメリカでは権利が絶対的なものとして語られがちであり、責任を語りたがらず、頑固な個人主義が持たれ、市民社会が無視されがちである、などと指摘している（MARY ANN GLENDON, RIGHTS TALK: THE IMPOVERISHMENT OF POLITICAL DISCOURSE 14-15 (1991); Schauer, *supra* note 10, at 61-64)。

(12) 制約条項はワインリブ（Lorraine Weinrib）が名付けたところの「戦後パラダイム」の特徴である。Lorraine Weinrib, *The Postwar Paradigm and American Exceptionalism*, in

The Migration of Constitutional Ideas (Sujit Choudhry ed., 2006).

(13) R.A.V. v. City of St. Paul, 505 U.S. 377 (1992).

(14) New York Times v. Sullivan, 376 U.S. 254 (1964).

(15) かつて、司法審査の方法としてバランシングと絶対主義との対抗として把握されることが多かったが、今日ではバランシングとカテゴライゼーションの問題として主題化されることが一般的である。*See, e.g.*, T. Alexander Aleinikoff, *Constitutional Law in the Age of Balancing*, 96 Yale L.J. 943 (1987); Kathleen M. Sullivan, *Categorization, Balancing and Government Interests* in Public Values in Constitutional Law 241 (Stephen E. Gottlieb ed., 1993); Sweet & Mathews, *supra* note 4。

(16) Schauer, *supra* note 10, at 51; Mattias Kumm, *Political Liberalism and the Structure of Rights*, in Law, Rights and Discourse: The Legal Philosophy of Robert Alexy 131, 150 (George Pavlakos ed., 2007). *See also* Vicki C. Jackson, *Ambivalent Resistance and Comparative Constitutionalism: Opening up the Conversation on "Proportionality," Rights and Federalism*, 1 U. Pa. J. Const. Law 583, 605 (1999); Jackson, *Constitutional Law in an Age of Proportionality*, *supra* note 9, at 3124.

(17) *See, e.g.*, Jackson, *supra* note 16; Sweet & Mathews, *supra* note 4, at 90.

(18) Sweet & Mathews, *supra* note 4, at 836-864.

(19) 代表として、ブライヤー(Steven Breyer) 裁判官が挙げられる (*Heller*, 554 U.S. 570 など)。

2　文脈特定的なアプローチ

アメリカ例外論が説かれるときに参照される様々なドクトリンやルールの展開は、伝統的なコモン・ローから憲法論が分離し独立していった過程を反映している。

そもそも、権利を観念する際の出発点が、法的救済と結びついていたlegal rightsであり、自由や権利は主としてコモン・ローが引き受けていた言葉なのであった。[20] そして、かつては権利、救済、訴訟形式といった言葉がほぼ同義に展開していたのであり、公法訴訟に位置付けられる判例の中でも憲法を使う議論は新しい現象であった。[21] しかし一八五〇年以降のアメリカ社会の工業化や南北戦争後の立て直しの中で、コモン・ローに代わり憲法が独立化してゆくようになる。

今日では誇張であると広く指摘されているものの、長らく語られていた説明によれば、一九世紀後半から二〇世紀にかけて、形式主義が花盛りであり、純粋な機械的演繹を施し、唯一の正しい結果を生み出すといった機械的法学観が持たれていた。[22] 典型的には、ラングデル（Christopher Columbus Langdell）の「科学としての法」が挙げられるが、その後、ホームズ（Oliver Wendell Holms Jr.）やパウンド（Roscoe Pound）などの洞察に基づきつつ、リアリストたちが形式主義を打破していった、[23] と。そしてその過程で、コモン・ローの伝統の中で育まれてきた自由や権利観は、大きく揺らぎ、最終的には一九三七年の「憲法革命」[24] により、コモン・ローと憲法の関係がすっかり変わったと指摘される。[25] そこでは、もはや契約や財産といったコモン・ローのカテゴリーは、憲法の自由の中心にはなくなる。「コモン・ローから独立の憲法論の幕開け」[26] であった。

権利の意味が拡張して、重点が「利益・期待」へシフトし、利益衡量の役割が重要になった。[27] しかし、司法審査権が憲法に明文で定められていない中で、憲法上の権利の侵害とその救済の関係は一筋縄ではいかない。憲法上の権利がその侵害が救済を帰結するかは、理論的には不透明な部分を抱えている(28)。

憲法化は先例に基づいて領域ごとに個別に行われているため、アメリカの司法審査の方法論について考える場合、憲法法理や基準が文脈特定的であり(29)、かつ時代ごとに相当に変化してきている点に注意を払う必要がある。抽象的な論理の操作により憲法が保障する内容を演繹するという思考によるのではなく、先例と歴史に権威を求めつつ、基本的に個別の領域に妥当するルールを裁判所が設定してきたことは、"evolving"——展開的・進化的——と形容できよう。

諸国に対してアメリカを過剰に例外視するのは適当ではない。例えば、アメリカ例外主義の代表として、カテゴリカルな判断がなされている典型的な領域である表現の自由について言えば、のちに概観するように、一九二〇年代に今日的な展開が始まって、六〇年代までその骨格部分が完成しなかった(30)。他の人権領域についても、例えば、政教分離原則違反で違憲とされた例も一九四八年までなかったし、また一九九三年の Smith v. United States（508 U.S. 223（1993））より以前には、アメリカの信教の自由法理は、他国とかけ離れているというものではなかった。一八九〇年から一九三六年までは職業選択の権利を認めていた。Furman v. Georgia（408 U.S. 238（1972））以降、一九七六年まで死刑が違憲とされていた（Gregg v. Georgia, 428 U.S. 153（1976））。また憲法条項の原意は決定的ではないと理解されていた。一九四〇年代になるまで、最高裁は刑事手続について外国の実践を参考にしていた。そして通商条項（連邦憲法第一章八節三項）の下で、一八七五年から一九〇二年にかけて提起された多くの訴訟において、州が通商を制限することについて、比例原則に類似する方法でテストがなされていた(31)。以上の点からすると、今日、諸国との違いとして認識されている諸実践も、歴史的にみれば、ごく最近の展開であるものと言えよう。また、理論の面でも、一九世紀から二〇世紀にかけての大きな変動期においてさえも、それまでと同様に法理論の面でヨーロッパの法理論・法科学の影響の下にあったことが指摘されている。[32]

次に、領域特定的に具体的なルールとして憲法が実現されてきたことを概観し、表現の自由をピックアップして、展開し続ける（evolvingな）憲法の姿を切り取りたい。

(20) *See, e.g.*, Kunal M. Parker, Common Law, History, and Democracy in America, 1790-1900: Legal Thought before Modernism (2011); James R. Stoner, Jr., Common-Law Liberty: Rethinking American Constitutionalism; Richard B. Stewart & Cass R. Sunstein, *Public Programs and Private Rights*, 95 Harv. L. Rev. 1193, 1233 (1982); Bruce Ackerman, *The Common Law Constitution of John Marshall Harlan*, 36 N.Y. L. Sch. L. Rev. 5 (1991); Henry P. Monaghan, *Constitutional Adjudication: The Who and When*, 82 Yale L.J. 1363, 1366 n. 18 (1973).

(21) 統計資料を用いた研究として、David Sloss, *Polymorphous Public Law Litigation*, 71 Wash. & Lee L. Rev. 1757 (2014).

(22) Morton J. Horwitz, The Transformation of American Law: 1870-1960 (1992); Mathias Reimann, *Nineteenth Century German Legal Science*, 31 B.C. L. Rev. 837 (1990) は、その背景として、当時、最も体系的に洗練されたドイツの法科学の参照がなされていたことを挙げる。リアリズムに対する自由法運動の影響について指摘する論考として、James E. Herget & Stephen Wallace, *The German Free Law Movement as the Source of American Legal Realism*, 73 Va. L. Rev. 399 (1987)。

(23) この段落に描いた機械的法学観等は、リアリズムや進歩主義の議論のプリズムを通して作り出された姿であったと言え（Brian Z. Tamanaha, Beyond the Formalist-Realist Divide: The Role of Politics in Judging (2010)）、今日においてはこのような過度に簡略化した説明は通用力を失いつつある。

（24） *See, e.g.*, West Coast Hotel Co. v. Parrish, 300 U.S. 379 (1937).

（25） Ackerman, *supra* note 20, at 8.

（26） *Id.* at 7.

（27） 最高裁の形式主義的憲法解釈への攻撃という背景において、司法の自己抑制の必要が説かれ、他の社会的権利にバランスされるべき社会的利益として権利を扱うという主張が現れた。Cohen-Eliya & Porat, *supra* note 1, at 37-41.

（28） Erwin Chemerinsky, Constitutional Law: Principles and Policies 72-73 (5th ed. 2015).

（29） 村山・前掲注（2）二三六頁も、個別領域ごとの判例動向についての具体的な検討の必要性に注意を喚起する。

（30） *See, e.g.*, David A. Strauss, *Freedom of Speech and the Common-Law Constitution*, in Eternally Vigilant: Free Speech in the Modern Era 32 (Lee C. Bollinger & Geoffrey R. Stone eds., 2002). 本段落における展開につき、網羅的な記述として、*see* Gardbaum, *The Myth and The Reality of American Constitutional Exceptionalism*, *supra* note 9, at 401-411.

（31） Sweet & Mathews, *supra* note 4, at 814-824.

（32） Reimann, *supra* note 22.

Ⅲ　ドクトリンの進化・展開

1　憲法解釈と法理

アメリカ連邦最高裁は、事件を解決するにあたり、先例からの推論によりルールを形成し、それによって具体的な事案の解決の方法について下級裁判所に指示を与えるという手法を用いてきた。今日、展開の結果として、審査の基準、制定法解釈のルール、手続的なルール、構造的なルールなど、様々なルール、基準、規範が生まれ、一定のパターンが法理（ドクトリン）として結晶化している。それらは一見するとバラバラにみえるものの、法律家なら誰でも帰結が予測できるという意味で、それなりに安定的なものである。

そのようなルールに着目する論者の一人であるファロン（Richard H. Fallon, Jr.）は、最高裁の役割に関して、原意主義に基づく説明も、あるいは法哲学者R．ドゥオーキンのように「原理のフォーラム」として説明することも、いずれも正確ではないと指摘する。[33] 現実に「最高裁の機能の特異な特徴は、憲法的なルール、フォーミュラ、テスト（ときに、複数の枝からなるもの）を形成することにある」[34]という。[35]すなわち、裁判所が行っているのは、「憲法価値の執行」であって、それは憲法価値を正確に映し出すものではない。[36] このような理解は、「裁判所の言うことが憲法の意味である」というMarbury v. Madison（5 U.S. 137（1803））に代表される伝統的な立場とは異なるものの、憲法解釈と裁判所の作り出す憲法法理との違いを踏まえることは、今日では多くの学説の共有する理解となっているとも言われている。[37]

アメリカで判決の基礎となるのは、しばしばテクスト、憲法構造、歴史であるが、ではこれらが決定打なのかというと、「完全に間違いというわけではないが、そんなにシンプルではなく、慢心とさえ言い得る」[38]。ボビット（Phillip Bobbitt）は、アメリカの判例に現れる憲法論を分析し、議論の様式が複数あること[39]、そして、法理やテスト、ルールを用いたドクトリナルな議論が、そのうちの一つであることを明らかにした[40]。これは、先例や先例に関する学説の議論から引き出された原理を用いるものである[41]。このようなタイプの議論は、リアリストの攻撃により破壊された法的リーズニングの自律性を回復させる試みと理解することができる。それは、こういうことである。

正統性の源泉として、自律的で包括的、論理的な秩序としての法という伝統的な法のイメージは、アメリカにも多大な影響を及ぼしたブラックストーン（William Blackstone）によるコモン・ロー理解[42]と関係する。しかし先にもみたように、リアリストが法的リーズニングの自律性を攻撃し、「政治的」であると指摘した結果、ニューディールを経て、リーガル・リーズニングが致命的に反民主的であるようにみえたため、アメリカの法律家共同体はこの問題への対応を迫られ、法の自律性を確立しつつ、同時に民主的な側面を持つことを示す必要があったのである[43]。そこで法的推論の正しさ、法解釈の正当性の再構築のために、多くの努力がなされてきたのであり、ドクトリナルな議論による一般理論の構築はその一つとして、一般原理の代替としての性格が指摘されるものである[44]。

例えば、ドクトリナルな議論の例として、Roe v. Wade（410 U.S. 113（1973））を例にとってみておく[45]。Roe事件は、ある未婚の妊娠した女性が中絶禁止を定めるテキサス州法の合憲性を争った事案である。彼女は当該州法が、修正一四条の適正手続条項に言う個人の「自由」という概念の中に見出される、妊娠女性の権利であるところの、妊娠を終了させることを選択する権利を不当に侵害するものであると主張した（410 U.S. at

163-164）。

これに対して法廷意見は、まず妊娠中絶禁止が比較的最近（一九世紀後半以後）の事象であることを、ギリシアやローマの時代を振り返りつつ、歴史的な考察を加えることにより確認する。そして、その後、実体的な権利に関する判断部分について、次の通りに論を進めた。

憲法上のプライバシー権が、明文では保障されていないものの、判例法によって確立されてきた（at 152-153）。そのようなプライバシー権は中絶の決定について含むものであるが、その権利は無条件ではないのであって、規制に対する重要な州の利益の考慮が必要とされる（at 154）。「やむにやまれぬ州の利益」のみが、州が、その行使が女性の決定であるところの個人の権利を規制することを許容する（先例引用。at 155-156）。胎児を守る州の利益に関して、「やむにやまれぬ」時点は生存可能性にある（at 163）。本件テキサス州法のようなタイプの、母親の命を守ることだけに例外を置き、妊娠期間に関心を払わず、関係する他の要素を考慮しないような州妊娠禁止法は、修正一四条に違反する（at 164）。

本稿の目的との関係でRoe判決の議論において興味深いのは、アメリカで中絶の権利の展開が、先例解釈を梃子に、類推という体裁で、ドクトリナルに行われた点である。議論が成功しているかどうかには疑問があるものの、その点はここでは措いて、[46] 新たな権利の展開がこのような様式で行われたことに、注目したい。

（33） Richard H. Fallon, Jr., Implementing the Constitution 3 (2001). その他、このような議

論をする論者として、Dan T. Coenen, *The Rehnquist Court, Structural Due Process, and Semisubstantive Constitutional Review*, 75 S. Cal. L. Rev. 1281 (2002); William N. Eskridge, Jr. & Philip P Frickey, *Quasi-Constitutional Law: Clear Statement Rules as Constitutional Lawmaking*, 45 Vand. L. Rev. 593 (1992).

(34) Fallon, *supra* note 33, at 5. その他、Charles Fried, "*Types*," 14 Const. Comment. 55 (1997). Coenen, *supra* note 33, at 1285-1286 (2002). なお、これらの中には、実体権解釈の法理もあれば、司法権発動に関わる法理 (justiciability doctrines) もあることに注意を払いたい。

(35) ファロンは憲法的テストとして、「禁じられた内容のテスト、疑わしい内容のテスト、バランシングテスト、疑わしくない内容のテスト、効果テスト、目的テスト、適切な考慮テスト」の七つを挙げている。多くの法理にはこれらのテストが混在しており、組み合わせたり、入れ替えられたりしているという(Fallon, *supra* note 33, at 76-101 [Ch. 5])。

(36) *See also* Lawrence Gene Sager, *Fair Measure: The Legal Status of Underenforced Constitutional Norms*, 91 Harv. L. Rev. 1212, 1213 (1978); Cass R. Sunstein, *The Supreme Court, 1995 Term-Foreword: Leaving Things Undecided*, 110 Harv. L. Rev. 4, 6 (1996); Michael C. Dorf, *The Supreme Court*, 1997 *Term-Foreword: The Limits of Socratic Deliberation*, 112 Harv. L. Rev. 4, 9 (1998).

(37) モナハン (Henry P. Monaghan)、ファロンらの議論を受けて、「学説も裁判所も、裁判官が作る憲法法理が、裁判官が解釈する憲法の意味と同一ではないことを理解するようになったいま、法理の機能的な分類学を展開する時が来た」とする論考として、Mitchell N. Berman, *Constitutional Decision Rules*, 90 Va. L. Rev. 1, 8 (2004).

(38) Cass R. Sunstein, Legal Reasoning and Political Conflict 79-80 (1996).

(39) その典型として挙げているのが、次の五つである。それぞれ、歴史的、テクスト的、憲法構造的、プルーデンシャル、ドクトリナルと名付けられている。最高裁はどのような議論様式でも使えるのではなく、特定の「しきたり」の範囲内にあるのである、と（Philip Bobbitt, Constitutional Fate 7 (1982)）。

なお、オリジナリズムが初期アメリカ以来、非常に強力なlegitimation の一形式であることを指摘する論考として、Morton J. Horwitz, *The Supreme Court, 1992 Term-Foreword: The Constitution of Change: Legal Fundamentality without Fundamentalism*, 107 Harv. L. Rev. 30, 98 (1993)。この様式の重要性は認識しているが、本稿では焦点を当てる余裕がない。

(40) Philip Bobbitt, Constitutional Interpretation (1991); Richard H. Fallon, Jr., *A Constructivist Coherence Theory of Constitutional Interpretation*, 100 Harv. L. Rev. 1189 (1987). 今日では大多数の論者がその点を受け容れるようになっているとの指摘として、Victoria F. Nourse, *Making Constitutional Doctrine in a Realist Age*, 145 U. Pa. L. Rev. 1401 (1997).

(41) Bobbitt, *supra* note 39, at 7.

(42) 「理性の極み」("the perfection of reason")（William Blackstone, Commentaries on the Laws of England Book 1, Section 3 "Of the Laws of England)。

(43) Sunstein, *supra* note 38, at 74-75. その１つの例として、Edward H. Levi, An Introduction to Legal Reasoning (1947) を挙げている。また、法の自律性再興の中に、「中立性原理」を位置付けることができる。Herbert Wechsler, *Toward Neutral Principles of Constitutional Law*, 73 Harv. L. Rev. 1, 35 (1959).

(44) Bobbitt, *supra* note 39, at 57.

(45) 本判決についてボビットは「ブラックマン〔Harry A. Blackmun〕裁判官の議論は、ドクトリナルで、テクスチュアルなアプローチである」と説明をしている（*id.* at 157）。

(46) なおボビットは、失敗例と位置付けている。理由が付されない、メタフィジカルな価値についての判断というのは憲法からも当該事件からも引き出されない、誤った前提によっているようにみえる、前提のいずれも先例や先例を通底するより広いポリシーに基づいていない、と。

2 コモン・ロー

アメリカ連邦最高裁において憲法事件の多くがテクストや歴史に徴してではなく、先例からの類推(analogical reasoning)で決せられている点について、コモン・ローにおけるリーズニングと類似していることが、しばしば指摘されるが[47]、それはどういう意味か。コモン・ローは多義的な概念であり、時代によっても論者によっても必ずしも同じ意味が付与されているわけではないが、今日の憲法論についてコモン・ローに類似することの意味を、「類推」という観点から、さらに検討してみたい。

まずアメリカの連邦裁判所の裁判権(jurisdiction)について確認すると、連邦裁判所は主として連邦法について権限を行使する。連邦裁判所の適用する法を限定した判決として、Erie Railroad Co. v. Tompkins(304 U.S. 64(1938))があり、これにより、およそ一〇〇年間続いた「連邦一般コモン・ロー("federal general common law")」[48]に終止符が打たれたとされる。この判決以来、連邦裁判所は一般的なコモン・ローを展開する権限を、少なくとも建前上、持たないものとされている。

そこでコモン・ロー自体は基本的には州の問題ということになる。しかし、例えば州法は連邦憲法修正一四条の解釈を通じて連邦憲法の人権条項に服するのであって[49]、また人権条項の開放的な文言には相当の内容を読み込むことができるため、憲法解釈として、憲法ルールが州法に及ぼす効果は小さくない[50]。そして、コモン・ローを展開する一般的な権限がないことは、連邦最高裁により憲法的なルールが作り出される必要性を生むことに注意しておきたい。[51] 連邦最高裁が州のコモン・ローを上書きすることができないためである。これは、「コモン・ローの憲法化」、「自由や人権論の憲法論化」を促進させる要因と言える。

実際のところ、憲法判例の展開がコモン・ローに擬せられるといっても、連邦裁判所は、法が存在していない新しい問題に裁判所が切り込んでいくといった意味での、実体法の維持管理をしているのではないのであって、その意味でそれは「本当のコモン・ロー」とは違う。[52] そこでむしろ、憲法判例の展開にコモン・ローという言葉が使われるときに鍵を握るのは、そのリーズニングの在り方であるように思われる。アイゼンバーグ（Melvin A. Eisenberg）によれば、コモン・ローにおいて最も特徴的なリーズニングの様式は先例からの類推である。[53] もっとも、先例が如何なるルールを示しているかは、必ずしも自明ではなく、つまりルールの内容について、先例を示した裁判所の意図が支配するのではなく、新たに判断を下そうとしている裁判所が、社会的な状況を踏まえて、確立させるものである。[54]

コモン・ローのリーズニングにおいて、裁判所はテクストに採用された前提から出発するのではない。[55] 制度的な原理から出発して、法的ルールを生み出すよう前に進む。それは学者の作ったドクトリナルなものも含み、適用可能な社会的前提も含まれる。判決の制度的原理の下、これらの間の相互作用により生み出されたルールが、裁判所が法とみなすものである。[56] 類似のものを描き出すというボトム・アップのスタイルは、まさに、それが他のケースに似ていることを決定するための理論を必要とする。[57] パラダイムが転換すれば、既存のパラダイムでは説明不可能なルールも採用されていくことになる。[58]

憲法判例のとるリーズニングのスタイルが「コモン・ロー」に類似していることを指摘する他の論者とし

て、例えばシュトラウスは、「生ける憲法」（"living constitution"）という見方を提唱している。そこでは、ゆっくりと、少しずつ時を超えて展開する、多くの人と世代による進化的なプロダクトとして、憲法判例の展開が描かれている。[59]憲法典が唯一の根本的な法源そのものなのではなく、コモン・ローの手法によって最高裁が作ってきた先例や法理こそが法源なのであり、[60]テクストは「共通の素地」[61]である。また先例は「出発点」にすぎず、事案に応じて、解釈や変更、廃棄がなされる。[62]

では、許されない判例法理の展開というのは、どのように判定されるか。右に参照したアイゼンバーグは、コモン・ローが満たすべき条件として、社会に適合していること、全体的な一貫性を有すること、ドクトリンとしての安定性を有することを挙げている。[63]何をもってこれらの要件を満たすと考えるかは、それ自体解釈の対象であり、評価が分かれるところであるが、本稿では十分な分析をすることはできない。[64]ともあれ、判例が常に正しく展開するのではなく、「道をそれること」もまた織り込み済みなのである。コモン・ローのアプローチにより誤ったルールが生成される場合、伝統的な立場によれば、それを修正する専らの主体は裁判所である。共有された物語を作っていく中で、次々に過去の判例が読み替えられ、過去の判例の言葉を梃子にして裁判所により新たな理解も形成されていく。以下においては、このような観点から表現の自由を例に、ドクトリンの展開を概観する。[65]

(47)　コモン・ローに喩える初期の指摘として、モナハンの "constitutional common law" が広く知られている。Henry P. Monaghan, *The Supreme Court, 1974 Term – Foreword: Constitutional Common Law*, 89 Harv. L. Rev. 1 (1975). コモン・ローとの関係で位置付ける論考として、David A. Strauss, *Common Law Constitutional Interpretation*, 63 U. Chi. L.

REV. 877 (1996); Frederick Schauer, *Is the Common Law Law?* 77 CAL. L. REV. 455 (1989); SUNSTEIN, *supra* note 38, at 63; William N. Eskridge, Jr., *Dynamic Statutory Interpretation*, 135 U. PA. L. REV. 1479, 1479 (1987); Dorf, *supra* note 36, at 26-33.

なお、コモン・ローの手法に着目するシュトラウス（David A. Strauss）の議論は原意主義に対抗する背景で登場したものであるが、ここでは原意主義との関係には焦点を当てない。

(48) 主権の枠組みを超越した、普遍的な一般法原則に基づく法体系の意味で用いている。Swift v. Tyson, 41 U.S. 1 (1842)の時点での一般的な見方が、法の一般原則に係る「一般コモン・ロー（general common law）を、連邦裁判所も独自に正しい法の探求によって形成できるというものだったことを論ずる論考として、浅香吉幹「19世紀アメリカのコモン・ローの構造（1）（2・完）」法協一一二巻一二号（一九九五年）一六三五頁、一一三巻一号（一九九六年）一頁。

(49) Palko v. Connecticut, 302 U.S. 319 (1937).

(50) 今日では、テクスト主義者でさえ、開放的な制定法や憲法の条項に具体的な意味を与える際に裁判官が法を単に発見するのではなく、作るのだということを認めているのであって、「決意を固めた『積極主義的』裁判所は、大概の場合、判示内容を、権威を有する何らかのテクストと結び付けられるのではないか」とする指摘がある。Dorf, *supra* note 36, at 32.

(51) 同じく連邦制をとるコモン・ロー国として、オーストラリアやカナダの場合は、一般権限がある（オーストラリア憲法七三条、カナダ憲章一〇一条）。以上の事情は、他のコモン・ロー諸国と異なる点として重要だろう。例えば名誉毀損法について連邦が直接にコモン・ローを上書きすることができなかったからこそ、New York Times v. Sullivan, 376 U.S. 254 (1964)での「現実の悪意」法理が形成されたものと言える。

(52) Dorf, *supra* note 36, at 32.

(53) Melvin Aron Eisenberg, The Nature of the Common Law 50 (1988).

(54) *Id.* at 52.

(55) テクストベースの理論によれば、裁判所はテクストに明らかにされたところから出発する。後ろ向きに正当化のチェーンを辿り、有効性を確かめ、それを適用する。コモン・ローのリーズニングは、これと対照的である。

(56) *Id.* at 156.

(57) *Id.* at 83.

(58) *Id.* at 78.

(59) David A. Strauss, The Living Constitution (2010).

(60) David A. Strauss, *Common Law Constitutional Interpretation*, 63 U. Chi. L. Rev. 877, 884-885 (1996). Strauss, *supra* note 30 では、表現の自由法理展開における三つの原理を挙げ、それらがコモン・ローの特徴を有することを述べている。第一に、展開が五〇年以上かけて、試行錯誤で作られるという進化的プロセスだったこと。第二に、原理が展開する過程を通じて、裁判所は先例の判断に多くを負ったこと、第三に、政策や政治的モラリティへの配慮の下になされたこと。このように、「アメリカの表現の自由法の展開は、ほぼ教科書的なコモン・ローの展開そのものだった」(*id.* at 47)。一つ、他の多くの分野でのコモン・ロー的な展開と異なった点は、反対意見が淵源(fountainhead)だったことである、と。

(61) Strauss, *supra* note 59, at 104. なお、裁判官に向かってこうしろああしろと命じる憲法理論が大嫌いなことで有名なポズナー(Richard A. Posner)元判事は、二〇一二年には「生ける憲法(living constitution)」という憲法理論を拒否していた(Richard A. Posner, *The Rise and Fall of Judicial Self-Restraint*, 100 Cal. L. Rev. 519, 535 (2012))。しかし

二〇一六年に、「シュトラウスがコモン・ロー体系として憲法を語ることは半ば正しい」と述べている。「半ば」であるのは、コモン・ローが、厳密に言えば、より政治的ではないという点において憲法とは異なるからだと述べている。Richard A. Posner, Divergent Paths: The Academy and the Judiciary 96 (2016).

(62) Strauss, *supra* note 30, at 46.

(63) Eisenberg, *supra* note 53, at 50.

(64) ウォーレン・コートに対する批判が、コモン・ローの観点からもなされていたことを想起したい。Philip B. Kurland, Politics, the Constitution, and the Warren Court (1970) は、ウォーレン・コートの抱える基本的な誤りを次のように指摘していた。「コモン・ロー及び憲法の判決様式を長いこと性格付けてきた、step-by-stepのプロセスに従うことができなかった。ウォーレン・コートは自身の機能についてもっと意気揚々とした理解をとり、眼前にある事件の解決では満足しなかった。特定の紛争の解決よりも、行為規範を作ることを好んだ。さらに、それは全ての前提（proposition）が全て論理的な極限に至らなくてはいけないと思っていたふしがある」(at xx)。

(65) なお本稿では憲法判例の展開をコモン・ローになぞらえるアメリカの議論をみたが、オーストラリアの状況との比較において、Adrienne Stone, *Freedom of Political Communication, the Constitution and the Common Law*, 26 Fed. L. Rev. 219 (1998) は、アメリカの憲法判例の展開が十分にコモン・ロー的でないことを批判している。アメリカの名誉毀損法制、表現の自由をめぐる法は、最高裁が特定の表現の自由に関する理解を示すいわばトップダウンのリーズニングと評価し、これに対して、コモン・ローのリーズニングというのは、個別の事例でのルールを通じたボトムアップのものである、と指摘する（at 238）(*citing* Richard A. Posner, *Legal Reasoning from the Top Down and from the Bottom Up*, 59 U. Chi. L. Rev. 433 (1992))。

Ⅳ　表現の自由

1　法理の展開

表現の自由は、最も典型的にドクトリナルな法理の展開がみられた領域である。[66] 今日的な表現の自由法理の展開の幕開けの年としては一九一九年[67]が取り上げられることが多い。初期に争われた事案は政治的言論を争点とするものであり、一九一九年にホームズ裁判官によって示された「明白かつ現在の危険の基準」[68]は、のちの修正一条の法理の母体となった。すなわち、もともとはホームズとブランダイス（Louis D. Brandeis）の反対意見の中で表現の自由を手厚く保障することが語られ、それがのちに最高裁法廷意見のとる理解となっていったものである。[69]

一九三〇年代終わりから、修正一条事案ではしばしば明白かつ現在の危険の基準が用いられるようになり、それは表現の自由の優越を支えるものとして機能した。またこの時期には、権利保護的にバランシングも使われた。[70] 例えばSchneider v. Town of Irvington（308 U.S. 147（1939））は、「ぴったりと仕立てられた（narrowly tailored）」テストを導入した最初期の修正一条事件とされているが、[71] これはバランシングの中で用いられているのであった。そして四〇代始めには表現の自由の規制に厳格な審査がなされることについて、基礎的な考え方が確立した。[72]

権利が絶対的保障の形式でうたわれている修正一条の下で、政治的表現が手厚い保護の対象となることが確立するにつれ、厳格さを緩和するための理論が必要となる。一九四二年のChaplinsky v. New Hampshire

(315 U.S. 568 (1942)) では、「低価値表現」という範疇を明らかにし、表現が内容に基づいて規制される中でも、「例外」として弱い保障しか与えられないカテゴリーが明らかにされた。(73)

その後、カテゴリカルなアプローチが展開することになる。結果として、今日、修正一条法理には様々なカテゴリーがあり、それらはしばしば重なり合って展開している。そしてそれぞれに応じて、特定のルールやテストが適用されてきた。(74) 例えば、主題に関するカテゴリーとして、公人の名誉毀損、違法な行為の煽動、わいせつ、児童ポルノ、プライバシー侵害、喧嘩言葉、コマーシャル・スピーチ等がある。ほかと重複するカテゴリーとして、表現のなされる場所に関するカテゴリー(パブリック・フォーラム)、規制の種類(事前規制、内容規制・中立規制)などがある。

なかでも中心的な枠組みが、Police Department of Chicago v. Mosley (408 U.S. 92 (1972)) 以降の、内容規制・内容中立規制とされている。もっとも、何が「表現内容」を形成するかなど、判例、学説上もカテゴリーの外延は明らかではないが、内容規制立法で厳格審査がなされると、ほとんど全ての法が違憲となるため、内容規制かどうかが分析対象の中心に置かれることになっている。(75)

さて厳格審査については、長らくその起源が平等条項にあると説明されるのが通常であったが(一九四〇年代の、Skinner v. Oklahoma 316 U.S. 535 (1942) やKorematsu v. U.S. 323 U.S. 214 (1944))、(76) 二〇〇五年あたりから、起源や発展過程、論理、利用頻度の実態等についての研究が進んだ。(77) シーゲル (Stephen A. Siegel) によると、(78) 厳格審査の起源は修正一条にあり、厳格審査を構成する (1) 挙証責任の転換、(79) (2)「やむにやまれぬ政府利益」の存在、(80) (3)「手段がぴったりと仕立てられていること」(81) という諸テストは、それぞれ別個に展開してきたものである。(82) しかも、それらのテストは必ずしも常に厳格な審査を意味してきたのではなかった。厳格審査のカテゴリーの外で展開し、すでに法となっていたものが利用された（1）と（3）に比べて（2）は後発であって、五〇年代終わりから、六〇年代始めに、修正一条の領域で形成されたものという。[83]

法理の展開という観点でみるに、一九一九年を起点とすると、約半世紀をかけて審査の骨格が形作られたのであった。それは狭い意味での先例だけでなく、反対意見や脚注に示された考えも用いつつ、制定法ではなく判決を正当化根拠に作り出されてきたものと言える。つまり憲法の文言が一言も変わらない中で、表現の自由論は変化を遂げてきたのであった。

（66） *See, e.g.*, Daniel A. Farber, *The Categorical Approach to Protecting Speech in American Constitutional Law*, 84 Ind. L.J. 917 (2009); Frederick Schauer, *Categories and the First Amendment: A Play in Three Acts*, 34 Vand. L. Rev. 265 (1981).

（67） Schenck v. U.S., 249 U.S. 47 (1919); Abrams v. U.S., 250 U.S. 616 (1919).

（68） *See* cases cited in *supra* note 67. Schenck判決で「明白かつ現在の危険」の基準が述べられたとき、それは、犯罪に等しいような表現は犯罪を犯すのと同様という理屈であり、そのルーツは未遂に関する実体法にあった。Schenck判決でホームズ裁判官は、明白かつ現在の危険の基準が満たされるかどうかは「近接性（proximity）と程度である」（*Schenck*, 249 U.S. at 52）というように、バランシングの性格の強いものとして提示した。しかし同年のAbrams判決での反対意見では打って変わって、バランシングではないルールとして提示している。Abrams判決で問題になったのは、行為に関係しないものも含めた言説そのものの禁止であり、ポスト（Robert Post）は、刑法の論理（seditious libel）に修正一条が入った最初のポイントだったと述べている（Robert Post, *Reconciling Theory and Doctrine in First Amendment Jurisprudence*, in Eternally Vigilant: Free Speech in the Modern Era 156 (Lee C. Bollinger & Geoffrey R. Stone eds., 2002)）。

(69) 一九三一年のStromberg v. California, 283 U.S. 359 (1931) において初めて表現の自由違反でカリフォルニア州法が違憲とされたのだが、それは曖昧にすぎるというテクニカルな理由であった。また同年のNear v. Minnesota, 283 U.S. 1189 (1931) は事前抑制として違憲と判示した。

(70) その後、マッカーシー時代の表現の自由をめぐる判例を通じ、バランシングには極めて悪い印象が付与された (*e.g.*, Dennis v. U.S., 341 U.S. 494 (1959))。

(71) Stephen A. Siegel, *The Origin of the Compelling State Interest Test and Strict Scrutiny*, 48 Am. J. Legal Hist. 355 (2006).

(72) Thornhill v. Alabama, 310 U.S. 88 (1949); Cantwell v. Connecticut, West Virginia State Board of Education v. Barnette, 319 U.S. 624 (1943). 一九四三年のBarnette事件では「表現が明白かつ現在の危険を示しているときしか、意見の表明の検閲や抑圧は許されることはないというのは、もはや決まり文句となっている」と述べられていることが、この間に「明白かつ現在の危険の基準」が獲得した地位をよく物語っている。

(73) Geoffrey R. Stone et al., Constitutional Law 1134 (7th ed. 2013).

(74) Frederick Schauer, *Codifying the First Amendment: New York v. Ferber*, 1982 Sup. Ct. Rev. 285 (1982).

(75) 内容に基づく規制の合憲性が争われた事案において、厳格審査をして曖昧な部分はなく合憲という結論で一致したのが、近年において一件しかなかった一方で (Williams-Yulee v. Fla. Bar, 135 S.Ct. 1656 (2015))、中間審査では、ほとんど常に合憲としているという指摘がある。Ashutosh Bhagwat, *In Defense of Content Regulation*, 102 Iowa L. Rev. 1427, 1428 (2017); Barry P. McDonald, *Speech, and Distrust: Rethinking the Content Approach to Protecting the Freedom of Expression*, 81 Notre Dame L. Rev. 1347, 1351-1352 (2006).

(76) Skinner判決やKorematsu判決は「厳格審査」という言葉を使ってはいるものの、実際には厳格な審査をしたのでもなく、その要素も用いていない。Skinner判決でこのルールが展開されているわけではないものの、同判決の終わりの方にある記述を拡大して、この部分を強調することによって法理が形成されていったものである。

(77) *See, e.g.*, Richard H. Fallon, Jr., *Strict Judicial Scrutiny*, 54 UCLA L. Rev. 1267 (2007); Siegel, *supra* note 71; G. Edward White, *Historicizing Judicial Scrutiny*, 57 S.C. L. Rev. 1 (2005); Adam Winkler, *Fatal in Theory and Strict in Fact: An Empirical Analysis of Strict Scrutiny in the Federal Courts*, 59 Vand. L. Rev. 793 (2006).

なお、厳格審査のほかにも、高められた保護を与える法理はたくさんある（サリバン法理、過度広範性などの手続ルール: Siegel, *supra* note 71, at 358-359)。

(78) Siegel, *supra* note 71, at 359-361.

(79) United States v. Carolene Products Co., 304 U.S. 144, 153 n. 4 (1938)に遡る。シーゲルによれば挙証責任転換論が完成したのは、一九五八年のSpieser v. Randall, 357 U.S. 513 (1958)であって、その後に平等条項の分析枠組みに編入されたという。

(80) 最初に用いられたのが、Sweezy v. New Hampshire, 354 U.S. 234 (1957)でのフランクファーター（Felix Frankfurter）の同意意見においてであった。その後、いくつかの判決で用いられたが、それでも一九六三年まで完成しなかった（Sherbert v. Verner, 374 U.S. 398 (1963); Gibson v. Florida Legislative Investigative Committee, 372 U.S. 539 (1963); NAACP v. Button, 371 U.S. 415 (1963)）。一九六四年に平等条項に輸入され、ゆっくりと成長した。七〇年代を通じて厳格審査は平等をめぐって用いられ、のちに修正一条のコーナーストーンになった。Siegel, *supra* note 71. 概説として三五七頁。

(81) Siegel, *supra* note 71, at 361. なおこのテストの歴史について、Guy Miller Struve, *The Less-Restrictive-Alternative Principle and Economic Due Process*, 80 Harv. L. Rev. 1463 (1967); Sweet & Mathews, *supra* note 4, 824-833.

（82） Siegel, *supra* note 71, at 359-361.
（83） *Id.* at 361-364.

2　内容規制と目的審査

表現の自由をめぐるカテゴリカルな法理の維持には、特有の配慮と労力を要することに注目したい。そのことを今日の表現の自由法理の中で中核的な「内容規制・内容中立規制」の区別と目的審査の重さという観点から、近年の判例の見解の変化を含めて検討しておく。

長らく実務においても学説においても、内容規制が厳格審査の対象となる理由につき、Mosley判決に依拠して、規制の「目的」に力点を置いて理解してきた。「何よりも、修正一条は政府がメッセージや考え、主題や内容故に表現を規制する権限を有しないということを意味する」（Mosley判決）という理解である。トライブ（Lawrence Tribe）曰く、内容規制とは「その文面において政府の行為が政府が抑圧しようとする考えや情報を対象にしているとか、文面において中立である政府の行為が憲法的に保護された表現を排除しようという意図に動機付けられているもの」である。つまり、「不適切な動機」を燻り出す方法[84]としての、内容に基づく別扱いという観点である[85]。

かかる枠組みの妥当性を揺るがせるかもしれない判例が出されている。二〇一五年に下されたReed v. Town of Gilbert（135 S.Ct. 2218（2015））では、「内容規制」の意味するところが従来のそれとは異なっており、表現の自由法理が変化する可能性も指摘される。

本件で問題となったのは、許可なく屋外に広告を掲示することを包括的に禁ずるアリゾナ州のギルバートという町の広告物条例（sign code）であり、当該条例が例外としてカテゴリーを設け、サイズや掲示時間等についての規制をなしていた。

本件に関係する類型の中には、「イデオロギー的サイン」「政治的サイン」「限定的なイベントに関連する一時的な標識サイン」等があり、最後のものは、宗教団体等がイベントについての案内等をする一時的なサインである。最初のものにはサイズについての規制があるものの時間等の規制はかけられていないのに対し、二つ目のカテゴリーは大きさの規制と掲示可能期間の規制がなされている。そして、最後のカテゴリーにはサイズや掲示時間等について、事細かな規制がかけられており、別異の取扱いがなされていた。

本件の原告は、Good News Community Churchという小さな教会の牧師である。この教会は資金不足で不動産を所有しておらず、日曜礼拝も週によって異なる場所で行われており、告知を出すことが重要であった。しかし広告物条例により、朝九時からの日曜礼拝のことを、前日の夜の九時からでないと出せないこととなってしまった。本件条例が表現内容に対する規制であり修正一条違反であると牧師が主張したのに対し、下級審では内容中立規制であるとして合憲と判断されていた。

最高裁は、内容規制は厳格審査に服することを、先例を挙げて確認した上（at 2226）、「この『内容規制』という言葉の一般的な意味は、裁判所に『文面における』表現規制が話者が伝えようとしているメッセージに基づいてなされるかどうかを考察することを要求する」とした（at 2227）。そこで、文面において内容に基づいている規制は自動的に、「政府の規制が悪意に基づいているかどうか、内容中立的な正当化をするかどうか、「そこに含まれたアイデアへの敵意」を欠いているかどうかにかかわらず、厳格審査の対象となるとした（at 2228）。これは、文面上、表現者が伝えようとするメッセージに依拠するものであり、内容規制にあたるかどうかについての新しい認識とも理解し得る。「当該法が、話されているトピックや表現されているアイデアやメッセージの故に特定の表現に適用されるとしたら、内容規制にあたる」（at 2227）。そして、最高裁は本条例の規制を表現の内容規制であり違憲と判断した。

本判決は一定の関心を呼んでいる。(86) これまで、しばしば「目的」に重点が置かれてきたところ、Reed判決の多数意見はそのような考えを否定するもののようにも思われるからである。(87)

(84) City of Richmond v. Croson, 488 U.S. 469, 493（1989）（O'Connor, J.）.

(85) Elena Kagan, *Private Speech, Public Purpose*, 63 U. Chi. L. Rev. 413, 414（1996）.

(86) *See, e.g.*, Adam Liptak, *Court's Free-Speech Expansion Has Far-Reaching Consequences*, N.Y. Times（Aug. 17, 2015）, *available at* <http://www.nytimes.com/2015/08/18/us/politics/courts-free-speech-expansion-hasfar-reaching-consequences.html? r=0>（including commentary by, *inter alia*, Yale Law School Dean Robert Post）; Urja Mittal, *The "Supreme Board of Sign Review"*, 125 Yale L.J. F. 359, 359（2016）, *available at* <http://www.yalelawjournal.org/ forum/the- supreme-board-of- sign-review-reed-and-its-aftermath>; Enrique Armijo, *Reed v. Town of Gilbert: Relax, Everybody*, 58 B.C. L. Rev. 65（2017）.

(87) 法廷意見への批判として、ブライヤー裁判官は、「内容規制＝厳格審査」という枠組みよりも柔軟なものの考え方を、かねてより主張してきたところ（United States v. Alvarez 567 U.S. 709（2012）（Breyer, J., concurring））、補足意見において、規制的なプログラムは常に内容の区別を伴うものであり、そのような区別が厳格審査を引き起こすとしたら、通常の政府の規制的行為を司法が管理することになってしまうと批判している。ケーガン（Elena Kagan）裁判官も、内容に関わるもっともな規制も厳格審査の対象となる危険を冒していると警告した（*Reed*, 135 S.Ct. at 2236）。

3 検　討

表現の内容規制を厳格審査に付し、かつその場合にほぼ違憲という帰結を導くこの枠組みは、政府の権限の限界を定める線引きを司法が監視するものと整理できよう。これは、表現の自由の利益を政府の公益に正面から直接にバランスさせるのとは異なる思考方法である点に注意を払いたい[88]。規制が如何なる効果を持つかに対する考慮が十分に取り込めないという批判もあるが、事案に基づく細やかな審査を犠牲にしてもなお、内容規制への強い否定を維持しようとするためであるとも理解できよう[89]。そのような害悪との比例性が破られることも許容する法理が、一〇〇年間の間に形成・維持されてきたことには、人為的、人工的な側面を認めることができるように思われる。

これを維持するには、その人為性を支えるコミットメントやコンセンサスが必要であり、表現の自由についての一定の理想なり考え方を基軸にしていることが窺われる。「真理の最も良いテストは市場での競争を通じて受け入れられるまさにその思想の持つ力にある」（Abrams v. U.S., 250 U.S. 616, 630（1919））という表現の自由市場へのコミットメントや、「我々の社会の中の構成員の一部の表現を他の者の声を強めるために制約することは、修正一条にとって全く見知らぬ理解だ」という政府の介入への懐疑（Buckley v. Valeo, 424 U.S. 1, 48-49（1976））が背景にある。さらに、マッカーシー時代という危機の時代の経験と記憶が、カテゴリカルに表現の自由を保障することの理由を支えている[90]。

そうであるからこそ、社会の変化とともに、表現の自由市場についても、政府の介入なく本当に「自由市場」が、そして民主的な政治過程が維持できるのか、不断に問われ続けているのであろう。[91] アメリカ社会の分断が進む中で、デモや集会による表現の自由の行使は、公の空間への銃の携行と相まって、一般の人間が参加するには相当の覚悟を必要とする事柄になりつつあるのかもしれない。[92] どのような表現の自由を理想としていくかは、文化状況に依存する問題であろう。

表現内容規制／中立規制について言えば、これは形式的に扱われやすい性質を持つ。[93] この二分法は、そもそも厳格審査の範囲が広くなれば機能しない。高い保障の対象とならない「例外」をくくり出す際には定義付けられたテストを伴うため、その要件の充足性が判断のカギを握ることになり、つまり事実の存否が重要となる。しかも内容規制はほぼ違憲となり、中立規制は「中間的な審査」がなされると言われているが、極めて敬譲的であったため、結局は一かゼロかのアプローチとなりがちであった。そこで、厳格審査をすることが「常識」に反するような場合には、無理をして表現内容中立と説明されることも多く、[94] そういうことなら、カテゴリカルでありつつ、結局のところアドホックではないか、という批判もある。[95]

そもそも内容に着目する二分法が適当であるかは、かねてより議論の対象であった。[96] 内容中立をどうやって定義するのかという根本的な問題で同意が得られているか定かではないことが、Reed判決によって改めて明らかになったのではないか。

とすると、果たして現在のカテゴリカルな法理が、実際に妥当な帰結を導けるのか疑問が持たれるのも当然であろう。その点、Reed判決は政府の目的についての審査を小さくすることで司法審査の機会の制限を図るものと理解することができるのかもしれない。

(88) Cohen-Eliya & Porat, *supra* note 1, at 127では、「領域の管理の任務を行っている」と表現されている。

(89) 近時の指摘として、McDonald, *supra*, note 75など。

(90) イリィ（John H. Ely）曰く、カテゴリカルなアプローチは危機の時代に表現の自由をより保障するものである。John Hart Ely, *Flag Desecration: A Case Study in the Roles of Categorization and Balancing in First Amendment Analysis*, 88 Harv. L. Rev. 1482, 1500-1501 (1975).

修正一条の理解は、バランシングとカテゴライゼーションの間を行ったり来たりしてきた。これらの違いについて考察する論考として、Sullivan, *supra* note 15.

(91) Owen M. Fiss, *Free Speech and Social Structure*, 71 Iowa L. Rev. 1405, 1410 (1986)は、現在の状況が理想から程遠いにもかかわらず、表現の自由の枠組みが現存する不平等の存在や、それが生じさせる歪みを無視していることを指摘する。

(92) Siva Vaidhyanathan, *Why the Nazis Came to Charlottesville*, New York Times (Aug. 14, 2017), *available at* <https://www.nytimes.com/2017/08/14/opinion/why-the-nazis-came-to-charlottesville.html?_r=0>.

(93) 厳格審査とペアである「低価値表現」についても同様のことが言える。「低価値表現」について、頻繁に引用される言い回しに、「よく定義付けられ狭く限定された、その制限や処罰が憲法上の問題を引き起こすとは全く考えられてこなかった種類の表現」があるが、ロバーツ・コートの下で、このようなカテゴリーが「歴史と伝統」の強調の結果として、より一層硬直的に理解されるようになっている。U.S. v. Stevens, 559 U.S. 460 (2010)では、「保護されないカテゴリーかどうかはコストベネフィット分析で決定する」という国側の主張に対し、「驚きであり、危険な（startling and dangerous）」「アドホック・バランシング」だと否定した。その用法は、ニンマー（Melville B. Nimmer）が「定義付け衡量」

(definitional balancing)と「アドホック・バランシング」(ad hoc balancing)との違いを論じた中での用法とは異なり、柔軟性が否定されている。Melville B. Nimmer, *The Right to Speak from Times to Time*, 56 Calif. L. Rev. 935, 943 (1968).

(94) Richard M. Re, *Narrowing Supreme Court Precedent from Below*, 104 Geo. L.J. 921 (2016). City of Renton v. Playtime Theatres, Inc., 475 U.S. 41 (1986); Boos v. Barry, 485 U.S. 312 (1988); Ward v. Rock Against Racism, 491 U.S. 781 (1989). Renton判決において明白に内容規制を内容中立規制として扱うようになったので、それは内容中立規制審査が及ぶ最も一般的な表現規制となった。多くの表現の自由に関係する類型が内容中立として扱われてきたという状況について、Leslie Kendrick, *Content Discrimination Revisited*, 98 Va. L. Rev. 231, 282 (2012).

(95) McDonald, *supra* note 75, at 1395.

(96) 擁護する論者として、Geoffrey R. Stone, *Content-Neutral Restrictions*, 54 U. Chi. L. Rev. 46（表現の自由市場の適切な機能のため：at 54-57)。反対論者として、Martin H. Redish, *The Content Distinction in First Amendment Analysis*, 34 Stan. L. Rev. 113 (1981).

V　おわりに

本稿は、憲法そのものとルールやドクトリンによるその執行とが異なった位相にあることを意識した上、後者に注目して、コモン・ローのリーズニングを補助線として、アメリカの司法審査の思考の一様式を検討したものである。先例を根拠に不断に作り直され展開する（evolving）憲法という側面を強調した。

この様式そのものが、比例原則と根本的に文法を異にしているわけではない。アメリカの司法審査の様式の中でバランシングという手法が一見するよりも一般的であることは、指摘されてきている。[97] そのようなレベルで捉えるなら、諸国とアメリカの手法とで、共有する部分が容易に見出される。[98] むしろアメリカの様式が他の国と比べて特殊であると言うのであれば、それは権利保護における「戦略」の違いとして理解できる。[99] ガードバウム（Stephen Gardbaum）は、アメリカ憲法には権利の絶対的保障形式を前提に司法審査権の正統性が争われるところ、権利の侵害の有無の判定は司法権の作用であることには疑いがないため、こちらの問題として扱う方が楽であるという理由を挙げている。[100]

テクストではなく先例を梃子に、具体的なルールを不断に改変し憲法を執行するのは、権利の保障範囲や憲法の意味が不確かな状態にとどまるのも「構わない」とする立場であるようにも思われる。このような方法は、意味と切断することにより、権利の保障を比例性・均衡性を超えて重くあるいは軽くし、特定の権利に優越的な保障を与える、あるいは緩やかな審査の対象とするなど、プラグマティックな考慮を入れる際に有効な構造であるかもしれない。[101]

コモン・ローは、主権者命令説[102]によらずに法を生み出す方法である。[103] そしてリーガル・リアリストの洗礼を受けたのちには、その法が「創造」されるものであることも広く認められてきた。本稿で概観したように、アメリカでドクトリンの展開は、抽象的な論理の操作で憲法が保障する内容が演繹された結果ではなく、先例と歴史に権威を求めつつ、学説も参照しながらルールが作られ、修正され、漸進してきた姿である。その結果として、明瞭度や通用力が異なる、複層的かつ重層的な原理やルールの体系が作り出されているのであり、それは事件ごとに再検討の対象とされるという点で、暫定的な性格を有することとなる。[104]

本稿でみた厳格審査で言えば、厳格審査を構成するテストがそれぞれ独自の背景を有していることに再度注意を払いたい。つまり、表現の自由の優越的保護に関わるルールは、しばしば硬直的との批判を受けるとはいえ、かかるルールの形成と展開、バランシングの構造化が柔軟に行われてきたものと言える。危機の時代に備えるために優越的な地位を確保しておく（ルール化）という試みは、裁判官が法理を形成し改変する際に有する広範な権限を前提にするものであること、別言すれば、裁判所への信頼が存在するのであろう。ドクトリンやルールは裁判所にとって外在的に思考を縛るものでもあり、裁判所にとって厄介な判断を避けるための「楯」でもあるが、暫定的なルールを裁判所が事案に応じて再検討するという意味で内在的なルールという性格を持つ。

なぜ、具体的特定的な問題で、狭く浅い了解の上に法理を展開させていくという方法で、法の支配の要求する予測可能性や公正さといった一般的性格を認めることができるのか。それは、多・中心的な法に調和をもたらす「要」の役割を果たす者としての裁判官が[105]、先例との類推で事案を解決する際に、適用可能なルールを適宜設定・修正することによって、物語的な秩序や統一性が生まれるとの想定があるからであろう[106]。

しかしコモン・ローは主権者命令説によるものではないのだから、「憲法論のレベルに上げられると正統性の問題に真っ正面からぶちあたる[107]」のも当然である。伝統的なコモン・ローの時代と異なり、今日においては、コモン・ローから独立して、憲法の名の下で裁判官がルール形成・改変に携わる。したがって、司法審査と民主主義との整合性が問われるならば、その正統性を説明することは困難とならざるを得ない。

そこで、司法審査の様式としてテクスト解釈に主として依拠するとか、先例の解釈に依拠するとかといった方法で、包括的な理論を打ち立てることなく憲法のリーズニングができるならばそれで良しとすることは、困難の一つの解決法であろう。繰り返しになるが、司法審査の様式はいくつもある。テクスト解釈や先例に従うべきルールがはっきりしているなら、それに従うことで、理論上はともかく、実際のところ問題は生じない。また先例拘束により、適用するテストに争いがない場合は、それ以上憲法条項の意味について特定する必要は生まれない。法理やテストは、憲法の意味を最大限かつ正確に反映するものではなく、憲法判断は、憲法についての考え方が異なる裁判官どうしでも合意できる範囲で、様々な考慮を入れてプラグマティックに形成されるものである。[108]

従うべきルールがはっきりしない場合、強いjudicial supremacyを避けて民主主義との衝突問題を回避するなら、次の対照的な二つの立場が考えられる。[109] 一つは、できる限り、一般的な行動準則を樹立することを避けるものである。具体的には、多様な理解が交錯する中で最小限の合意が可能な部分でしか述べず、ペンディングにしておく、下位の法規範により解決する、憲法論にしない、憲法判断を回避するといった手法が、この方向において位置付けられる。[110] 伝統的にコモン・ローはかかる方向において、「step-by-stepのプロセス」[111]であってボトム・アップに法を形成する様式として理解されてきたと言える。[112]

もう一つの立場に、司法府の判断の暫定性を強めることで民主主義との衝突問題を乗り越えるという方法がある。政治部門とのインターアクションに重きを置き、法規範を共同で作ってゆくという理解に立つものである。[113] 憲法法理が、しばしば社会的・政治的な影響を強く持つことを考えれば、裁判所が作る諸ルールの社会的妥当性に民主的正統性を強く持つ部門が関係すること自体は、望ましいことだろう。その場合、裁判所の判断は暫定性を増し、また立法府との判断の近似性が増すことになる。そうなると、伝統的なコモン・ローとは違いが大きくなるだろう。誤ったルールや古くなったルールの改変にあたり、専らアクターは司法部（final authority）であるべきだという伝統的な理解は、修正を必要とすることになる。[114]

これらは、いずれも強いjudicial supremacyとlegislative supremacyを避ける対処策である。[115]どちらの方向が選好されるかは、制度や、現実の政治部門と裁判所の関係、裁判所の有する権限、権威、社会的な背景事情、文化等々に依存しよう。また事案の性格等の個別の理由により、どちらに近い態度が示されるかも変わろう。

アメリカの実践は、成文憲法がある場合であっても、先例解釈による憲法のリーズニングの在り方が、コモン・ロー的と理解され得ることを示しているが、応用的にさらに考えるなら、そこに用いられている類推によるリーズニングは、判例法主義国に特有というわけではない。より一般化して、法的規範の正統性の説明として、我が国のような制定法主義国においても用いることができるし、裁判所ではない他の機関によるルール形成についても、適用することのできる思考方法である。[116]

日本においても、例えば違憲な立法行為（立法不作為を含む）を対象とした国家賠償請求訴訟が、損害の塡補という国家賠償法一条一項の本来の意味を超えて、実質的には違憲確認訴訟的な方向で展開しつつあるところである。[117]これは司法府による、判例を通じた類推によるリーズニングを用いた「開発例」として理解できる。また、日本でも政治部門でのルールの展開は、基本的には、先例に基づくアナロジカル・リーズニングに任されていると言える。このようにみたときに、日本の司法審査の方法も、より自生展開的に理解することもできるのではないだろうか。

(97) ブライヤー裁判官はStevens判決の同意意見において、多数意見の「頑迷なカテゴリカルな分析は受け入れない」と述べている（*Stevens*, 559 U.S. at 2551-2552）。*See also, e.g.*, Fallon, *supra* note 33.

(98) Bernhard Schlink, *Proportionality in Constitutional Law*, 22 Duke J. Comp. & Int'l L. 291 (2012)は、これが憲法文法の深い構造であることを指摘し、遅かれ早かれ表面化するとする。また、ブライヤー裁判官はHeller判決で、憲法判断の基本構造は全ての法システムに埋め込まれていることを指摘する。

(99) 優越的権利を保護するためのテストを「戦略」として構築したという側面について、Fallon, *supra* note 77, at 1335.

(100) Gardbaum, *The Myth and the Reality of American Constitutional Exceptionalism*, *supra* note 9, at 426.

(101) *See* Joseph Raz, The Morality of Freedom 38-69 (1986). Richard H. Pildes, *Avoiding Balancing: The Role of Exclusionary Reasons in Constitutional Law*, 45 Hastings L.J. 711 (1994)は、ラズ（Joseph Raz）の議論を用い、権利の構造がカテゴリカルであることを、排除的理由に基づいた政府の行為に着目した議論から導いている。つまり、表現内容規制・中立規制という枠組みに理論的な構造があることを論ずるものである。*See also* Kumm, *supra* note 16, at 144-146; Iddo Porat, *The Dual Model of Balancing*, 27 Cardozo L. Rev. 1393 (2006).

日本の判例で言うと、「相当性の法理」（最大判昭和四四年六月二五日刑集二三巻七号九七五頁）は、かかる観点からも正当化できるものと思われる。

(102) John Austin, The Province of Jurisprudence Determined (Wilfrid E. Rumble ed., 1995).

(103) A.W.B. Simpson, *The Common Law and Legal Theory* in Oxford Essays in Jurisprudence 77 (1973); Strauss, *Freedom of Speech and the Common-Law Constitution*, *supra* note 30, at 34.

(104) Sunstein, *supra* note 38, at 78.

(105) Michel Rosenfeld, *Constitutional Adjudication in Europe and the United States*, in Euro-

PEAN AND US CONSTITUTIONALISM 197, 213 (Georg Nolte ed., 2005).

(106) 類推と物語性について、Fried, *supra* note 34, at 81。

(107) Ackerman, *supra* note 20, at 11.

(108) 本段落に描いた理解として、FALLON, *supra* note 33, Ch. 1, Ch. 2 等参照。*See also* Frederick Schauer, *First Amendment Opportunism*, in ETERNALLY VIGILANT: FREE SPEECH IN THE MODERN ERA 32 (Lee C. Bollinger & Geoffrey R. Stone eds., 2002); Gardbaum, *The Myth and the Reality of American Constitutional Exceptionalism*, *supra* note 9, at 422. また救済が権利の形に大きな影響を与えていることを指摘するDaryl J. Levinson, *Rights Essentialism and Remedial Equilibration*, 99 COLLUM. L. REV. 857 (1999)。

(109) それはjudicial supremacy でもlegislative supremacyでもない。

(110) 暫定的な解決という点で、ドルフ (Michael C. Dorf) もこれらを可能性に挙げている。Dorf, *supra* note 36, at 9.

(111) KURLAND, *supra* note 64, at xx.

(112) 先にみたように、アメリカで連邦裁判所が州のコモン・ローを上書きする権限を持たないことがコモン・ローの憲法化を推進する要因であるなら、他の国ではより一層、自由と権利の問題を憲法論として語らなくてはならない必要性は低くなるのではないか。憲法以外の法で人権問題を解決できるならば、敢えて特定の構想に基づく憲法解釈や価値を最高裁が押し付けることにも繋がることは避けるべきという見方もできる。

(113) 制度的な裏付けがない場合であっても、解釈や運用によりそのようなモデルに近い形で運用することはできる。実際に、そうであることを主張するものとして、Abigail R. Moncrieff, *Common-Law Constitutionalism, the Constitutional Common Law, and the Validity of the Individual Mandate*, 92 B.U. L. REV. 1245 (2012)。

(114) Moncrieff, *supra* note 113, at 1248 n. 16.

(115) これは、カナダ、ニュージーランド、イギリス、オーストラリアなどの司法審査の「コモンウェルス・モデル」と戦略を同じくする。「コモンウェルス・モデル」について、*see, e.g.*, Stephen Gardbaum, The New Commonwealth Model of Constitutionalism (2013); Mark Tushnet, *Alternative Forms of Judicial Review*, 101 Mich. L. Rev. 2781 (2003).

(116) Sarah K. Harding, *Comparative Reasoning and Judicial Review*, 28 Yale J. Int'l L. 409, 453 (2003).

(117) 青井未帆「憲法判断をめぐる司法権の役割について」学習院法務研究一二号（二〇一八年）一頁、第二章の参照を乞う。

最高裁のなかの〈アメリカ〉——憲法的二次ルールとしての権限配分

山本龍彦

Ⅰ　序　論

1　ニューディールと栗山茂

「あまりにも消極的な」[1]日本の違憲審査制は、アメリカ型のそれとも、大陸型のそれとも似つかない同制度の変種として、長く批判の対象となってきた。[2]しかし、「わが国の司法消極主義……の論拠が……アメリカにおける古典的な司法消極主義の理論とその思想を共通にするものがある」[3]と指摘されるように、その消極性が〈アメリカ〉と繋がっていることは確かである。それは、我が国の戦前と戦後を裂いた「八月革命」(4)――それは一九四五年八月のポツダム宣言受諾により成った――と、彼の地アメリカにおいてその国家観・憲法観を大きく動揺させた一九三七年の「憲法革命（constitutional revolution）」との時間的接着性(5)と、敗戦という我が国における歴史的裂け目に入り込み、戦後レジームの構築を共同的に担ったのが、右「憲法革命」を主導したニューディーラーたちだった(6)、という事実からもある程度推論される。

周知のように、「ニューディール政策」と通称される社会経済立法を、厳格な審査をもって立て続けに違憲とした連邦最高裁を非難・糾弾し、司法の消極性を説いたのはほかならぬニューディーラーであり、彼らを通じてアメリカの「司法消極主義」が戦後日本に継受されたということは、やはり、完全には否定し難い。例えば、司法が強すぎることの危険を熟知するニューディーラーが策定に深く関与したいわゆる「マッカーサー草案」は、違憲審査制を、敢えて不完全なものとしていた。これもまた周知のように、同草案は、最高裁の違憲審査権について規定する七三条を、「法律、命令、規則または処分の合憲性が問題となった場合に、最高裁判所の判決が第3章〔国民の権利および義務〕の下で生じた事件または同章に関連する事件についてなされたものであるときは、その判決は最終的である。しかし、……それ以外の事件についてなされたものであるときは、その判決は、国会の審査に服する」(7)と規定し、特定の事項に関する最高裁の判断が、国会の政治的多数派（特別多数）によって覆されることを予定していたのである(8)。立法府による再審査制度のない、その意味で「強い」違憲審査制を望んだのはむしろ日本側であったという点は(9)――日本側の狙いが、戦前の官房司法（cabinet justice）に想到しつつ、その性質が元来保守的である裁判所(10)に「強い」権限を持たせることで、先述の「裂け目」を閉じようとするところにあったかどうかは別として――興味深い事実である。

この点と関連して、最高裁の初期の判例に、個別意見のレベルではあるが、度々〈アメリカ〉が登場することも注目されてよい。特に、外務省から最高裁の第一期裁判官となった栗山茂（任期は昭和二二年八月～同三一年一〇月）の意見には、ニューディーラーの憲法観が滲み出ていた。その代表格は、食糧管理法に違反してヤミ米を購入・運搬した者が、同規制は憲法二五条の生存権に反して無効であるなどと主張した食糧管理法事件[11]（昭和二三年）の意見であろう。多数意見は、憲法二五条の具体的権利性を否定し、食糧管理法の合憲性を容認したものであったが、栗山意見は、立法府による社会経済政策への司法の敬譲を、立法府と裁判所との制度的関係から基礎付けたニューディール期の連邦最高裁判例――Nebbia v. New York判決[12]（一九三四（昭和九）年）――を「援用」してこれを補完し、他方で、多数意見が、本件被告人への適用条項を超え、食糧管理法全体の合憲性について言及した点を批判するものであった。また、賭場開帳図利罪で起訴された者が、憲法一三条の裁判規範性を前提に、賭博行為の自由も同条による憲法上の保障を受けるとし、右自由を制約する刑法上の規定の違憲性を主張した賭場開帳事件（昭和二五年）[13]でも、栗山は、同被告人の主張を斥けた多数意見を結論として支持しつつも、強く〈アメリカ〉に依拠した個別意見を書いた。すなわち、この個別意見は、合衆国憲法のデュー・プロセス条項を「拡充解釈」した結果、「裁判所が法律解釈の末に拘泥して契約の自由その他財産権の行使の自由を過度に保護した結果となつて、政府の社会立法の実施が阻止されたため、いわゆるニウ、デイル立法の際に米国最高裁判所改組案までも議論せらるゝに至つた」アメリカの「実例」を参照して、憲法一三条のような概括的規定から、一四条以下に列挙されない具体的な権利自由を引き出すことを厳に戒めたのである。栗山によれば、一三条は、むしろ立法府が「社会福祉、社会保障及び公衆衛生の向上及び増進に関する」――「米法」に言う――「警察権（police power）」を有することを規定したものであり、「立法権の作用と司法権の作用とを調整することを目標とした法令審査権の限界に関する原則を定めたもの」と理解されるのである。

かつて大使も務め、広い国際的視野を有していた栗山は、自らの個別意見の中で、違憲審査制誕生の地であるアメリカの経験を明示的に参照することで、発足間もない我が国の最高裁に、そのニューディール的憲法観を根付かせようと試みたものと考えられる。この栗山のアプローチは、とりわけ第三代最高裁長官・横田喜三郎（任期は昭和三五年一〇月〜同四一年八月）を媒介に、初期の最高裁に深く浸透していった。例えば、長官就任前は東京大学の国際法教授で、栗山所縁《ゆかり》の外務省[14]では法律顧問を務めた横田は、「最高裁の基本姿勢を相当程度に表現したもの」[15]と評されるその著書『違憲審査』[16]の中で、司法の消極性を強調したアメリカ連邦最高裁の諸判例とともに、先述した食糧管理法事件の栗山意見を、違憲審査制の聖典《バイブル》の如く再三にわたって参照しているのである。[17] 同書が、実際上、横田が長官在任時に書かれたもの[18]であることを踏まえれば、第三代長官・横田が、栗山流のニューディール的憲法観ないし司法観を、生存権保障の在り方を争点とした朝日訴訟（昭和四二年）[19]や、一票の格差を争点とした参議院議員定数不均衡訴訟（昭和三九年）[20]など、自らの生み出した「消極」的諸判決の礎とした可能性は否定できない。[21] 横田の後を受け、第四代最高裁長官に就任した横田正俊も、自らの所信を語った記者会見の中で、「進歩的な学者のなかには、最高裁が憲法判断に消極的で、憲法の番人としての役目を果たしていないという批判」があるが、「裁判所が違憲問題を扱う態度としては、慎重で、控え目のほうがよい」[22]と述べていたことからすれば、違憲審査制の草創期から定着期に、我が国の最高裁が、一九三七（昭和一二）年にアメリカで起きた「憲法革命」の影響から全く自由でなかったということは疑いようがないと思われる。[23]

（1） 宍戸常寿「日本型違憲審査制の現在」全国憲法研究会編『日本国憲法の継承と発展』（三省堂、二〇一五年）二五六頁。
（2） 例えば、奥平康弘『憲法裁判の可能性』（岩波書店、一九九五年）五六頁。
（3） 芦部信喜『憲法訴訟の理論』（有斐閣、一九七三年）三五一頁。
（4） 宮沢俊義『憲法の原理』（岩波書店、一九六七年）三七六頁。
（5） この点については、後掲注（8）を参照されたい。
（6） 無論、マッカーサー草案に関与したのはニューディーラーだけではない。GHQ内部の様子については、竹前栄治『GHQ』（岩波書店、一九八三年）八七〜一四八頁参照。
（7） 同条は、「審査の対象となつた最高裁判所の判決は、国会の総議員の三分の二以上の賛成投票があつたときに限り、くつがえされる。国会は、最高裁判所の判決の審査の手続についての規則を定めるものとする」と続く。高柳賢三＝大友一郎＝田中英夫『日本国憲法制定の過程Ⅰ 原文と翻訳』（有斐閣、一九七二年）二九五頁。
（8） 高柳賢三＝大友一郎＝田中英夫『日本国憲法制定の過程Ⅱ 解説』（有斐閣、一九七二年）二四三頁は、この国会による再審査制は、「米国における多年にわたる運用の経験、特に当時記憶に新らたであった、ニューディール立法に対し最高裁判所が保守的態度をとったために生じた立法部・大統領と裁判所との対立の経験にかんがみて、考え出されたもののようにも思われる」（傍点筆者）と述べる。
（9） 高柳＝大友＝田中・前掲注（8）二四四〜二五五頁。
（10） 裁判官ないし裁判所が本質的に保守的であることにつき、例えば芦部・前掲注（3）一〇頁。ここでは、かつてフランスにおいて存在した司法への危惧が、「裁判官は本質的に、その身分からいっても職務からいっても、保守的であるという観念に支えられていた」と指摘される。我妻榮も、昭和四二（一九六七）年での講演で、以下のように述べていた。「裁判というものは、非常に保守的なものなのです。保守的であるべきものなのです。その時代の社会思想に順応しながら秩序を維持してゆくことが、司法の使命であると私は思っています。その社会を進化させ、革新させてゆくものは政治である。……そこに政治と司法の分業と協力がある、と私は考えているものであります」。我妻榮「もう一つ大切なことが—憲法二十年・私の評価」世界二六〇号（一九六七年）九一頁。前後の文脈からみて、この言説がニューディール期の「アメリカの事情」の影響を受けていることは明らかである。

(11) 最大判昭和二三年九月二九日刑集二巻一〇号一二三五頁。

(12) 291 U.S. 502 (1934). 栗山意見による同判決の「援用」は、Nebbia判決の長い引用を含むものであった。

(13) 最大判昭和二五年一一月二二日刑集四巻一一号二三八〇頁。

(14) 栗山の息子・尚一も外務省に入省し、在アメリカ大使などを務めた。

(15) 奥平・前掲注（2）三三頁。

(16) 横田喜三郎『違憲審査』（有斐閣、一九六八年）。

(17) 横田・前掲注（16）五三六頁、五三九頁、五四七頁、六二四頁、六二五頁、六五〇頁、六五一頁、六五二頁。横田がこれらの引用箇所で見せる栗山への敬意はやや度を超している感もある。ほかにも、「国会の立法行為は、もともと憲法に適合しているという強い推定を受ける」と述べた、囚人逃走事件（最大判昭和二六年七月一一日刑集五巻八号一四一九頁）の栗山意見を引用する六二六頁、六二七頁などを参照。

(18) 横田自身、「〔本書の〕ほとんどは裁判所にいたときに研究し、執筆したものである」と述べている。横田・前掲注（16）二頁。

(19) 最大判昭和四二年五月二四日民集二一巻五号一〇四三頁。

(20) 最大判昭和三九年二月五日民集一八巻二号二七〇頁。

(21) 栗山と横田は、田中耕太郎、高柳賢三とともに、外務省が画策した吉田茂のノーベル平和賞受賞の推薦人となっている。吉武信彦「ノーベル賞の国際政治学」地域政策研究一九巻一号（二〇一六年）九頁参照。全く推測の域を出ないが、栗山－横田－田中という最高裁内の国際派、あるいは外務省ブロックが、初期最高裁の基層を構築した可能性がある。

(22) 山本祐司『最高裁物語 上』(講談社、一九九七年)三三四頁。

(23) 石田和外が第五代長官に就任した昭和四四年以降、最高裁の憲法解釈的態度は一定の変容を遂げていくことになるが、あくまでそれは、ニューディール的基層の上で生じていたように思われる。

2 「司法消極主義」という言葉について

しかし、もしこのように考えるならば、我々の最高裁を批判するために用いられてきた「司法消極主義」という言葉の適切さが問題となる。周知のように、この手垢の付いた言葉は、定義自体の多義性もあって、学界において常に取扱い注意のラベルが貼られてきた[24]。例えば、これまでにも、憲法判断の積極・消極主義と、違憲判断の積極・消極主義という二つの次元を厳に区別した上で[25]、我が国の最高裁は、確かに「違憲判断には消極的だが、憲法判断をすること自体については、全体としてむしろ積極的」であったと捉える見方がある[26]。あるいはまた、最高裁は憲法判断には積極的に踏み込み、結論として問題とされる政治的行為を合憲と判断してきたことで、政治部門の憲法運用にある種のお墨付きを与えるという積極的な政治的役割を果たしてきたと考えるアイロニカルな見解もある[27]。これらの見解は、「司法消極主義」なる言葉が、我が国の最高裁を表す言葉として真に適切か否かについて、深い疑念を表明するものであったと言えよう。

ただ、私は、日本の最高裁が先述のようにアメリカの憲法革命の影響を強く受けていたとするならば、この言葉の不適切さについてさらに次の二点を付け足す必要があると考えている。

第一は、この言葉が、アメリカでは、もともと司法の「消極」性が、国家の「積極」性と結びついていたという事実を見えにくくする、ということである。[28] 端的に言って、司法が政治部門の判断に敬譲を払うということは、〈政治〉の領域を広く認め、国家に可動性を与えることを意味する。[29] 一九三七年のアメリカの憲法革命とは、政治部門の社会経済政策に対する敬譲を司法に要求することで、積極国家ないし福祉国家の誕生を祝福するものであった。日本の文脈では、最高裁の〈政治〉への敬譲が、いわゆる五五年体制の下、長く〈自由民主党〉への敬譲を意味していたため、司法の消極性が「保守」政治を是認するものと捉えられる傾向にあったが、歴史的、あるいは機能的には、敬譲は「大きな政府(big government)」とむしろ親和的なものである。後述する通り、我が国の自民党が、「大きな政府」を必ずしも厭わないという意味で、非保守政党であったとすれば、[30] その理は、実際には日本でも妥当していたことになるのだが、「司法消極主義」は、何か消極的で、保守的な国家観を連想させる響きを持っている。

第二は、“ism”という語を含む「司法消極主義」が、司法と政治部門との関係を、裁判官の思想や主張の問題へと還元してしまう可能性がある、ということである。[31] 後に詳述するが、アメリカでは、一九五〇年代に、ニューディール的国家体制を法的に説明する理論として登場した「プロセス法学(Legal Process Theory)」[32] が法学界を席巻した。この理論によれば、司法と政治部門との関係は、各制度体の能力(competence)や機能(function)と関連した憲法上の権限配分によって、法的に規定される。そうすると、司法が立法府等の判断に敬譲を払うのは、裁判官が自らの主義・主張に基づいて自制した結果としてではなく、裁判官が憲法上の権限配分、すなわち「法」に従った結果として説明されることになる。つまり、このニューディール後の支配的法学説[33]においては、司法の消極性あるいは敬譲は、思想的問題ではなく、憲法解釈的問題として理解されるのである。「司法の敬譲は、それ自体、憲法の解釈に由来したものでなければならない」[34]というアイスグリューバー（Christopher L. Eisgruber）の言葉、「敬譲に関する決定」は、「誰が決めるか」という「〔憲法〕問題の中心に位置する」[35]というバーガー（Eric Berger）の言葉は、プロセス法学の伝統において、司法の敬譲が、裁判官が主観的に選択し得る主義・主張の問題ではなく、極めて憲法的な問題として理解されていることを端的に示しているように思われる。

いま述べた第二点を踏まえて日本の最高裁判例を概観すると、立法府に対する司法の敬譲が、あくまで最高裁による日本国憲法の解釈結果として示されてきたことがわかる。例えば我が国では、議員定数不均衡に対する司法の消極性がしばしば批判されるが、最高裁は、「議員の選挙に関する事項は、法律でこれを定める」と規定する憲法四七条などを引きつつ、「憲法が……選挙に関する事項については特に自ら何ら規定せず、法律で定める旨規定した所以のものは、選挙に関する事項の決定は原則として立法府である国会の裁量的権限に委せているものと解せられる」[36]とし、かかる消極性、つまりは立法府への敬譲を、憲法上の権限配分規定の解釈から――無論、その解釈自体に異論はあるとしても、あくまで憲法の解釈として、堂々と――導いている。ここでは、〈選挙事項は立法府が決める〉というある種の憲法判断が、問題とされた議員定数の不均衡（一票の格差）が憲法一四条の言う法の下の平等に反するか否かといった実体的憲法判断とは別に、あるいはそれよりも一つメタな次元でなされているのである。詳しくはⅣに委ねるが、「司法消極主義」という言葉は、このようなメタ次元の、しかしながら事案の行く末を左右する重要な憲法上の判断を抽象化してしまうおそれがあると言えよう。[37]

(24) この言葉の分析として、尾崎利生「違憲審査制の史的素描」中京大学大学院生法学研究論集二号(一九八一年)九八頁。長谷部恭男「司法消極主義と積極主義」高橋和之＝大石眞編『憲法の争点〔第三版〕』(有斐閣、一九九九年)二四九頁、同『憲法の理性』(東京大学出版会、二〇〇六年)二〇一頁。

(25) 伊藤正己「司法積極主義再考」法セミ増刊『最高裁判所』(日本評論社、一九七七年)八一頁、樋口陽一『司法の積極性と消極性』(勁草書房、一九七八年)九三頁。

(26) 樋口陽一『憲法〔第三版〕』(創文社、二〇〇七年)四六一頁。樋口は、憲法判断自体に積極的である例として、「『司法』権の本来の作用である法律上の争訟以外の客観訴訟に付随しての違憲審査、傍論での合憲論、例外つき統治行為論のかたちで合憲判断を推測させるような憲法解釈をすること、不可欠でない憲法判例の変更、など」を挙げる。

(27) 例えば、樋口・前掲注(26)四六二頁。

(28) ここで私は不用意にも「国家」という言葉を使ったが、アメリカにおいて「国家」が何を意味するのかは、それ自体一つの重要論点である。また、①司法も「国家」の一部であるならば、司法の性格を「国家」から切り離して論じられるのか、あるいはまた、②司法の消極性が国家の積極性と結びつくのは、特殊アメリカ的な話であって、例えばドイツでは事情が異なるのではないか、という批判もあり得る。①については、アメリカにおける"State"や"Government"などの概念を(連邦制も踏まえつつ)整理した上で、それらとコモン・ロー裁判所との関係を探らなければならない(Ⅱ**2**の検討はその契機となり得る)。②については、ドイツの基本法ないし憲法裁判所のアイデンティティ(とりわけドイツにおける憲法的二次ルール)を分析した上で、緻密な比較検討を行う必要があるだろう。なお、本稿の問題意識との関係では、ドイツにおける「機能法的考察」に触れないわけにはいかない。宍戸常寿『憲法裁判権の動態』(弘文堂、二〇〇五年)二三六頁以下、村西良太『執政機関としての議会』(有斐閣、二〇一一年)一五一頁以下参照)。こうした比較検討を踏まえて、改めて日本の最高裁の「立ち位置」を考察してみる必要がある。この考察の端緒とすべき文献として、千葉勝美『違憲審査』（有斐閣、二〇一七年）。

(29) 統治行為については、石川健治「統治のゼマンティク」憲法問題一七号（二〇〇六年）六五頁以下、宍戸常寿「統治行為論について」山内敏弘先生古稀記念『立憲平和主義と憲法理論』（法律文化社、二〇一〇年）二三七頁以下参照。統治行為に関する私の見解については、山本龍彦「アメリカにおける人民主権論と憲法変動」憲法問題二八号（二〇一七年）五五頁以下参照。

(30) 北岡伸一『自民党―政権党の38年』（読売新聞社、一九九五年）。中北浩爾『自民党政治の変容』（NHK出版、二〇一四年）。

(31) 同様に、長谷部・前掲注（24）「司法消極主義と積極主義」二四九頁も、以下のように述べている。「『司法消極主義』ないし『司法積極主義』という概念は、あらゆる実質的価値判断は、その時々のさまざまな利益集団の政治的選好の表れにすぎず、司法審査のあり方に関わる議論も、その種の議論にすぎないとする見方を誘発するおそれがある。このような見方は、司法審査の守備範囲に関する議論を、袋小路に導くことになる。誤解を避けるためには、『司法消極主義』あるいは『司法積極主義』という言い方自体を回避すべきであろう」。

(32) Henry M. Hart, Jr. & Albert M. Sacks, The Legal Process (William N. Eskridge, Jr. & Philip P. Frickey eds., 1994). 日本においてプロセス法学を紹介するものとして、常本照樹「司法審査とリーガル・プロセス」北法三一巻二号（一九八〇年）三〇一頁、山本龍彦「『法原理機関説』の内実についての覚書」桐蔭一四巻一号（二〇〇七年）八九頁などがある。司法権との関係では、佐藤幸治『現代国家と司法権』（有斐閣、一九八八年）五九～六〇頁。

後述するように、「プロセス法学」は、松井茂記によって日本にも紹介されたイリィのプロセス理論とは異なる。厳密に言えば、プロセス理論はプロセス法学の傍流にすぎない。

(33) プロセス法学の通説的地位については、後掲注（81）参照。

(34) Christopher L. Eisgruber, *The Most Competent Branches: A Response to Professor Paulsen*, 83 Geo. L.J. 347, at 350 (1994). アイスグリューバーによれば、憲法は「解釈権限の配分に関する機能的原理」を組み込んでいる。*Id.* at 351.

(35) Eric Berger, *Deference Determinations and Stealth Constitutional Decision Making*, 98 Iowa L. Rev. 465, 470-471 n. 20 (2013). コムザールは、さらに、「憲法は、誰が決めるかを誰が決めるかという中心的イシューを提起する」と述べる。Neil K. Komesar, Law's Limits: The Rule of Law and the Supply and Demand of Rights 162 (2001). この問題は、いわゆるデパートメンタリズムと司法優越主義の間の論争に発展するが、本稿では、後掲注(123)で触れるにとどめる。

(36) 前掲注(20)二七二頁。

(37) 実体的憲法判断に踏み込まないという「消極的」な決定それ自体がある種の憲法判断であるから、この次元では、憲法上、「憲法判断積極主義」以外は採り得ない。

3　本稿の目的

以上のように、「司法消極主義」というラベリングは、憲法革命以降のアメリカの憲法観・司法観を一貫して実現しようと試みてきた我が国の最高裁の評価をゆがめ、今後の違憲審査制の発展を不当に妨げる可能性があるように思われる。議員定数不均衡訴訟を例に挙げれば、最高裁は、憲法四七条等に基づき、選挙区または議員定数に関わる事項は立法府が決めるということを決め、かかる権限配分的決定を、一九六四年以降、自らの判決の核心的部分として変わらず維持してきている。「消極主義」という名の下に、こうしたメタ次元の憲法判断が憲法論議の後景にとどまり続ける限り、判例への批判はおよそ的外れなものとなるだろうし、違憲審査制の発展には、実際のところ最高裁の権限配分的決定を憲法的なそれとして受容した上で、配分先の機関がその権限を適切に行使したかを厳密に審査するような統制手法の開発が重要であるとの発想も生まれにくくなる。しかし、これを逆にみれば、我が国の最高裁の消極性を、裁判官のプラグマティックな自制ではなく、アメリカの憲法革命に倣った憲法上の権限配分の解釈結果とみることで、〈権限配分の決定〉と〈統制〉という、違憲審査の二つの階層を憲法学上正しく浮上させ、違憲審査制をこれまで以上に前進させることに繋がるように思われる。

本稿は、日本の最高裁の消極性が、アメリカの憲法革命あるいはニューディール的憲法観の影響を強く受けたものであるとの認識の下、まず、この「革命」によって実現された国家体制、とりわけ司法と政治部門との制度的関係を法的に理論化したプロセス法学について検討を加える。そこでは、プロセス法学が、H. L. A. ハート（H.L.A. Hart）の法体系論(38)に似て(39)、憲法上の具体的な権利・義務を定める憲法的一次ルールと、この一次ルールを定める権限を付与し、その定立手続を定める憲法的二次ルールとを区別し、憲法の要点を後者に置く法理論であったことが明らかにされるだろう。次に、日本の憲法学説および判例におけるプロセス法学の位置について検討を加える。そこでは、いわゆる「二重の基準論」や、松井茂記のプロセス理論(40)を含め、学説が彼の地のプロセス法学を不完全な形で受容したのに対して、判例はそれと非常に近しい関係にあったことが示されるだろう。最後に、このような作業の意義を明らかにし、近年我が国で精力的に論じられるドイツの違憲審査方法論との接合可能性を含め、日本の違憲審査制の発展の方向性を模索してみたい。

(38) H. L. A. ハートの議論については、H.L.A. Hart, The Concept of Law (3rd ed. 2012). も

ちろん、H. L. A. ハート（長谷部恭男訳）『法の概念〔第三版〕』（筑摩書房、二〇一四年）、同（矢崎光圀監訳）『法の概念』（みすず書房、一九七六年）を参照した。

(39) もちろん、H. L. A. ハートの法体系論とアメリカのプロセス法学との間には重要な差異があるが、本稿ではその類似性に着目したい。Ⅲ2〈3〉参照。

(40) 松井茂記『二重の基準論』（有斐閣、一九九四年）。

Ⅱ　一九三七年「憲法革命」の意義

1　視点

ハーバード大学法科大学院で法制史を講ずるホーウィッツ（Morton J. Horwitz）を含む多くのアメリカの法学者は、二つの大戦に挟まれた〈一九三七年〉に、アメリカで憲法史上極めて重要な「革命」が起きたと指摘する。この一九三七年は、連邦最高裁が、女性の保護等を目的に女性労働者の最低賃金等を定めた州の立法を、州のポリス・パワーの適切な行使として合憲と判断したWest Coast Hotel Co. v. Parrish判決(41)を出した年にあたる。同判決は、本件立法と同じく女性労働者の最低賃金を定めていたコロンビア特別区の立法をデュー・プロセス条項が禁ずる恣意的な立法権の行使として違憲と判断した一九二三年のAdkins v. Children's Hospital判決(42)を明示的に覆したという点で画期的なものであった。しかし、これをより巨視的な歴史的文脈からみたとき、それは画期的という以上の、まさに革命的意味を持つものであった。

「契約する権利（right to contract）」をデュー・プロセス条項が保障する憲法上の自由の一つと宣言し、同権利を制約する州の労働時間規制立法を違憲とした一九〇五年のLochner v. New York判決[43]に象徴されるように、この時代の連邦最高裁は、自然権思想に立脚した形式的なコモン・ロー解釈に基づき、立法府による社会経済立法を厳格に審査し、それを違憲と判断する傾向を有していた。[44]「ロックナー期」とも呼ばれる二〇世紀前半の連邦最高裁は、このような解釈的態度を通じて、社会経済領域に対する政府の介入を抑止し、積極国家化・福祉国家化に対する強力な防波堤となっていたのである。周知の通り、一九世紀後半以降、移民の増大、産業化、都市化といった社会経済構造の大規模な変化によって、多くの賃金労働者が都市部に集まり、労働環境の劣悪化などの深刻な社会的経済的問題が発生していた。したがって、こうした連邦最高裁の態度は、これらの問題に対する立法的措置を妨げる意味を持っていたわけである。また、この態度は、一九二九年の経済恐慌の後は、一九三三年に政権を奪取したローズヴェルト（Franklin D. Roosevelt）率いる民主党議会が繰り出すニューディール政策を流産させることにも繋がった。

このような事情を踏まえると、ロックナー期の連邦最高裁の姿勢を自己否定し、州の最低賃金法を――先例を覆してまで――合憲とした一九三七年のParrish判決は、確かに革命的な意味を持つものであったと言える。それ以降、連邦最高裁は、連邦および州の立法府による社会経済立法に対して緩やかな審査を行うようになり、結果的にニューディーラーの志向した積極国家を是認することとなったからである。しかし、ホーウィッツが指摘するように、この革命は、政府と市場との関係を変えただけでなく、裁判所と立法府との関係、より一般的に言えば、法と政治との関係を根本的に変える、「真のパラダイム転換」とでも言うべきものであった。[45]もっとも、このことを確認するには、一八二〇年代から三〇年代にかけてアメリカで生じた「法典化論争」にまで遡り、そこにおいて、連邦最高裁と政治部門との関係についていかなる議論が展開されていたのかをごく簡単に振り返っておく必要がある。

(41) 300 U.S. 379 (1937). 同判決については、山本龍彦「ロクナー時代の終焉」アメリカ法判例百選(二〇一二年)九四頁。
(42) 261 U.S. 525 (1923).
(43) 198 U.S. 45 (1905).
(44) 田中英夫『英米法総論 上』(東京大学出版会、一九八〇年)三二〇頁。
(45) モートン・J．ホーウィッツ(樋口範雄訳)『現代アメリカ法の歴史』(弘文堂、一九九六年)一頁。

2　一九三七年まで

〈1〉アメリカにおける法典化論争

「アイルランド系の移民の子として生まれ、生まれた時にすでに父は亡く、一四歳で母も失い、あまり教育も受けず、口論と闘鶏を好み、文法に弱くミススペリングも多い」[46]アンドリュー・ジャクソン(Andrew Jackson)が、典型的な東部エリートであったアダムズ(John Quincy Adams)に勝利し、第七代合衆国大統領に就任した一八二九年は、エリートではなく「普通の人(common man)」による統治を重視するジャクソニアン・デモクラシーの時代の幕開けを告げるものであった。この時期、人々の社会経済生活を規律する諸ルールは、民主的議会の制定する「法典」であるべきとするジャクソン派と、裁判官が発見する「コモン・

ロー」であるべきとする伝統派が鋭く対立することになった。ホーウィッツによれば、ジャクソニアン・デモクラシーを背景としたこの法典化論争によって、アメリカで「初めてコモン・ロー（判例法）の民主的正当性に疑問が投げかけ」られ[47]、裁判所と議会、より一般的に言えば法と政治との対抗が建国以降最も顕著な形で顕れたとされる。そこでは、一七世紀初めのジェームズ一世と、中世ゲルマン法を基礎にコモン・ローを理論化したクック卿（Sir Edward Coke）との論争、すなわち、「法は『自然の』理性によるべきか、『人工の』理性によるべきかという争い」[48]が再演され、裁判所と議会との間で正統な法をめぐる激しい綱引きが行われたのである。

ホーウィッツの指摘するように、コモン・ローを支持する伝統派の主張の背景には、法の手綱を民主的議会に渡すことで、「多数者の専制」が起こり、マディソン（James Madison, Jr.）が懼れた富の再配分がなされるのではないかという懸念があった。しかし、ジャクソン派に向けた表立った説明としては、社会経済領域を規律する諸ルールは、個人の自然権を第一原理とした、純粋で非政治的な体系であるべきであり、それはコモン・ローとして裁判所において正確に写し取られる、というものであった[49]。かような法典化――とりわけ社会経済領域（あるいは市場）を規律する実体法たる民法の法典化――をめぐる論争は、南北戦争を跨ぎ、一九世紀後半まで続くことになる。周知のように、元来が技術的な性格の強い訴訟法は、実際に多くの州で法典化が成ったが（ニューヨークでは、一八四八年に民事訴訟法典、一八八一年に刑事訴訟法典が成立）、社会経済領域を実体的に規律する民法の法典化については、かかる規律をあくまでコモン・ローの発展に賭ける伝統派による激しい抵抗を受けたのである。

もちろん、法典派の主張にも理由はあった。一九世紀も半ばになると、産業構造が大きく変化し、例えば経済的関係としても、対等な個人と個人という関係だけでなく、非対等な企業（法人）と個人という関係を無視することができなくなっていた。かくして、個人の自然権をベースに形成されてきたコモン・ローでは社会的な現実に対応できなくなっていたのである。もちろん裁判官も、個人の意思に絶対的な価値を置くような自然権思想を単純に反映するだけのコモン・ローには限界を感じていた。したがって、例えば一九世紀後半には、市場の拡大や会社組織の興隆に合わせて、当事者の実際の意思から離れ、画一的で、確実で、予測可能な事案処理を可能にするような客観主義的な契約法理や、表見代理の法理などを用いるようになっていたのである。法典派からみれば、それらは裁判所による人工的な「立法」であり、かつ、現実の変化にも十分に対応できていない中途半端な代物だったのであるが、民法の法典化をめぐる論争に勝利したのは、結局は伝統派であった。法典編纂運動を主導したニューヨークでも、民法典については、「州議会で四度可決され、そのうち二回は両院で通ったが、法曹界の激しい反対により二人の異なる州知事が拒否権を発動し、ついに潰えた」のである。[50] 実際に民法の法典化に成功したのはカリフォルニアなど一部の州であり、南北戦争を跨いで展開された法典化論争は、コモン・ローの優位を主張する伝統派の勝利に終わったと考えることができるのである。

(46) 田中・前掲注（44）二五八頁。
(47) ホーウィッツ・前掲注（45）八頁。
(48) 同前。
(49) 哲学領域における「鏡」の隠喩については、無論、リチャード・ローティ（伊藤春樹ほか訳）『哲学と自然の鏡』（産業図書、一九九三年）を参照されたい。憲法学の領域で〈鏡

‐純粋性‐法原理機関〉との関係を批判的に検討したものとして、Daryl J. Levinson, *Rights Essentialism and Remedial Equilibration*, 99 COLUM. L. REV. 857 (1999).

(50) ホーウィッツ・前掲注(45)一四六頁。「その後も、一八七五年と一八八四年から八六年にかけて、民法典制定の提案がなされ、法の性質と機能につき法律専門家の間での議論を呼んだが、結論としては制定に至らなかった」。

〈2〉鏡像としてのコモン・ロー――純粋性・自然性・中立性

では、なぜ伝統派が勝利を収めることができたのだろうか。無論、先述のように、この勝利の背景には、民法の法典化を認め、社会経済領域への介入権限を議会に手渡すことで、政治的多数派による富の再配分が起き、自らの所有する財産が奪われるのではないかという支配者層の懸念があった。しかし、伝統派が勝利する上で、少なくとも理論上は、(私)法は自然的で、純粋なものであり、政治から自立したものであるとの考え方――ホーウィッツの言う古典的法思想[51]――が重要な役割を果たしたと考えられる。

ただ、これだけでは、伝統派が、南北戦争を跨いだこの論争に勝利したことの十分な説明にはならない。一九世紀初めまでのコモン・ローは、個人の自然権に準拠したシンプルな取引的諸ルール(例えば、契約に関する主観主義的な意思理論)を反映したもので、自然法の鏡像とも言い得るものであった。だから、それに強い神性ないしは純粋性が認められ、人間の作る、あるいは功利主義的計算によって設計される議会制定法[52]に対する優位性を、比較的容易に主張し得たのである。しかし、一九世紀も半ばから後半になると、裁判所自身が、従前のコモン・ローの限界を知り、これを現実に適応し得るように変化させていったため、自然法との実体的な近さ――自然法の鏡像であること――から、単純にその優位性を主張することは困難になっていた。そこで伝統派が採った方向性が、自然法とコモン・ローとの間にできた実体的・内容的なギャップを、コモン・ローの手続的な純粋性でカバーするという考え方であった。すなわち、現実への適応のため裁判官により更新されたコモン・ローは、実体的に自然法原則そのものからずれるとしても、あくまで自然法原則からの演繹的推論と、既存の諸準則からの類推的推論を通じて――純粋（pure）な論理形式に従って[53]――導かれたもので、現実の諸利益の比較衡量や政策的考慮などを通じて――不純（impure）な非論理形式に従って――アドホックに創造されたものではない。だから、なお自然性・神性・中立性を帯びた正統な法であることを主張できる、と考えたのである。この、「形式主義（formalism）」にも連なる考えが主流を形成したため、一九世紀を通じて、裁判所によるコモン・ローは、社会経済領域における正統な法たる地位を主張できたと考えることができる。

(51) ホーウィッツの古典的法思想については、船越資晶『批判法学の構図―ダンカン・ケネディのアイロニカル・リベラル・リーガリズム』（勁草書房、二〇一一年）三五頁以下参照。

(52) ベンサム（山下重一訳）「道徳および立法の諸原理序説」『世界の名著49 ベンサム・J.S.ミル』（中央公論社、一九七九年）六九頁。

(53) ここでは、功利的結果主義的観念が否定される点で、なお「鏡」的な手続が想定されている。なお、丸山眞男は、正直性を表現する「鏡」の比喩を、「外的なものの働きかけを悉く排除し、純粋な内面性に徹すること」と言い換え、終局的に「責任の倫理」と接続させている。丸山眞男「神皇正統記に現はれたる政治観」『丸山眞男集 第二巻』（岩波書店、一九九六年）一六三頁。

3　社会経済領域における裁判所の優位

〈1〉課税権

以上、本稿は、民法の法典化をめぐる論争に注目してきたが、もちろんそれは、「社会経済領域をデザインするメインアクターは、裁判所なのか、それとも政治部門なのか」[54]というアメリカ法思想における永遠の争点の一表現形態にすぎない。[55]社会経済領域、あるいは契約的・取引的な関係領域——市場——の規律・規制は、常に民法ないし私法という形式を採るとは限らないからである。例えば、課税権という規律形式がある。[56]これは、一八四〇年頃から、産業化により拡大した社会的不平等を是正・緩和するための（富の）再配分機能を併有するようになる。すなわち、この時期から課税権は、社会経済領域における私人間の財（富）の移動を規律・設計する機能を持つようになるのである。そうすると、右権限の実質的保持者が誰なのかも、前述の「永遠の争点」を検討する上で重要な課題となる。

本稿の問題関心に引き付けてこれを要約すれば、アメリカでは、もともと広い立法裁量の対象とされてきた課税権は、それが社会政策として立法府によって積極的に行使されるにつれて、伝統派の攻撃対象となり、一九世紀後半に至り、裁判所が立法府の課税権行使を厳格に審査することを通じて、これを自らの管轄下に収めたと言うことができる。ここで言う厳格審査とは、「正当な補償なしに私有財産を公共の用のために収用されない」（傍点筆者）と規定する憲法の収用条項（修正五条のTaking Clause）の解釈として発展した「公共目的」法理を、課税権の統制法理として拡張させたもので、財産権に関する自然権的思想をベースに、裁判所が、課税目的が真に「公共的なものか」を類型的かつ厳密に判断しようとするものである。この法理によって、ある私人から得た財産を他の特定の私人に移転・配分するような「私用」課税は、厳格に禁止されることになる。例えば、一八七四年のLoan Association v. Topeka判決[57]は、「公共目的」法理によって、自治体は私企業（本件では鉄道会社）を援助するために課税を行うことはできないとした。また、連邦の所得税を事実上禁止した──後に修正一六条で覆るが──一八九五年のPollock v. Farmer's Loan & Trust Co.判決[58]も、右法理に鑑みて所得税の累進的構造は許されないとの考えを背景としていたと指摘されている[59]。加工農産品への課税から得た収入を、減反に応じた私人たる農家に配分しようという農業調整法の規定を違憲とした一九三六年──憲法革命の前年！──のUnited States v. Butler判決[60]もこの法理の適用例とみることができよう。児童を使用して収益を上げる企業に課税する児童労働課税法を違憲とした一九二二年のChild Labor Tax Case[61]も、広義には「公共目的」法理を適用した事例と言える。同法は、児童労働を直接規制した連邦法を、州際通商条項に反するとして違憲としたHammer v. Dagenhart事件判決（一九一八年）[62]を乗り越えるために連邦議会が成立させたものであり、純粋な歳入目的というより、企業と児童との契約関係に介入し、児童労働者を保護しようという社会立法的な目的を有していたからである。

このように、一九世紀半ばから二〇世紀初めまでのアメリカでは、かつては主権の一部ともされた立法府の課税権[63]ですら、裁判所の形成した「公共目的」法理によって厳格に規律されていたと考えることができる。この時代には、立法府の課税権保持者としての地位が、裁判所によって実質的に奪われていたとも言えるだろう。

本稿の問題関心に従って言えば、社会経済領域に介入しようという政治＝立法府の動きは、ここでも法＝裁判所によって阻まれていた。

(54) もちろん、市場の諸ルールは、裁判所と政治部門ではなく、「市場それ自身によって形成されるのだ」という解答もあり得る。ここでは、基本的には制度派経済学の立場に依りつつ、その選択肢を外している。
(55) ホーウィッツ・前掲注(45)一四五頁は、「永遠のテーマ」と呼ぶ。
(56) 自然的・中立的なルールが存在しているとすれば、「規制」あるいは「介入」と言うのが正しいが、ここでは必ずしもそうした見解を採らないため、「規律」と言う用語を併記した。制度派経済学の立場を推し進めれば、「設計(デザイン)」という語も妥当し得るかもしれない。
(57) 87 U.S. (20 Wall) 655 (1874).
(58) 157 U.S. 429 (1895).
(59) ホーウィッツ・前掲注(45)二九〜三〇頁。
(60) 297 U.S. 1 (1936).
(61) Bailey v. Drexel Furniture Co., 259 U.S. 20 (1922).
(62) 247 U.S. 251 (1918).
(63) この点は、トーマス・クーリィも、「課税権は、主権の一部であり、主権と同じ範囲をもつ」とし、「州(国家)の主権の及ぶすべての対象が、裁量により、課税権の正当な対象となりうる」と述べていた。ホーウィッツ・前掲注(45)二二頁。

〈2〉ポリス・パワー

憲法革命の直接的な引き金となったポリス・パワーをめぐる裁判所と州立法府との綱引きにも触れないわけにはいかない。周知のように、ポリス・パワーは、ジャクソニアン・デモクラシーの時代の最中にあった一八三〇年代後半から、州民の健康や安全を保護する州の権限として判例上登場し[64]、一八五〇年代に、州の主権概念に基づく憲法上正統な権限として裁判所により明確な形で承認されたものである。[65] 一八七〇年代に一般化すると、その後は、企業の巨大化や都市化などから生ずる賃金労働者の都市部集中や経済的力関係の格差拡大といった社会問題に対応する必要から、州立法府によって多く援用されていく。しかしながら、このようなポリス・パワーを通じた政治部門による社会経済領域への介入も、多くの場合、課税権による介入と同様、裁判所によって跳ね返されるようになる。

一八七〇年代から八〇年代にかけて、裁判所は、州立法府によるポリス・パワーを審査する場面で、私法上のニューサンス（生活妨害）の法理に依拠した憲法上の法理を発展させた。[66] 例えば、立法府の介入が、私法上のニューサンス法理においてすでに妨害行為とされていた（あるいは類推により妨害行為とされ得る）私人の行為を規制するものである限り、憲法上正統なポリス・パワーの行使として許容され得るなどとしたのである。かかる法理によれば、ポリス・パワーによる規制権限は、「主としてコモン・ローにおいて承認された損害の矯正に限定される」[67] ため、富の再配分やパターナリスティックな目的に出た規制は、正統なポリス・パワーの範疇に含まれないことになる。また、一八七六年のMunn v. Illinois判決[68]では、先述した「公共目的」法理を展開させ、「公共に関する事業（business affected with a public interest）」を規制対象とするポリス・パワーの行使は憲法上許容されるとし、大穀物倉庫の料金規制を支持した。この法理は、しかし、課税権の場合と同様、規制対象が「公共に関する事業」にあたるか否かを類型的かつ厳密に判断する権限を裁判所に認めるものであった。

以上のように、連邦最高裁は、ポリス・パワーの審査場面にも、伝統的法理を類推的に発展させたコモン・ローを宛《あて》がい、審査対象となる規制が、コモン・ローの指示する正統なポリス・パワーの範疇に含まれるか否かを、衡量的にではなく分類的に、また厳格に審査することを通して、社会経済領域への政治の介入に対抗しようとしていたと考えることができる。しかも、一八九七年以降[69]は、「いかなる州も、人から法のデュー・プロセスによらずに生命、自由もしくは財産を奪ってはならない」（傍点筆者）とする憲法のデュー・プロセス条項から、「契約の権利」——それ自体がコモン・ローの源泉でもある——を含む経済的自由を導出し、企業活動を規制するポリス・パワーの行使を、まずもって企業の経済的自由を侵害し、特段の正当化を要するものと論理構成することで、同規制に対する上述の如き「厳格な」審査を理論上補強しようとした。

このようにして連邦最高裁は、社会的必要性を背景に再三にわたり社会経済領域への侵入を試みる政治部門と対決し、かかる領域の実質的支配者としての地位を維持しようと試みてきたと考えることができるのである。

(64) 詳しくは、田中・前掲注（44）二六四頁。
(65) Commonwealth v. Alger, 61 Mass. (7 Cush) 53 (1851).
(66) 詳しくは、清水潤「一九世紀後期アメリカの憲法論に対するコモン・ローの影響について」法哲二〇一五（二〇一六年）二二一頁。同「ロックナー期憲法判例における『残余としての自由』」一法一〇巻一号（二〇一一年）二二四頁も参照。
(67) Cass R. Sunstein, *Lochner's Legacy*, 87 COLUM. L. REV. 873, 877 (1987).
(68) 94 U.S. 113 (1877).
(69) Allgeyer v. Louisiana, 165 U.S. 578 (1897).

〈3〉Lochner判決再訪

おそらく、このような最高裁の姿勢が最も顕著に表れたのが、先述したLochner判決であった。ここでは、パン製造労働者の保護を目的にニューヨーク州議会が制定したパン工場の労働時間規制が、正統なポリス・パワーの範疇に含まれるか否かが争われたが、最高裁は、「パン製造労働者」が、州の保護が必要であると解されてきた被後見人的存在の類型には属しないこと、長時間労働とパン製造労働者の健康との相関関係を示すデータが存在するかどうかは別として、一般的には、パン製造業が、その労働者の健康に被害をもたらすような不健康な事業とは言えないことなどに言及して、本件の労働時間規制が、実際には労働者に下駄を履かせ、労働者と使用者の間の経済力の格差を是正する、再配分的動機から出た社会立法（労働法）であり、正統なポリス・パワーの行使として許容されないと結論付けたのである。この判決では、コモン・ローに基づく類型的かつ厳密な思考形式によって、無慈悲にも、政治部門による社会経済立法が覆されているようにみえる。[70] その意味で、Lochner判決は、社会経済領域における当時の法＝裁判所の優位を象徴的に表しているように思われる。

（70）修正主義からのLochner判決擁護論については、山本龍彦「偽の『公共の福祉』？——経済的自由規制と政治過程」法セミ六九三号（二〇一二年）五七頁。

4 「新たなアメリカ共和国」の誕生

〈1〉Parrish判決

以上、本稿は、ジャクソニアン・デモクラシー時代の法典化論争にまで遡り、社会経済領域をめぐる、裁判所と政治部門との、あるいは法と政治との縄張り争いの歴史を概観してきた。この作業を通じて、おそらく、一九三七年の「憲法革命」が持つ意義がより鮮明になったと思う。一九三七年。それは、微視的には、Parrish判決という、ある一つの先例を覆す連邦最高裁判決が出た年であるにすぎない。しかし、この判決は、巨視的にみれば、アメリカにおける伝統的な憲法観あるいは国家観を根本的に変更するものであった。つまり、社会経済領域における裁判所ないしコモン・ローの伝統的優位を逆転させ、この領域における政治部門ないし議会制定法の優位を正面から認めるものだったからである。(71)

先述のように、Parrish判決は、一九二三年のAdkins判決を明示的に覆すものであった。Adkins判決は、女性労働者の最低賃金を定めるコロンビア特別区の社会経済立法を、次のような理由から違憲と判断したものである。すなわち、①契約する権利はデュー・プロセス条項によって保障される個人的自由の一部であり(Lochner判決)、この権利を侵害する立法権の行使は「例外的状況」があって初めて正当化し得る、②最低賃金規制はこの「状況」(業務内容が公共の利益に関わるような場合など)に対処するものではなく、単に、労働者の生存や健康維持に必要な金銭を彼らに配分するために、使用者の側に過剰な負担を課すものであり、また、「一般女性の交渉力(bargaining ability)」が一般男性のそれと同じではないという提案は実質的な根拠を欠いている以上、女性が一方当事者となる契約の制約のみを正当化する事情も認められない。連邦最高裁は、こうした理由から、本件の立法をデュー・プロセス条項の禁ずる恣意的な立法権の行使にあたると判断したのである。

これは、社会経済領域への立法府の侵入に対して、連邦最高裁が類型的かつ厳密な審査を加え、これを強く押し戻している点で、完全に、従前の伝統的な法思考形式の系譜に属する判決であると考えることができる。他方、一九三七年のParrish判決は、Adkins判決と同様の規制を扱いながらも、それがコモン・ローの指示してきた正統なポリス・パワーの範疇に含まれるか否かを類型的かつ厳密に審査するという手法を採らず、「合憲性の推定」を働かせながら、規制の必要性に関する立法府の判断を尊重する考え方を示したのである。[72] これは、社会経済領域におけるコモン・ローの専占（preemption）を最高裁自らが解除し、同領域への政府介入の必要性に関する立法府の判断に、最高裁として敬譲を払ったものと考えることができる。先に挙げた「アメリカ法思想における永遠の争点」[73]を踏まえて言い換えれば、裁判所が社会経済領域から退き、この領域の規律・規制権限を、政治部門、あるいは政治に譲ったということになる。これは、憲法上重要な権限の移行であり、まさに「革命」と呼ぶにふさわしい歴史的転回であると言える。もちろん、この権限の新たな布置が、Parrish判決のみのものであれば、それは「革命」と呼ぶに値しない。Parrish判決は、アメリカの法的伝統から、単に逸脱しただけの判決ということになる。しかし、この権限の布置は、その後、アメリカにおける「標準」となった。実際、「これ以降、最高裁が社会経済規制を実体的デュー・プロセス条項違反として違憲とした例は一つも存在しない」のである。[74] また、例えば先述した連邦議会の課税権行使――あるいは課税という名の社会経済規制――に対しても、連邦最高裁は、コモン・ローによる武装を解除し、政治の余地を広く認めるようになった。[75]「保険」という大掛かりな社会福祉政策に関わる保険改革法――いわゆる「オバマケア」――の合憲性を審査した最近のNational Federation of Independent Business v. Sebelius判決(76)（二〇一二年）も、個人に対する保険加入の義務付けを連邦議会による課税権の行使として捉え、その合憲性を基本的に容認したことが注目される。

(71) もちろん、その予兆は、一九三七年以前にも存在していた。例えば、Nebbia v. New York, 291 U.S. 502 (1934).
(72) ここでの「合憲性の推定」は、確かに立法事実の推定を意味しているにすぎないのかもしれない。しかし、ポリス・パワーをどう定義するかという実体的な判断をも立法府に委ねたとすれば、その射程は案外広いようにも思われる。立法事実論については、淺野博宣「立法事実論の可能性」高橋和之先生古稀記念『現代立憲主義の諸相（上）』（有斐閣、二〇一三年）四一九頁。また、本書所収の巽智彦「立法事実論の再構成―事実認定論からみた違憲審査」も参照されたい。
(73) ホーウィッツ・前掲注（45）一四七頁。
(74) 松井茂記『アメリカ憲法入門〔第七版〕』（有斐閣、二〇一二年）三六六頁。樋口範雄『アメリカ憲法』（弘文堂、二〇一一年）二八一頁。
(75) 樋口・前掲注（74）六三頁参照。
(76) 567 U.S. 1 (2012).

〈2〉「政治」領域の拡張

一九三七年の憲法革命が何故起きたのかを説明するのは比較的容易である。例えば、Parrish判決が出される約二か月前の一九三七年二月五日、ニューディール政策を含む社会経済立法が伝統派の支配する最高裁によって次々と覆されることに業を煮やしたローズヴェルト大統領が、連邦最高裁裁判官の数を増員することで伝統派を囲い込む「裁判所包囲計画（court packing plan）」を発表した。現在は有力な異論もあるが、Parrish判決（三月二九日）における最高裁の態度変更は、この大統領の「異例の脅し（unconventional threat）」に対する防御的な反応であったのかもしれない。[77] あるいは、伝統派と対決して社会経済領域への政治の介入を強力に推し進めようとしたルーズベルトの方針を支持した「我ら合衆国人民（We the People）」の主権者的決断――例えば、一九三二年の大統領選挙ではルーズベルトに地滑り的勝利を与えている――がその動因であったと言えるのかもしれない。[78]

このように、「革命」の政治的背景を説明することは比較的容易なのだが、それが「憲法」を具体的にどのように変動させるものだったのかは、理論上慎重な検討を要する。その作業の多くはⅢに譲るが、ここでも、〈一九三七年〉が、アメリカにおける憲法の概念を大きく変えるものであったという点だけは簡単に確認しておきたい。一九世紀のヨーロッパの政治哲学者が、アメリカにおける「国家の、存在感のなさ」に驚愕したように、[79] アメリカでは、建国以来一世紀以上にわたり、裁判所が、あるいは裁判所の法が、社会経済領域を統治し、それが故、かかる領域での「国家」の役割は極めて限定的であった。アメリカには「政治の空白」があったのである。[80]

〈一九三七年〉は、この領域に「国家」を、あるいは「政治」を呼び込んだ。社会経済領域において「国家」を駆動させ、「政治」を駆動させたのである。[81] かような、裁判所から政治部門への権限移譲――日本で「司法消極主義」と呼ばれる新たな権限布置――が、ニューディーラーの望んだアメリカの積極国家化、福祉国家化を可能にしたことは論を俟たない。ロー（Gary D. Rowe）の言葉を借りれば、「立法権の適切な行使に関する異なった理解の下で組織された新たなアメリカ共和国（new American Republic）が誕生」[82] したというわけである。

(77) 山本・前掲注(41)九五頁。
(78) ブルース・アッカーマン(Bruce A. Ackerman)の議論については、まずは『We The People』三部作(Foundations (1997), Transformations (1998), The Civil Rights Revolution (2014))を参照。山本・前掲注(29)五〇~五一頁。
(79) Stephen Skowronek, Building a New American State (1982).
(80) ホーウィッツ・前掲注(45)二八八頁。
(81) 興味深いことに、アメリカの法科大学院で「立法学」が講じられるのも、この頃からである。William N. Eskridge, Jr. & Philip P. Frickey, *An Historical and Critical Introduction to the Legal Process*, in Hart & Sacks, *supra* note 32, at lxix-lxxx.
(82) Gary D. Rowe, *Lochner Revisionism Revisited*, 24 L. & Soc. Inquiry 221, 235 (1999).

〈3〉「問い」の獲得

もちろん、一九三七年の憲法革命によって、裁判所が政治に対して全面的に武装解除したわけではない。周知の通り、Parrish判決の翌年の一九三八年には、すでにUnited States v. Carolene Products Co.判決[83]が、裁判所になお留保された領域が、限定的にではあれ存在することを宣言した。このCarolene Products判決は、脂肪分等を混ぜた乳製品(filled milk)を、不純で有害な製品として認定し、その積み出しなどを規制した連邦の社会経済立法を合憲とした判決であるが、この中でストーン(Harlan F. Stone)裁判官は、Parrish判決に倣い、社会経済立法を審査する際には政治部門に敬譲を払うことを示しながら、「脚注4」にて、そうでない場面があることを明らかにした。すなわち、単純に政治過程に任せていると、その制度的・手続的条件の下で、論理必然的に問題の生じ得る領域、例えば、政治過程そのものに関わる領域（民主主義的領域）や、政治的少数派の権利実現に関わる領域については、裁判所が積極的な法理形成などを通じて〈統治〉する可能性があることを示したのである。(84)

かくして、一九三七年の憲法革命がもたらした新たな権限布置が明らかになった。それは、裁判所は、社会経済領域から撤退し、その主《あるじ》たる地位を「政府（government）」に譲り渡す一方で、民主主義的領域など特定の領域にはなお主《あるじ》として居座り続ける、という統治図式である。しかし、ここで問題となるのは、この権限配分が、いったい何によって根拠付けられるのか、である。かつては、その問いへの解答として、表現の自由の優越的地位（preferred position）などが説かれた。(85) この議論は、要するに、表現の自由は極めて重要な実体的価値を持つから、裁判所は、これを規制する立法に対しては厳格な審査をもって臨むべき、という考えである。しかし、この立論は、憲法革命後の統治図式を体系的・一貫的に説明することができない。例えば、この優越的地位論は、裁判所が表現の自由規制立法を厳格に審査することの説明にはなり得ても、経済的自由に介入する社会経済立法を、なぜ緩やかに審査しなければならないのか——裁判所として、なぜこの場面で、政治部門に対して敬譲的な姿勢を積極的にみせなければならないのか——の説明がつかない。また、表現の自由が特段に重要な実体的価値を有するとしても、なぜ裁判所が、その主たる擁護者にならなければならないのか——なぜ政治部門はその役割を果たせないのか——を合理的に説明できず、かつ、仮に裁判所がその役割を担うべきとして、なぜその役割の配分を裁判所自らが決められるのか——なぜ裁判所がその擁護者としての権限を自らに割り当てられるのか——を説明できない。

このようにみると、憲法革命後のダイナミックな権限関係の変化を、優越的地位論のような局所的な実体的価値論だけで説明することは極めて困難であるように思われる。では、アメリカの憲法学は、この変化をどのように説明したのだろうか。無論、その支配的な説明が、次節で検討するプロセス法学だ、ということになる。

(83) 304 U.S. 144 (1938).
(84) *See* 304 U.S. at 152 n. 4.
(85) 奥平康弘『なぜ「表現の自由」か』（東京大学出版会、一九八八年）、市川正人『表現の自由の法理』（日本評論社、二〇〇三年）等を参照。

Ⅲ　プロセス法学

1　統　合

〈1〉「革命」の「根拠」

ここでの問いは、一九三七年の「憲法革命」がもたらした新たな権限布置を、法的にどのように説明するか、である。例えば、なぜ社会経済領域は政治部門の管轄とされ、政治過程に関わる領域は裁判所の管轄とされるべきなのだろうか。もしそれが、司法積極主義とか司法消極主義という言葉で言い表されるような、裁判官の思想・主張、あるいは心構えの問題であるとすれば、「革命」は一過性のものとなり、政治的ムードで裁判所と政治部門との関係はいかようにも変わり得ることになる。それは国家なるものの常態的な揺らぎをも意味しよう[86]。

したがって、「革命」を保存し、それを基礎とする新たな国家体制を樹立するためには、Parrish判決やCarolene Products判決が切り拓いた制度的布置に、裁判官の心構えとは異なる「根拠」を与える必要がある。すでに述べたように、アメリカでこの作業を担ったのが、プロセス法学であった。

結論を先取りするならば、プロセス法学は、アメリカにおける過去のあらゆる法理論を「統合」した上で、制度体間の管轄の切り分け、権限の配分は、主として各制度体の有する能力・機能によって決せられるべきで、かような機能原理を踏まえた権限配分の諸ルールを、「(憲)法の中心的観念(the central idea of law)」[87]として捉える考え方を提示するものであった。すなわち、この理論は、上述のような権限配分ないし役割分担を、裁判官の心構えとしてではなく、憲法上の諸ルールとして捉えることで、憲法革命を法的にエントレンチしようとするものだったのである。

以下、このプロセス法学を少し詳しくみていくことにしたい。

(86) 長谷部・前掲注(24)「司法消極主義と積極主義」二四九頁参照。
(87) Eskridge & Frickey, *supra* note 81, at xcx.

〈2〉コモン・ロー形式主義、リアリズム法学、社会学的法学

プロセス法学は、これを学説史的にみるならば、アメリカにおけるあらゆる法理論を「統合」した学派であると言える。

先述のように、一九世紀を通して支配的な法理論としての地位を守り続けたのは、コモン・ロー的形式主義であった。Ⅱで再三述べたように、この考えは、法を個人の自然権という至上かつ神聖な第一原理から演繹・類推された――純粋で清浄な過程を通して導入された――概念的・形式的・中立的な諸ルールとみなし、これを、社会的な諸目的のために現実の諸利益を衡量ないし算段してプラグマティックに決せられた――不純な過程を通して決定された――政策的な諸ルールから区別した。そしてまた、このコモン・ロー的形式主義は、衡量的で不純な過程として観念される「政治」から切り離された裁判所を、法の正統な担い手として考えたため、議会制定法に対するコモン・ローの優位を、言い換えれば司法中心的（juricentric）な統治システムを導くものであった。

こうしたコモン・ロー的形式主義に徹底した攻撃を加えたのがリアリズム法学であった。リアリズム法学は、純粋性の強調されるコモン・ローも、実際には利益衡量的な――不純な――判断過程を経て裁判官が形成した「政策」にすぎないと考えたのである。先述のように、ロックナー期は、政治部門が、産業構造の変化によって生じた種々の社会経済問題を解決すべく繰り出した諸規制を、裁判所がコモン・ローをもって叩き潰す傾向を有していた。リアリズム法学は、こうした傾向を食い止め、社会経済立法を擁護することを狙って、コモン・ローの純粋性・自然性・中立性を否定し、その「政治」性を暴露して、裁判所ないしコモン・ローの優位性を転覆させようと試みたのである。

こうした潮流は、一九世紀の後半からみられるようになった。Ⅱ2〈1〉でみたように、この時期、契約の意思理論における客観主義など、契約法が一般化・形式化し、「当事者の真の意図からどんどんかけ離れることになった」(88)。こうした法理は、従前はあくまでも当事者の意思を実現するための方法として説明されていたのだが、この時期から徐々に、それは当事者の意思ではなく、「裁判所のもつ、公序や福祉、あるいは正義や正邪の観念」を反映したルールであり、「実は裁判官が政策上の理由で行う立法」[89]であるなどと説明され、批判されるようになったのである。このような批判の嚆矢となったのは、ホームズ（Oliver Wendell Holmes, Jr.）の書いた『法の道』[90]（一八九七年）であろう。ホームズは、その著書の中で、裁判所の契約法理は、「共同体やある階層の実状についての何らかの信念や、あるいは何らかの政策的な意見によるのであり、言い換えれば、正確に計量することの不可能な事柄についての、あなた（裁判官）自身の態度によるのであって、したがって厳密な論理的結論を形成するようなものによるわけではない」[91]と述べ、コモン・ローの「政治」性を見事な手捌きで剔抉したのである。このような観察を「リアリズム法学」というひとまとまりの思想として提示したのは、一九三〇年にルウェリン（Karl N. Llewellyn）とフランク（Jerome Frank）がそれぞれ発表した二つの著作――「リアリスティックな法律学」[92]と「法と現代精神」[93]――であると言われる。

リアリズム法学と同様、ホームズの『法の道』の影響を受け、法（権利）の政策性を、つまりは法（権利）も社会的利益を実現するための手段にすぎないことを正面から認めつつ（法・権利と立法府の規制を、どちらも社会的利益に還元可能なものと捉え）、裁判官による判断過程を、社会的諸利益の衡量過程として再定義し、これを積極的に正当化しようという考え方も生まれる。例えば、裁判官は社会的事実に基づいて諸利益を科学的・客観的に衡量できるというパウンド（Roscoe Pound）の社会学的法学[94]は、コモン・ロー的形式主義の言う純粋性とは異なる理由――社会学的正当性[95]――から、統治システムにおける司法の中心性を擁護しようと試みるものであった。

(88) ホーウィッツ・前掲注（45）四〇頁。

(89) ホームズ裁判官の見解として、ホーウィッツ・前掲注（45）四三頁。

(90) Oliver Wendell Holmes, Jr., The Path of the Law (2012). 本書は、ホームズの著作の中で最も強い影響力を持ったと指摘されている。ホーウィッツ・前掲注（45）四三頁。

(91) 訳は、ホーウィッツ・前掲注（45）四三頁〔樋口範雄〕参照。

(92) Karl N. Llewellyn, *A Realistic Jurisprudence: The Next Step*, 30 Colum. L. Rev. 431 (1930).

(93) Jerome Frank, Law and Modern Mind (1930).

(94) *See e.g.*, Roscoe Pound, *Mechanical Jurisprudence*, 8 Colum. L. Rev. 605 (1908). パウンドの見解については、阪口正二郎「Lochnerと利益衡量論」企業と法創造九巻三号（二〇一三年）七九頁以下を参照されたい。

(95) ハーバード大学での在外研究（一九五九〜一九六一年）から帰国したばかりの芦部が強調したのは、違憲審査の社会学的正当性であった。この点については、山本・前掲注（32）一一二〜一一六頁参照。

〈3〉「制度的能力」の発見

プロセス法学は、これまで述べてきた二〇世紀前半までのアメリカの主要な法理論を「統合」したものと言える。まずそれは、法の政治性を認め、コモン・ロー形式主義を否定する点で、リアリズム法学の影響を強く受けている。他方で、裁判過程を全て裁判官による無制約の「政治」とみなすような極端なリアリズム的立場を峻拒し、それが、社会的諸利益を最善に実現するための客観的な利益衡量のプロセスとなることを否定しない点で、社会学的法学の影響も受けている。しかし、無論プロセス法学は、パウンドらの議論と完全に同一ではない。それは、パウンドらの議論と異なり、各制度体の能力や機能を踏まえて、裁判所の行う「政治」――衡量――を一定の領域に囲い込み、立法府を含む政治部門の行う「政治」――衡量――の領域を広く認めようとするからである。どの制度体も、社会的諸利益ないし諸目的――後述するように、それらは憲法がその実現を命ずるものでもある――を最善に実現する役割を負うが、それぞれが持つ能力・機能によって、ある制度体が最善に実現できる類の事項と、また別の制度体が最善に実現できる類の事項がある。社会学的法学は、このような制度体間の役割分担ないし権限配分までを議論の射程に含まず、基本的には裁判所という一つの制度体の能力・機能に照準し、ある制度体が別の制度体に対して有する比較上の制度的能力（*comparative* institutional competence）を巨視的に検討することがなかった。そこでは、主として裁判所が適切に衡量するための方法が探究されたのである。

これに対して、一九一六年に連邦最高裁裁判官に任命されたブランダイス（Louis D. Brandeis）を始祖とするプロセス法学は、「法が社会的な利害の衝突する戦場にすぎない」とすれば、立法府こそが、「競合する利益を比較し、衡量するに適切な機関」となる場面があるということを正面から認めるものであった[96]。ブランダイスは、「連邦制の様々な機関間における意思決定権限の適切なバランスを維持する必要性」[97]について常に敏感な裁判官だったのである。

このような、制度的能力に基づく制度体間の権限配分、とりわけ裁判所と立法府との間の水平的な権限配分に関するプロセス法学的発想は、ロックナー期の連邦最高裁で共に伝統派に反対する立場を採った同士、ホームズとブランダイスの〈差異〉という形で顕れる。例えば、ニュースという知的創造物の盗用が「財産権」の侵害を構成するか否かを問題とした一九一八年のInternational News Service v. Associated Press判決[98]で、ホームズは多数意見と同様、ニュースの財産的構成を支持したが、それはあくまで、そう結論付けることが州の政策を一層促進し得ると考えたからであった。つまり、社会的に生産的な活動を促進するために、ニュースに財産性を承認したのである。ここでは、どの制度体がこの財産性を承認すべきかという発想は出てこない。それは当然に裁判所が行うべきであると考えられているのである[99]。これに対し、ブランダイスは、ホームズと同様、政策的にニュースを盗用から保護する必要性を認めながらも、個別に反対意見を書き、「裁判所は、ニュースに財産権を認めた場合に課すべき制約を判断したり、私的な機関によって収集されたニュースに公的利益が関連する状況につき判断するための調査能力を欠いている。与えられた権利を十分に享受するのに必要となる、詳細な規制を定めたり、その規制を実現するための仕組みを作り上げる力もない。このように考えてくると、新たに発見された不法な行為に対する救済として、新しい法準則を打ち立てることには、否定的な結論を出さざるを得ない」[100]（傍点筆者）と述べたのである。要するに、ブランダイスは、ホームズと同じく財産権問題に対する功利主義的アプローチを採用しながらも、裁判所と立法府の制度的能力・制度的環境を比較し、財産権の承認をいずれの制度体がなすべきか、という視点を強調したのである[101]。

このように、プロセス法学は、リアリズム法学が裁判所も政策的判断を行っている事実を暴き、社会学的法学がその判断を科学化・客観化しようと試みたことを高く評価しながらも、ブランダイスの制度的能力論を踏まえ、裁判所による当該判断を一定事項に限定し、他の多くの事項を、立法府を含む他の制度体に委ねようと努力したところに最大の特徴を持つ。要するに、プロセス法学は、リアリズム法学の影響の下、社会的目的を最善に実現するために諸利益を具体的に衡量する憲法上の制度体であるという点で、裁判所と政治部門との同質性を説きながら、「制度的能力」という新たな概念を発見し、この概念に基づく制度体間の分業を強調する法理論的立場であると、まずは考えることができる。これは、諸制度体が、各々の能力と機能を最大限に発揮して、現実に存在する社会的経済的問題の解決に責任を持ってあたるということを志向する点において、ニューディール的国家観と極めて親和的な法理論であった。

(96) ホーウィッツ・前掲注(45)一八一頁。
(97) Mark B. Rotenberg, *Politics, Personality and Judging*, 83 COLUM. L. REV. 1863, 1873-1874 (1983).
(98) 248 U.S. 215 (1918).
(99) Eskridge & Frickey, *supra* note 81, at lix.
(100) Brandeis, J., dissenting.
(101) Eskridge & Frickey, *supra* note 81, at lix.

2 敬譲という法——ヘンリー・ハートとH. L. A. ハート

〈1〉「法」としての「制度的調停プロセス」

しかし、ここで問題になるのは、制度的能力に基づく管轄の切り分け、あるいは権限の配分それ自体が、裁判官の裁量的・選択的判断に属するような政治的な行為なのか、ということである。ブランダイスの制度的能力論を受け継いだのは、一九二五年と一九三九年にそれぞれ連邦最高裁裁判官に任命されたストーンとフランクファーター(Felix Frankfurter)であるが、彼らもまた「プロセス法学的裁判官の第一形態(*proto*-legal process Justices)」[102]と呼ばれるにとどまり、フランクファーターが裁判官就任のため去った後のハーバード大学法科大学院で花開いたプロセス法学の完成形を知ることはなかった。

ブランダイス、ストーン、フランクファーターによる初期のプロセス法学は、制度的能力に基づく裁判所の敬譲を、裁判官の裁量的選択に属する司法消極「主義」の問題として捉えていた節があった。他方で、ハーバード大学法科大学院教授であるヘンリー・ハート（Henry M. Hart, Jr.）とサックス（Albert M. Sacks）によって一九五〇年代に体系化されたプロセス法学は、ある事項について、誰が（Who）、どのようにして（How）決めるべきか、という手続的問題を、「法」の核心として捉え、それを「裁判所にとって適切な領域（proper domain）」であるとした[103]。つまり、法理論としてのプロセス法学は、誰が、如何に決めるべきかという手続的・構造的な諸ルールを、アメリカ合衆国の法体系を構成する基本的要素として位置付け、この次元の「法」を、中立的・形式的・非政治的な「法」として、なお裁判所に留保したところに、第二の特徴があると言うことができる。

やや長いが、いま述べた第二の特徴に関するハートの言葉を引用しておきたい。

> 兎も角も調停さるべき諸問題が浮上したとき、人はこれらを調停するための手段を探す。戦争に代替するのは平和であり、力に代替するのは法である。手に負えない諸問題を扱う上で法がまず頼りになるのは、それが、終局的な解答を見出すからではなく、受容可能な解答に到達するための合意可能な手続（procedure）を見出すからである。人は、解答の実体にはおそらく合意できない。……しかし、哲学者も普通の人間も、……ある解答に到達するための方法が見出されるに違いない、という点には同意し得る。
>
> 社会における協働の条件を決定し、実行するという課題に当然に含まれているのは、協働のプロセスにお

いて生じる様々な問題について判断すべきは誰か（*who shall decide the various questions*）、そしてそれは如何に判断さるべきか（*how they shall be decided*）を判断する必要である。

……

社会において調停が求められる諸問題には、無論、様々なタイプのものがある。そして、権限（例えば、集団を拘束する決定を行う権威）や方法（例えば、この権限行使に対する統制）の種類も、また多様である。かくして、異なるタイプの問題には異なる編成（arrangements）がなされる。間断なく機能するために（functioning continuously）、……それらは制度化（institutionalized）さるべきと言える。種々の問題に対処するために確立された権限および手段の複合体は、制度的調停の手続またはプロセスと呼ぶのが適切である〔傍点筆者〕。[104]

なお、いま引用したハートの「制度的調停プロセス（または諸プロセスの体系）としての法（Law as a Process (or System of Processes) of Institutional Settlement）」[105]という観念の中で、「制度的能力」がどのように位置付けられているのかは必ずしも明確ではない。しかし、ハートが、意思決定権限が各制度体の相対的「能力」に応じて配分されると考えていたことは明らかであるし、[106]多様な社会問題を解決するための方法は、それらが「間断なく機能するために……制度化さるべき」と述べる右引用文も、このことを示唆している。

いずれにせよ、ここでは、プロセス法学が、"Who"と"How"に着目する制度的調停のプロセスを、アメリカ法の、もっと言えばアメリカ憲法の「焦点」とし、その追究ないし解釈を裁判官の仕事と考えていた点を強調しておきたい。[107]つまり、ブランダイスらがプロセス法学の原型を示していた時点では、裁判官の「主義」、あるいは「プラグマティックな自制」として捉えられてきた、政治部門に対する裁判所の敬譲が、ハートらの手によって、連邦か州かといった管轄問題と同様の「法」的問題へと仕立て上げられていた。

　したがって、例えば裁判官が社会経済立法の合憲性の問題に直面したときには、連邦制に関わる問題で州の管轄を宣言するのと同様、政治部門への敬譲を、言い換えれば、政治部門の第一次的な判断権を、"Who" 問題に対する法的判断権の行使として宣言しなければならないのである。プロセス法学において、それは、衡量的な判断が入り込む隙間のない、純然たる法的判断であると考えることができよう。
(102) *Id.* at lxi.
(103) Daniel R. Ernst, *The Critical Tradition in the Writing of American Tradition*, 102 Yale L.J. 1019, 1025 (1993).
(104) Eskridge & Frickey, *supra* note 81, at lxxxiv.
(105) *Id.* at lxxxiii.
(106) *Id.* at xciii.
(107) *See* Michael C. Dorf, *Legal Indeterminacy and Institutional Design*, 78 N.Y.U. L. Rev. 875, 923 (2003); *see also* The Legal Process School: Central Tenets, *in* The Bridge, *available at* 〈https://cyber.harvard.edu/bridge/LegalProcess/essay2.htm〉.

〈2〉法の多元性、裁判所のダブル・アイデンティティ

　いま述べた第二の特徴との関連で、プロセス法学が、法ないし裁判所の役割を多元的に理解していることにも注意を払っておきたい。

　プロセス法学が、ローズヴェルトのニューディール国家を法的に説明しようとする法理論であったということはすでに述べた。これを完成させたハートも、かつて物価管理局（Office of Price Administration: OPA）の副

法律顧問（一九四二〜一九四五年）などとして、ローズヴェルト政権で働いた経験をもつ生粋のニューディーラーである[108]。それ故に、この法理論においては、動態的で問題解決的な「国家」が理想とされた。

だからこそ、「法」に対するリアリズム的な見方を受容し、これを社会的目的達成の手段というポジションにまで一旦貶め、その、選択的で裁量的な——ときに実験的ですらある——定立を認めたのである。しかし、もし仮に、法の妥当性の問題を、全てこのような政策的・手段的妥当性の問題に置き換えると、それが社会的経済的問題を解決する上で有効な手段でさえあれば、誰が、どのような手続で定めたルールでも、全て我々が従うべき「法」ということになり、社会は過度に動態化し、不安定化することになる[109]。そこでプロセス法学は、政策的観点から創設される権利・義務の諸ルールという次元の上に、こうした実体的な諸ルールを、どの制度体が、どのようにして定立すべきかを規定する手続的・構造的な諸ルールの存在を観念したのである。それにより、我々は、何が従うべき法であるかを認識し、事前に行動の計画を練ることができる。

このようにみると、プロセス法学は、リアリズム法学と、それ以前のコモン・ロー的形式主義とを統合したものと考えることもできる[110]。プロセス法学は、実体的諸ルールが、政策的・衡量的・動態的であることを最大限に許容しつつ、そしてまた、その定立をあらゆる制度体に開きながらも（リアリズム的側面）、これをどの制度体が、どのように定立すべきかを規定する手続的・構造的な諸ルールは、中立的・形式的・静態的なものであることを要求するからである（形式主義的側面）。換言すれば、この法理論は、法を一次的なルールと、メタ次元にある二次的なルールとに区別することによって、動態的なリアリズムが支配する領域と、静態的な形式主義の支配する領域とを併存させ、両者の均衡を図ったのである。同時に、このような法の多元性は、裁判所の役割の多元性——ダブル・アイデンティティ——を帰結する。というのも、裁判所は、“Who”と

"How"に関するメタ的な二次ルールを確定する第三者的・審判的役割を果たさねばならないとともに、この二次ルールにより、自らがその「誰か」として指名されたならば、他の制度体と同じように、実体的な一次ルールを形成しなければならないからである。例えば、表現の自由のような民主的過程に関わる事項については、二次ルールが、裁判所自身を、その実現に関する一次ルールの正統な形成者に指名していると解されるため、状況に応じて、いわゆる「明白かつ現在の危険の法理」のような一次ルール（法理）を自ら形成しなければならない(111)。

つまり、プロセス法学においては、裁判所は、基本的には二次ルールを司る存在でありながら、Calorene Products判決の脚注4が指示するような領域においては、例えば平等問題における「疑わしい区別テスト」の形成のように、自らプレイヤーとして積極的にルール形成に参与しなければならない。この意味において、プロセス法学における裁判所は、ある種のプレイング・マネージャーとしての難しい役割を熟《こな》さなければならないことになるのである(112)。

（108）Eskridge & Frickey, *supra* note 81, at lxxviii.
（109）リアリズム法学への批判として、例えばThurman Arnold, *Judge Jerome Frank*, 24 U. Chi. L. Rev. 633, 635 (1957).
（110）Dorf, *supra* note 107, at 879.
（111）裁判所が政策的な観点から行う一次ルールの形成については、山本龍彦「違憲審査理論と権利論」大沢秀介＝小山剛編『東アジアにおけるアメリカ憲法』（慶應義塾大学出版会、二〇〇六年）三九九頁。
（112）なお、後述するように、H.L.A.ハートも、裁判所が「ルール定立機能（a rule-

producing function)」を果たすことを認めている。H. L. A. ハート（長谷部訳）・前掲注(38)二一八頁。それは、司法定立的なルールを権威あるものとする二次ルールの存在を前提としている。以上みてきたように、プロセス法学は、政治部門の役割を重視する「政治的立憲主義」の考えを採用したものと言える。ただしプロセス法学は、憲法上の権限配分ルールの法的性格と、最高裁によるその執行可能性を求めており、政治的立憲主義の考えと完全に一致するわけではない。問題の所在については、ウォルドロン（Jelemy Waldron）の議論を丁寧に紹介した上、これに鋭い分析を加えた、愛敬浩二「政治文化としての立憲主義」門田孝＝井上典之編『憲法理論とその展開』（信山社、二〇一七年）六七頁。

〈3〉ヘンリー・ハートとH. L. A. ハート

以上述べてきたようなプロセス法学の法の概念は、驚くほど、二〇世紀を代表する法哲学者H. L. A. ハートの法体系論と似ている。周知のように、H. L. A. ハートもまた、主著『法の概念』（初版は一九六一年）の中で、法の多元性を説き、法体系は、義務賦課規範である一次ルールと、権限付与規範である二次ルールの結合であると論じた。細部を省略してみるならば、H. L. A. ハートの二次ルールは、ヘンリー・ハートらの重視した"Who"と"How"に関する手続的・構造的ルールと、重なる。そして、H. L. A. ハートの議論の要点も、権限を付与する二次ルールの存在を前景化し、その役割を強調することによって、かかる権限を付与された者の動態的で積極的な「立法」を促そうとするものだった。[113] 換言すれば、固定的で中立的な二次ルールの下で、一次ルールの創造・再創造を最大限に認める法理論であった。そうすると、セボック（Anthony J. Sebok）が指摘するように、H. L. A. ハートの議論も、権限を付与する二次ルールを可視化することで、ニューディールの背景ともなった進歩主義的な国家観を後押しするものであったと考えられる[114]。

チェイスとラコフ（Abram Chayes & Todd D. Rakoff）は、プロセス法学に解説を加える際に、明らかにH．L．A．ハートを意識して、「あれを禁止し、これを許容するといった……行為基準の集合体」を一次ルール、「このような行為基準が創造され、適用される手続の集合体」――「〔二次〕ルールを形成する諸制度体間で意思決定権限を配分する諸ルール」を含む――を二次ルールと呼び、プロセス法学を、法体系における後者の中心性を強調する法理論と評しているが[115]、チェイスとラコフ以上に直截に、二人の〝ハート〟の類似性・共通性を説く見解も少なくない。例えばドルフ（Michael D. Dorf）は、「H．L．A．ハートの承認のルールと、ヘンリー・ハートとサックス〔によるプロセス法学〕の制度的調停の原理とが全く同一だというのは言いすぎ」であるが、「どちらも、法の権威（authority of law）を、権限を種々の制度的諸アクターに配分するという支配的なルールないし原理の社会的受容に基礎付けている」上、「いずれの説明においても、法の支配というものは、適切に構成された権限への従属を意味する」という点で、強い類似性が認められると指摘している[116]。

さらに、ショウ（Geoffrey C. Shaw）は、H．L．A．ハートが、ハーバード大学法科大学院の法哲学教授であったフラー（Lon L. Fuller）の誘いを受け、一九五六年から五七年にかけて、客員教授としてプロセス法学全盛の同法科大学院に滞在していたという事実を重視している[117]。実際、この期間にH．L．A．ハートは、ヘンリー・ハートとサックスに尊敬の念を持ち、彼らの「プロセス法学」の授業を聴講していたし、プロセス法学派の中心人物の一人であるウェクスラー（Herbert Wechsler）とも交流があった[118]。ショウはさらに、もともとH．L．A．ハートが、本務校であるオックスフォード大学でも、学生にホームズ、パウンド、カードーゾ（Benjamin N. Cardozo）、グレイ（John Chipman Gray）、ホーフェルド（Wesley N. Hohfeld）などの著作を読ませるなど、一九世紀前半のアメリカ法理論に強い関心を有していたこと、[119]一九五六年度にハーバード大学法科大学院で組織された「法哲学者研究会（Legal Philosophy Discussion Group）」に参加し、プロセス法学派の面々——ヘンリー・ハート、サックス、フラー、フロインド（Paul A. Freund）、ウェクスラー——と交流を持ち、「制度的能力」の概念について検討する機会を得たことなどを挙げ、[120]H．L．A．ハートの法体系論とプロセス法学とが共通性を持つに至った背景を詳述している。さらにショウが、同時代的制約の下、両者が、法を「一次的なもの」と「二次的なもの」に分けることで、共にリアリズムと形式主義の「中道」を探求しようと試みていたと指摘していることも注目される。[121]なお、ヘンリー・ハートとサックスの共著『プロセス法学』に重厚な序文を書いたエスクリッジとフリッキー（William N. Eskridge, Jr. & Philip P. Frickey）も、右「法哲学者研究会」の重要性を指摘し、プロセス法学の側も、同研究会でのH．L．A．ハートとの交流に大いに触発された旨を示唆している。[122]

このように、少なからぬ論者によって間接・直接に「立証」される、プロセス法学とH．L．A．ハートの法体系論との類似性・共通性は、プロセス法学の言う司法の「積極」や「消極」が、裁判官の主義・主張の問題ではなく、徹頭徹尾「法」的な——憲法的二次ルールの——問題であることを強く示しているように思われる。[123]

(113) 例えば、H．L．A．ハートが二次ルール（ルールの制定・改廃手続を定める変更のルールなど）を強調した理由の一つは、社会の諸ルールを動態的なものとし、移り変わる社会状況に諸ルールを適応させることを可能ならしめるためであったと述べている。H．L．A．ハート（長谷部訳）・前掲注（38）一五七～一六三頁。

(114) セボックは、H・L・A・ハートを、「リベラルな進歩主義」と述べている。Anthony J. Sebok, *Misunderstanding Positivism*, 93 Mich. L. Rev. 2054, 2055 n. 6 (1994-1995).

(115) Abram Chayes & Todd D. Rakoff, *The Legal Process School: Introduction*, *in* The Bridge (1998), *available at* 〈https://cyber.harvard.edu/bridge/LegalProcess/essay1.htm〉.

(116) Dorf, *supra* note 107, at 922.

(117) Geoffrey C. Shaw, *H.L.A. Hart's Lost Essay: Discretion and the Legal Process School*, 127 Harv. L. Rev. 666, 682-684 (2013).

(118) *See* Nicola Lacey, *The Path Not Taken: H.L.A. Hart's Harvard Essay on Discretion*, 127 Harv. L. Rev. 636, 638 (2013).

(119) Shaw, *supra* note 117, at 684.

(120) *Id.* at 692; Eskridge & Frickey, *supra* note 81, at c.

(121) *See* Shaw, *supra* note 117, at 672.

(122) Eskridge & Frickey, *supra* note 81, at c-ci.

(123) なお、プロセス法学は、制度的能力に基づく権限配分（制度間関係）を重視する点で、いわゆる「デパートメンタリズム」（例えば、大林啓吾「ディパートメンタリズムと司法優越主義」帝京二五巻二号（二〇〇八年）一〇三頁）や、「対話的違憲審査論」（例えば、佐々木雅寿『対話的違憲審査の理論』（三省堂、二〇一三年））と一定の共通性を有している。しかし、制度間関係を規律する二次ルールをメタ次元に観念し、裁判所がこのルールを解釈・執行する権限を排他的に持つと考える点で、プロセス法学はなお司法優越的な法理論であり、これらの議論とは本質的に異なる。**Ⅲ 2**〈2〉で述べた通り、裁判所は、他の制度体と同じプレイヤーであると同時にこれを監督する「プレイング・マネージャー」なのである。

3 通説としてのプロセス法学

〈1〉 プロセス法学の系譜

以上、本稿は、一九三七年の「憲法革命」が切り拓いた新たな国家観を法的に説明しようとする理論としてプロセス法学をみてきた。が、もしこれが彼の地に数多ある憲法学説の一つにすぎず、実務や学界において支配的地位を得たものでなかったならば、それを〈アメリカ〉を象徴する憲法理論とみなして日本での継受云々を論ずる意味は乏しいだろう。

そこで、ここでは、アメリカにおけるプロセス法学の影響力を確認しておきたい。先述のように、「プロセス法学」という名は、直接には、一九五五年から五八年にかけてハーバード大学法科大学院に設置された、ヘンリー・ハートとサックスの共同担当による同名の講座に由来する。この講座は、憲法革命以後の国家観を背景に、「権限の適切な配分を追究することが法の焦点」であり、法律家の中心的な仕事であることを学生に教育するものであった(124)。無論、この基本的思考自体は、右講座がその起源というわけではなく、ブランダイス、ストーン、フランクファーターが連邦最高裁ですでに提示し、ヘンリー・ハートを含む研究者がすでに理論化・体系化を進めていたものであった。したがって、先述した「制度的調停の原理」の萌芽は、一九四〇年代初めから主要法科大学院で開講され始めていた「立法学（Legislation）」なる講座の中でもみられていた。中でも重要なのは、ヘンリー・ハートが一九四六年からハーバード大学法科大学院で担当した「立法学」（一九四六〜一九五五年）であろう。

というのも、プロセス法学の始祖であるブランダイスが見出した「制度的能力」の概念を、行政法領域への適用を含め大きく前進させたのは、ハーバード大学法科大学院で行政法を講じ、一九三九年から連邦最高裁裁判官となる巨人・フランクファーターであるが[125]、ヘンリー・ハートは、一九三三年から数年にわたり、そのフランクファーターと共同で、ハーバード・ロー・レビューの「序文（Forward）」（当時は"The Business of the Supreme Court"と呼ばれた）を執筆し、その過程で、「憲法革命」（一九三七年）以前の最高裁を批判的に学ぶ機会を得るとともに、フランクファーターに触発されながら、制度的能力の概念などを発展させ、リアリズムと形式主義とを統合する可能性を窺うことができたからである。かくして、ヘンリー・ハートの「立法学」は、彼がクラークとして仕えたブランダイスと、学問的恩恵を受けたフランクファーターという二人の師に流れる学統を理論化する重要な場となったように思われるのである。また、「立法学」を引き継いだ「プロセス法学」をヘンリー・ハートと共同担当したサックスが、連邦最高裁裁判官に就任した後のフランクファーターのクラークを務めていたという事実も重要であろう[126]。

このようにみると、「プロセス法学」という名の講座は、確かに一九五五年に開講されたものであるとしても、その基本的思考は、すでに一九四〇年代から形成され、学界・実務に重要な影響力を行使していたと考えることができる。実際、ヘンリー・ハートとサックスが作成した同講座の教材は、当時未だ出版されていなかったにもかかわらず（出版は一九九四年）、同時代の研究者や編集者に回覧され、広く読まれていた[127]。エスクリッジとフリッキーによると、一九六三年までに一八の法科大学院がプロセス法学の教材を導入し、最も多い時で四〇人から五〇人の教師が右教材を使用していたとされる[128]。その中には、後に違憲審査の反多数決主義問題（countermajoritarian difficulty）を提示し、司法の受動性を強調したビッケル（Alexander M. Bickel）[129]——彼もまたフランクファーターのクラークであった——も含まれていた[130]。

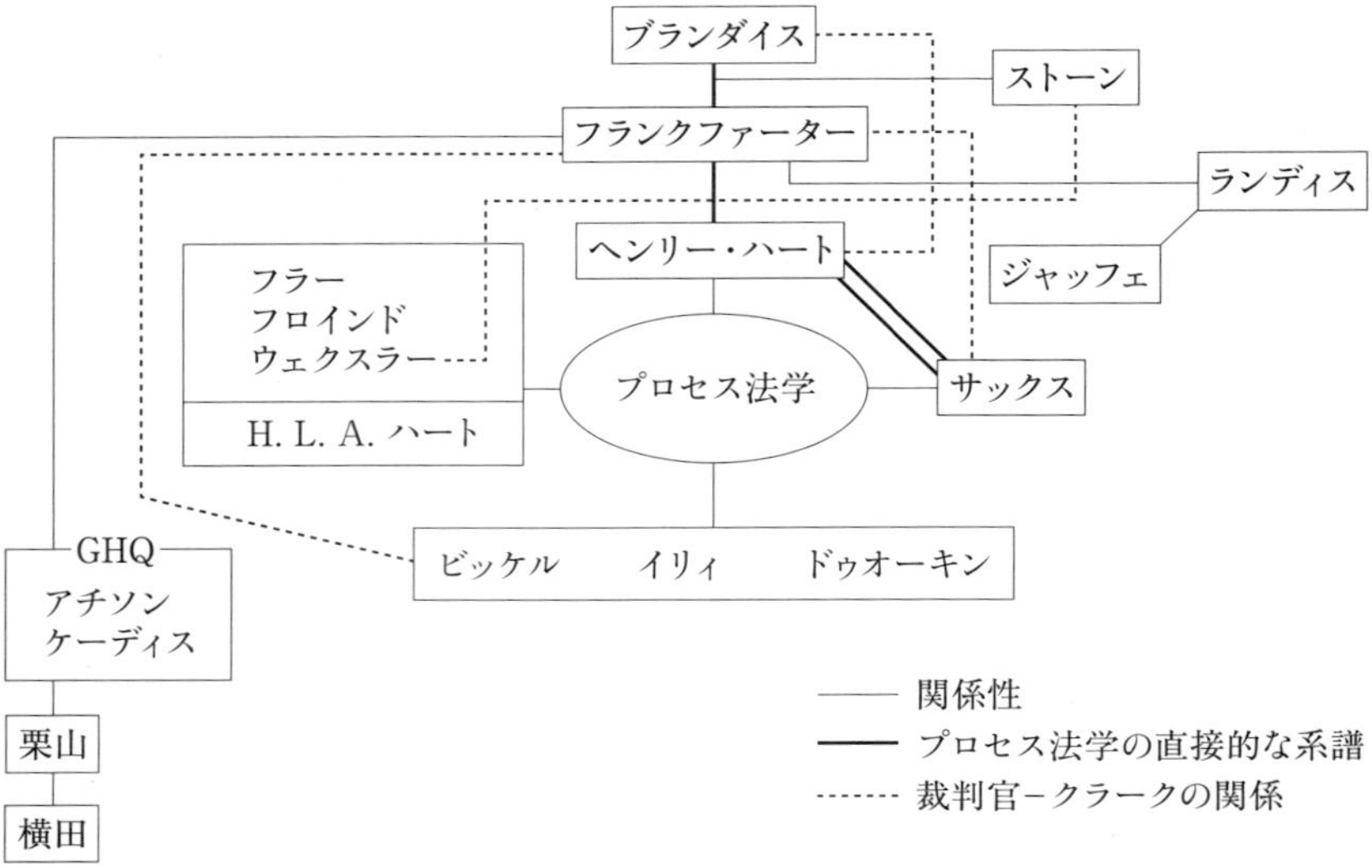

図表：プロセス法学をめぐる人物相関図(131)(132)

(124) Dorf, *supra* note 107, at 923.

(125) ブランダイスとフランクファーターの師弟関係については、例えば毛利透「アメリカ憲法における表現の自由の歴史的展開」聖学院大学総合研究所紀要四九号（二〇一一年）三四頁。ハーシュのように、ブランダイスからフランクファーターに流れる学統を単純にユダヤ人問題に還元することは厳に慎まなければならないだろう。H.N. Hirsch, The Enigma of Felix Frankfurter (1981).

(126) William M. Wiecek, *American Jurisprudence After the War*, 37 Tulsa L. Rev. 857, 862 (2002).

(127) Eskridge & Frickey, *supra* note 81, at cii.

(128) *Id.* at cii, cxiii.

(129) Alexander M. Bickel, The Least Dangerous Branch (1962). ビッケルの議論については、籾岡宏成「アメリカ社会における司法審査制度の機能論（1）」北海道教育大学紀要六七巻一号（二〇一六年）六五頁以下参照。

(130) Eskridge & Frickey, *supra* note 81, at cxiii, cxvi.

(131) 例えば、アチソンとフランクファーター、ブランダイスとの関係については、井口治夫「ジョセフ・グルーとその時代」東京大学アメリカ太平洋研究一二号（二〇一二年）一三八頁。

(132) ドイツの機能法的考察とアメリカのプロセス法学との関係は定かではないが、前者がニューディール期を経験したアメリカ憲法学の影響を受けていることは確かなようであ

る。宍戸・前掲注（28）一八六～一八七頁。

〈2〉プロセス法学という通奏低音

このようなプロセス法学の基本的な理解は、フランクファーターの後継者として、ヘンリー・ハートとともに「法におけるプロセスへの正しい評価を発展させた」フラー[133]や、フロインド、ウェクスラー、行政法領域ではフランクファーターの盟友であり、一九三〇年代後半にハーバード大学法科大学院委員長を務めたランディス（James M. Landis）、ジャッフェ（Louis L. Jaffe）らはもちろん、一九五六年の「法哲学者研究会」のメンバーであったH．L．A．ハート、世代的にはやや下るが、先述したビッケル、イリィ（John Hart Ely）[134]、ドゥオーキン（Ronald Dworkin）らにも――それぞれ強調するところは異なっていたものの――共有されていたと考えることができる[135]。

実務面では、連邦最高裁の判決文における教材「プロセス法学」の引用回数の多さから、その直接的な影響力を読み取ることができるし[136]、一九八六年から九四年までに連邦最高裁裁判官として任命された六人の裁判官のうち五人が、講座「プロセス法学」の同窓であったという事実などから、その影響力を間接的に指摘することもできる[137]。実際に多くの法科大学院で、「プロセス法学」が教材として使用されてきたことからすると、一九五〇年代以降の実務への影響は決して小さくはなかったと考えられる。

もっとも、こうしたプロセス法学も、一九七〇年代に入ると左右両派からの批判を受ける。左派からは、例えば表現の自由領域におけるフランクファーターの消極性[138]が、あるいは、ウォーレン・コートへの一部プロセス法学派（ウェクスラーなど）の消極的評価[139]が槍玉に挙がる。また右派からは、プロセス法学が――その出自からして当然なのであるが――ニューディール的な積極国家を是認ないし促進することに対する批判が寄せられた。[140] しかし、左右両派から批判されるということは、それが中道主義（centrism）の強みを有しているということを意味している。[141] 実際、プロセス法学は八〇年代にカムバックし、それ以降、アメリカ憲法学ないし憲法判例の通奏低音として鳴り響き続けている。ここでは、「我々の問いの主題は、ある特定の法的諸問題を決定する権限の配分に関する問いによって規定されている。我々は、制度体の権限の問題や、相対的な制度体の能力に関する論点を回避することができないのである。一旦こうした問いが立ち現れると、我々のほとんどは、ヘンリー・ハートとウェクスラーが先導した方法論的前提〔プロセス法学〕なしで、どのようにそれらに取り組んだらよいか想像することができないのである」というファロン（Richard H. Fallon, Jr.）の言葉、[142]「〔多くの〕批判にもかかわらず、プロセス法学のアプローチは、現在の学界においてあまりに一般的なもの（exceedingly common）となっている」[143] というカラブレイジ（Guido Calabresi）の言葉のみを挙げておけば十分であろう。

かくして、プロセス法学を、〈アメリカ〉を象徴する憲法理論として位置付けることは、十分に可能であるように思われる。

(133) Wiecek, *supra* note 126, at 865.

(134) イリィは、ハーバード大学法科大学院でサックスと「憲法理論」を共同担当している。Eskridge & Frickey, *supra* note 81, at cxviii.

(135) *Id.* at cxvii-cxviii.

(136) *Id.* at cxv.

(137) *Id.* at cxxv.

(138) しかし、実際にはフランクファーターは表現の自由擁護に対して必ずしも消極的ではなかった。この点については、毛利・前掲注（125）が詳しい。

（139） Eskridge & Frickey, *supra* note 81, at cvi-cviii. しかし、プロセス法学派の全てがBrown v. Board of Education, 347 U.S. 483 (1954) に代表されるウォーレン・コートの積極性に批判的であったわけではない。例えばサックスは、Brown判決を「原理の勝利」と評し、ヘンリー・ハートは教室において同判決を支持し、ウェクスラーの分析を批判していたという。Eskridge & Frickey, *supra* note 81, at cix.

（140） *See* Dorf, *supra* note 107, at 879-880.

（141） プロセス法学が中庸の強みを有していることについて、Eskridge & Frickey, *supra* note 81, at cxxxvi.

（142） Richard H. Fallon, Jr. *Reflections on the Hart and Wechsler Paradigm*, 47 VAND. L. REV. 953, 971 (1994).

（143） Guido Calabresi, *An Introduction to Legal Thought*, 55 STAN. L. REV. 2113, 2125 (2003).

Ⅳ　日本国憲法とプロセス法学

1　学説とプロセス法学

〈1〉誤読？

以上、本稿は、アメリカのプロセス法学を通して一九三七年以降の〈アメリカ〉をみてきた。本節では、この〈アメリカ〉が、日本の戦後の最高裁判例に幾度となく現れ、最高裁の基本的な憲法観ないし司法観を下支えしてきたことを観察するが、その前に、かかる判例実務に対して、日本の憲法学界が、このアメリカの通説を、ある種の誤解をもって受け止めてきたことを一瞥しておきたい。

Ⅲで詳しくみたように、アメリカのプロセス法学は、ニューディール的国家観の保存を企図して、リアリズム法学とコモン・ロー的形式主義を統合し、政策としての法の創造を、多元的な政治的アクターに解放しつつ、この解放・分散を交通整理する手続としての法——"Who"と"How"に課する諸ルール——を裁判所に独占させ、手続としての法の司法的実現を「法の支配」の要点にするという、極めて総論的で巨視的な法理論であった。[144] しかし、日本の憲法学界は、かような射程を持つプロセス法学を、専ら違憲審査方法論として受け取ってしまった。

もちろん、アメリカにも、裁判所は社会経済規制に対しては政治部門の判断に敬譲を払いつつ（緩やかに審査し）、表現の自由規制に対しては——積極的な法理形成などを通じて——厳格に審査するといった、我が国で「二重の基準論」と呼ばれるような考え方がある。が、プロセス法学は、これを、リアリズム法学以降、規制の政策的妥当性評価と一体化した実体的違憲審査の方法論[145]とは捉えず、それ自体、「連邦か州か」という判断と等位の憲法的二次ルールに関する憲法判断として捉えるはずである。しかし、日本の憲法学界は、裁判所が、公共の福祉なる抽象的原理によって人権制約を安易に許すことへの対抗として、このようなメタ次元の憲法判断を、あるいはプロセス法学が創造した権限配分次元の決定を、裁判所の違憲審査方法論として取り込んでしまった。「厳格か、緩やかか」という言葉に仮託される「裁判所か、立法府か」という高次の憲法判断は、実体的違憲審査の方法論としては余りに空疎なのだが、それでも、何もないよりはマシだったのである。もちろん、初期の判例が、「公共の福祉」を抽象的に捉え、「審査」と呼べるような審査をしなかった背景には、ポリス・パワーの範疇を具体的かつ実体的に捉えることで「国家」の動態性・積極性を削いでしまったロックナー期の教訓があったのかもしれず、[146] 実体的平面において「何もない」ことには、多元的・立体的に「(憲)法」を捉える真正のプロセス法学の側からみると、むしろ相応の理由があったようにも考えられる。

また、日本の憲法学界が、前述した「二重の基準論」と、例えば生存権事案における「立法の裁量にゆだねられて〔いる〕」[147]との言明、あるいは、統治行為に関する事案における「高度の政治性を有する」統治行為が「違憲なりやの否やの判断は、……内閣および……国会の高度の政治的ないし自由裁量的判断と表裏」をなし、司法審査には「原則としてなじまない」[148]といった言明を個別の表題の下で扱うのも、プロセス法学を違憲審査方法論として受け取ってきた一証左であるように思われる。つまり、プロセス法学を、専ら人権制約場面での違憲審査方法論として理解してきたが故に、生存権事案の言明については権利性質論により、統治行為の事案の言明については司法権限界論により、個別バラバラに分析せざるを得なかったように考えられるのである。[149] これらを全体的に把握するものとして、「司法消極主義」という精神的なワードに頼らざるを得なかったのもそのためだろう。他方、プロセス法学では、これらの言明は、いずれも憲法上の権限配分ルールに関する憲法判断として、統一的かつ法学的に分析されることになるはずである。[150]

さらに、日本の憲法学界が、比較衡量論（ないし比例原則）や、これを準則化した「明白かつ危険の法理」、あるいは政教分離原則違反を審査する「目的効果基準」のような実体的な違憲審査方法論と二重の基準論とを同一平面で捉えてきたことも、プロセス法学を片面的に受容してきた一証左であるように思われる。元来、「厳格か、緩やかか」――「裁判所か、立法府か」――という手続的な問いと、「違憲か、合憲か」という実体的な問いは、別個のものである。したがって、プロセス法学の視点からみると、例えば実体的な違憲審査方法論としての比較衡量を誰が行うのかが肝要で、その次元の問いが独立して議論されることになるのである。Ⅱでみたように、アメリカにおける議論発展の時系列からしても、ホームズを経由してパウンドが、純粋で神聖なものとされてきた——本来衡量不能な——「（個人の）権利」を「社会的利益」へと還元することで、政府規制が実現を目指す利益と衡量可能なものとし、違憲審査方法論としての「利益衡量論」を開発した後に、プロセス法学が、この発想を受容しつつ、誰の行う衡量を第一次的なものとするのか、というメタ的審級を造営した[151]。そして、プロセス法学は、このメタ的審級（H.L.A.ハートの言う二次ルール）に、法の本質をみたのであった。

しかしながら、日本の憲法学界においては、一般に、「誰が行うのか」という問いが比較衡量論などと同一平面で受容されたが故に、二重の基準論と比較衡量論とが二者択一的な排他的関係にあるものとして理解されてきたように思われる[152]。

なお、学界では、二重の基準論が、「精神的自由権の保障の強化」を企図して導入されたため、日本では、「二重」のうちで「厳格な」審査の方が——権利実現主体としては「裁判所」の方が——注目されることが多い[153]。他方、プロセス法学では、ニューディール的な積極国家観、あるいは進歩主義的な国家観への移行というダイナミックな国制変動が背景としてあったために、まずは「緩やかな」審査の方が——権利実現主体としては「立法府」の方が——重要視されたことは言うまでもない[154]。

(144) *See* Dorf, *supra* note 107, at 922.

(145) *See* Pound, *supra* note 94.

(146) これを示唆する判例としては、やはり賭場開帳事件（前掲注（13）参照）が挙げられる。

(147) 前掲注（19）参照（朝日訴訟）。

(148) 最大判昭和三四年一二月一六日刑集一三巻一三号三二二五頁。

(149) もっとも、生存権事案における司法の敬譲は、自由裁量論として司法権限界論に組み込まれることがある。例えば、芦部信喜（高橋和之補訂）『憲法〔第七版〕』（岩波書店、二〇一九年）三五二～三五七頁参照。しかし、もしそうならば、なぜ「二重の基準」論が司法権限界論との関係で論じられないか、疑問が生ずる。

(150) 例えば、プロセス法学の視点から「政治問題の法理」を分析するものとして、Tara Leigh Grove, *The Lost History of the Political Question Doctrine*, 90 N.Y.U. L. Rev. 1908 (2015). グローブは、特に二〇世紀以降の「政治問題の法理」がフランクファーターの影響を受けており、ヘンリー・ハートとウェクスラーというプロセス法学の代表的論者がその理論化に一役買ったと指摘している。*Id.* at 1951-1952.

(151) このような理解によれば、「違憲審査基準――アメリカでは『階層化された審査（tired scrutiny）』と呼ばれるもの――の本質は利益衡量である」という指摘（阪口・前掲注（94）八五頁）には慎重な検討が必要ということになる。違憲審査基準を、目的手段審査という平面でみれば、それは確かに衡量的な「基準」（審査方法論）ということになる。他方、違憲審査基準を、目的手段審査を一次的に誰が実施するのか（誰の目的手段審査に敬譲を払うべきか）、という平面でみれば、「違憲審査基準の本質」は利益衡量にはない、と言うことができる。それは非衡量的な手続的な決定である。

(152) 芦部・前掲注（149）一〇二～一〇三頁の「並び」は典型例である。そこでは、比較衡量論の発展形態として違憲審査基準論が位置付けられている。プロセス法学の視点からみても、時系列的にこの「並び」は正しいが、プロセス法学は、同一平面での「発展」ではなく、次元を多元化することによる「共存」を試みるものであった。

(153) 常本照樹「社会経済政策としてなされる営業規制」憲法判例百選Ⅰ〔第六版〕(二〇一三年)二〇四頁。

(154) なお、在外研究から帰国した芦部がまず執筆したのが、「合憲性推定の原則と立法事実の司法審査」であり、二重の基準論の中でも「緩やかな」審査の方に着目した論文であったことがもっと注目されてよいだろう。芦部・前掲注(149)三頁、一一七頁以下参照。

〈2〉プロセス法学の片面的受容?

もっとも、二重の基準論を基本的に支持する見解の中に、プロセス法学の趣旨を踏まえたものが存在することは確かである。例えば、プロセス法学華やかなりし日のハーバード大学法科大学院に留学した芦部信喜は、帰国後は、制度的能力を踏まえた機能的権限配分の基準として「二重の基準論」を構想していた[155]。芦部の民主的過程論は、立法府が手続的・制度的にみて、民主的過程の歪みを自浄できないことを、逆に社会的経済政策については、立法事実を精査する能力が相対的に高いことなどをその主たる根拠としていたのである[156]。また、市川正人、内野正幸らは、おそらくはプロセス法学が創造したメタ次元を踏まえて、違憲審査に、手続的・構造的な権限配分を行う場面(審査基準)と、実体的な違憲審査を行う場面(合憲性判定テスト)があることに気付いていた[157]。これらの議論は、いずれも傾聴に値するもので、さらに突き詰めた検討が必要であるが、筆者のみるところ、それらにはなおプロセス法学を違憲審査方法論の延長として捉えているところがある[158]。

その理由として、第一に、それらは人権制約以外の場面でプロセス法学を参照することが少ないことを挙げられる。例えば、先に触れた司法権の限界論(統治行為論、自由裁量論など)や地方自治論など、本来は、制度的能力に基づく権限配分論を中心とするプロセス法学の範疇にある領域であるにもかかわらず、日本の議論でプロセス法学が援用されることは少ない。このことは、日本の学界においては、イリィの影響(159)もあって、プロセス法学が民主的過程論ないしプロセス理論とほぼイコールのものとして扱われてきたことが関係しているように思われる。繰り返しになるが、アメリカのプロセス法学は、ニューディール的国家観を前提に構成された、より巨視的な法理論なのである。

第二に、日本の学説が、「裁判所か、立法府か」を分かつ「二重の基準」を、憲法上の二次ルールとしてまでは捉えてこなかったことを挙げられる。プロセス法学は、制度的能力を踏まえた制度体間の権限配分を、形式主義の伝統を引き継ぐ法の中心的要素と考えた。これに対し、日本の憲法学説においては、それを違憲審査方法論の延長として捉える余り、「連邦か、州か」――日本に引き付ければ条例制定権の範囲の問題であろうか――と同様の憲法的二次ルールに関する問題とまでは把握してこなかったように思われる。だから、「裁判所か、立法府か」、「厳格か、緩やかか」という問いが、裁判官による変更の余地が多分に残された「主義」の問題として理解されてきたのではないか。他方、プロセス法学は、憲法上の二次ルールの形式性に法の安定性を仮託するために、この変更を容易なものとは考えない。先述のように、実際に、〈一九三七年〉に新たに生じた権限布置は、いくらかの変動はあるものの、基本的には現在まで維持されている(160)。

(155) 長谷部恭男『権力への懐疑』(日本評論社、一九九一年)一〇五頁。芦部理論とプロセス法学との関係については、山本・前掲注(32)一〇九頁。しかも、芦部は、当初、プロセス法学を、統治構造全体に跨る理論として位置付けようとしていた可能性がある。高見勝利『芦部憲法学を読む』(有斐閣、二〇〇四年)四六~四七頁参照。

(156) 芦部の二重の基準論が、その後、実体的な方向へとシフトしていったことについては、長谷部・前掲注（155）一一五頁、内野正幸『憲法解釈の論理と体系』（日本評論社、一九九一年）二二三頁参照。

(157) 市川正人「司法審査と立法府」ジュリ九一四号（一九八八年）一四二頁以下、内野・前掲注（156）二二六頁。江橋崇も、「実体的判定基準」と「審査基準」とを分ける。江橋崇「二重の基準論」芦部信喜編『講座憲法訴訟 第2巻』（有斐閣、一九八七年）一二七頁参照。

(158) もっとも、「手続的司法審査理論」を、「憲法の本質論や基本権の基礎理論にまで」自覚的に遡って検討した重要な業績として、土井真一「司法審査の民主主義的正当性と『憲法』の観念」佐藤幸治先生還暦記念『現代立憲主義と司法権』（青林書院、一九九八年）一一五頁以下がある。また、後掲注（177）の棟居快行の業績も参照。

(159) 周知の通り、イリィの議論は松井によって精力的に我が国に紹介された。ジョン・H・イリィ（佐藤幸治＝松井茂記訳）『民主主義と司法審査』（成文堂、一九九〇年）。

(160) 無論、レンキスト・コートは、連邦制の解釈により、連邦議会の権限を限定的に捉える傾向があった。しかし、それでも社会経済立法や課税権に関する立法権を、ロックナー期のそれにまで巻き戻すところまでには至らなかったと考えられる。

2 最高裁とプロセス法学

以上のように、日本の憲法学界は、その問題関心の所在から、アメリカのプロセス法学を専ら違憲審査方法論として片面的に受容してきたように思われる。他方で、日本の最高裁は、こうした学界の傾向とは異なり、ブランダイス、フランクファーターからヘンリー・ハートへと流れるプロセス法学の正統な系譜と足並みを揃えてきた可能性がある。

〈1〉社会経済政策

この領域のリーディング・ケースである小売市場判決[161]は、「経済的基盤の弱い小売商の事業活動の機会を適正に確保し、かつ、小売商の正常な秩序を阻害する要因を除去する」目的でなされた小売市場の開設制限（既存小売市場との距離制限）の合憲性が争われたものである。その違憲性を主張する側は、かかる制限が自由競争を基調とする我が国の経済体制に違背し、専ら既存業者の独占的利潤追求に資するものであって、職業の自由を保障する憲法二二条一項に違反すると述べた[162]。これに対し最高裁は、同項は、「各人は、『公共の福祉に反しない限り』において、……〔経済活動の〕自由を享有することができるにとどまり、公共の福祉の要請に基づき、その自由に制限が加えられ〔得〕る」ことを「明示」したものであるとした上で、以下のように述べたことが注目される。すなわち、

> 個人の経済活動に対する法的規制は、個人の自由な経済活動からもたらされる諸々の弊害が社会公共の安全と秩序の維持の見地から看過することができないような場合に、消極的に、かような弊害を除去ないし緩和するために必要かつ合理的な規制である限りにおいて許されるべきことはいうまでもない。のみならず、憲法の他の条項をあわせ考察すると、憲法は、全体として、福祉国家的理想のもとに、社会経済の均衡のとれた調和的発展を企図しており、その見地から、すべての国民にいわゆる生存権を保障し、その一環として、国民の勤労権を保障する等、経済的劣位に立つ者に対する適切な保護政策を要請していることは明らかである。このような点を総合的に考察すると、憲法は、国の責務として積極的な社会経済政策の実施を予定してい

いるものということができ、個人の経済活動の自由に関する限り、個人の精神的自由等に関する場合と異なつて、右社会経済政策の実施の一手段として、これに一定の合理的規制措置を講ずることは、もともと、憲法が予定し、かつ、許容するところと解するのが相当であり、国は、積極的に、国民経済の健全な発達と国民生活の安定を期し、もつて社会経済全体の均衡のとれた調和的発展を図るために、立法により、個人の経済活動に対し、一定の規制措置を講ずることも、それが右目的達成のために必要かつ合理的な範囲にとどまる限り、許されるべきであつて、決して、憲法の禁ずるところではない。〔傍点筆者〕

言うまでもなく、ここでは、二二条一項を含む日本国憲法の構造から、我々の憲法がニューディール的な積極国家観を採用していることが強調されている。[163] そして最高裁は、社会経済の分野において、「法的規制措置の必要の有無や法的規制措置の対象・手段・態様などを判断するにあたつては、その対象となる社会経済の実態についての正確な基礎資料が必要であり、具体的な法的規制措置が現実の社会経済にどのような影響を及ぼすか、その利害得失を洞察するとともに、広く社会経済政策全体との調和を考慮する等、相互に関連する諸条件についての適正な評価と判断が必要であつて、このような評価と判断の機能は、まさに立法府の使命とするところであり、立法府こそがその機能を果たす適格を具えた国家機関であるというべきである」(傍点筆者) と宣言する。

この言明は、先にみたプロセス法学の要旨そのものと言うべきだろう。ここでは、日本国憲法の構造と、制度体の能力ないし機能 (機関適性) に鑑み、憲法二二条一項の趣旨を実現するような——経済活動の自由と公共の福祉とをうまく衡量したような——経済規制は、立法府によってなされるべきと判断されているのである。その上で最高裁は、「裁判所は、立法府の……裁量的判断を尊重するのを建前とし、ただ、立法府がその裁量権を逸脱し、当該法的規制措置が著しく不合理であることの明白である場合に限つて、これを違憲として、その効力を否定することができる」と述べている。

このような裁判所と立法府との権限配分に関する憲法判断は、経済規制の合憲性を扱うその後の判例でも基本的に踏襲されている。同分野に関するもう一つのリーディング・ケースとも言うべき薬事法判決（一九七五年）[164]は、薬局の開設制限が憲法二二条一項に違反するかどうかを扱ったものであるが、ここでも、まず、右条項が「公共の福祉に反しない限り」との留保の下に職業選択の自由を認めていることを指摘し、職業が「それ自身のうちになんらかの制約の必要性が内在する社会的活動である」ことを認めた上で、職業自体の多様性から導かれる規制目的・手段の多様性から、「これらの規制措置が憲法二二条一項にいう公共の福祉のために要求されるものとして是認されるかどうかは、これを一律に論ずることができず、〔①〕具体的な規制措置について、規制の目的、必要性、内容、これによって制限される職業の自由の性質、内容及び制限の程度を検討し、これらを比較考量したうえで慎重に決定されなければならない」ところ、②「〔こ〕のような検討と考量をするのは、第一次的には立法府の権限と責務であり、裁判所としては、規制の目的が公共の福祉に合致するものと認められる以上、そのための規制措置の具体的内容及びその必要性と合理性については、立法府の判断がその合理的裁量の範囲にとどまるかぎり、立法政策上の問題としてその判断を尊重すべきものである」と述べている。

最高裁は、ここで立法府への敬譲を示すにあたり、「公共の福祉に合致するものと認められる以上」との留保を付け（右②）、その該当性判断を自らの領分にとどめ置いているようにみえるが、一方で「規制を要求する社会的理由ないし目的」は「積極的なものから、……消極的なものに至るまで千差万別で、その重要性も区々にわたる」と述べており、実際には「理由ないし目的」の選択をほぼフリーハンドで立法府に認めているように思われる。その意味では、小売市場判決と同様、二二条一項の趣旨を実現する権限は第一次的に立法府にあるという憲法上の判断を行っていると考えてよいだろう。無論、この薬事法判決は、以上のようなメタ次元の——プロセス法学にとっては肝となる——「憲法判断」を行った後に、裁量を限定的に捉えた「厳格」な審査を行い、最終的に本件規制を違憲と結論付けている。しかしこれは、裁量の否定ではなく、その統制であると言えるから、上述の憲法的二次ルール自体を覆すものではないと言えよう。

薬事法判決以降も、最高裁は一貫して、憲法二二条一項の趣旨を実現する適格な機関は裁判所ではなく立法府であると述べている。判例における、このような権限配分に関わるメタ的判断の一貫性・安定性は、右判断が、プラグマティックな自制に基づくものでも、裁判官自身の「主義」に基づくものでもなく、憲法構造と制度的能力に基づく(憲)法的なものであることを物語っているように思われる。

(161) 最大判昭和四七年一一月二二日刑集二六巻九号五八六頁。
(162) 田崎文夫「判解」最判解(刑)昭和四七年度二八八頁。
(163) 学説の多くは、この判旨部分の背景に、日本的な「護送船団方式」を追認する意図が隠されている旨指摘するが(例えば、常本・前掲注(153)二〇四頁)、少なくとも文言上は、ニューディール的国家観を「追認する」、ブランダイス以降の正統なプロセス法学の系譜を読み取ることができる。
(164) 最大判昭和五〇年四月三〇日民集二九巻四号五七二頁。

〈2〉財　政

Ⅱで述べたように、アメリカにおける一九三七年の「憲法革命」は、課税権をめぐる裁判所と立法府との制度間関係を変えるものでもあった。従前は、裁判所が、コモン・ロー的形式主義をもって（いわば判断代置的に）、社会政策的な意味（所得の再分配）を含み持つようになった立法府の課税権行使を厳格に統制していたが、「革命」は、こうした裁判所に武装解除を迫り、憲法上、あくまで立法府が同権限の実質的保持者であることを認めるものであった。

我が国の最高裁も、いわゆるサラリーマン税金訴訟判決（昭和六〇年）[165]で、このような憲法上の二次ルール（権限配分）を確認ないし強調していると考えられる。すなわち、事業所得者等と給与所得者間の所得税負担の不平等の合憲性が争われた本件で、憲法一四条の言う「平等の保障は、憲法の最も基本的な原理の一つであつて、課税権の行使を含む国のすべての統治行動に及ぶ」としながらも、「国民がその総意を反映する租税立法に基づいて、納税の義務を負うことを定め」る憲法三〇条と、「新たに租税を課し又は現行の租税を変更するには、法律又は法律の定める条件によること」を求める同八四条を挙げ、「課税要件及び租税の賦課徴収の手続は、法律で明確に定めることが必要であるが、憲法自体は、その内容について特に定めることをせず、これを法律の定めるところにゆだねている」と述べた。そして、このような憲法解釈の根拠として、「租税は、今日では、国家の財政需要を充足するという本来の機能に加え、所得の再分配、資源の適正配分、景気の調整等の諸機能をも有しており、国民の租税負担を定めるについて、財政・経済・社会政策等の国政全般からの総合的な政策判断を必要とするばかりでなく、課税要件等を定めるについて、極めて専門技術的な判断を必要とすることも明らかである」ことを挙げる。その上で、愈々明瞭に、「租税法の定立については、国家財政、社会経済、国民所得、国民生活等の実態についての正確な資料を基礎とする立法府の政策的、技術的な判断にゆだねるほかはなく、裁判所は、基本的にはその裁量的判断を尊重せざるを得ない」との権限配分に関する憲法上の判断を行うのである。

本判決は、そこから、「租税法の分野における所得の性質の違い等を理由とする取扱いの区別は、その立法目的が正当なものであり、かつ、当該立法において具体的に採用された区別の態様が右目的との関連で著しく不合理であることが明らかでない限り、その合理性を否定」できないという、極めて緩やかな審査（明白の原則）を導出し、結論としても本件区別の違憲性を否定した。

こうみると、本件は憲法一四条の平等権に関する事案でありながら、憲法解釈は、主として「課税権」の所在に関して――詳細かつ丁寧に――なされており、立法府等の制度的能力をも踏まえたこのメタ的な憲法判断こそが、本判決の核心的部分を構成しているように思われる。このような考え方が、〈一九三七年〉を理論化するアメリカのプロセス法学と呼応していることは言うまでもない。

(165) 最大判昭和六〇年三月二七日民集三九巻二号二四七頁。

〈3〉生存権

いわゆる生存権事案についても、このような傾向は顕著にみられる。例えば、障害福祉年金と児童扶養手当との併給を禁ずる児童扶養手当法の規定が、憲法二五条の生存権を侵害し、違憲か否かが争われた堀木訴訟（昭和五七年）[166]で、最高裁は、Ｉで触れた食糧管理法事件判決（昭和二三年）を参照し、「憲法二五条の規定は、国権の作用に対し、一定の目的を設定しその実現のための積極的な発動を期待するという性質のものである」と述べ、二五条の性質決定を行った上で、「右規定にいう『健康で文化的な最低限度の生活』なるものは、きわめて抽象的・相対的な概念であつて、その具体的内容は、その時々における文化の発達の程度、経済的・社会的条件、一般的な国民生活の状況等との相関関係において判断決定されるべきものであるとともに、右規定を現実の立法として具体化するに当たつては、国の財政事情を無視することができず、また、多方面にわたる複雑多様な、しかも高度の専門技術的な考察とそれに基づいた政策的判断を必要とするものである」と述べた。本判決は、以上のような制度的能力とも交差する二五条の客観法的解釈から、「憲法二五条の規定の趣旨にこたえて具体的にどのような立法措置を講ずるかの選択決定は、立法府の広い裁量にゆだねられており、それが著しく合理性を欠き明らかに裁量の逸脱・濫用と見ざるをえないような場合を除き、裁判所が審査判断するのに適しない事柄である」とのメタ的判断を行ったのである。最高裁からすれば、この判断はあくまで憲法的二次ルールに関する法的なもので、裁判官によって選択可能な自制的態度表明ではないため、右判断部分は、その後の生存権事案でもほぼ変わることなく一貫して維持されている。[167]プロセス法学と同様、この権限配分的判断の安定性こそが「法の支配」の要点であると[168]考えられている可能性もあるだろう。

(166) 最大判昭和五七年七月七日民集三六巻七号一二三五頁。
(167) 例えば、学生無年金訴訟（最二小判平成一九年九月二八日民集六一巻六号二三四五頁）。
(168) *See* Dorf, *supra* note 107, at 922.

〈4〉議員定数不均衡訴訟と砂川判決

Iでも触れた通り、我が国の最高裁の議員定数不均衡訴訟は、アメリカのプロセス法学的法思考が最も鮮やかに現れてきた分野である。[169] そのリーディング・ケースである一九六四年判決[170]――横田喜三郎長官の時代にあたる――は、「両議院の議員の定数は、法律でこれを定める」（傍点筆者）と規定する憲法四三条二項と、「選挙区、投票の方法その他両議院の議員の選挙に関する事項は、法律でこれを定める」（傍点筆者）と規定する同四七条を丁寧に引用して、日本国憲法が「両議院の議員の定数、選挙区その他選挙に関する事項については特に自ら何ら規定せず、法律で定める旨規定した所以のものは、選挙に関する事項の決定は原則として立法府である国会の裁量的権限に委せている」と解した上、「国会は……地方区の議員を各選挙区に如何なる割合で配分するかということ等を適当に決定する権限を有する」というメタ的判断を行っている。そして、かような憲法的二次ルールを受けて、いわゆる明白の原則の如き極めて緩やかな審査を導入したのである。

以後の議員定数不均衡訴訟は、結局、このように確定された憲法上の権限配分に強くコントロールされていくことになる。例えば、一九七六判決[171]も、やはり憲法四三条一項および四七条を引いて、憲法は「両議院の議員の各選挙制度の仕組みの具体的決定を原則として国会の裁量にゆだねている」との前記二次ルールを再確認している。同判決は、このような憲法条文の解釈に加えて、衆議院議員選挙における選挙区割と議員定数配分の決定には、都道府県の役割、「選挙区としてのまとまり具合」、「面積の大小、人口密度、住民構成、交通事情、地理的状況」、「人口の都市集中化の現象」など、「極めて多種多様で、複雑微妙な政策的及び技術的考慮要素が含まれて〔いる〕」と述べ、かかる決定を立法府の裁量に委ねるべきとする前記メタ的判断を、「制度的能力」という観点からも補強している。

繰り返しになるが、このようなメタ的判断は、司法消極「主義」や自制というような裁判官の精神的態度によるものではないだろう。それは、前記一九六四年判決の多数意見が、司法的解決を与えることにより「拾収すべからざる混乱」が招来されるとの懸念等を根拠に本件事案を司法審査の対象外とすべきとした齋藤朔郎の意見を最終的に不採用としたことからも推測できる。多数意見は、アメリカのプロセス法学が、裁判官の抑制「主義」や「自制」を、「法」（二次ルール）の問題に置換して体系化したのと同様、あくまで憲法の解釈としてこれを提示したものと考えられるのである。(172) このように、司法の敬譲を、「自制」ではなく「法」の問題として捉えようとする姿勢は、一九五九年の砂川判決(173)において明確に示されたものであった。よく知られているように、砂川判決の多数意見のベースとなった藤田八郎・入江俊郎の補足意見は、統治行為に関する「司法権に対する制約は、結局三権分立の原理に由来し、〔①〕当該国家行為の高度の政治性、〔②〕裁判所の司法機関としての性格、〔③〕裁判に必然的に随伴する手続上の制約等にかんがみ、特定の明文による規定はないけれども、司法権の憲法上の本質に内在する制約と理解すべきである」（傍点筆者）と述べていた。つまり、この意見は、司法の敬譲はあくまで制度的能力（右引用文の②・③を参照）を踏まえた憲法構造そのものに由来すると考えていた可能性があるわけである。(174)

(169) 田中真次「判解」最判解（民）昭和三九年度三一頁。
(170) 前掲注（20）。
(171) 最大判昭和五一年四月一四日民集三〇巻三号二二三頁。
(172) アメリカにおいて、選挙制度の造形者に関する憲法的二次ルールが如何に変化してきたかについては、吉川智志「米国における選挙法学の誕生」法学政治学論究一〇八号（二〇一六年）一三〇～一三一頁。

(173) 最大判昭和三四年一二月一六日刑集一三巻一三号三二二五頁。

(174) 私の統治行為論の理解については、山本・前掲注（29）参照。

〈5〉小　括

こうみると、我が国の最高裁は、アメリカのプロセス法学と同様、憲法上の権利・義務に関する憲法の一次平面ではなく、制度体間の権限配分等に関する憲法の二次平面に着目し、この平面での積極的な判断とその判断の安定性・一貫性に自らのアイデンティティを賭してきたように思われる。

確かに、こうした憲法観が、いわゆる五五年体制を、あるいは政権与党を利するという側面もあっただろう。しかし、もしこのことを批判しようとするならば、「司法消極主義」というレッテルを貼り、裁判官の精神的態度の問題として事を抽象化するのではなく、最高裁のそれに代わるような憲法観を、あるいは最高裁の示す権限布置とは異なる権限布置を具体的に提示すべきであった。〝最高裁のなかの〈アメリカ〉〟を正確に抽出しない限り、最高裁への批判の多くは空振りに終わるように思われるのである。

V　おわりに

以上、本稿は、ニューディール以降のアメリカを代表する、あるいは象徴する憲法理論としてプロセス法学を紹介し、我が国の最高裁が――学界とは異なり――その基本的思考を比較的忠実に後追いしてきた可能性があることについて縷々論じてきた。本論で述べたように、我が国の憲法学界が、憲法観または憲法的国家体制そのものに関わるプロセス法学を、専ら違憲審査方法論として片面的に受容してきたのに対し、最高裁は、むしろその全体を反映し、プロセス法学と同様、憲法的二次ルール――とりわけ権限配分的ルール――の確定に「法の支配」の本質を見出してきた可能性があるのではないか、ということである。この分析によれば、従来「司法消極主義」として批判されてきた、政治部門に対する司法の敬譲は、可変性の認められる裁判官の精神的態度ではなく、かなり真面目な憲法解釈の結果であったと考えることができる。

もちろん、こうした分析に対しては、様々な角度からの批判があり得る。中でも重要なのは、「だからどうした?」というものだろう。それは、我が国の最高裁の消極性を憲法的に追認するだけのもので、何の発展性もない保守的な議論ではないか、という批判である。最後に、この点について四つのことを述べて、本稿を閉じることにしたい。

第一は、プロセス法学は、元来保守的な裁判所を、一次平面において他の制度体と平等に並べ置くことで、「国家」を立ち上げ、あるいはニューディール的な「政治」を駆動させ、積極国家の誕生を祝福する進歩主義的色彩を持った法理論であった、ということである。したがって、司法が一次平面において特権的な地位に立たず、二次平面における権限のスイッチャーの役割に自らのアイデンティティを限定してきたことが、自民党政権の保守的でない部分を容認することに連なっていたという点を忘却すべきではないだろう。

第二は、本稿の行ったようなプロセス法学の再発見が、我が国の最高裁に対する噛み合った批判を可能にするかもしれない、ということである。Ⅳ2〈4〉で述べたように、例えば議員定数不均衡訴訟における判決の本丸は、実は憲法四七条解釈にある。最高裁は、この条文から、議員定数・選挙区の問題はあくまで立法府の権限に属するというメタ次元の憲法判断を行い、自らそれに拘束されてきた。それが「主義」や「自制」ではなく、憲法条文と制度的能力を踏まえた憲法上の判断であったが故に、「法の支配」の観点からこれを変更しようとはしてこなかったのである。そして、それが全てであった。このように考えると、いくら憲法一四条を根拠に投票価値の完全な平等を叫んでも、論理必然的に空振りに終わることになる。裁判所は、あくまでこの問題を、「憲法秩序の下における司法権と立法権との関係」(175)に関わるメタ的な憲法問題として捉えてきた可能性があるからである。本稿の構築した視点は、これまでの議員定数不均衡訴訟判決のラディカルな変更を望むならば、このメタ次元の憲法判断に切り込むほかない、ということを明らかにし得る点で、それなりの意義を持つものであるように思われる(176)。

第三は、プロセス法学の再発見が、メタ次元の憲法判断に切り込む右アプローチが——憲法的ルールの変更を迫るものであるために——実際には容易ではないこと、したがってこれまでの権限配分を前提に、裁判所として権限保持者の権限行使を統制していく方向が有効であるということを説明し得る、ということである。周知のように、近年最高裁は、立法府の裁量を認めたまま、この裁量権の行使の在り方にメスを入れるような統制手法を練り上げつつある。そして、そのことにより、実体的な違憲判断にまで到達する事例が増えてきているように思われる(177)。このような動向は、我が国の最高裁が、プロセス法学の基本的思考にコミットして、権限配分レベルの判断を重視し、自らそれに拘束されてきたことと調和する。つまり、我々の最高裁は、この憲法的二次ルールを維持してさえいれば、権限の配分された制度体がこの権限を適切に行使しているかを厳しく統制することは可能なのである。おそらく、最高裁は、このような統制の可能性に、違憲審査制発展のための一つの活路を見出したのではないかと思う。

第四は、プロセス法学の再発見が、近年有力化しているドイツ流の違憲審査論との適切な結合を照らし出す可能性がある、ということである。これまで述べてきたように、プロセス法学を正統に継受したアメリカ流違憲審査論の精髄は、憲法レベルでの権限配分（憲法上誰が決めるか）の場面（メタ次元の憲法判断）にある。他方で、例えばドイツの三段階審査は、権限配分的決定がなされた後の、具体的な合憲性判定テストに関わるものであるように思える。三段階審査は、正しくは、「裁判所が決める」――刑法事案や不法行為事案のように法律学的思考になじむ――という判断が先行的になされた後の、裁判所による合憲性判定テストの一つとして位置付けられるように思われるのである。[178] したがって、「アメリカ流違憲審査基準論か、ドイツ流三段階審査論か」という二者択一的な問いは厳密には不適切ということになる。両者はそもそも次元を異にするものだからである。このことが意識されず、時に両者が対決的に描写される背景には、ドイツでは「憲法裁判所」の存在故に、「裁判所が決める」ことが当然の前提とされ、権限配分の問題が争点化されにくいこと（そこでは、専ら裁判所がどう判断すべきか、が論じられる）、ロックナー期にアメリカ連邦最高裁が経験したのと同様の深刻な正統性危機を憲法裁判所が未だ経験していないことなどがあるのかもしれない。

これらの点についてはさらに詳細な検討が必要であるが、アメリカ流違憲審査論とドイツ流違憲審査論が、それぞれ異なる対象・次元に力点を置いてきたことは明らかである。だとすれば、両者は理論的に矛盾するものではない。両者に競合するところがあるとすれば、それは、権限配分的決定がなされた後の裁判所の在り方であろう。例えば、丁寧な憲法解釈によって「立法府が決める」と憲法上の判断がされた後に、単純に立法の合理性を緩やかに審査するのか、それとも、ドイツで発展してきた裁量統制手法ないしは制度準拠審査を採用するかは、憲法学的検討に値する。アメリカでは、憲法上の一次ルールについて立法府を含む「政治部門が決める」と判断された後に、裁判所が同部門を統制するための具体的手法が十分に発展してこなかったとすれば、そこにドイツ流の裁量統制論を接ぎ木することには重要な意味がある。〈アメリカ〉を内在させた日本の最高裁の一つの問題が、やはり、真面目な憲法解釈により政治部門に判断を委ねた「後」にあったとすれば、まずはそこに、〈ドイツ〉との適切な融合可能性を論じる意義が認められるように思われる。

(175) 最大判平成二五年一一月二〇日民集六七巻八号一五〇三頁。

(176) もちろん、これまでの学説の中にも、国会に裁量を認めるというメタ次元の憲法判断自体に批判を加えようとするものが存在した(例えば、戸松秀典『立法裁量論』(有斐閣、一九九三年))。重要な業績であり、そこから多くのことを学ぶ必要があるが、それらが、憲法四七条等に関する重厚な憲法解釈論を展開して、正面から最高裁のメタ的憲法判断を批判してきたのかについては疑問が残る。

(177) このような傾向については、棟居快行「統治権としての司法権」専修大学法学研究所紀要四二号(平成二九年)一二五~一二八頁。なお、この論攷は、いわゆる「プロセス理論」を、単なる違憲審査方法論としてではなく、より巨視的な憲法論に引き上げて議論しようとする点で、土井・前掲注(158)とともに、本稿のアプローチと近い。しかし、同論攷は、司法権と立法権がヨコ平面で対等に対峙する「ヨコの憲法観」に立つものとしてプロセス理論を捉えるが、正統な「プロセス法学」は、次元を多元化することで「タテ」の関係を残存させようとするものである。

(178) 山本龍彦「三段階審査・制度準拠審査の可能性—小山剛著『「憲法上の権利」の作法』を読む」法時八二巻一〇号(二〇一〇年)一〇一頁。

＊本稿は、草稿段階で、北九州市立大学法学部法律学科准教授石塚壮太郎氏、帝京大学法学部法律学科助教

吉川智志氏、埼玉大学大学院人文社会科学研究科准教授栗島智明氏、大阪経済法科大学法学部助教山本健人氏、法政大学法学部法律学科四年佐藤太樹氏（慶應義塾大学大学院法学研究科修士課程入学予定）から貴重なコメントを頂いた。記して感謝申し上げる次第である。無論、本稿における記述の誤り等は、全て私の責任である。

立憲主義の四つのモデル——A double standard in practice

遠藤比呂通

Ⅰ　立憲主義の近代的転換

シェルドン・ウォリン（Sheldon S. Wolin）は、フィラデルフィアで起草され、その後に『ザ・フェデラリスト』の著者パブリウス（マディソン、ハミルトン、ジョン・ジェイ）たちによって権威付けられたアメリカ合衆国憲法の基礎には、新しい企てがあったと指摘する。その企てとは、理性の原理によって憲法を立案し、科学の権威に訴えることによって憲法を正当化したことである。(1)

ウォリンは、この企てを立憲主義の近代的転換と名付けた。パブリウスの描いた立憲主義の中核には、科学的理性（幾何学）によって各人の同意を要請する次のような公準があったからである。

それ自体として限定しえざる目的を達成するように定められた権力には、限界を付すべきではない。

科学とその信奉者にとって、合理性とは明晰性のことであり、その言語は幾何学をモデルとする数学的論理であった。これに対し、近代的転換が起こる前の立憲主義はモンテスキューのそれである。モンテスキューは、立憲主義を科学から切り離し、両者は根本において相互に深く対立するとみていたという。ウォリンによれば、モンテスキューが立憲主義と科学との間に認めた緊張と対立は、現在に至るまで解決されていない。というのも、科学的理性に依拠することには、パラドックスがある。科学的理性は、因襲からの解放の原理であるはずだったが、同時に、服従の正当化に仕えるのである。(2)

これに対し、モンテスキュー的立憲主義は、事物の本性を強調し、事物のニュアンスを見極める多様性の認識を重視した。これが、モンテスキューにおける理性であった。事物の本性を強調するモンテスキュー的理性は、一般化を回避することはないにせよ、常に個別化し文脈化する理性である。(3)

違憲審査制は、事件性（case）をその本質的要素として含む場合、一般化への志向を回避するものではないにせよ、この個別化し、文脈化するコンテクストにおいて機能する。

日本国憲法が導入した違憲審査制の運用が開始されてから、七〇年の歳月が過ぎ去った。この間に下級裁判所を含めた判例法理の蓄積も膨大な量に上っている。

本稿では、日本の最高裁が蓄積してきた判例法理の中から、その説明に役立ち、憲法訴訟に携わる実務家が実際に使用する際の便宜となるモデルを摘出する作業を行う。全ての事件の解決の公準となるデカルト的理性ではなく、事案の解決における事物の本性に従った、ニュアンスに富んだモンテスキュー的理性の行使のモデルを示したいと考える。(4)

(1) シェルドン・S・ウォリン(千葉眞ほか訳)「モンテスキューとパブリウス—理性の危機と『ザ・フェデラリスト』」同『アメリカ憲法の呪縛』(みすず書房、二〇〇六年)一三一〜一五五頁。

なお、憲法訴訟論のパイオニアの一人である芦部信喜は、第二次世界大戦後に欧州大陸で違憲審査制が導入された際に、「法に優る法律」の思想から「法律に優る法」への思想の回帰があったことを、日本国憲法が採用した違憲審査制の基盤をなす憲法思想の転換と位置付け、これを「立憲主義思想に起こった一つの劇的な転換ないし発展を意味したといっても過言ではない」と主張した。芦部信喜「司法審査制の理念と機能」同編『岩波講座現代法3 現代の立法』(岩波書店、一九六五年)〔後に、同・後掲注(4)所収〕。

(2) ハミルトンが執筆した第三一編は、精神の同意を命じる幾何学の公準(部分は全体より小さいなど)と同様に、倫理学と政治学にも公準があり、それは以下の四つであると宣言する。「1 原因なしに結果はない。 2 手段は目的に相応すべきである。 3 全ての権力はその対象に釣り合ったものであるべきである。 4 それ自体として限定しえざる目的を達成するように定められた権力には、限界を付すべきではない」(ウォリン・前掲注(1)一四八頁)。

ウォリンによれば、政治学を科学的言説へと編成していくことによって生じる重要な結果は、そこでの記述が、特定の処方箋を要求する一つの必然として表象されるようになることだという。しかし、この科学的言説は、秩序を維持するのは権力の働きであるとの聖書的信仰を取り払うことはなかった。ただ、権力の働きを神によるものから自然法則によるものへと移行させただけであった（同一四三頁、一四四頁）。

（3） モンテスキューにとって理性とは良識のことであり、「良識とは、事物のニュアンスを知ることにその大部分が存する」とされた。それは、人間は自分自身で行動しなければならないという必然的な法則の下にあるが、このことは人間を普遍性にではなく、差異に導くことになる。理性が普遍的承認を切望すれば、人間を差別、排除し、単純化することに帰結する政治の中に引き込まれざるを得ない。政治文化の複雑性によって穏健化された政体がモンテスキューの理想であり、政体自体に重荷を与えて、権力相互が対抗しあうのを可能にすることが不可欠となる。ウォリン・前掲注（1）一三七～一四三頁。

（4） 日本に憲法訴訟論を導入した芦部信喜は、一九五九年九月から二年間、ハーバード・ロー・スクールに留学し、二年目にポール・フロインド（Paul A. Freund）の憲法訴訟セミナーに参加した。そこで芦部は、「憲法問題を司法審査と関連させて具体的に検討し、司法審査の準則となる訴訟の理論と技術を究明することの重要性」を印象付けられたという。芦部信喜『憲法訴訟の理論』（有斐閣、一九七三年）「はしがき」一頁。

彼は、原理としての「二重の基準論」（a double standard in principle）を重視した。芦部信喜＝小嶋和司＝田口精一『憲法の基礎知識』（有斐閣、一九六六年）第一〇問（八〇頁以下〔芦部信喜〕）。これに対し、本稿では、裁判官を中心とした法曹が運用するモデルとなる、実践における「審査基準」モデル（a double standard in practice）を構築したい。

Ⅱ　審査基準の本質（第一モデル）

1　伊藤正己の「明白にして現在の危険」のモデル

本稿ではまず、審査基準の受容を最初に提唱した伊藤正己において、審査基準の本質が、「ことがらの実質に眼をむけなければならない」ことであると理解されていたことに注目する。[5]

> 裁判所は、立法そのものの効力、あるいは具体的事実に対する法の適用の有効性を判断するに際して、そこで衝突している諸社会的利益を較量しなければならない。ここでは、裁判所は、単なる規制の方式のみに注目する事前抑制の理論、あるいは規定の文言の分析に重点をおく明確性の理論の較量とことなって、**ことがらの実質に眼をむけなければならない。**〔強調筆者〕

「ことがらの実質に眼をむける」審査基準とは、アメリカ合衆国連邦最高裁が、表現の自由（第一修正）の憲法判断の基準として用いてきた「明白にして現在の危険」の判例法理である。伊藤は、「明白にして現在の危険」の判例法理を日本の裁判所が採用するよう提唱した。伊藤がかかる提唱を行ったのは、表現の自由のうち、集団行進、集団示威運動（デモ）の自由を規制することが、集会の自由を規定する憲法二一条に違反しないかが争われた、公安条例をめぐる憲法訴訟を念頭に置いてのことであった。[6] ただ、以下にみるように、日本の判例法理として形成された「事柄の実質」は、「明白にして現在の危険」と呼ぶにふさわしいものではなかったことは、留意する必要があろう。

（5）伊藤正己『言論・出版の自由』（岩波書店、一九五九年）二一三頁。
（6）伊藤は、表現の自由の中で、集会および結社の自由が持つ、組織された集団としての行為という点に着目し、同じく組織的性格を持つ集団行進および集団示威行動の自由も、「集会の自由」として位置付ける。伊藤正己『憲法〔第三版〕』（弘文堂、一九九五年）二九三頁以下。

2 公安条例とは何か

一九四八年一月一二日、大阪市大正区所在の久保田鉄工所工場に対して、日本共産党の指導下にあったデモ隊が、「隠退蔵物資摘発闘争」を行った。当時は、各都道府県の占領軍軍政部当局の指示により、一切の行進、示威および集会は、警察部（公安課）に届け出て、事前の承認を受けねばならないという、知事告示が出されていた。しかるに、上記デモ隊は、事前の届出をしておらず、MP将校の解散命令にも従わなかったため、大阪府警察部によって、四六名が逮捕された。逮捕された人々は全員占領軍軍政部当局により軍事裁判に付され、同年二月一四日、重労働の判決を受けた。

しかるに、GHQ（連合国総司令部）は、上記判決を再審査し、被告人ら全員を釈放した。「無届デモ」を行った者を処罰する法的根拠が、間接統治の占領政策に反し曖昧であったためだと思われる。そこで、GHQは、日本の労働公安事件の取締りに期するための「モデル条例案」を作成し、大阪市に条例の策定を促した。その結果、一九四八年一〇月に、大阪市条例が制定された[7]。これを皮切りに、一九四九年から一九五〇

年にかけて多くの自治体において公安条例が制定されたのである。(8)

その一例が、次のような構造を持つ昭和二四年新潟県条例第四号・行列行進集団示威運動に干する条例である。

① 行列行進又は公衆の集団示威運動はその地域を管轄する公安委員会の許可を受けないで行ってはならない（第一条）。

② 公安委員会はその行列または示威運動が**公安を害する虞がないと認める場合**は開始日時の二四時間前までに許可をあたえなければならない（第四条）。

③ 公安委員会の許可を受けないで行列行進または公衆の集団示威運動を行った者は一年以下の懲役または五万円以下の罰金に処する（第五条）。〔強調筆者〕

無許可のデモは、条例で刑罰をもって禁止され、「公安を害する虞」があれば、公安委員会は不許可処分にできる、というのが条例の基本構造であることがわかる。これでは、公安委員会に、表現の自由を制約する無制限の権限を与えることになるのではないか。

(7) 一九四七年二月から一九四八年三月までの間、大阪府警察部公安課長の職にあった笠原亮二によれば、一九四八年三月、占領軍大阪軍政部長グレイグ大佐から大阪府知事および大阪府議会議長に、別紙の条例を作れという指示が出されたという。紆余曲折の後、総司令部の許容する「モデル条例案」を作るよう大阪市に指示が出され、結局、同年一〇月五日に、「行進及び集団示威運動に関する条例」が制定された。これが公安条例の第一号となった。以上の経緯については、笠原亮二「公安条例の由来」曹時四五六号（一九九八年）三四頁以下。

（8）　各地方公共団体の条例の内容については、団藤重光監修／青柳文雄＝佐々木史朗編『公安条例判例集』（第一法規、一九七五年）。

3　事柄の実質としての条例の制度分析

この問題に向かい合ったのが、一九五四年の新潟県公安条例最高裁大法廷判決（最大判昭和二九年一一月二四日刑集八巻一一号一八六六頁。本稿における以下の判決文引用は、筆者による修正を加えた、要旨引用である）であった。曰く、

行列行進又は公衆の集団示威運動は、条例においてこれらの行動につき**単なる届出制**を定めることは格別、そうではなく**一般的な許可制**を定めてこれを事前に抑制することは、憲法の趣旨に反し許されないと解するを相当とする。

公共の秩序を保持し、又は公共の福祉が著しく侵されることを防止するため、**特定の場所又は方法につき、合理的かつ明確な基準の下に**、予め許可を受けしめ、又は届出をなさしめても、直ちに憲法の保障する国民の自由を不当に制限するものと解することはできない。けだしかかる条例の規定は、**なんらこれらの行動を一般に制限するものではない**。

さらにまた、これらの行動について公共の安全に対し明らかな差迫った危険を及ぼすことが予見されるときは、これを許可せず又は禁止することができる旨の規定を設けることも、同様である。〔強調筆者〕

ここに示された枠組みは、極めて簡単である。問題は、この枠組みによって、「単なる」届出制か否かを判断する際に、「ことがらの実質に眼をむけ」ることができているかどうか、ということである。

新潟県条例の審査において、事柄の実質とは何だったのだろうか。最高裁曰く、

> 本件の新潟県条例を考究してみるに、本件条例が許可を受けることを要求する行動とは、「徒歩又は車輌で道路公園その他公衆の自由に交通することができる場所を行進し又は占拠しようとするもの」（一条括弧内）と記載され、**特定の場所又は方法に関するものを指す趣旨**であることが認められる。
>
> 本件条例四条一項は、文理としては許可することを原則とする立言をとりながら、その要件としてはきわめて一般的抽象的に「公安を害する虞がないと認める場合は」と定めているから、かかる条項を唯一の基準として拒否を決定するものとすれば、公安委員会の裁量によって、これらの行動が不当な制限を受けるおそれがないとはいえない。
>
> しかしながらこれらの行動に対する規制は、「公安を害する虞がないと認める場合」のみを唯一の基準とするのではなく、**条例の各条項及び附属法規全体を有機的な一体として考察し、その解釈適用により行われるものであることはいうまでもなく、特段の事由がない限り許可することを原則とする趣旨であることが認められるから**、違憲と解することはできないのである。〔強調筆者〕

事柄の実質とは、要するに**条例の各条項および附属法規全体を有機的な一体として考察する**ことであった。具体的には、公安委員会規則である条例施行手続六条において、申請人に対し、二四時間前までに通知しなけ

ればならないと定めるだけでなく、条例四条四項が、二四時間前に許可、不許可の決定が行われた場合には、申請者において許可があったものとして行動することができると規定されていたことが重視されていた（刑集の参照条文には、条例と条例施行手続の全文が掲載されている）。

最高裁の示した、事柄の実質を判断する手法を実際に用いて、多くの下級審判決が各自治体の公安条例を違憲と判断するようになる。(9)

(9) 団藤監修／青柳＝佐々木編・前掲注（8）。

4 事柄の実質としてのデモに随伴する行為

しかし、新潟県公安条例最高裁大法廷判決が示した、事柄の実質に目を向けた判断手法は、一九六〇年の東京都公安条例最高裁大法廷判決（最大判昭和三五年七月二〇日刑集一四巻九号一二四三頁）によって遮断されてしまうことになった。

届出制か許可制かに着目し、条例の条項だけではなく、付属法規全体を含めた有機的一体を（運用も併せて）判断するのではなく、集団行進あるいは集団示威運動自体の性質が、群集心理の法則により容易に暴徒化するものである、という全く事柄の実質に基づかない判断であった。(10)

予見された通り、東京都公安条例事件最高裁判決は、下級審をリードする説得的判例とはならなかった。一九七五年になって、当時最高裁裁判官であった団藤重光を編者として、判例の統一を期すために、各地方公共団体の公安条例と、公安条例の事柄の実質に即して判断し、無罪判決を下した下級審判決を集成した判

例集を編まなければならなかった事実が、この事情を端的に示している。(11)

最高裁は、憲法二一条に関する東京都公安条例を明示的に変更することはせず、憲法三一条の刑罰法規の明確性に関する判決を下すことで、事柄の実質に即した憲法判断を行った。徳島市公安条例最高裁大法廷判決（最大判昭和五〇年九月一〇日刑集二九巻八号四八九頁）である。

本条例は、届出制を採用し、集団行進等の形態が交通秩序に不可避にもたらす障害が生じても、なおこれを忍ぶべきものとして許容しているのであるから、**本条例が禁止する交通秩序の侵害は、集団行進等に不可避的に随伴するものを指すものではないことは、極めて明らか**である。それは、殊更な交通秩序の阻害をもたらすような行為を指すのであり、そのような行為を規制しても、思想表現行為としての集団行進等に不可欠な要素ではない。例えば各地における道路上の集団行進等に際して往々にみられるだ行進、うず巻行進、すわり込み、道路一杯を占拠するフランスデモ等の行為が、殊更な交通秩序の阻害をもたらすような行為にあたるものと容易に想到することができるというべきである。〔強調筆者〕

公安条例の事柄の実質を、思想、表現の自由に対する事前抑制かどうかという観点からではなく、交通秩序を維持するための必要最小限度の刑罰規制であると位置付けた上で、集団行進等に不可避的に随伴する行為かどうかによって、許可条件違反を判断しようとする手法が打ち出されたのである（無罪判決は悉く覆され、有罪となった）。

この判決が示した事柄の実質は、その後の下級審判例を導いただけではなく、各地の公安条例の運用を支配するようになった。その結果、集団行進および集団示威運動を警察署長（公安委員会はその権限を各警察署長に委任していることが多い）が許可する際に、デモ行進に交通秩序に関する条件を付し、その条件違反を監視するために、警察官がデモ隊を囲い込むというのが、日本のデモにおける日常風景となった[12]。

(10) 時國康夫裁判官は、この点について次のように指摘する。「この事件に、検察官の提出した昭和三五年四月一三日付弁論要旨（上告趣意書補充書）に次のような記載があり、群集心理上の命題についての主張はあるが、文献の名称のあげられているのは、群集心理についての描写のある随筆の名称だけであり、内容を引用されたと察せられる心理学の専門文献の名称はあげられていない」。時國康夫『憲法訴訟とその判断手法』（第一法規、一九九六年）三二頁、三三頁。なお、検察官弁論要旨にある随筆とは、モーパッサンの「水の上」という随筆である。時國裁判官は、検察官による引用部分の記載を省略しているが、「水の上」には、人間の恐怖についての次のような心理描写がある。「ぼくらの心の中にある二つの存在がたがいに対立しあうのを、あの日ほど自覚させられたことはないね。一方が欲すると、他方が抵抗し、かわるがわる勝ったり負けたりしていたのだ。説明しがたいこの馬鹿げた恐怖は、大きくなりまさるばかりで、ついにはとてつもないものになった。ぼくは身じろぎもせず、目を開き、耳をすませて待っていた。何を待っていたのだろうか。それはわからないが、ただそれが恐ろしいものに違いないことは、確かだった。よくあることだが、もしもそのとき、魚が一匹、水面に跳ねでもしたら、ぼくはそれだけで気を失い、ばったりその場に倒れてしまったに違いない」（高山鉄男編訳『モーパッサン短編選』（岩波書店、二〇〇二年）一五頁、一六頁）。「水の上」は、著者が散歩の途中に知人から聞いた話を記述したという体裁を持つ随筆である。その話とは、下ろした錨が動かなくなってしまい、セーヌ河の葦の茂みのボートの上で一晩を過ごしたときの恐怖の体験談である。群衆心理とは全く関係がない随筆である。

(11) 団藤監修/青柳=佐々木編・前掲注(8)。

(12) 本稿で抽出したモデルは、憲法二一条一項の集会の自由と市民会館の使用許可の問題(地方自治法二四四条二項の「正当な理由」を具体化した条例の解釈問題)に適用することが可能であろう。そこでの事柄の実質は、①暴力の行使を伴う衝突が客観的事実によって具体的に明らかに予見されるか、②主催者が平穏な集会を行おうとしているか(自らの暴力に対する報復攻撃が予見されるのか)、である。泉佐野市民会館事件最高裁判決(最三小判平成七年三月七日民集四九巻三号六八七頁)および上尾市福祉会館事件最高裁判決(最二小判平成八年三月一五日民集五〇巻三号五四九頁)参照。

Ⅲ 審査基準の条件(第二モデル)

1 公的言論としての目的・効果基準

審査基準は、裁判官が憲法を個別事件に適用するための指針(ガイダンス)であるとともに、裁判官(特に、最高裁裁判官)が、政治・社会へ発信する公的言論でもある。公的言論としての審査基準は、内閣総理大臣等閣僚の靖国神社への公式参拝(公金の支出を伴う行為)に関わる憲法問題において、合憲、違憲を主張する双方の「切り札」として機能した。ここで言う公的言論としての審査基準とは、いわゆる目的・効果基準である。

本章では、公的言論としての審査基準の果たす役割を、理解可能な全体(a palpable entity)として把捉するために、津地鎮祭事件最高裁判決(最大判昭和五二年七月一三日民集三一巻四号五三三頁)において形成された目的・

効果基準が、枢要な政治・社会的役割を果たした一つの「政治劇」に焦点を合わせることにする。

「政治劇」の中心は、中曽根康弘内閣総理大臣（当時）が、一九八五年八月一五日に、靖国神社に閣僚の資格で参拝し、公金を支出したことである。

参拝の直後の八月二〇日に、政府の統一見解が変更されたが、変更の根拠とされたのは、藤波孝生官房長官（当時）の「私的諮問機関」として発足した「閣僚の靖国神社参拝問題に関する懇談会」が八月九日に提出した報告書（靖国懇報告書）であった。

2　靖国懇報告書の政治利用

靖国懇報告書は、政教分離に関する解釈については、津地鎮祭事件に関する最高裁判決が参考となるとした上で、憲法二〇条三項の「宗教的活動」に関して、目的・効果基準を引用した。そして、憲法により禁止されない宗教上の行為が存在するという前提に立ち、靖国神社に公的資格で内閣総理大臣その他の国務大臣が参拝することについて、次のように結論付けた[13]。

政府は、この際、大方の国民感情や遺族の心情をくみ、政教分離の原則に関する憲法の規定の趣旨に反することなく、また、国民の多数により支持され、受け入れられる何らかの形で、内閣総理大臣その他の国務大臣の靖国神社への公式参拝を実施する方途を検討すべきであると考える。

靖国懇報告書がかような結論に至った論拠は、戦没者に対する追悼それ自体は、必ずしも宗教的意義を持つとは言えないということであった。そして、閣僚が行う参拝は、国家、社会のために功績のあった者について、遺族が行う特定の宗教上の方式による葬儀などへの参列と同様に、社会通念上問題ないものとされた。ところで、靖国懇報告書が出される前の政府統一見解は、事柄の実質上慎重な立場をとり、「国務大臣としての資格で靖国神社に参拝することは差し控える」という内容であった。

この政府統一見解は、先に述べたように、一九八五年八月二〇日に、次の通り変更された。(14)

今般「閣僚の靖国神社参拝問題に関する懇談会」から報告書が提出されたので、政府としては、これを参考として鋭意検討した結果、内閣総理大臣その他の国務大臣が国務大臣としての資格で、戦没者に対する追悼を目的として、靖国神社の本殿又は社頭において一礼する方式で参拝することは、憲法第二〇条第三項の規定に違反する疑いはないとの判断に至った。

靖国懇報告書について、内閣法制局長官（当時）は、目的・効果基準の要である「社会通念」が参拝を容認していることの証左であると説明した。報告書の内容ではなく、報告書が容認するという結論を出すことが大事であったのである。まさに、はじめに結論ありきであった。(15)

(13) 報告書が引用した、目的・効果基準は以下の通りである。「いわゆる政教分離原則は信教の自由を制度的に確保するための原則であり、国家と宗教とのかかわり合いを全く許さないものではない。国家と宗教とのかかわり合いが許されるかどうかは、そのかかわり合いをもたらす行為の目的及び効果にかんがみ、そのかかわり合いが社会的、文化的諸条件に照らし相当とされる限度を超えるかどうかによって判断すべきである。憲法第二〇条第三項の『宗教的活動』とは、行為の目的が宗教的意義を持ち、その効果が宗教に対する援助、助長、促進又は圧迫、干渉等になるような行為を言い、ある行為がこの宗教的活動に該当するかどうか検討するに当っては、当該行為の外形的側面のみにとらわれることなく、諸般の事情を考慮し、社会通念に従って客観的に判断すべきである」（閣僚の靖国神社参拝問題に関する懇談会「報告書」ジュリ八四八号（一九八五年）一一〇頁、一一一頁）。

(14) 閣僚の靖国神社参拝問題に関する懇談会・前掲注（13）一一五頁。

(15) この間の事情について、芦部信喜「靖国懇と私の立場」ジュリ八四八号（一九八五年）六頁は、以下の通り描写している。「八月二〇日と二七日、衆参両院の内閣委員会で公式参拝問題に関する質疑が行われた。政府関係者から、地鎮祭判決の目的効果の基準に依拠すれば今回のような形の公式参拝は憲法二〇条三項にいう『宗教的活動』に当たらないという解釈と、それを裏づけるための『社会通念』論が繰り返し述べられている。懇談会報告書によってはじめてこの社会通念の把握が可能になった旨の法制局長官の説明を読むと、政府統一見解とは一体いかなる意味をもつものなのかについて改めて考えさせられる」（同九頁）。

3 目的・効果基準と「意見（その六）」

ただし、靖国懇報告書には、いかなる方式によるものであれ、閣僚の公式参拝は憲法に違反するという意見が併記されていた。「意見（その六）」である。

最高裁判決の目的効果論に従ったとしても、宗教団体である靖国神社に公式参拝することは、……効果において国家と宗教団体との深いかかわりあいをもたらす象徴的意味を持つので、国家と宗教とのかかわりの相当とされる限度を超え、違憲といわざるを得ないとする意見。

「意見（その六）」は、憲法学者芦部信喜の意見である。「意見（その六）」の趣旨および帰結は、報告書の中で次のように説明されている。

靖国神社がかつて国家神道の一つの象徴的存在であり、戦争を推進する精神的支柱としての役割を果したことは否定できないために、多くの宗教団体をはじめとして、公式参拝に疑念を寄せる世論の声も相当あり、公式参拝が政治的・社会的な対立ないし混乱を引き起こす可能性は少なくない。これらを考え合わせると、靖国神社公式参拝は、政教分離原則の根幹にかかわるものであって、地鎮祭や葬儀・法要等と同一に論ずることのできないものがあり、国家と宗教との「過度の関わり合い」に当る。したがって、国の行う追悼行事としては、現在行われているものにとどめるべきである。

目的・効果基準は、「目盛のない物差」と評される通り、「社会通念」を判断基準としている。したがって、靖国神社参拝に宗教的側面があると認められたとしても、「社会的儀礼」として公式参拝を正当化してしまう可能性を持っている。(16) 靖国懇報告書はその点を現実化するものであった。

これに対し、芦部意見は、「靖国神社がかつて国家神道の一つの象徴的存在であり、戦争を推進する精神的支柱としての役割を果したことは否定できない」という歴史的事実を「社会通念」を参照する際の解釈指針としている。そのことが、同じ目的・効果基準を使いながら、正反対の結論を導く分水嶺となっていた。

変更後の政府統一見解が、「社会通念」の変化の根拠を靖国懇報告書に置いていただけに、その報告書が一枚岩ではなく、「公式参拝に疑念を寄せる世論の声も相当あり、公式参拝が政治的・社会的な対立ないし混乱を引き起こす可能性は少なくない」と、「意見（その六）」が指摘していたことは、極めて重要である。なぜなら、それは政府統一見解の「社会通念」の把握が脆弱であることを示しているからである。

将来、最高裁が靖国神社に関する政教分離問題に直面して、公金の支出について判断する際に、つまり、公的言論として目的・効果基準を靖国問題について発信しなければならない際に、「意見（その六）」はその存在意義を如何なく発揮するであろうことが予測されたのである。(17)

(16) 最大判平成九年四月二日民集五一巻四号一六七三頁に付された高橋・尾崎裁判官の意見。

(17) 目的・効果基準は、アメリカ憲法判例における政教分離の原則についてのレーモン・テストに範をとったものであるが、レーモン・テストの三要件（目的、効果、過度のかかわり合い）をどのように具体的事案に適用していくかの要諦が何であるかが、判例理論の理解にとって緊要であろう。

この点、オコナー（Sandra D. O'Connor）裁判官がWallace v. Jeffree判決の補足意見で示したいわゆるエンドースメント・テストは、レーモン・テストに対する代替案ではなく、具体的事案にレーモン・テストを適用する際の解釈の要諦であると理解される（現にオコナー自身そのように明言している）。

オコナー裁判官は次のように言う。「宗教一般あるいは特定の宗教実践を支援する（endorsing）政府の直接的行為が、エンドースメント・テストにより無効になるのは、そのような支援が、信者ではない人々（nonadherents）に対し、『君らは部外者（outsiders）

ですよ、政治社会の十全なメンバーではありませんよ』というメッセージを送るものであり、それと同時に、信者（adherents）に対しては、『あなたがたは内部者（insiders）ですよ、政治社会の贔屓された成員ですよ』というメッセージを送るからである。エンドースメント・テストによれば、レーモン・テストの示す制定法の目的および効果についての審査をする際、政府の目的が宗教を支援することなのか、制定法が支援の効果を有するメッセージを実際に送っているのか、ということが探求される」（42 U.S. 38, 69 (1985)）。

つまり、エンドースメント・テストは、レーモン・テストに付された「目盛」である。なお、本書のもととなった研究会で石川健治が指摘したように、目的・効果基準をレーモン・テストの三要件に戻そうとした芦部説（「過度のかかわり合い」の要件を加え、社会通念により総合的に判断するのではなく、三要件の一つでも満たさなければ違憲とする）の枠組みは、愛媛玉串料訴訟第一審判決に影響を与えたものの、最高裁判決には採用されていない。津地鎮祭事件最高裁判決の枠組みが維持された。加えて石川は、「特定宗教との特定のかかわり」をエンドースメント・テストとして、最高裁は、忠魂碑と靖国神社を区別したと主張する。

しかし、最高裁は、忠魂碑が「村の靖国」として機能した歴史を捨象したのに対し、愛媛玉串料訴訟最高裁判決の目的・効果基準においては、「意見（その六）」の歴史および政治・社会的対立への言及が、「目盛」として使用したのである。

4　愛媛玉串料訴訟最高裁大法廷判決

実際、最高裁は愛媛玉串料訴訟大法廷判決（最大判平成九年四月二日民集五一巻四号一六七三頁）において、愛媛県が靖国神社および護国神社に公金を支出したことが、憲法二〇条三項および八九条に違反するとしたが、その際、目的・効果基準の適用に際し、右「意見（その六）」は「目盛」となったのである。

これを判決の論理に即して確認しておこう。

右公金の支出は、戦没者の慰霊および遺族の慰謝という世俗的な目的で行われた社会的儀礼にすぎないという愛媛県側の主張に対し、最高裁は以下の四点を挙げて否定した。

明治維新以降国家と神道が密接に結び付き種々の弊害を生じたことにかんがみ、政教分離規定を設けるに至った……憲法制定の経緯に照らせば、たとえ相当数の者がそれを望んでいるとしても、そのことのゆえに、地方公共団体と特定の宗教とのかかわり合いが、相当とされる限度を超えないものとして憲法上許されることになるとはいえない。

戦没者の慰霊及び遺族の慰謝ということ自体は、特定の宗教との特別なかかわり合いをもつ形でなくてもこれを行うことができると考えられる。

神社の挙行する恒例祭に際して玉串料等を奉納することが、慣習化した社会的儀礼にすぎないものになっているとも認められない。

香典は、故人に対する哀悼の意と遺族に対する弔意を表すために遺族に対して贈られ、一般人の評価において全く異なる。賽銭も、その名を表示せずに行うものであり、地方公共団体の名を示して行う玉串料等の奉納とは社会的意味が違う。

ここでは目的・効果基準の適用の要として、国家と神道の結びつきにより種々の弊害が生じたという歴史的事実に着目する点が出発点になっている（第一点）。「特定の宗教との特別のかかわり合い」は「目盛」としてよりは、正にそれを望む「社会通念」への応答の文脈、すなわち、戦没者の慰霊ということが世俗的目的であったとしても、他の方法があると指摘する文脈で用いられている。このような指摘は、「歴史的文脈」の「要」があって初めて可能になる（第二点）。香典等と同様なものと評価できないとされ、社会的儀礼であることも否定されている（第三、第四点）。ここには、政治的・社会的対立への配慮がみられる。

目的・効果基準を事案に適用するに際し、靖国懇報告書の「戦没者に対する追悼それ自体は、必ずしも宗教的意義をもつとは言えない」という認識ではなく、「意見（その六）」の「靖国神社がかつて国家神道の一つの象徴的存在であり、戦争を推進する精神的支柱としての役割を果したことは否定できない」という歴史認識が、最高裁のものであることは、もはや多言を要しないであろう。(18)

(18) なお、愛媛玉串料訴訟大法廷判決可部反対意見は、「津地鎮祭大法廷判決の定立した基準に従い、その列挙した四つの考慮要素を勘案すれば、自然に合憲の結論に導かれる」と主張した。

四つの考慮要素とは、①当該行為が行われる場所、②当該行為に対する一般人の宗教的評価、③当該行為者が当該行為を行うについての意図、目的および宗教的意識の有無、程度、④当該行為の一般人に与える効果影響、である。可部意見は、これらの考慮要素を勘案し、津地鎮祭の事案を眺め、本件事案との異同を識別するという手法を提案する。しかし、津地鎮祭事件と本件との事案の相違の最も顕著な点は、起工式は津市の主催であるが、靖国神社の例大祭、みたま祭の主催者は、靖国神社であることである。これは、四つの要素とは無関係である。しかも、地鎮祭判決が区別していた、市の主催する起工式と、その中の式次第の一つである地鎮祭を故意に同一視している点で、可部反対意見は、法的推論としても説得力を持たない。結局、可部意見が四つの考慮要素の検討において決め手としたのは、玉串料等の奉納の社会的儀礼としての側面は否定し難いという事実であって、その説得力は、靖国懇報告書のそれを超えるものではない。

5 公的言論と、生涯の「物語」

一九九七年最高裁判決の要石となったのは、政府統一見解の根拠となった靖国懇報告書そのものではなく、その中に反対意見として併記された、芦部の「意見（その六）」であったことは右にみた通りである。

芦部は、いわゆる学徒出陣で戦争を経験した世代に属する。そのときの思いを、芦部は一九九三年に次の通り記している。(19)

新聞はこの学徒出陣を一斉にたたえた。神宮外苑の「出陣学徒壮行大会」（一〇・二一）を朝日〔新聞〕は、「たぎる滅敵の血潮」という見出しで、「壮行の祭典は世紀の感激をもって挙行され」、「大君に召されて戦いの庭に出て征つ若人の意気はここに結集した」と報じ、「幾十、幾百、幾千の足が進んでくる、この足やがてジャングルを踏み、この脛やがて敵前渡河の水を走るのだ、学徒部隊は場内に溢れ、剣光はすすき原のように輝いた」と書いた。首相は、「一切を大君の御為に捧げ奉るは皇国に生を享けたる諸君の進むべき只一つの道」だとの壮行の辞を述べ、文相は、「今や身を以て大君の御盾となるべき最も大切なる使命を負う秋が来た」こと、それは学徒の「無上の栄誉」であるとの訓示を述べた。今これを読むと、あまりに空しく、万感が胸に充ちる。

芦部の「意見（その六）」は、学徒を「英霊」として「無上の栄誉」を与えようとする試みに対する、万感の怒りを土台としていることが明らかであろう。公的言論としての審査基準の根幹には、ある「学徒」の生涯という物語があったことを覚えておきたい。『人間の条件』におけるハンナ・アーレントの次の言葉は、判決の約二年後に逝去した芦部の生涯の「物語」と、公的言論としての目的・効果基準の関係を表現しているように思われるからである。[20]

人格の不変のアイデンティティは、活動と言論の中に現れるが、それは触知できないものである。触知できるようになるのは、活動者＝言論者の生涯の物語においてのみである。つまり、触知できる実体（a palpable entity）として、そのアイデンティティが知られ、理解されるのは、ようやく物語が終わってからである。いいかえれば、人間の本質が現れるのは、生命がただ物語を残して去るときだけである。

（19）芦部信喜「学徒出陣」法教一五八号（一九九三年）巻頭言。
（20）Hannah Arendt, The Human Condition, 193 (2nd ed. 1958). ハンナ・アレント（志水速雄訳）『人間の条件』（筑摩書房、一九九四年）三一二頁。この点、石川健治「アプレ・ゲール、アヴァン・ゲール──コードとしての『戦後』」法時九九六号（二〇〇八年）一九頁の以下のような問題提起は、芦部を継承すべき世代に向けられた警鐘でもあることになろう。「しかし、問題は、彼らの〈問い〉を受け継ぐべきかどうか、である。問われたのは、多くの〈生〉と〈死〉を周囲から締め付けられた日本社会のconstitution、さらには、過ちを犯し続ける〈人間〉という不可思議な存在constitutionへの根源的な問いである。それらのconstitutionの『解釈学（Hermeneutik）』──それを科学といわないにしても

——が、今日の憲法解釈学にとっても切実さを伴う作業でありつづけるかどうか」(石川・同一二二頁、一二三頁)。

Ⅳ 審査基準の成熟（第三モデル）

1 審査基準の定立へ向けて

最高裁は、実際に如何なる審査基準を用いているのか。あるいは、そもそも、最高裁には、普遍的な適用を予定した審査基準そのものがあるのか。

最高裁裁判官として、一時代の裁判所をリードした泉徳治裁判官の次のような主張は、実践的に使用可能な審査基準を模索する本稿が対峙しなければならない根本的問題を提起する。[21]

> 最高裁は、違憲審査基準を構築することなく、基本的にどのような事件においても「合理的であるか否か」を問うという手法を採り続けている。……最高裁の合憲・違憲の判断は、柔軟といえば柔軟であるが、その判断過程に一定の法則性がなく、個々ばらばらでアドホックなものである。

泉裁判官は、このような現状を指摘し、最高裁が裁判規範となるような審査基準を構築していないことが違憲審査権行使に関する一番の問題であるとした上で、審査基準の定立に向けて、以下の通り提案する。[22]

私は、違憲審査基準は、個々の国民の基本的権利を立法・行政による規制・介入から守る防護壁であると考える。この防護壁は、守るべき権利・自由の性質により、次のように高低があるのである。

①精神的自由（思想・良心・信教・表現等の自由）は、人間の自己決定権、人格的アイデンティティの基盤を成すものであるから、「厳格審査基準」という高い防護壁を立てて、容易に侵害されないようにする必要がある。②民主的政治過程（知る権利、集会・結社・言論・出版の自由、公平平等な選挙）、及び、③社会的に分離し孤立した少数者の権利は、「厳格な合理性の基準」（ケースによっては「厳格審査基準」）という比較的高い防護壁を立てて、簡単に制約されないようにする必要がある。④金銭的・経済的な権利については、一般に、「合理性の基準」という比較的低い防護壁を立てておけば足りるであろう。

泉裁判官の以上のような提案の背景には、二つの下敷きがある。一つは、米国連邦最高裁のUnited States v. Carolene Products Co.判決（304 U.S. 144（1938））におけるストーン（Harlan F. Stone）裁判官の法廷意見に付された「脚注４」（footnote 4）の司法哲学である。他の一つは、米国連邦最高裁が平等条項違反の有無の審査につき展開したとされる、「厳格な審査基準」、「厳格な合理性基準」、「合理性の基準」の三つの基準に分類される、判例理論である。

泉裁判官が下敷きとした、司法哲学および判例理論の理解は、基本的には、憲法訴訟のパイオニアの一人である芦部信喜の著作に依拠している。同裁判官が調査官として執筆した、サラリーマン税金訴訟の最大判昭和六〇年三月二七日民集三九巻二号二四七頁についての調査官解説には、それらの文献の引用がある。[23]

これらの文献における芦部の理解が正しいものであるかについては、ここでは問わないことにする。米国連邦最高裁の司法哲学および判例理論は、そのままの形では、日本の審査基準の定立のために、実践的な役割を果たすことはない、と考えるからである。

より直截に探求しなければならない重要な問題として、泉裁判官の提案にある「厳格審査基準」、「厳格な合理性の基準」という場合の「厳格」「厳格な合理性」とは何を意味するのかという問題である。

この点を米国連邦最高裁判例理論等の分析から導き出せるのだろうか。確かに、右調査官解説には、「厳格さ」とは、「立法目的が『やむにやまれぬ』必要不可欠なものであり、手段がその目的を達成するための必要最小限度のものである」、という図式的説明がある。さらに、「厳格な合理性」についても、「立法目的が重要なものであり、手段が立法目的と事実上の実質的関連性があること」と定式化されている。

しかし、憲法判断が行われる場面の、事物の本性に従って考えれば、公理や定理を図式的に事実に適用することで合憲、違憲が判定できるはずもない。このことを忘れて図式的に審査基準の適用を説いたことが、従来の憲法訴訟論の最大の失敗であった。「厳格さ」あるいは「厳格な合理性」ということの意味は、具体的事案の中でどのように適用されるかの実際を観察して初めて明らかにすることができるはずである。

本稿は、このような見地に立って、泉裁判官が最高裁裁判官として行った事件における判断過程を実際に観察することで、「厳格さ」および「厳格な合理性」という事柄を明らかにしたいと考える。その結果、審査基準の成熟とも言える豊かな知見が得られることが判明する。

①の精神的自由については実例が欠如しているが、②の民主的政治過程における「厳格さ」の例として、船橋市西図書館蔵書廃棄事件最高裁第一小法廷判決（最一小判平成一七年七月一四日民集五九巻六号一五六九頁）が存在し[(24)]、さらに、③の社会的に分離し孤立した少数者の権利における「厳格な合理性」の例として、東京都管理

職試験事件最高裁大法廷判決（最大判平成一七年一月二六日民集五九巻一号一二八頁）の泉反対意見がある。

(21) 泉徳治『私の最高裁判所論』（日本評論社、二〇一三年）一六四頁、一六五頁。

(22) 泉・前掲注（21）一六五頁。

(23) 引用されているのは、芦部信喜『憲法訴訟の現代的展開』（有斐閣、一九八一年）所収の「憲法訴訟と『二重の基準』の理論」〔初出、一九七三年〕、と同『人権と憲法訴訟』（有斐閣、一九九四年）所収の「生存権の憲法訴訟と立法裁量」〔初出、一九八二年〕である。後者において芦部は、旧児童扶養手当法の受給資格として、公的年金（事案としては障害福祉年金）の受給者を除外する、いわゆる併給禁止規定の合憲性について米国連邦最高裁判例の「厳格な合理性」基準の適用を提唱していた。その際、社会保障体系における児童福祉手当と障害福祉年金が同一の性格か否かを検討するだけでなく、併給禁止条項の意味を実態に即して解明することが、「厳格な合理性」の意義として説かれていたことが注目される。

(24) なお、本書収録の泉徳治「最高裁の『総合的衡量による合理性判断の枠組み』の問題点」によれば、法令違憲の結論を下した最高裁判決のうち、「厳格な」審査基準を用いたのは、在外邦人選挙権制限規定大法廷判決（最大判平成一七年九月一四日民集五九巻七号二〇八七頁）のみであるという。

2 「厳格さ」とは何か――船橋市西図書館蔵書廃棄事件

事案は、公立図書館の図書館員が、自身の良心に基づいて、「新しい教科書をつくる会」関係の蔵書一〇七点を、除籍処分にした上で、実際に廃棄したというものである。廃棄が行われたのは、二〇〇一年八月のことであった。

廃棄から八ヶ月余り経った二〇〇二年四月、産経新聞が上記廃棄について、極めて批判的な記事を掲載した。それをきっかけとして、図書館を管理し、図書館員に対して人事権を持つ船橋市教育委員会が事件を調査した。その結果、廃棄処分をしたのは、あるベテラン司書であることが判明した。司書は、廃棄した事実を認めたため、船橋市教育委員会は、減俸六ヶ月の懲戒処分にした。

事件はこれで終わらなかった。右懲戒処分の過程で作成された事件事情聴取記録を「つくる会」側が入手し、これを重要証拠として、船橋市を被告とする国家賠償請求および司書個人に対する不法行為請求を行ったのである。原告となったのは、「つくる会」を含めた、廃棄された蔵書のうち三〇点の編者、著者である。

本件事案において、第一審は、船橋市との関係では司書の廃棄の違法性を認めたものの、原告ら著作権者との関係では、法的に保護された利益がないとして、船橋市と司書に対する請求を棄却した。

> 除籍等がなされた図書は、すべて被告船橋市が購入して所有し管理していたものであって、原告らの所有・管理に属するものではなく、これらの蔵書をどのように取り扱うべきかは、原則として被告船橋市の自由裁量にまかされている。

第一審および控訴審は、公立図書館の蔵書の廃棄の問題は、公有財産である図書の管理の問題としたのである。別言すれば、司書の廃棄行為が船橋市の図書除籍基準に基づいていないとしても、そのことは図書館管理の内部基準に反して、船橋市との関係で違法になることはあっても、著者との関係で職務義務違反が生ずることはないとした。ここでの司法審査は、事物の本性として、公有財産としての図書に着目していることがわかる。

これに対し、最高裁第一小法廷は次のように判示し、原審判決を破棄し、本件事件を原審に差し戻した。

> 公立図書館の図書館職員は、公立図書館が上記のような役割を果たせるように、独断的な評価や個人的な好みにとらわれることなく、公正に図書館資料を取り扱うべき職務上の義務を負うものというべきである。〔強調筆者〕

最高裁が決め手とした「公立図書館の役割」とは、住民に対して思想、意見その他の種々の情報を含む図書館資料を提供してその教養を高めること等を目的とする「公的な場」としての役割である。いわば、最高裁は、公立図書館を、「思想、意見その他の種々の情報を含む図書館資料を提供する公的な場」と位置付けることで、パブリック・フォーラムとして重視したのであった。第一小法廷において主任裁判官であった泉裁判官は、上記判決の意義を端的に次のように説明している。(25)

> この判決は、思想の自由、表現の自由を保障する憲法の趣旨を生かして、図書館が思想、意見等を伝達する公的な場（パブリック・フォーラム）であると明言したことに意義がある。

公立図書館および図書を思想、意見の自由の観点から捉えるのと、公共財産の管理の観点から捉えるのとで、正反対の結論が導かれたわけである。その結果、図書館員の職務義務の内容が違ってくるだけでなく、図書の著者の法的利益にも顕著な違いが生じることになった。

下級審が、ある地方公共団体の図書館においてある著者の執筆した書籍が購入され、一般市民の閲覧に供せられても、これは事実上の利益にすぎないとしていたのに対し、最高裁は、公立図書館において著作物が閲覧に供されている著作者が著作物によってその思想、意見等を公衆に伝達する利益は、法的保護に値する人格的利益としたからである。

以上の検討で明らかなように、公立図書館の蔵書の廃棄を、公有財産ではなく、思想、意見に着目して位置付けることで、違法性が「公正に図書館資料を取り扱うべき職務上の義務」によって判断され、法的利益が「思想、意見等を公衆に伝達する利益」とされることになる。これが、「厳格さ」の意味である。

(25) 泉・前掲注(21)二五三頁。

3 「厳格な合理性」とは何か——東京都管理職試験事件最高裁大法廷判決

最高裁大法廷は、二〇〇五年一月一六日に、東京都管理職試験の受験を拒否された在日韓国人の女性の訴えを退ける判決を下した。

最高裁多数意見によると、事案は以下の通りである。

本件は、東京都に保健婦として採用された鄭香均が、平成六年度及び同七年度に東京都人事委員会の実施した管理職選考を受験しようとしたが、日本の国籍を有しないことを理由に受験が認められなかったため、国家賠償法一条一項に基づき、東京都に対し、慰謝料の支払等を請求する事案である。

本件大法廷判決には、泉裁判官の反対意見が付されている。多数意見と泉反対意見の違いは、事物の本性に対する把握の違いである。泉裁判官は、後に自身の著作の中で、以下の通りこの違いを記述している。(26)

多数意見のように、「外国人」が「管理職」の選考を受験する資格を有するか否かを問うのではなく、四級職に在職している「特別永住者」が将来において「七級職（課長級の職）**」に昇任するための選考を受験する資格を有するか否かを判断すべきなのである。**〔強調筆者〕

どういうことか。第一点として、「外国人」一般ではなく、「特別永住者」という事物の本性に着目する点がある。第二点は、「管理職」の選考を受験する資格を有するかではなく、四級職に在職している者が将来において「七級職（課長級の職）」に昇任するための選考を受験する資格を有するかという、より事物の本性に即した検討を行うことである。

多数意見は、日本国民と在留外国人を区別し、前者のみを管理職に任用する制度を構築することは合理的であると判断したが、その際に、鄭香均が「特別永住者」であることは全く考慮しなかった。それどころか、理由も付さずに、「そして、この理は、特別永住者についても異なるところはない」と述べる。

これに対し、泉反対意見は、二点にわたって、「特別永住者」であることの事物の本性を明らかにする。

① 「特別永住者」は、日本に永住することができる地位を与えられ、就労活動について入管法による制限を受けない。地方公務員法等の他の法律も、特別永住者が地方公務員となることを制限していない。したがって、憲法一四条一項が保障する法の下の平等原則のみならず、**憲法二二条一項の職業選択の自由も、「特別永住者」に及ぶ**と解すべきである。

② 「特別永住者」は、その住所を有する地方公共団体の自治の担い手の一人である。地方自治法一〇条は、「住民」が地方自治の運営の主体であることを定めている。同法は、原則的には、日本国民ではない者をも含めた住民一般を地方自治運営の主体として位置づけている。「特別永住者」は、**他の在留外国人よりはるかに強い当該地方公共団体との結びつきを持っており**、特別永住者が通常は生涯にわたり所属することになる共同社会の中で自己実現の機会を求めたいとする意思は十分尊重されるべきである。〔強調筆者〕

在留外国人一般には保障されない、職業選択の自由が「特別永住者」には保障されるということが決定的である。そして、職業選択の自由は、単に経済活動の自由を意味するにとどまらず、職業を通じて自己の能力を発揮し、自己実現を図るという人格的側面を持つ。このことから、次のような審査基準が導かれる。

自治事務を適正に処理・執行するという目的のために、特別永住者が自己統治の過程に密接に関係する職員以外の職員となることを制限する場合には、その制限に厳格な合理性が要求されるというべきである。

ここでいう、「厳格な合理性」とは、どういうことか。それは、「管理職」の選考を受験する資格を有するかではなく、四級職に在職している者が将来において「七級職（課長級の職）」に昇任するための選考を受験する資格を有するか、を現実の運用に即して、問うことである。

多数意見は、「公権力行使等公務員の職とこれに昇任するのに必要な職務経験を積むために経るべき職とを包含する一体的な管理職の任用制度」という枠組みで判断した。昇任にのみ着目して「管理職」を位置付けた。

これに対し泉反対意見は、公権力行使等公務員を自己統治の過程に密接に関係する職員に限定する一方、管理職選考が対象とする範囲が極めて広範であることを指摘する。その上で、原告との関係で、職員の給与に関する条例にある医療職給料表（三）に注意を促し、当該俸給表の適用を受ける職員が七、八級の課長級の職員になることを予定していることを指摘する。

とりわけ重要なのは、原告のような四級の職員が第一次選考である本件管理職選考に合格しても、直ちに課長級の職につくわけではなく、さらに選考を経て五級および六級の職をそれぞれ数年間は経験しなければならないことである。「管理職」への道を閉ざすことは、四級で打ち止めにすることである。

俸給表という事物の本性から、手段の実質的関連性の欠如を明らかにする手法、これが「厳格な合理性」であることが判明する。

(26) 泉・前掲注(21)二六四頁。

V　審査基準の基礎（第四モデル）

1　時國康夫裁判官の憲法事実モデル

日本の憲法訴訟論のパイオニアは、伊藤正己であり、芦部信喜である。本稿では、二人の憲法訴訟論の実務への貢献について、IIおよびIIIで概観した。

実務の観点からみて、毀誉褒貶がある二重の基準論は、そのままでは、憲法訴訟の実践には繋がらない憾みがある。そこで、芦部の図式を具体化し、実践の中で「厳格さ」「厳格な合理性」として結晶させた泉裁判官のモデルを、IVで分析した。

これらのモデルは、「事物の本性」を多様性の中で認識するという、モンテスキュー的立憲主義を具体化したモデルであると言ってよい(27)。

しかし何と言っても、日本の憲法訴訟、審査基準の基礎を据え、その発展に最大の貢献をしたのは、時國康夫裁判官であろう。審査基準がどのように憲法事実と関連して適用されるのかを示すだけではなく、憲法事実の検出方法をも明らかにしたからである。そこで本稿では、時國裁判官のモデルの例証として、立法事実および司法事実が、どのように憲法判断の基礎を形成するのかを、二つの事例を参照することで明らかにしたい(28)。

(27)　なお、本稿執筆のために数次にわたって行われた研究会に提出した拙稿においては、もう一つのモデルが存在した。それは、基本権の保護範囲論で論じられている「事物の本性」を、実体的憲法判断レベルではなく、行政事件訴訟における原告適格論（保護規範）としてモデル化しようとする試みであった。その出発点として想定されていたのは、小田急線高架化事業認可取消請求事件最高裁大法廷判決（最大判平成一七年一二月七日民集五九巻一〇号一六四五頁）藤田宙靖補足意見である。曰く、「違法な事業認可がなされることによって、行政庁がこのような『リスクからの保護義務』に違反し、法律上周辺住民に与えられている『リスクから保護される利益』が侵害されると認められるがゆえにこそ、住人に原告適格が認められるのである。……生命・健康等の享受について国民に与えられた憲法上の保障（人格権）を併せ考えるならば、行政庁が、少なくともこれらの利益に対する重大な侵害のリスクから周辺住民を保護すべき義務を負わされているものと考える……。……行政庁は個人に対する上記の意味での保護義務を負うものではないということが、法律上明確な根拠によって明らかにされるのでない限り、少なくとも、事業認可に係る都市計画施設の利用の結果生命健康等に重大な損害を被るリスクにさらされている周辺住民からの訴えについては、本来、原告適格が認められて然るべきである……」。

しかし、石川健治「原告適格論のなかに人権論の夢を見ることはできるか」法教三八三号（二〇一二年）七八頁が指摘するように、藤田補足意見は、確かに、「仕組み解釈」や「法制度論」とは立論が全く違い、（処分の名宛人を対象とする）「従来の公式」に縛られていないけれども、あくまで人権は、規範内部的に効果を及ぼしているにすぎない。

これに対し、基本権の保護範囲論が明らかにしなければならない課題は、原告適格に対する制限が「法律上明確な根拠によって明らかにされ」た場合（例えば、小田急線高架化によって影響を受ける者の範囲を、都条例による環境アセスメントの対象となった地域の住民に限定する法令が制定された場合）に、対象外とされた住民の原告適格を、基本権たる人格権を根拠に主張できるのか、できるとしてその枠組みは何か、というものになるだろう。

この課題は、実践的に審査基準のモデルを抽出する作業を行う本稿の枠外になってしまうので、本稿では削除せざるを得なかった。これと類似の課題として、行政庁の裁量を統制する「平等原則」と憲法一四条の関係を明らかにすることが挙げられよう。この課題は、「法律による行政の原理との抵触が生ずる場合」にも、「平等原則」を優先させる事例の探究に結びつくが、未だ十分な解明は行われていない（宇賀克也『行政法概説Ｉ〔第六版〕』（有斐閣、二〇一七年）五八頁以下）。

(28) 時國・前掲注（10）、遠藤比呂通『市民と憲法訴訟』（信山社、二〇〇七年）、同『不平等の謎』（法律文化社、二〇一〇年）。

時國裁判官もまた、ポール・フロインドの憲法訴訟セミナーに参加している。フロインドは、ブランダイス裁判官のロー・クラークであった。フロインドが描いたブランダイスの姿の中には、時國モデルの真髄が描写されている。「彼は、判決の事実欄については、（ロー・クラークではなく）自分自身で起案した。このことは、裁判記録に現れた事案の現実の中に、自分なりの根拠を見出すまでは、法的分析への熱情に惑わされないための、彼なりの保証であった。弁護士として、いわゆるブランダイス・ブリーフを書き、裁判官として、それに匹敵する、豊かな事実によって根拠付けられた意見を執筆したのも、事実が決定的な重要性を持つという、本質的には同一の彼の思想に基づいている。立法者の行為に付与される合憲性の推定について、彼ほど重要性を置いた人はいなかった。しかし、同時に彼は、立法過程に対する調査によって納得するまでは、合憲性の推定ということで満足することはほとんどなかった。彼の意見の中で、ブランダイス・ブリーフの技術は、一般的には、立法者の判断を支持するために使われた。しかし、時折、同じ技術が、知ることに対する止むことのない情熱に基づいて、かつて立法時には憲法適合的だった事柄が、事実の明白な変化に照らして違憲の疑いが生じたのではないかと示唆するために使われた。この点についての事実について審査させるために差し戻すというのが、彼にとって、重要で価値のある手続であった」（Paul A. Freund, The Supreme Court of United States 120

(1961))。

2　立法事実——森林法共有物分割制限規定最高裁大法廷判決（最大判昭和六二年四月二二日民集四一巻三号四〇八頁）(29)

本件事案は、以下の通りである。

農地改革は、不在地主の土地を収用して、自作農を創設するという狙いがあったが、「森林」は農地ではないとされたため、大規模森林を所有する地主が存続することになったという事実が、事件の背景にある。当事者は兄弟であるが、その父親は、山林地主の一人だった。山林の面積は、四区画合計約一〇〇万平方メートル（一〇〇ヘクタール）で、山が四つである。父親は、自分の生きているうちに、森林を兄弟に贈与し、贈与税を支払い、共同で森林の経営にあたらせようとした。そのために半分ずつ森林の生前贈与をした。ところで、民法上の共有の規定によれば、分割は原則としていつでも可能だが、森林においては、過半数の持分がなければ、分割を請求することができない。これを定める規定が、旧森林法一八六条であった。ただし、遺産分割を制限する規定はない。

しかし、父親の死後、兄弟は争うことになった。兄は、弟に無断で森林の木材を処分した。これに対し弟は、森林伐採に対する不法行為に基づく損害賠償請求と、共有物分割を請求して出訴した。

一審では、不法行為請求は認容されたが、共有物分割請求は棄却された。原告たる弟は、分割を制限する規定は、当事者が分割自体に異議がない場合は適用されない任意規定ではないのか、共有者間の信頼関係が破壊されている本件のような場合には、適用がないのではないか、実質的に遺産分割に等しい本件のような場合には、森林法一八六条ではなく、遺産分割の規定が適用されるべきではないかなどと主張した。しかしこれらの主張はいずれも否定された。控訴審でも一審判決が維持された。

この間、弟は兄に対し、処分禁止、伐採禁止の仮処分を裁判所に申し立て、認められている。一〇〇ヘクタールもの森林が執行官保管になったのである。もちろん、執行官が森林の世話をできるわけはないので、森林は分割できない状態で、荒廃するまま放置された。

もはや、この事態を解決するには、裁判所が、森林法の分割制限規定を憲法違反とし、民法の共有物分割の原則規定に戻って、共有物分割をするしかない状況が存在したのである。

最高裁は、この事件をどのように裁いたのか。

まず、問題となったのは、分割を制限することが、憲法上の財産権の制限と言えるかである。最高裁は、以下のように判断した。

> 共有物分割請求権は、各共有者に近代市民社会における原則的所有形態である単独所有への移行を可能ならしめ、右のような公益的目的を果たすものとして発展してきた権利であり、共有の本質的属性として、持分権の処分の自由とともに、民法において認められるに至ったものである。
>
> したがって、当該共有物がその性質上分割することのできないものでない限り、分割請求権を共有者に否定することは、憲法上、財産権の制限に該当し、かかる制限を設ける立法は、憲法二九条二項にいう公共の福祉に適合することを要するものと解すべきである。

森林法の共有物分割制限規定が、憲法二九条一項との関係で財産権の制限に該当するとした場合、その制限は、憲法二九条二項の公共の福祉に適合する必要がある。その枠組みはどのようなものか。

財産権に加えられる規制が二九条二項にいう公共の福祉に適合するものとして是認されるべきものであるかどうかは、規制の目的、必要性、内容、その規制によって制限される財産権の種類、性質及び制限の程度等を比較考量して決すべきものであるが、裁判所としては、立法府がした右比較考量に基づく判断を尊重すべきものであるから、立法の規制目的が社会的理由ないし目的に出たといえないものとして公共の福祉に合致しないことが明らかであるか、又は規制目的が公共の福祉に合致するものであっても規制手段が右目的を達成するための手段として必要性若しくは合理性に欠けていることが明らかであって、そのため立法府の判断が合理的裁量の範囲を超えるものとなる限り、当該規制立法が憲法二九条二項に違背するものとして、その効力を否定することができるものと解するのが相当である。

この判断において、「事物の本性」として最も重要なのは、立法の規制目的を如何に認定するかである。もし、共有物分割制限規定の目的が、森林経営の安定化だけでなく、水源涵養林の保護などの他の目的も含むなら、規制手段の必要性、合理性の判断において、立法を正当化する余地は比較にならないほど大きくなるからである。

最高裁は、旧森林法一八六条の立法目的を、何を根拠に、どう認定したか。これが本件事案の分析において決定的である。

明治四〇年法六条の立法目的は、その立法の過程における政府委員の説明が、長年を期して営むことを要する事業である森林経営の安定を図るために持分価格二分の一以下の共有者の分割請求を禁ずることとしたものである旨の説明に尽きていたことに照らすと、森林の細分化を防止することによって森林経営の安定を図るものであったというべきである。

昭和二六年に制定された現行の森林法は、明治四〇年法六条の内容を実質的に変更することなく、同条の立法目的は、明治四〇年法六条のそれと異なったものとされたとはいえないが、森林法が一条として規定するに至った同法の目的をも考慮すると、結局、森林の細分化を防止することによって森林経営の安定を図り、ひいては森林の保続培養と森林の生産力の増進を図り、もって国民経済の発展に資することにあると解すべきである。〔強調筆者〕

立法目的を認定し、その目的に照らして、規制手段の必要性、合理性を判断する際、「立法府がした右比較考量に基づく判断を尊重すべきものである」。したがって、立法目的は、実際に立法過程で、政府委員などの提案書が立法目的として説明した議事録によって認定される。これが、時國が提案した立法事実論のエッセンスである。

立法目的が限定されれば、それとの関連で、森林法一八六条の規制手段が立法目的を達成するための手段として必要性もしくは合理性を欠くかは、事案分析を基礎としつつ、公知の事実、裁判所に顕著な事実から、比較的容易に推論できる。

森林法の共有物分割制限について言えば、民法の共有物分割規定を使えば、現物分割を上手に行うことで

（これは裁判所の権限である）、同様な立法目的を達成することができることが重要であった。

森林が共有であることと森林の共同経営とは直接関連するものとはいえない。したがって、共有森林の共有者間の権利義務についての規制は、森林経営の安定を直接的目的とする前示の森林法一八六条の立法目的と、合理的関連性があるとはいえない。

共有者間、ことに持分の価額が相等しい二名の共有者間において、共有物の管理又は変更等をめぐって意見の対立、紛争が生じるに至ったときは、管理又は変更の行為を適法にすることができないこととなり、ひいては当該森林の荒廃という事態を招来することとなる。森林法一八六条は、このような事態の永続化を招くだけであって、合理的関連性がないことは明らかである。

森林法一八六条が分割を許さない森林の範囲及び期間のいずれについても限定を設けていないため、同条所定の分割の禁止は、必要な限度を超える極めて厳格なものとなっているといわざるを得ない。分割後の各森林面積が必要最小限の面積を下回るか否かを問うことなく、一律に現物分割を認めないとすることは、同条の立法目的達成手段として合理性に欠け、必要な限度を超える。また、当該森林の伐採期あるいは計画植林の完了時期等を何ら考慮することなく無期限に分割請求を禁止することも不必要な規制というべきである。

現物分割においても、当該共有物の性質等又は共有状態に応じた合理的な分割をすることが可能であるから、共有森林につき現物分割をしても直ちに細分化を来すものとはいえない。一括競売されるときは、細分化という結果を生じない。したがって、立法目的を達成するについて必要な限度を超えた不必要な規制というべきである。

(29)　森林法違憲判決の、「共有物分割請求権は、各共有者に近代市民社会における原則的所有形態である単独所有への移行を可能ならしめ、……共有の本質的属性として、持分権の処分の自由とともに、民法において認められるに至つたものである」という部分は、森林法の共有物分割制限規定が、財産権の制約・制限と言えるのかの理由を示したものであった。

　森林法違憲判決を時國裁判官のモデルで説明したが、この判示部分を中心に、憲法上の権利についてのドグマーティクとして説明する試みが行われてきた。この点、最も説得的な議論を展開しているのは、石川健治である。石川は、憲法二九条一項は、私有財産制度を保障したのではなく、一物一権主義（単独所有）を憲法的に追認したのであり、上記判示部分はこの点を説明していないものの、制度としての所有権の憲法化を前提にしているという。石川健治「法制度の本質と比例原則の適用」ＬＳ憲法研究会編『プロセス演習憲法〔第四版〕』（信山社、二〇一一年）三〇五頁。

　しかし、森林法違憲判決の上記判示事項の射程は、「森林」における共有物分割制限についてのものであり、単独所有を憲法が、所有権の原則的形態として追認したというのは、一つの比喩でしかない。それを超えて、「単独所有」と「共同所有」のうち、前者が原則であり、憲法によって追認されているとは言い難いのではないか。森林法違憲判決は、性質上分割できないものについての例外を示唆するが、例えば、区分所有建物の「共用部分」については、むしろ「共有」が原則であろう。この点、区分所有法七〇条が規定する、団地一括建替え制度の憲法二九条二項適合性審査を行うに際し、財産権の内容の「事物の本性」として「居住実態」を重視して、森林法違憲判決の枠組みを展開する、蟻川恒正の試みが参照さるべきである。蟻川恒正「財産権内容『規定』事案の起案（1）（2）」法教四二九号九二頁、四三三号一〇〇頁（二〇一六年）。なお、森林法違憲判決が同時に民法の判例であり、「もし二つの森林の価格が二人の者の持分の比に沿わなければ、金銭で調整すればよい。こうすれば細分化の心配は、あまりなくなる。これが民法の解釈として許され、したがって共有物分割請求権を制限することは合理的でない」という判例の論理は、同じ裁判所が民法の解釈を示す権限と憲法適合性を判断する権限を同時に持つことにより展開可能であると指摘する、山野目章夫「日本型違憲審査制の隠し味、ここに発見」Ｗｅｂ日本評論・私の心に残る裁判例第一回（二〇一八年一〇月二日掲載）も重要である。

3　司法事実──目黒社会保険事務所事件最高裁第二小法廷判決（最大判平成二四年一二月七日刑集六六巻一二号一三三七頁）

時國モデルの精華は、猿払事件第一審判決（旭川地判昭和四三年三月二五日下刑一〇巻三号二九三頁）にあるが、それは、事案を類型化し、本件事案と同様な事例について、刑事罰を科すことを憲法違反とした点にあった。司法事実に着目する、最も裁判官らしいアプローチである。(30)

事案を類型化するアプローチは、公務員の政治活動の累積的効果を重視した猿払事件最高裁判決によって遮断されていたが、明示の判例変更を行うことなく、目黒社会保険事務所事件判決により復活するに至った。同事件で、最高裁は次のように言う。

国家公務員法一〇二条一項にいう「政治的行為」とは、公務員の職務の遂行の政治的中立性を損なうおそれが、観念的なものにとどまらず、現実的に起こり得るものとして実質的に認められるものを指し、同項はそのような行為の類型の具体的な定めを人事院規則に委任したものと解するのが相当である。

公務員の職務の遂行の政治的中立性を損なうおそれが実質的に認められるかどうかは、当該公務員の地位、その職務の内容や権限等、当該公務員がした行為の性質、態様、目的、内容等の諸般の事情を総合して判断するのが相当である。具体的には、当該公務員につき、指揮命令や指導監督等を通じて他の職員の職務の遂行に一定の影響を及ぼし得る地位（管理職的地位）の有無、職務の内容や権限における裁量の有無、当該行為につき、勤務時間の内外、国ないし職場の施設の利用の有無、公務員により組織される団体の活動としての性格の有無、公務員による行為と直接認識され得る態様の有無、行政の中立的運営と直接相反する目的や内容の有無等が考慮の対象となる。

本件配布行為は、管理職的地位になく、その職務の内容や権限に裁量の余地のない公務員によって、職務と全く無関係に、公務員により組織される団体の活動としての性格もなく行われたものであり、公務員による行為と認識し得る態様で行われたものでもないから、公務員の職務の遂行の政治的中立性を損なうおそれが実質的に認められるものとはいえない。

本件が、適用違憲か、合憲限定解釈か、単なる限定解釈か、実質的違法性論なのか議論があろうが、事案の類型化が復活したことには、疑いはない。

これが時國モデルのエッセンスであり、その意義を千葉勝美裁判官の補足意見が明快に説明しているので、これも引用させていただく。

猿払事件大法廷判決は、本件罰則規定の禁止する「政治的行為」に限定を付さないという法令解釈を示しているようにも読めなくもない。しかしながら、判決による司法判断は、全て具体的事実を前提にしてそれに法を適用して事件を処理するものであり、常に採用する法理論ないし解釈の全体像を示しているとは限らない。**当該事案は、当該公務員の所属組織による活動の一環として当該組織の**機関決定に基づいて行われ、当該地区において公務員が特定の政党の候補者の当選に向けて積極的に支援する行為であることが外形上一般人にも容易に認識されるものであるから、当該公務員の地位・権限や職務内容、勤務時間の内外を問うまでもなく、実質的にみて「公務員の職務の遂行の中立性を損なうおそれがある行為」であると認められるのである。このような事案の特殊性を前提にすれば、「おそれ」の有無等を特に吟味するまでもなく（「おそれ」は当然認められるとして）政治的行為該当性を肯定したとみることができる。〔強調筆者〕

猿払判決の累積的効果論ではなく、時國裁判官モデルにおける、事案のアプローチがとられていることは明らかである。それどころか、逆に時國裁判官のアプローチによって、猿払大法廷判決が無視した「事案」を説明している点が、興味を引く。

(30) 遠藤・前掲注(28)『市民と憲法訴訟』二〇頁、二一頁において、猿払事件第一審判決における時國モデルのエッセンスを以下の二点にわたって要約しておいた。「第一に、被告人についての司法事実を重要な出発点として、それと範疇を同じくする公務員にまで、刑罰法規を適用すべきかという、司法事実の延長で立法事実の判断を行う方法を用いたこと。第二に、そのような極限的状況の司法審査を正当化するために、政治的な表現の自由という権利による類型化だけでなく、近代立憲主義を採用する諸外国の例との比較（特に、母法となったアメリカの例）および戦後社会の状況の変化を、鑑定証言と鑑定書によって、詳しく立法事実として認定したことである」。なお、目黒社会保険事務所事件最高裁大法廷判決の意義については、千葉勝美『違憲審査』（有斐閣、二〇一七年）に同様の指摘がある。

Ⅵ　再び、フロインドの警告について考える

日本の憲法訴訟論のパイオニアである伊藤正己において、彼らの同時代に進行した具体的事件につき、市民の権利を論証するための審査基準論を提唱するという問題意識があったことは疑いない。それは、了とさるべきであろう。

しかし、同時代への実践的関心の強さは、必ず、モンテスキュー的理性が行使される具体的事例を離れた抽象化を招く。伊藤がハーバードで憲法訴訟を学んだ、ポール・フロインドは、このような警鐘を何度も鳴らしている。日本の憲法判例の中から、憲法訴訟の実践に役立つモデルを抽出しようという本稿の問題関心からも、フロインドの警鐘について最後に考えておくことは無駄ではあるまい。

伊藤は、明白にして現在の危険の理論に対する「最も考究に値する理論的批判」の一つとして、フロインドの次の批判を引用している(31)。

明白にして現在の危険の基準は、それがさらにいくつかの他の要因、すなわち言論または政治活動のための機会のもつ価値に比較して危険が相対的にどれだけの重大性をもつか、課せられた規制よりもいっそう寛大な規制が利用できるかどうか、また恐らくは言論なり活動なりを始める意図までをも考慮にいれないとす

れば、過度に単純化されたものであるというのが真実である。われわれがいかに口早に《明白にして現在の危険》（the clear-and-present-danger test）という慣用句をしゃべっても、またいかに密接にその語をハイフンでつないでみても、それは諸価値を考量することの代替物（substitute）とはならない。それは確実な基準であるとの幻想を伝える傾きがある。しかし、最も確実なものは、自由の織物には織糸が複雑にいりくんでおり、裁判官はそれを解きほぐさねばならないということである。

しかし、伊藤は、フロインドのかような批判をいとも簡単に退けている。すなわち、伊藤は「憲法上一定の基準をたてることに反対するならばともかく、社会的利益の較量を指導する基準として、これ以外の諸基準に比して、この基準はその実証的態度において劣ることは少しもない」と。[32]

残念ながら、伊藤の抗弁は、それほど説得力を持たない。なぜなら、フロインドの批判の眼目は、憲法上一定の基準を立てる場合、図式化が伴うことにより、当該ケースで最も重要な要素となるはずの要素が見落とされてしまう危険があることにあるからである[33]（例えば、規制する側が訴えを提起する必要があるのか、規制される側なのかという要素）。

この批判に答えることは、一般的に図式的にできることではない。個別のケースの解決において、検証していくしかないからである。フロインドのロー・スクールの教師としての能力は、まさにケース分析の鋭さにあったと言ってよい。

フロインドの言う通り、自由の織物には織糸が複雑にいりくんでおり、裁判官を含めた法曹・理論家はケースごとに、それを解きほぐさねばならないのである。本稿は、このフロインドの警鐘に基づく試みであ

る。したがって、「事物の本性」上、その成否の度合いは、読者に委ねるほかあるまい。(34)

(31) Freund, *supra* note 28, at 43-44. なお、伊藤の訳の一部分を改めた。
(32) 伊藤・前掲注（5）三〇一頁、三〇二頁。
(33) Freund, *supra* note 28, at 67.
(34) この点蟻川恒正による次の指摘は、フロインドの方法を継承する講義が日本のロー・スクールにおいても行われていることを示している点で、極めて重要である。「立川ビラ事件で違憲審査基準を決定するのに、もっと大事な事実があると考えたからです。それは、最高裁自身もそう考えているのです。最高裁はここで、他人の権利を不当に侵害しているか否か、という観点から違憲審査を行っています。……立川ビラ事件では、よく言われるように、ピザの宅配のチラシみたいなものは問題にされないで、反戦ビラだけが問題にされた。これは内容規制ではないか。その通りです。たしかにそこには内容規制という事実はある。しかし、この事件で一番基底をなす事実は、他人の土地の上に出向いて行って、そこで表現活動をしているという事実です。……このことは象徴的だと思います。内容規制なら厳格審査、内容中立規制なら厳格な合理性の基準と言われますが、そういうのはある一定の条件のもとで成り立つ話です」。蟻川恒正「ライブ・起案講義憲法」法教四三九号（二〇一七年）別冊付録五～六頁。
　ここで蟻川が言う「ある一定の条件のもとで成り立つ話」が何であるかを知るためには、表現の時・所・方法に対する規制についての判例法理をパブリック・フォーラムにおけるRobert's Rules of Order（議事進行ルール）として説明しようとしたカルヴァンの試みが参照されるべきであろう。Harry Kalven, Jr., The Negro and the First Amendment 206 (1966).

［追記］

本稿は、私が二〇一一年から五年間にわたって、関西大学法科大学院において行った、「憲法判例演習」、「公法実務演習」に基づいている。私を講師として招聘してくださった木下智史教授と小泉良幸教授、そして、熱心に演習に参加してくれた学生諸君にお礼を申し上げなければならない。

草稿は、二〇一六年一月三一日に行われた「審査基準論を問いなおす」研究会第五回で配布し、そこでの議論を踏まえ、同年一〇月に改定稿を提出した。研究会でいただいた意見はできるだけ反映したつもりであるが、その一部は、本文と注という形で明示した。特に、石川健治教授のいつもながらの厳しくも、適確な批判には感謝の言葉もない（石川教授の批判で私が一番困るのは、三〇年以上も前の私の論稿だけでなく、折々の発言を覚えていて（私が忘れているのに）、そこから対話を始められるという点にある。ありがたいことではあるが、生きた心地もしなかったというのも事実である）。

その時点以降に発表された文献で、本稿との関連で参照すべきものについては、最低限、校正の折に注に加える形で対処した。しかし、もし執筆時点で発表されていれば本稿の枠組み自体を修正しなければならなかったと思われる論稿が発表されたので、その点に触れておく必要があり、追記を書かせていただくことにした。

その論稿とは、千葉勝美「憲法判例と学説との実りある対話のために——調査官解説の役割等」法律時報一一四一号（二〇一九年）一一六頁である。元最高裁裁判官の中でも、判例理論の発展・理解に重大な役割を担ってきた法曹が、本稿のテーマでもある憲法理論と実務の架橋を扱ったという意味で必須の文献である（なお、千葉裁判官の指摘のうち、本稿モデルとの関係で重要なものについては、すでに第四モデルで触れている）。

それだけでなく、調査官解説との関係という視点の限定があるものの、右論稿で千葉裁判官が「判例法理の提示の類型」として、Ａ「判例法理はできあがっているが、必要な部分だけを示した判決」、Ｂ「判例法理の全体像までは考えず事案処理に必要な限度で判例法理を示した判決」、Ｃ「大きな判断枠組みと当該事案の重要な事実関係の摘示だけで処理した判決」、Ｄ「判例法理の一致がないため、異論がない範囲の理由を示した判決」の四つの類型を示したことが重要である。「立憲主義のモデル」の提示を行う本稿の観点から、批判的な吟味をしておくことが必要になるからである。

千葉裁判官は、著書『違憲審査』（有斐閣、二〇一七年）以来、君が代斉唱時の教師の処分の問題について、思想・信条の自由のコアにある「踏絵」の例から同心円状に、不起立、ピアノ伴奏と制約の程度が弱くなると考えることが判例法理だと説明してきた（同書一三六頁）。しかし、その説明が立憲主義との関係において位置付けられたことはない。

千葉裁判官の提示した類型において、不起立訴訟の判決は、Ａとしてもはや説明の必要がない判例法理になっていくか、あるいは、Ｃとして、個々の事案の個性は捨象され、一律に不起立＝「敬意を表しないと受け取られる外部的行為である」点だけが重要な事実として摘示され、結論を導く決め手となってしまうかのいずれであろう。

これでは、千葉裁判官の類型は、「立憲主義のモデル」ではなく、「官僚司法のモデル」にすぎないのではないかという疑念が生じるのである。

本稿では、以上の疑念の提示にとどめざるを得ないが、吟味の出発点とすべき憲法訴訟論の言説を引用することで、今後の検討の方向を示しておきたい。

「政教分離の問題について最高裁がいままでに示した判決は、……いずれも目的効果の基準が適用されているのですが、基準の用い方やそれが果たした役割は事件によって異なるわけです。ただ、どの事件にも、結論を左右するような決め手になるポイントが別にあるんですね。その点に注意することが必要だと思うのです。……たとえば自衛官合祀拒否事件の場合は、……地連職員は事務的に協力しただけだと判断して共同行為性を否定している。これが決め手になっているのです。つまり、そう解したうえで、地連職員の行為を目的効果基準で判断すれば、それが『宗教的活動』とまではいうことはできない、という結論になるのは当然のことになるからです。この事件の場合、目的効果基準が形式的に、いわば、結論を正当化するためのレトリックとして使われているにとどまる観があるのはそのためだと思うのです」（芦部信喜『宗教・人権・憲法学』（有斐閣、一九九九年）一〇八頁）。

重要な事実の摘示が、判例法理を無にするような形で、その背後にある憲法解釈とも言えない社会通念（国の公務員である自衛隊の地連職員が、隊友会に合祀申請について協力することは当然のことである）に支えられ、その社会通念が訴訟において吟味されることのないまま判決を支配する構図。これが、芦部の指摘する判例の問題点であった。同様の指摘が千葉裁判官の同心円モデルを支える社会通念（国旗または国歌が「自発的な敬愛の対象となるような環境を整えることが何よりも重要」である）に対しても向けられる必要があるのではないか。

ドグマーティクと反ドグマーティクのあいだ

石川健治

凡百の人権尊重の所論も
この一つの美はしい事実には及ばない。
——芦部信喜「或日の出来事」(1)

序　法は事実より生ずるか

いわゆる堀木訴訟第一審判決は、児童扶養手当法上の併給禁止規定が憲法一四条一項に適合するか否かの判断に際して、「原告と同じ境遇にある者がその生活実態において極度に困窮し」、これに対し障害福祉年金とともに児童扶養手当をも支給することが「社会保障制度の趣旨である所得保障の観点から見て、極めて切実かつ緊迫した必要性がある」かどうかを重視し、「被差別者である右女性の経済的な生活環境は、極度に悪いのであつて、法律によつて手当の支給を拒否されている当該女性の被差別感は、極めて大なるものであることが容易に感得されるとともに、その被差別感は、一般社会人をしてたやすく首肯させ、同感させるに至るであろうと思料するに足る健全な感覚であつて、理由がある」と指摘して、違憲判断を行った（神戸地判昭和四七年九月二〇日行集二三巻八・九号七一一頁）。

ところが、周知の通り控訴審判決は、憲法二五条につき、いわゆる一項二項分離論を展開して、逆転判決を下した（大阪高判昭和五〇年一一月一〇日行集二六巻一〇・一一号一二六八頁）。曰く、「本条第二項は国の事前の積極的防貧施策をなすべき努力義務のあることを、同第一項は第二項の防貧施策の実施にも拘らず、なお落ちこぼれた者に対し、国は事後的、補足的且つ個別的な救貧施策をなすべき責務のあることを各宣言したものであると解することができる」。二五条一項が要請する救貧施策と、同条二項が要請する防貧施策とを、系統的に区別するのは、それ自体としてドグマーティッシュに筋が通った立論である。しかし、そうした法ドグマーティクは、視力に障害を持ちながら女手ひとつで子どもを育て現実に生活の最低ライン上で呻吟している一人の人間の訴えを退けるために、専ら機能したようにみえる。一項と二項のエアポケットに嵌まり込んで、どちらからも救いの手が届かないような論理構成になった。

これに対し、そのように「生存権規定を観念的に解釈し重度身障者の生活実態に眼をおおった立論では、『生きた法の体系』をもつことはできない」と厳しく批判したのが、かねて第一審判決を高く評価し、学生の演習や公務員の研修の教材として愛用してきた芦部信喜であった。(2) そして、ルイス・ブランダイス（Louis

D. Brandeis）判事の「生きた法（living law）」にコミットしたこの発言を、限りない共感を込めて引用するのが遠藤比呂通である。[3] 彼ら師弟二人は、ともにポール・フロインド（Paul A. Freund）の小著の一節を共感とともに引用するが、それは偶然ではない。[4] フロインドは、ブランダイスのロー・クラークを務めた経験を有しており、芸術家のヴィジョンと建材への深い知識を併せ持つ「建築家」としての資質を憲法裁判官に求めるとともに、司法審査の成功の秘訣を「抽象からの演繹」よりもむしろ「事実への没頭」に見出した。[5] 遠藤が、芦部の僚友・時國康夫判事の「憲法事実」論と、その適用事例としての猿払事件第一審判決（旭川地判昭和四三年三月二五日刑集二八巻九号六七六頁）を重視するのは、この文脈においてである。[6] とりわけ、立法事実の十全な顕出手続を求めて高望みするよりも、司法事実の認定に関する既存の手続を通じて、まずは充分な立法事実の論証を行おうとする、時國の実務的な態度を高く買っている。

しかし、二五条から具体的な請求権を導けないことは、芦部を含む多くの論者が認めるところであって、控訴審判決はそれを少し洗練された形で述べただけである。障害福祉年金と児童扶養手当という競合する二つの受給権から、単一かつ既得の権利（ないし地位・身分）を構成するドグマーティクが、残念ながら成立していなかった。二五条論の文脈で成立しない権利を、一四条の天秤に載せれば勝てる、という道理があるはずはない。勝ち目があるとすれば、第一審判決の言う「被差別感」それ自体を一四条固有の問題として争う可能性であるが、それを主題化するドグマーティクもなかったため、論理構成を重視する大阪高裁の法廷には通用しなかった、というのが実相なのではないか。控訴審判決を、「生活実態」への感覚の欠如の観点から批判するだけでは、勝ち目が薄いというのが、遠藤先輩とともに芦部ゼミに参加していた学生時代からの、筆者の感覚である。

もちろん、永らく論理学よりも低く見られてきた修辞学が復権するとともに、法廷弁論のレトリックが持つ独自の合理性が注目されて久しい。[7] 法律論における説得力というものは、ロジックよりはレトリックの領域に棹さしていて、鋭敏な人権感覚のみが争点化し得る、生活事実に基づいた正義感覚への訴えが、説得力の半分を支えているのかもしれない。けれども、法律論の説得力の残り半分は、やはり論理感覚への訴えである。ア・プリオリな理由付けを排したブランダイスにしても、生きた法の「体系（system）」とも言ったのであって、その場限りのカズイスティク（決疑論）に身を委ねているわけではなかった。[8]「言葉の論理は現実の論理に屈するべきである」とは言ったが、[9]「論理」そのものを軽視したわけではない。また、先例を尊重する余りに「誤謬を繰り返す必要はない」とは言ったが、「先例拘束性は、通常は、賢明な行動原理である」とも述べていて、結論さえ正しければという議論はしていない。[10] 法論理の自律性を担保する媒体としての法ドグマーティクについて、「本義を説いて其有終の美を済すの途を論ず」る必要はあるように思われる。

（1） 参照、芦部信喜「或日の出来事」伊那春秋第五号（非売品）（松崎書店、一九四七年一二月）九頁以下。駒ヶ根市立図書館蔵。

（2） 参照、芦部信喜「法は事実から生ずる」法セミ二五五号（一九七六年）一頁。

（3） 参照、遠藤比呂通『市民と憲法訴訟』（信山社、二〇〇七年）三頁以下。同書の副題である constitution as a sword とは、憲法的救済法の構築を目指した遠藤が、彼の助手論文の初型の段階から愛用してきたフレーズであり、その意味で彼の生涯を貫く示導動機の一つである。Cf. *Walter E. Dellinger III*, Of Rights and Remedies: The Constitution as a Sword, Harvard Law Review 85, 1971, pp. 1532-1564.

（4） 参照、芦部信喜「合憲性推定の原則と立法事実の司法審査」同『憲法訴訟の理論』（有

斐閣、一九七三年）一一七頁以下、一二四頁。

（5） Cf. *Paul A. Freund*, The Supreme Court of the United States, 1961, p. 109.

（6） 参照、遠藤・前掲注（3）、時國康夫「憲法事実」曹時一五巻五号（一九六三年）六五四頁以下。

（7） Cf. *Chaïm Perelman*, Logique juridique: nouvelle rhétorique, 1976.

（8） Adams v. Tanner, 244 U.S. 590, 599（1916）.

（9） Di Santo v. Pennsylvania, 273 U.S. 34, 47（1927）.

（10） Washington v. Dawson & Co., 264 U.S. 219, 238（1924）.

Ⅰ　法ドグマーティクの特性と「第五モデル」の評価

ドグマーティッシュな学問全般の中でも、[11] 法ドグマーティクは、例えば「人間の尊厳」なら「人間の尊厳」といった実定法上のドグマを起点とし、複数の命題による推論（Syllogismus）の典型的形式としての演繹操作を軸として行われる体系的解釈のことを言う。そこでは、「要件→効果」の命題形式で書かれた法文（法規則）を、孤立した「法命題」として捉えることはない。複数の法命題の総体としての「法制度」が、論理的には先行していることを前提に、個別の法命題はそれが具体化されたものとして理解される。

それぞれの法命題は、法概念によって構成されるが、かかる概念は、法制度どうしの体系的把握によって初めて、十全に与えられる。法体系と法制度、法制度と法命題は、全体と部分の関係にあると捉えられるからである。体系的解釈の方法は、将来制定されるべき法命題の所在をも予示するので、知識の応用がきく。未だ法命題が稠密には制定されていない領域において、道なき道を歩ませる論理的な力をもっている。

そうした体系的把握から得られた——法制定・法適用を通貫する——視界の中では、一様で安定した推論が行われ得る。それを通じて、根拠のある議論を追試するとともに根拠のない議論を排除し、法体系の他システムからの自律性や、部分法体系どうしの自律性を確保できるところに、法ドグマーティクの利点がある。(12) 法概念が予め与えられるので、ケース・メソッドに比べて、教育上も即効性がある。

日本の憲法判例上、ドグマーティクの様式が最も色濃かったのは一九七〇年代であり、それは概ね、中村治朗が首席調査官を務めた時代（昭和四六（一九七一）年一〇月二九日〜同五一（一九七六）年七月一五日）と重なっている。この時代は、川崎民商事件（最大判昭和四七年一一月二二日刑集二六巻九号五五四頁）・小売市場判決（最大判昭和四七年一一月二二日刑集二六巻九号五八六頁）を皮切りに、津地鎮祭事件判決（最大判昭和五二年七月一三日民集三一巻四号五三三頁）に至るまで重要判例が目白押しであり、初の違憲判決である尊属殺重罰規定違憲判決（最大判昭和四八年四月四日刑集二七巻三号二六五頁）をはじめ、薬事法判決（最大判昭和五〇年四月三〇日民集二九巻四号五七二頁）、議員定数不均衡違憲判決（最大判昭和五一年四月一四日民集三〇巻三号二二三頁）のように、重要な違憲判決を出している。

その一方で、全農林警職法事件判決（最大判昭和四八年四月二五日刑集二七巻四号五四七頁）はこの時代のエポックであり、芦部信喜が開拓した人権の私人間効力や表現の自由については、三菱樹脂事件判決（最大判昭和四八年一二月一二日民集二七巻一一号一五三六頁）や猿払事件判決（最大判昭和四九年一一月六日刑集二八巻九号三九三頁）のように、不本意な判決（特に後者）も出ている。その論理の自縄自縛性という特性が、眼の前にいる具体的人間の救済を阻んでいるケースが目立ち、これに対抗すべく、芦部は反ドグマーティクの姿勢を顕わにしてゆくことにもなった。しかし、彼の後半生を賭けた憲法訴訟研究は、最高裁のドグマーティクに跳ね返され続けたわけである。

こうした中、遠藤比呂通は、「モンテスキュー的立憲主義」との関連を意識しながら、これまでの判例実務の内部から四つの審査基準のモデルを抽出する、という解釈戦略を選択した。その上で、改めて判例や学説にみられる過度の「抽象化」を戒め、ケースごとの事物の本性に即した司法判断や法曹教育の重要性を訴えている。画期的な整理の仕方であって、その論旨自体には全く異論はない。解釈戦略としても、芦部のそれより有効であろう。

けれども、司法に内在する反ドグマーティクの流れとは別に、如上の七〇年代の判例を強固に支配したドグマーティク志向の中にも、立憲主義の観点からみて、それとして積極的な意義はあるはずである。これを、いわば第五モデル（中村治朗モデル）として、位置付けることは可能であろう。特に憲法のような抽象的開放的な規範の多い法典の場合は、ドグマーティクなしに、合理的な権力行使の方向性を示すことは難しい。この第五モデルに拠ることで初めて可能になった違憲判決が、確実にいくつかあるという事実は、やはり正当に評価されるべきである。

もちろん、道なき道をゆかせる論理の力は、すぐそこにある結論を阻むことも少なくない。ドグマーティッシュな思考におけるその体系の立体性・円環性は、法システムの自律性・専門性の表象として、法学素人の参入障壁となってもいる。しかし、そうした独特の自縄自縛的な思考こそが、その背景にある実力の顕在化を防ぐ、文明化の様式であることを見逃してはならない。

そもそも原理的には抵抗しようのない、絶対的な実力を蓄えた近代主権国家の下での立憲主義は、遠藤の言うモンテスキュー的立憲主義を含め、国家の「自己拘束」という形象をとらざるを得ない。国家が「主権」的存在——すなわち絶対者・至高者——である以上、国家自らの意思で自己を制限し義務を課す、という理路によってしか、国家主権と立憲主義は両立しないからである。法ドグマーティクのややこしさは、そうした自縄自縛を成立させ維持するための、重要な媒体（Medium）の一つである。ここに第五モデルが登場する必然性がある。

（11） Cf. *Pierre Legendre*, Dogma: instituer l'animal (Leçons 10), 2017, p. 17ff.

（12） Vgl. *Adalbert Podlech*, Rechtstheoretische Bedingungen einer Methodenlehre juristischer Dogmatik, Jahrbuch für Rechtssoziologie und Rechtstheorie 1972, S. 491ff.; *Stephan Kirste*, Einführung in die Rechtsphilosophie, 2010, S. 36ff.; *Horst Dreier*, Rechtswissenschaft als Wissenschaft — Zehn Thesen, in: ders.(Hrsg.), Rechtswissenschaft als Beruf, 2018, S. 1ff., 25ff.

Ⅱ　三段階審査論と法ドグマーティク

ここで、「三段階審査 Drei - Schritt - Prüfung」と呼ばれるのは、基本権侵害の違憲性を評価するために、Schutzbereich - Grundrechtseingriff - Rechtsfertigungsgrund の三つの段階を追って検討する図式のことであり、特に一九九〇年代以降のドイツで急速に普及し憲法教育を規格化するに至った論理構成である。戦後ドイツ基本権ドグマーティクを研究してきた比較的若い世代の研究者の中で、これを日本に導入してみたいという内圧が高まりつつある状況にあって、本稿筆者も、自覚的に触媒の役割を買って出て、その後の普及に少なからず貢献した。

1 実体法としての憲法と憲法解釈方法論

まずはその前哨戦として、芦部「違憲審査基準論」を、その一見手続法的な外観にもかかわらず、あくまで実体法としての憲法に対する、一個の解釈方法論——正確にはMethodologieではなく単なるMethodik——であると指摘した[13]。法は事実より生ずるという法諺や、「生きた法」の超実定法的実在性の取扱いについての、規範理論的なナイーヴさについては、ここでは問わず、違憲審査基準論の持つ憲法解釈方法論としての位相を明らかにしようとしたのである。

第一に、実定法規範の意味論的内容について、極めて懐疑的なスタンスをとった結果として、芦部・時國流の議論は、テクストの解釈運用への関与者に着目する、いわゆる語用論の平面に移行している。彼らの反ドグマーティクの姿勢は、意味論的水準でのみ展開されるドグマーティクへの深い懐疑に基づいており、解釈主体としての裁判官がクローズアップされる。

第二に、リアリズム法学の洗礼を受けて、裁判官を端的に政策形成機関と呼んで、政治空間に抛り出した。芦部流の「二重の基準」論は、統治機構内部における裁判官の権限配分論であって、人権論の体をなしていない。

そして第三に、そうした裁判官の思想と行動を規律する語用論的ルールを、専ら立法事実の論証という側面から描き出したのが、いわゆる違憲審査基準である。これは、憲法上の権利条項を、当事者双方に対してそのつど立法事実の論証責任を分配する論証責任ルール（Argumentationslastregel）という観点から[14]、要件事実論ふうに読み直したものだと理解できる。その狙いは、したがって、憲法問題に関して裁判官に過重な論証責任を強いる違憲審査制の下で、裁判官に一〇〇%の論証責任を負わせないための負担軽減策にほかならなかった。

第四に、ただしその場合、予め適切にマニュアル化された語用論的ルール（違憲審査基準）を、裁判官に丸呑みしてもらうことが条件になる。それに従って判断をすれば、結果として、意味論的にも正しい憲法解釈をしたことになる、という方法論だからである。裁判官サイドからみれば、これは――証拠調べのルールに拘束される事実認定とは異なり、法解釈においては訴訟法上認められているはずの――判断の自律性への介入である、と受け止められても仕方がない。

この点、伝統的な法ドグマーティクは、意味論の平面での議論に終始しており、語用論的レヴェルで裁判官の判断それ自体を統制することはしなかった。これに対して違憲審査基準論は、憲法解釈に限ってであるが裁判官の判断過程を事前に規制しており、裁判官にとっては強い違和感をもって迎えられた可能性がある。その結果、論証責任の負担軽減策としての恩恵に浴したのは、専ら、狭き門への対策に苦しむ司法試験受験生だったわけである。ここに、芦部憲法学の栄光と悲惨の原因がある。

こうした違憲審査基準論の方法論的定位の作業は、そうした芦部説の論理的な強度不足を補強するために――敢えて不遜な言い方をさせていただければ――耐震補強工事を施すという意味合いもあった。注意深い読者なら誰でも気が付くことであるが、論理的な破綻をおしても良心的な結論の方を採る、という局面が芦部憲法学の随所に発見される。そこが人間・遠藤比呂通の琴線に触れる部分であったのかもしれないが、若い筆者には論理的な強度の不足の方が気になった。(15) そうした明白な破綻こそが、芦部先生の良さであったのかもしれないと、今にして思うが、そこに強い不満を抱いたのは筆者ひとりではなかったはずである。[16]

(13) 参照、石川健治「財産権条項の射程拡大論とその位相(一)―所有・自由・福祉の法ドグマーティク」国家一〇五巻三・四号(一九九二年)一頁以下、二四頁注三三。

(14) Vgl. *Bernhard Schlink*, Abwägung im Verfassungsrecht, 1976, S. 195ff. 芦部の用語法では「合憲性の推定」「挙証責任の転換」に関わるものであるが、ここでは、憲法解釈の Argumentation に関わる立法事実の立証ないし挙証を「論証」と呼び、当該事件の事実的基礎(司法事実)の立証ないし挙証に関わる「証明」と区別することにする。

(15) 例えば、モデレートな司法積極主義を目指した芦部流の「二重の基準」を特徴付けたのは、価値中立性の概観を有する「民主的政治過程」論であったはずであり、二五条問題については立法裁量を尊重して緩やかな審査にとどめるのが、論理的に一貫した対応である。ところが芦部は、生存権が「生きる権利」そのものであるから、厳格審査が必要である、という実体的価値判断を唐突に挿入して、一四条に基づく中間審査を求めてしまう。参照、芦部信喜『憲法〔第七版〕』(岩波書店、二〇一九年)一三五頁。なお、参照、内野正幸『憲法解釈の論理と体系』(日本評論社、一九九一年)二八九頁以下。

(16) 参照、長谷部恭男「芦部信喜教授の憲法訴訟論」法時五九巻九号(一九八七年)三三頁以下。

2 三段階審査論の提唱と普及

続いて一九九三年の「自分のことは自分で決める」では、全逓東京中郵事件判決(最大判昭和四一年一〇月二六日刑集二〇巻八号九〇一頁)以降の判例は〈内在的制約説(宮澤俊義)→比較衡量論(佐藤功)→二重の基準論(芦部信喜)〉の流れを辿っているという、芦部の自作自演による我田引水の判例ストーリーを批判し、憲法判例として一貫して定着してきたのは、比例原則（Verhältnismäßigkeitsprinzip）であることを指摘した[17]。過剰規制の禁止（Übermaßverbot）を意味する比例原則は、警察法を本籍とする自由権仕様の原則であり（警察比例の原則）、広汎な行政作用の中でも給付行政や財務行政ではなく警察行政にプライオリティを置くという重大な決断をすることを介して、行政法学の世界で一般化したものであった。法治国家の下で市民社会に常駐する権力ではないことを前提として、例外的な介入の可能性を追求するのである。ハードな国家作用向けの原則であるから、もともと刑法学の発想とも親和的であり、体系好きなドイツ法学ではじきに刑法上の大原則にもなっていた。とりわけ占有状態への不意の侵入者に対抗する「防御（Abwehr）」という枠組みは、刑法（と不法行為法）において広く普及しており――これが「行為・結果・因果関係・違法性阻却事由」の枠組みであり、「国家行為―権利侵害・保護範囲・正当化事由」という三段階審査論の前身である――、比例原則的発想の受け皿になった。

憲法についても、行政法の場合と同様に、受益権・社会権・参政権ではなく自由権にプライオリティを置く、という一大決断を介して初めて、比例原則は一般化し得るものであるが、自由権（防御権）優位の発想が支配的な日本では、これを受け容れる共鳴板が広く存在している。実際――必要性の原則に相当する――LRAの法理にみられるように、過剰規制禁止の発想は芦部・違憲審査基準論の中にもみられる。ただし、過剰規制の禁止という発想をより体系的に捉えることのメリットがドイツ憲法学の説明の中にあり、そこに流れる極大化ではなく最適化という――経済学とも通底する――社会哲学的発想を通じて[18]、堀木訴訟でも争われた過少供給の禁止（Untermaßverbot）までをも視野に入れられる可能性に、ドイツを参照軸に採る意義がある。

したがって、単なる比較衡量論よりも卓れた衡量方式であるところに特徴があり、均衡性の審査にとどまらず、目的・手段図式による合理性（合理的関連性・適合性）や必要性（必要最小限度性・ＬＲＡ）の審査まで視野に入れた総合性が、比例原則の特徴だと言うべきである。実際、比例原則を共通のものさしにとることにより、およそ水と油の関係にあるように思われた薬事法判決と猿払事件判決の比較対照が、初めて可能になり、後者の内在的な論理破綻が明るみに出るのである。

それでもしばらくは、違憲審査基準論のメリットも公平に強調した複線的な説明を試みていたが、[19]一九九九年[20]・二〇〇二年[21]と二度にわたる観測気球を打ち上げた後、二〇〇七年には連載「憲法の解釈」で、本格的に三段階審査論にコミットすることを宣言するに至った。[22]これに対し、日本公法学会の「学界展望」（工藤達朗執筆）は、「この図式（三段階審査図式のこと。引用者注）を直輸入する危険性は、石川健治「憲法解釈学における『論議の蓄積志向』」によっていち早く指摘されていたが、石川自身が最近の導入の試みの中心になっている」、と的確な要約を与えられた。[23]

当時は、司法試験の標準学説として芦部・違憲審査基準論が支配する中で、果たして問題提起がどの程度共鳴板を持っているのか、はなはだ心許ない状況であった。しかし、せっかく苦労して法科大学院を設立しながら、この状況を変えられないのは不本意であり、局面を打開するためには具体的な代案を出して、せめてこのスタイルでも試験には合格する、という状況を作る必要があった。そこで肚を括って三段階審査論の旗を振ったのである。幸いにして学界世論を動かすことには大きく貢献したものと思われ、追い風に乗って三段階審査論に準拠した学習書が陸続として現れた。現在ではごく普通の受験生が三段階審査を口にするようになったのには、まさに今昔の感がある。[24]

(17) 参照、石川健治「自分のことは自分で決める」樋口陽一編『ホーンブック憲法〔初版〕』（北樹出版、一九九三年）一二二頁以下、特に一六九頁以下。早速これを好意的に引用したのは、山本敬三「現代社会におけるリベラリズムと私的自治（二・完）」論叢一三三巻五号（一九九三年）一頁以下、一八頁以下。なお、参照、芦部信喜「記念講演―人権論五〇年を回想して」公法五九巻（一九九七年）一頁以下。

(18) この点は、長谷部恭男教授の私信による示唆を受けて、新版では経済理論的なヴァージョン・アップが施されている。参照、石川・前掲注(17)改訂版（二〇〇〇年）一二四頁以下。

(19) 参照、石川健治「財産権の制限」岩間昭道＝戸波江二編『別冊法学セミナー司法試験シリーズ　憲法Ⅱ〔第三版〕』（日本評論社、一九九四年）一八九頁以下、同「空間と財産―対照報告」公法五九号（一九九七年）三〇五頁以下。

(20) 参照、石川健治「営業の自由」高橋和之＝大石眞編『憲法の争点〔第三版〕』（一九九九年）一二八頁以下（現在は、大石眞＝石川健治編『憲法の争点』（有斐閣、二〇〇八年）一四八頁以下）。この小品の後半――つまり三段階審査論を踏まえた判例分析――は恩師芦部信喜に宛てて書かれたものであったが、公刊直前に惜しくも長逝された。

(21) 参照、石川健治「憲法解釈学における『論議の蓄積志向』」法時七四巻七号（二〇〇二年）六〇頁以下。

(22) 参照、石川健治＝駒村圭吾＝亘理格「憲法の解釈（一～三）」法教三一九～三四二号（二〇〇七～二〇〇九年）。この問題提起を真摯に受け止めて思考を継続された成果が、駒村圭吾『憲法訴訟の現代的転回』（日本評論社、二〇一三年）。第五講「順序の問題」への筆者のコメントは、本文の通りである。

(23) 参照、市川正人＝工藤達朗＝高見勝利「学界展望」公法七〇号（二〇〇八年）二三〇頁以下。

(24) 参照、石川健治「憲法解釈学における『論議の蓄積志向』」樋口陽一＝森英樹＝高見勝利＝

辻村みよ子＝長谷部恭男編『国家と自由・再論』（日本評論社、二〇一二年）一五頁以下。石川・前掲注（21）を樋口陽一喜寿記念の意味を込めて再録し、長めの「後記」を付した（二一六頁以下）。現在の三段階審査論が、本来のDogmatikとしてでなく、単なる答案作成のためのMethodikとしてのみこれを受容される、という皮相な展開を見せていることにつき、「後記」では率直な所感が述べられている。そうした展開の総決算と言うべきものが、渡辺康行＝宍戸常寿＝松本和彦＝工藤達朗によるgeistlosな教科書『憲法Ⅰ（基本権）』（日本評論社、二〇一六年）である。長谷部恭男教授も教科書の新版において三段階審査論に言及された。参照、同『憲法〔第六版〕』（新世社、二〇一四年）。

Ⅲ　三段階審査論とはなんであったか

法科大学院において、判例を主要教材とした憲法教育が展開されるようになってこのかた、かつて外在的な判例批判の目立った憲法学者が、やたらと最高裁判例の細部に詳しくなってゆくさまは、往時を顧みて今昔の感を禁じ得ないものがある。日本の憲法学の世界においても、判例実証主義が顕著になってきた。こうした中で、本稿筆者が強調したのは、判例に適合的な、しかしドグマーティクの再興可能性の追求であった。後述するように、ドイツにおける三段階審査論普及の立役者ベルンハルト・シュリンク（Bernhard Schlink）も、彼らの教科書の狙いが判例実証主義の打破であったことを明言している。[25]

（25）　その後、シュリンクは人気小説家となり、ピエロートとの共著による教科書の改訂も、後続世代に委ねられている。Vgl. *Thorsten Kingreen / Ralf Poscher*, Grundrechte, 35. Aufl., 2019.

1　判例実証主義への対抗

戦後新設された連邦憲法裁判所は、当初伝統ある連邦通常裁判所に押されがちであったが、一九七〇年代になって完全に定着した。憲法学の中に連邦憲法裁判所実証主義の傾向が目立つようになり、伝統的な国家学に基づくドグマーティクの規制力が弱まって、憲法判例にはやや論理の放埒さが目立つようになった。こういう状況を打破するためには、アメリカ流の先例拘束性の確立による（自己）拘束の恢復か、もしくは、民事法・刑事法の普通のドグマーティクによる（自己）拘束の恢復か、のいずれかの方途が考えられた。[26]これは、前述の通り、立憲主義の根幹に関わる問題提起である。

三段階審査論は、この点、後者を企図している。法の欠缺や競合を埋めるドグマーティッシュな理論だけが、一個の法領域を、専門技術者の秘教的世界から解き放つことができる。連邦憲法裁判所の判例を法ドグマーティクによって合理的に再構成し体系化することが年々難しくなってきていることを痛感しつつ、ボード・ピエロート（Bodo Pieroth）とともに教科書を毎年改訂し続けた、というのである。[27]こうした観点からは、日本におけるドイツ直輸入型の受容・普及には、極めて危ういものを感じざるを得ない。

一七年前に指摘したように、保護領域・介入・正当化という直訳自体が、普通のドグマーティクになっていない。違法・有責判断の対象である行為論を構成する、行為・結果・因果関係の三つ組のうち、社会的相当性（soziale Adäquanz）の観点から条件説を限定するのが相当因果関係説であるのは、よく知られていよう。

そして、エルンスト・フォン・ケメラー（Ernst von Caemmerer）らドイツの比較法学者が、アメリカの不法行為論を参照して、これを批判した。当該行為に対する結果の客観的な帰属性（Zurechnung）という観点からみれば、条件説的な因果関係を限定するのは——社会的相当性ではなく——保護規範の保護目的によって規定されるところのSchutzbereichであると述べたのである。scope of protectionの独訳であるSchutzbereichは、民事法や刑事法の世界ではつとに保護範囲が定訳であり、(28)とりわけ客観的帰属論の普及してきた刑事法の領域では、現にそれが相当因果関係説の代替理論になりつつある。(29)scopeを領域と訳して怪しまないのは如何なものかと指摘したのは二〇〇二年のことであったが、現在でも保護領域を使う人は多い。

また、当初、介入（国家行為とその結果）の次にくるはずだった保護範囲判断（因果関係論）が、ドイツの憲法解釈論の展開では、いつの間にか順序を逆転してしまったのは事実であるが、これは（カール・ポパー（Karl R. Popper）らの言う）正当化の文脈よりも発見の文脈を優先したものにすぎない。国家行為がもたらした結果の確定よりも先行して、関連する保護規範にあたりをつけるのは普通のことであり、刑法解釈において裸の行為論が構成要件的行為論によって置換されたように、保護規範の確定の作業を優先させる傾向が強まったのであろう。けれども、日本の小売市場判決をみれば明らかなように、権利侵害論を先行させる「正調」三段階審査論は、必ずしも使いにくい構成ではない。

さらに、そのようにして保護規範の確定の作業を優先させるにしては、競合論の深化がみられないのも、日本の三段階審査論の特徴である。かつて二一条と八二条が競合したレペタ訴訟において（最大判平成元年三月八日民集四三条二号八九頁）、「掛け合わせ」や「合わせて一本」といった厳密性を欠く議論が乱れ飛んだように、日本の憲法学では競合論そのものが存在しなかった。しかし、刑法の罪数論に比べれば需要が少ないにせよ、憲法上の権利においても保護規範が競合することは多く、法条競合・観念的競合・実在的競合のいずれかの処理をして初めて、一本化された保護規範から保護範囲を導くことができるようになる。

例えば、単一の国家行為が、実際に系統の異なる複数の条文にまたがる場合、つまり刑法では併合罪に相当する実在的競合が生じた場合には、観念的競合のように一本化することはできないので、刑法学で言う併科主義（kumulative Prinzip）を採用して副次的な保護範囲についても判断すべきであるが、ドイツの憲法判例では保護範囲の一本化が安易に行われる傾向が顕著となり、学説上ドグマーティクの弛緩を批判されている。(30)

こうした点に鑑みれば、最高裁判決における「婚姻及び華族に関する法制度を定めた法律の規定が憲法一三条、一四条一項に違反しない場合に、更に憲法二四条にも適合するものとして是認されるか否かは、当該法制度の趣旨や同制度を採用することにより生ずる影響につき検討し、当該規定が個人の尊厳と両性の本質的平等の要請に照らして合理性を欠き、国会の立法裁量の範囲を超えるものとみざるを得ないような場合に当たるか否かという観点から判断すべきものとするのが相当である」という一節は（最大判平成二七年一二月一六日民集六九巻八号二五八六頁）、なお検討する点が含まれている。先にも述べたように、法の欠缺と競合の処理においてこそ、ドグマーティクの真価が発揮されるのであって、競合論の低調は、日本の三段階審査論がドグマーティクを意識していないことの証左であろう。

(26)　Vgl. *Bernhard Schlink*, Die Enthronung der Staatsrechtswissenschaft durch die Verfassungsgerichtsbarkeit, Der Staat 1989, S. 161ff.; *ders.*, German constitutional culture in transition, in: Michel Rosenfeld（ed.）, Constitutionalism, Identity, Difference and Legitimacy, 1994, p. 197ff.

(27) Vgl. *Bernhard Schlink*, Abschied von der Dogmatik. Verfassungsrechtsprechung und Verfassungsrechtswissenschaft im Wandel, JZ 2007, S. 157ff., bes. 162. Merkur 692 (2006), S. 1125ff. にも同名かつほぼ同旨の論文がある。

(28) たとえば参照、平井宜雄『損害賠償法の理論』（東京大学出版会、一九七一年）三〇頁以下、幾代通（徳本伸一補訂）『不法行為法』（有斐閣、一九九三年）一一六頁以下。

(29) たとえば参照、前田雅英『刑法総論講義〔第四版〕』（東京大学出版会、二〇〇六年）一七七頁以下、山中敬一『刑法総論〔第三版〕』（成文堂、二〇一五年）二七五頁以下、四三二頁以下。

(30) Vgl. *Uwe Volkmann*, Besprechung: BverfG, Urteil des Ersten Senats vom 15. 1. 2002, DVBl 2002, S. 332ff.; *Tade M. Spranger*, Die Figur der „Schutzbereichsverstärkung", NJW 2002, S. 2074ff.; *Christoph Spielmann*, Die Verstärkungswirkung der Grundrechte, JuS 2004, S. 371ff.; *Lothar Michael* / *Martin Morlok*, Grundrechte, 4. Aufl., 2014, S. 62ff.

2 国家行為（法命題でなく法制度）と結果（法益侵害）

こうした観点から、日本における最もドグマーティッシュな判例の典型であり、かつ（表現の自由判例などとは異なって）自由権の論理構造が単純な経済的自由に関する判例として、小売市場判決と薬事法判決を取り上げることが適切である。

小売市場判決では、冒頭に〈国家行為—結果〉論が措かれる。本件における国家行為は、小売商業特別措置法という「法律」であり、同法三条一項ほかの「法命題」であるが、最高裁に特有の法制度思考によって、この部分は、特定の法命題の釈義ではなく、それを含む法制度の解説になっている。

規範意味は、特定の法命題から発生するのではなく、その背後にある法制度から発生する、というのが、ここで言う法制度思考であるが、判決は、それが中小企業保護のための法制度であることを、丁寧に説明してゆく。その説明は、旧司法試験であれば充分に事例問題とみなされる程度の詳しさであるが、あくまでこれは事案へのあてはめとは関係のない、当該法制度の類型的説明にとどまる。(31)

そして、そうした国家「行為」としての当該法制度から発生した規範意味が、「小売市場の開設経営をしようとする者の自由を規制し、その営業の自由を制限するものであることは、所論のとおりである」と受けて、「営業の自由」という具体的な法益侵害が「結果」していることを確認する。

(31) 蟻川恒正のように、これを「事案類型I」と整理するのは、ややミスリーディングであるようにも思われる。一連の作品のモティーフが示されているものとして、例えば参照、同「不起立訴訟と憲法一二条(公法判例の現在)」公法七七号(二〇一五年)九七頁以下、九八頁。事案類型論と見紛うばかりの法制度論が、最高裁判例の特徴なのではなかろうか。

3　保護規範の特定と保護範囲の画定

次に検討対象となるのは、実際に発生した「結果」のどの程度を「国家行為」に帰属させるかを判定する(社会的)因果関係論に相当する部分であるが、これが小売市場判決では保護範囲論になっている。まずは保護規範の確定であるが、判決は二九条などとの競合を観念することなく、いきなり二二条一項に保護規範を特定している。そこで、次に、同条の保護目的と、そこから導出される保護範囲の画定の作業に移る。問題の「営業の自由」が二二条一項の保護範囲(「職業」「選択」の自由)に入るか否か、が問題である。

判決は、「憲法二二条一項は、国民の基本的人権の一つとして、職業選択の自由を保障しており、そこで職業選択の自由を保障するというなかには、広く一般に、いわゆる営業の自由を保障する趣旨を包含しているものと解すべき」と述べて、「営業の自由」が保護範囲に入ることをあっさりと認めている。[32] 注目すべきは、さらに判決が、「ひいては、憲法が、個人の自由な経済活動を基調とする経済体制を一応予定しているものということができる」と述べて、憲法二二条一項が特定の〈競争秩序〉を、経済体制（Wirtschafts-verfassung）として保障していることを明らかにしている。この保障は、二九条一項が「私有財産制度」という〈財産秩序〉を保障している――俗に言う制度的保障――ことに見合っており（いわゆる森林法判決、最大判昭和六二年四月二二日民集四一巻三号四〇八頁）、判例によれば、二二条一項は特定の〈競争秩序〉をも保障していることになるのである。[33]

（32）この点の当否を争ったのが、当時戦わされていた「営業の自由」論争である。結論の変更はないが、薬事法判決では論旨が精密化されている。参照、石川・前掲注（20）。

（33）参照、石川健治「ラオコオンとトロヤの木馬」論座一四五号（二〇〇七年）六七頁以下。財産秩序や競争秩序の問題については、同「財産権①②」小山剛＝駒村圭吾編『論点探究憲法』（弘文堂、二〇〇五年）二〇〇頁以下、をも参照。

4　違憲性阻却事由（合憲性正当化事由）

これで、一応、問題の法命題（もしくは法制度）は違憲ということになるが、「しかし、憲法は、個人の経済活動につき、その絶対かつ無制限の自由を保障する趣旨ではなく、各人は、『公共の福祉に反しない限り』において、その自由を享有することができるにとどまり、公共の福祉の要請に基づき、その自由に制限が加えられることのあることは、右条項自体の明示するところである」と述べて、二二条一項に明文上規定された、違憲性阻却事由としての「公共の福祉」に論を進める。ドイツ刑法学では、違法性を阻却する(ausschließen)という表現よりは、合法性を正当化する(rechtfertigen)という表現が用いられるようになって久しく、違法性論(違法性阻却事由論)の文脈を見失わないのであれば、合憲性の正当化事由と呼称することはさしつかえないだろう(もっとも、日本で三段階審査論を直訳的に紹介する際、この文脈が見失われている疑いはある)。

まずは、「右条項に基づく個人の経済活動に対する法的規制は、個人の自由な経済活動からもたらされる諸々の弊害が社会公共の安全と秩序の維持の見地から看過することができないような場合に、消極的に、かような弊害を除去ないし緩和するために必要かつ合理的な規制である限りにおいて許されるべきことはいうまでもない」と述べて、営業の自由に対する(広く薄い公益目的の立法である)警察規制の正当化事由を確認した。しかし、これでは、本件のような特殊利益立法を正当化できない。

問題はこの先であって、「のみならず、憲法の他の条項をあわせ考察すると、憲法は、全体として、福祉国家的理想のもとに、社会経済の均衡のとれた調和的発展を企図しており」と断定し、弱肉強食の市場原理主義ではなく、いわゆる護送船団方式による「社会経済の均衡のとれた調和的発展」こそが、二二条一項の保障する〈競争秩序〉であることが示される。その見地からすれば、「経済的劣位に立つ者に対する適切な保護政策」こそが憲法上の要請である。「このような点を総合的に考察すると、憲法は、国の責務として積極的な社会経済政策の実施を予定しているものということができ、個人の経済活動の自由に関する限り、個人の精神的自由等に関する場合と異なつて、右社会経済政策の実施の一手段として、これに一定の合理的規制措置を講ずることは、もともと、憲法が予定し、かつ、許容するところと解するのが相当」とされる。

かくして、「経済的劣位に立つ者」のみが gainer となる特殊利益立法も、憲法的に正当化された。そこで、「弊害を除去ないし緩和するために必要かつ合理的な規制である限り」でのみ規制が正当化される消極規制を踏み越えて、積極目的の規制を行うことも許容される。曰く、「国は、積極的に、国民経済の健全な発達と国民生活の安定を期し、もつて社会経済全体の均衡のとれた調和的発展を図るために、立法により、個人の経済活動に対し、一定の規制措置を講ずることも、それが右目的達成のために必要かつ合理的な範囲にとどまる限り、許されるべきであつて、決して、憲法の禁ずるところではないと解すべきである」。

ここで判決は、立法裁量に言及する。「社会経済の分野において、法的規制措置を講ずる必要があるかどうか、その必要があるとしても、どのような対象について、どのような手段・態様の規制措置が適切妥当であるかは、主として立法政策の問題として、立法府の裁量的判断にまつほかない」。なぜなら、「法的規制措置の必要の有無や法的規制措置の対象・手段・態様などを判断するにあたつては、その対象となる社会経済の実態についての正確な基礎資料が必要であり、具体的な法的規制措置が現実の社会経済にどのような影響を及ぼすか、その利害得失を洞察するとともに、広く社会経済政策全体との調和を考慮する等、相互に関連する諸条件についての適正な評価と判断が必要であつて、このような評価と判断の機能は、まさに立法府の使命とするところであり、立法府こそがその機能を果たす適格を具えた国家機関だからである」。

かくして、裁判所の行い得るのは、比例原則に基づく事後的な逸脱濫用審査にとどまることになる。「右に述べたような個人の経済活動に対する法的規制措置については、立法府の政策的技術的な裁量に委ねるほかはなく、裁判所は、立法府の右裁量的判断を尊重するのを建前とし、ただ、立法府がその裁量権を逸脱し、当該法的規制措置が著しく不合理であることの明白である場合」に限定される。「政策的技術的」を理由に比例原則の適用は緩和され、手段の必要性（最小限度性）は問われなかった。

これが正調の三段階審査である。[34] 知らず識らずに三段階になっているところが、この場合重要である。国家行為（距離制限を含む、小売市場の需給調整を目的とする、事前規制の法制度）がもたらした結果（営業の自由の侵害）に対して、保護規範としての憲法二二条一項の保護範囲（「職業選択」）を拡張解釈し、それにもかかわらず明文上の正当化事由としての「公共の福祉」について大胆な解釈論を展開して、合憲性が正当化された。この点、前二段は市民サイドの主張であり、後一段は国家サイドからの議論であり、全体として一つの大きな比較衡量モデルをなしていると捉えることもできる。三段階審査論は、しかし、あくまでそれをドグマーティクの枠組みの中に、抑え込もうとする枠組みである。

とはいえ、ドグマーティクが実際に支配するのは前二段であり、後一段では「公共の福祉」への考慮から議論は政策化せざるを得ず、裁判所による政策形成の是非への態度決定が、そこには反映する。政治機関化に慎重な立場からは、裁判所を contra role にとどめる逸脱濫用審査が行われるが、知的財産権の領域をはじめとして「裁判所による経済規制」が積極的に行われるようになると、[35] 裁判所の政策判断を政治部門のそれに置き換える、いわゆる判断代置型の判示が示される傾向も強まるだろう（最大判平成一四年二月一三日民集五六巻二号三三一頁）。

(34) ただし、その場合、立法裁量論は必須だとは言えまい。行政裁量論の応用である立法裁量と、ドイツにおける立法者の内容形成の自由の枠組みとの比較については、ここでは立ち入らない。他方で、日本では、違憲性阻却事由としての憲法上の「公共の福祉」概念が、かつての法律の留保定式への否定的評価の上で採用されている関係上、ドイツで言う形式的正当化事由としての法律の論拠（トポス）の居場所が、ここにはない。憲法論と行政法論によって共有されるべき「法律」のトポスを、復活させるべきか否かも問題である。さらに、行為論・違法論・責任論の基本構図からすれば、隠された四段階目としての国家責任論が、各々の自由権の背後に存することも見逃せない。

(35) 裁判所による経済規制の重要性については繰り返して指摘してきた。たとえば参照、石川健治「営業の自由 三〇年越しの問い」法教三三二号（二〇〇八年）五八頁以下。

5 適用

残るは、中小企業保護を目的とする本件事案への法理のあてはめであり、「これを本件についてみると」と切り出して始まる叙述は、試験答案のお手本になり得る仕上がりである。それを踏まえて、本件特措法の三条一項、同法施行令一条、二条が定める法制度としての「小売市場の許可規制」が、「憲法二二条一項に違反するものとすることができないことは明らか」だと結論するわけである。

以上のような判決の書きぶりからすれば、ドイツ流儀に保護領域・介入・正当化の「順序」にこだわる必要が、全くないことは明らかであろう。日本の判例において本案における法律上の主張の一部をなす「国家行為のもたらした結果」の論点は、連邦憲法裁判所への出訴要件である「介入（権利侵害）」とは、およそ位置価を異にしていることを思うべきである。むしろ、小売市場判決における、「国家行為―結果」「保護範囲」「正当化事由」「事案へのあてはめ」、という間然するところなき展開に、三段階審査論の原型を読み取ることが重要である。

もちろん薬事法判決のように、論理構成の都合上、国家行為（法制度としての職業の許可制）と結果（職業の自由に対する強力な制限）については、本件における国家行為論（薬事法上の法制度論）とセットにして後回しとし、保護範囲論と正当化論を一般論として前面に押し出す構成もあり得ることは、言うまでもない。詳しくは別稿に譲るが[36]、尾高邦雄の職業社会学を踏まえた「職業の自由」論の――下敷きにされたドイツの薬局判決よりも――一層理論的な整備、ドイツではむしろ財産権判例を通じて発展した〈人格的連関――社会的連関〉の積極的な呈示、比例原則の具体化としての段階理論（Stufentheorie）の――行論上の審査密度の激変から読み取られる――実質的な採用、立法府の将来予測（Prognose）の誤りを正した立法事実論など、極めて読み応えがある[37]。

こうした枠組みの下で、例えば比例原則の判断が妥当であったのか、ドグマーティッシュな筋から逸脱してはいないかといった点検や内在的批判を、判決の論理に即した形で行ってゆくことが、単なる判例実証主義に陥らないためには必要である。そのようにすれば、すでに一九九三年に指摘したことであるが、例えば猿払事件最高裁判決が、「国公法一〇二条一項及び規則による公務員に対する政治的行為の禁止が右の合理的で必要やむをえない限度にとどまるものか否かを判断するにあたつては、禁止の目的、この目的と禁止される政治的行為との関連性、政治的行為を禁止することにより得られる利益と禁止することにより失われる利益との均衡の三点から検討することが必要である」という単一の文章において露呈している、判決の論理破綻を明らかにすることができる。

すなわち、均衡性ないし狭義の比例性（相当性 Angemessenheit）・合理性ないし合理的関連性（適合性 Geeignetheit）・必要性（必要最小限度性 Erforderlichkeit）の順で審査密度が高まる比例原則のものさしを、当該文章にあてがってみれば、前段の「合理的で必要やむをえない限度にとどまるものか否か」という必要性の極めて厳格な要求と、後段の均衡性・合理性にとどまる緩和された要求とが論理的に整合しないことは明白で、この肝心要の一文の論理破綻を通じて、猿払事件最高裁判決全体の論理の伽藍がガラガラと音を立てて崩れ落ちてゆくのである。これが、判例実証主義の読み方と、判例に適合的なドグマーティクによる読み方の違いである。

(36) 参照、石川・前掲注(35)、同「薬局開設の距離制限」憲法判例百選I〔第六版〕(二〇一三年)二〇五頁以下。

(37) ただし、保護範囲論は、元来、物的保護範囲論と人的保護範囲論からなっている。典型的な職業選択を問題としたドイツの薬局判決とは異なり、スーパーによる医薬品の一般販売業の事例である薬事法判決においては、後者(persönlich な保護範囲としての「法人の人権」論)に言及する必要があった。sachlich な保護範囲としての「職業」「選択」の解釈に注力している反面で、人的保護範囲論に全く言及していない、という致命的な弱点を抱えていることを指摘しておかなければならない。

IV 反ドグマーティクへの展開

後半生を賭けた芦部の努力が、構築性の高い一九七〇年代判例の岩盤を突き崩せなかった主因は、これに対抗できる堅固なドグマーティクの欠如にある——そういう筆者の確信は、かくして、少なくとも二〇〇〇年代前半までは揺らぐことがなかった。もっとも前哨戦は、一九九〇年代前半に始まっていたようである。成田新法事件(最大判平成四年七月一日民集四六巻五号四三七頁)の千葉勝美調査官による解説は、[38] 公刊当時、失礼ながら学生のゼミ・レポートの域を出ないものと評価していたが、その不明を心から恥じなければならない。二〇〇〇年代における判例の変化を予示する重要文献であったことは、二〇年後に明らかになった。

(38) 参照、千葉勝美「判解」最判解(民)平成四年度(一九九五年)二二〇頁以下、二二八頁以下。

1 予兆——選挙権ドグマーティクの崩壊

その予兆に気がついたのは、在外国民の選挙権についての画期的な最高裁判決(最大判平成一七年九月一四日民集五九巻七号二〇八七頁)である。そこに、「国民の選挙権又はその行使を制限することは原則として許されず、国民の選挙権又はその行使を制限するためには、そのような制限をすることがやむを得ないと認められる事由がなければならないというべきである」との一節を見出して、筆者は驚愕した。

選挙権本質論について、最高裁が権利一元説をとっている、という認識は当時存在していなかった。もしその前提が共有されてきたのであれば、公職選挙法別表による(首都圏の有権者に対する)選挙権侵害が本質であるはずの定数訴訟の争い方も、およそ変わったものになっていたはずである。しかし、如上の判決は前触れもなく、権利一元説に特有の「内在的制約」のフォーマットで、意図的に語っているのであり、しかもかかる断定が、その後の結論を左右しているように見受けられる。[39]

「自ら選挙の公正を害する行為をした者等の選挙権について一定の制限をすることは別として、」という留保に一定の配慮は感じられるが、そうした制限が、「選挙権の内在的制約」として説明するにはあまりに大きすぎる制約だからこそ、それを公務の観点から正当化するほかなく、それがゆえに権利・公務二元説が、ともかくも通説として支持されてきたのではなかったか。(40)ところが、この点に気がついているのは、「選挙権が基本的人権の一つである参政権の行使という意味において個人的権利であることは疑いないものの、両議院の議員という国家の機関を選定する公務に集団的に参加するという公務的性格も有しており、純粋な個人的権利とは異なった側面を持っている」と述べた、泉徳治反対意見だけなのである。

もちろん、ドグマーティッシュな理屈を思いつかないというだけで、裁判所が望ましいとわかっている結論を導出できないのでは、論理的な倒錯である。かつての最高裁の悪癖であったと言ってよいのかもしれない。ここで結論を優先したことは、明らかに政治的には正しく、評価に値するのであり、法的な理由付けを追完するのは、後の判例解釈者の役割であるとも言えるだろう。けれども、これほど杜撰な論理構成をものともせずに、ともかくも結論を優先させた二一世紀の最高裁の内部で、何か大きな変化が起こっているのは明らかであった。

(39) 「強めの書き方を試みるように指示されたのでそうした」と、担当調査官が公開の場で嬉々として語るのも目撃した。なお参照、杉原則彦「活性化する憲法・行政訴訟の現状（憲法訴訟と行政訴訟）」公法七一号（二〇〇九年）一九六頁以下。

(40) ただし、その論理的な根拠であった国家法人説を失って以降、二元説は理論的には漂流した状態にあり、権利の側面と公務の側面を如何にして結合するかについて、説明に成功したドグマーティクは、本稿筆者のみるところ一つも存在していない。

2 確信――千葉時代の幕開け

この驚きを確信に変えたのが、二〇〇八年の国籍法違憲判決である（最大判平成二〇年六月四日民集六二巻六号一三六七頁）[41]。実質的には、非嫡出子相続差別合憲判断を下した平成七年決定（最大決平成七年七月五日民集四九巻七号一七八九頁）の法廷意見の結論を変更しており、そのためにはドグマーティクの本体を、同決定の反対意見のそれに置き換える必要があったはずである。[42] ところが、そこにあったのは、立法事実論のオンパレードであった。国籍の本質をめぐる些か不鮮明なドグマーティクを試みた後、国籍をめぐる海外のトレンドの変化、国内において法律の根拠となってきた立法事実の変遷が延々と語られる。そうした立法事実を踏まえつつ、法廷意見は――何のためにそれを用いるのか用途が不明のまま――目的・手段図式（比例原則）を適用した後、質的一部違憲（意味の一部の違憲）判決を下すわけである。[43]

この種の立法事実論は、法的論証の体をなしていない、というのが最高裁の伝統的な考え方であった。猿払事件第一審で時國判事が試みた立法事実（憲法事実）論は、適用違憲論ともども、最高裁判決で退けられた。森林法判決の段階でも、明らかに立法事実を失っていた同法一八六条に対して、立法事実論に基づく論証は補足意見にとどまっている。法廷意見では、その代わりに、森林法一八六条を、民法上の法制度としての「共有」――ひいては、その過渡性がアリバイとなってアイデンティティが保たれている、「法制度としての所有権」そのもの――の心臓部を刺し貫く危険条文としてフレームアップするための、硬質な民法ドグマーティクが披露されて、人を驚かせた。[44]

だが今回、立法事実のみによる論証が正式に論証として採用されたわけである。その際、かつて時國判事がドグマーティクの世界に風穴をあけるべく腐心して完成された猿払事件第一審判決が、判例実務にも受容可能な立法事実論として参考にされた可能性がある。比較法に言及して世界のトレンドを述べるところから入る論旨は、グローバリズムの採用として褒めそやす向きもあるが、端的に時國方式の採用と考えるべきであろう。往時は香城敏麿調査官によって跳ね返された時國判事の努力を、国籍法判決において積極的に受け継いだのは、千葉勝美首席調査官であるとみられる（遠藤比呂通の言う第四モデル）。その意味では、千葉時代の幕開け、とも言うべき判決であった。ここにみられるのは、反ドグマーティク、という明確な問題意識である。

(41) 参照、石川健治「国籍法違憲大法廷判決をめぐって——憲法の観点から（一〜三・完）」法教三四三号三五頁以下、三四四号四〇頁以下、三四六号七頁以下（二〇〇九年）。

(42) 論理構造の分析としては、参照、石川健治「最高裁判所民事判例研究・民法九〇〇条四号但書は合理的理由のない差別とはいえず憲法一四条一項に反しない」法協一一四巻一二号（一九九七年）一五三三頁以下。ただし、尾崎追加反対意見の stigma 論や status 論には、ほとんど触れられなかったのは残念であった。

(43) 行政法学者として、伝統的な行政法ドグマーティクの構造分析にこだわってきた藤田宙靖判事が、結論のみを同じくする「意見」にまわったのは、それ自体暗示的であった。

(44) 参照、石川健治「法制度の本質と比例原則の適用」LS憲法研究会編『プロセス演習憲法〔第二版〕』（信山社、二〇〇五年）二七〇頁以下。ただし、そうまでして護られるべきだとされた民法上の法制度としての所有権の、憲法上のステイタスが全く語られていないのが、本判決の致命的な欠陥である。ただ、最高裁が手探りで探り当てたこの論点について、適切な解釈論を学説が提供できていなかったため、裁判所としては沈黙せざるを得なかったのも事実である。そこで、判決文の欠缺を補うような読み方も必要ではないかと考え、一個の判例解釈論として——特定の民法上の法制度につき、その憲法上のステイタスを認める論理構成として伝統的な――「法制度保障論」による判例の読み直しを提案したのが、如上の論文である。

3 頂点――自己拘束の弛緩

反ドグマーティク的傾向の頂点をなすと言ってよいのは、非嫡出子相続差別に関する平成二五年決定（最大決平成二五年九月四日民集六七巻六号一三二〇頁）である。それに先立つ平成七年決定は、法廷意見と反対意見（追加反対意見）とが、異なるドグマーティクとして対抗しており、壮観であった。説得力ある反対意見との対比において、法廷意見の安定性は当時から疑問視されたが、その後も判例変更には至らなかった。ところが、千葉裁判官の主導する反ドグマーティクの手法によって、先例としての平成七年決定をいわば揉みほぐし、判例変更なしに結論を覆すことに成功した。反ドグマーティクの手法は、結果を出したのである。

この判決の特徴は、第一に先例拘束性の原理の蒸発である。結論が合憲から違憲へ変更されたのに、先例は変更されていないと強弁している。差別の合理性の根拠である「事柄の本質（Natur der Sache）」を支えるSacheが、時代とともに変化したという理由付けで、判例変更という難関をいとも易々と突破してみせたのである。Natur der Sache（事物の本性）の日本でのメジャーな訳語は「条理」であるが、文脈依存的な条理に流される解釈論が、普遍主義的な人権論にとって幸福であるか否かは、疑問である。

第二の特徴は、ドグマーティクの不在である。問題の民法九〇〇条四号が任意法規であることから、一切の強制（権利侵害）の不在を指摘して、平成七年決定は、芦部説を念頭に置いた高裁レヴェルでの違憲審査基準論を、ものの見事に空振りに終わらせている。比例原則は、自由権を本籍とし権利侵害を前提として成立する図式であり、平等条項の判断において該原則をも用いる場合もこの点は変わらないところ、本件のように権利侵害がそもそも観念できない場合には、比例原則的発想は無効だからである。

そこで、かかる法廷意見を乗り越えるべく、対抗ドグマーティクを構築したのが、同決定の反対意見であった。それが提起したのは、仮に具体的な権利侵害が不在でも、民法という基本法における法の表示——ケネス・カースト（Kenneth Karst）の言う law's expression ——は（反対意見）、非嫡出子という属性を持つ人間集団全体に対して日蔭者としての烙印（stigma）を押してしまう（尾崎追加反対意見）、という論点である。それにより民法は、権利の前提である身分（status）そのものの格下げを行ったのであり、直接の権利侵害とは質の違う、より深いダメージを当事者に与えたことになる。こうした、権利侵害よりもはるかに深い status の侵害の所在、というドグマーティッシュな構成は、差別されることの痛み（被差別感）の質の違いを主題化しており、「差別」問題の本質に迫った点で、法廷意見より優れているのは明らかであろう。

しかし、平成二五年決定は、どちらの意見をも採用しなかった。つまり同決定は、新しいドグマーティクを採用したわけでもなく、旧ドグマーティクも否定しないままで、なし崩しの判例変更を行ったわけである。

第三に、ドグマーティクの変更であれ、先例との「区別」であれ、先例と異なる結論を出すために必要な通常の手続に拠らなかったことは、法の改正手続の観点から問題がある。一般に、改正手続は、改正対象である旧法を改正するためだけでなく、新しい改正法にとっても根拠となるという点でも、上位の法を構成している。そうした改正手続によらない法は、その通用の根拠を欠くのである。判例法について、改正手続によらない実質的改正を、平成二五年決定は行ったことになるのではないか。

この点、同じく判例法の改正手続を意図的にもぐった先行判決としては、堀越事件判決がある（最二小判平成二四年一二月七日刑集六六巻一二号一三三七頁）。香城敏麿流のドグマーティク（ただし成功はしていない）で時國判決の反ドグマーティクを打ち破った猿払事件判決の先例性を承認しつつ、その再解釈という形で初めて風穴をあけて注目された。ただし、これには、大法廷回付を回避して、千葉裁判官が主導する第二小法廷限りで被告人を救済するためのテクニック、という意味合いがあった。

けれども、今回の大法廷決定の場合は違う。「合理的区別」論という平等条項解釈の大前提に立ち戻り、差別の合理性判断を左右する「事柄の性質（Natur der Sache）」が時代の変遷とともに変化したという理由付けだけで、平成七年決定を変更することなく、それとは一八〇度異なる結論が導出されたのであった。時勢の変遷が法の変遷に直結するという、ブランダイス＝芦部流の「法は事実より生ずる（Ex facto jus oritur）」という主張が、実現したのである。そして、この――既存の改正手続を無視した――なし崩しの先例変更は、ともあれ、民法九〇〇条四号但書の改正、という具体的な成果を挙げた。この状況で、三段階審査論によるドグマーティクの再興を試みる意味は、どこにあるのか、という疑問が生じてくる。

しかし、判例における、ドグマーティクと反ドグマーティクの対抗という図式は、これによって消滅したわけではない。象徴的なのは、平成二七年一二月一六日に同時に大法廷が下した、民法の再婚禁止期間（民集六九巻八号二四二七頁）と夫婦同氏制（民集六九巻八号二五八六頁）に関する判決である。前者が、このところ優勢な反ドグマーティクの傾向に棹さしているのに対して、後者は伝統的なドグマーティクに回帰しているのであって、同じ法廷の内部においても、二つの相反するヴェクトルが現に存在していることが窺われる。おそらく前者を指導したであろう千葉裁判官退官後の判例の動向は、なお予断を許さないと言わなくてはならないだろう。

V　今後の展望

ドグマーティクを棄て、他方で先例拘束性を軽視することにより、千葉時代の最高裁は具体的な権利救済の成果をいくつか挙げることができた。これを高く評価して、今こそ判例実証主義に転ずるべきだ、という考え方も成り立たないわけではない[45]。

けれども、率直な先例変更の手続、もしくは詳細な検討を踏まえた先例の事案との「区別」の手続を行わない現在の最高裁は、英米流の「先例拘束性」を全く重視していない。他方で、判例変更のためにはドグマーティクの変更を要する、というドグマーティク型から遠く離れて一〇数年が経過した。端的に言って、そうした裁判所は、それぞれの流儀の自己拘束から解放された政治機関にほかならない。政策形成機関としての政策評価からすれば一定の評価ができるにしても、立憲主義の弛緩した司法権は立憲的権力とは言えないであろう。世論から後ろ指をさされないよう風を読みながら、慎重な政治的配慮の下にではあるが、一五人の賢人たちによる裁判官統治への道を歩んでいるのである。

こうした状況における判例実証主義は危険である。今さらドグマーティクに復帰するのが無理であるならば、反ドグマーティク路線——それは、芦部、時國そして遠藤比呂通の目指す、立法事実論と違憲審査基準論の方向である——を推し進める一方で、先例との「区別」の作業に象徴される、先例拘束性への意識を強めてもらうほかないだろう。カズイスティクに傾きがちな国家機関が、立憲的権力たり得るためには——つまり自己拘束をするためには——先例が先例として尊重され先例が拘束力を持つような、メカニズムの形成とその運用に期待するほかはないのである。

けれども、夫婦同氏について最高裁が見せた、氏や婚姻の「法制度」についての分析をみる限り、なお揺り戻しが起こり得るのではなかろうか。三段階審査論を立ち上げた当時のシュリンクと同様、もう少しの間、それを通じたドグマーティクの立て直しに賭ける意味はあるように思われる。そして、それが——単なるお題目ではなく、多様に具体化された——比例原則の展開を通じて、適用段階での「事実」への配慮と両立することを期待したい、それが、本稿筆者のさしあたりの結論である。

(45) その良心的な試みとして、参照、木下昌彦編集代表『精読憲法判例［人権編］』(弘文堂、二〇一八年)。

最高裁の「総合的衡量による合理性判断の枠組み」の問題点

泉　徳治

Ⅰ　最高裁の違憲審査の状況

1　違憲裁判の件数

最高裁大法廷が昭和二二年八月に発足してからの七二年間に、法令を違憲と判断した裁判（法令違憲裁判）は一〇件[(1)]、行政上または裁判上の処分を違憲とした裁判（処分違憲裁判）は一四件[(2)]である。法令違憲裁判の一〇件は、国民の権利自由（平等権を含む）を制約する法律の規定を違憲としたものであり、処分違憲裁判の一四件は、一一件までが裁判手続を違憲とするものであり、残りの三件は、県の公金により玉串料等を支出した行為、市が町内会に市有地を無償で神社施設の敷地として利用に供している行為、令状なしで行ったGPS捜査、を違憲とするものである。

本稿は、最高裁が個人の権利自由を制約する国家行為（国または公共団体の法令・行政処分）の合憲性をどのような基準で審査しているのか、その審査基準は憲法が裁判所に違憲審査権を付与している趣旨に適合しているのかを考えるものである。

（1） ①最大判昭和四八年四月四日刑集二七巻三号二六五頁（尊属殺重罰規定）、②最大判昭和五〇年四月三〇日民集二九巻四号五七二頁（薬局開設距離制限規定）、③最大判昭和五一年四月一四日民集三〇巻三号二二三頁（衆議院議員定数配分規定）、④最大判昭和六〇年七月一七日民集三九巻五号一一〇〇頁（衆議院議員定数配分規定）、⑤最大判昭和六二年四月二二日民集四一巻三号四〇八頁（共有森林分割請求権制限規定）、⑥最大判平成一四年九月一一日民集五六巻七号一四三九頁（郵便法免責規定）、⑦最大判平成一七年九月一四日民集五九巻七号二〇八七頁（在外邦人投票権制限規定）、⑧最大判平成二〇年六月四日民集六二巻六号一三六七頁（婚外子国籍取得制限規定）、⑨最大決平成二五年九月四日民集六七巻六号一三二〇頁（婚外子相続分差別規定）、⑩最大判平成二七年一二月一六日民集六九巻八号二四二七頁（再婚禁止期間規定）。

（2） ①最大判昭和二三年七月一九日刑集二巻八号九四四頁（不当に長い拘禁後の自白による有罪）、②最大判昭和二四年四月六日刑集三巻四号四四五頁（自白のみによる有罪）、③最大決昭和二四年九月一九日刑集三巻一〇号一五九八頁（正式裁判請求の弁護人への委任の否定)、④最大判昭和二五年七月一一日刑集四巻七号一二九八頁(自白のみによる有罪)、⑤最大判昭和二七年五月一四日刑集六巻五号七六九頁(不当に長い勾留後の自白による有罪)、⑥最大決昭和三五年七月六日民集一四巻九号一六五七頁(訴訟事件につきなされた調停に代わる裁判)、⑦最大判昭和三七年一一月二八日刑集一六巻一一号一五七七頁(第三者の所有物の没収)、⑧最大判昭和四〇年四月二八日刑集一九巻三号二〇三頁(第三者に対する追徴)、⑨最大判昭和四二年七月五日刑集二一巻六号七四八頁(余罪による量刑)、⑩最大判昭和四五年一一月二五日刑集二四巻一二号一六七〇頁(偽計による自白の証拠採用)、⑪最大判昭和四七年一二月二〇日刑集二六巻一〇号六三一頁(刑事裁判の一五年余の審理放置)、⑫最大判平成九年四月二日民集五一巻四号一六七三頁(公費による玉串料等の奉納)、⑬最大判平成二二年一月二〇日民集六四巻一号一頁(市有地の連合町内会に対する神社敷地としての無償提供)、⑭最大判平成二九年三月一五日刑集七一巻三号一三頁(令状なしGPS捜査)。

2 最高裁の違憲審査基準

個人の権利自由を制約する国家行為の合憲性判断について、最大判平成四年七月一日民集四六巻五号四三七頁(成田新法事件)は、「集会の自由といえどもあらゆる場合に無制限に保障されなければならないものではなく、公共の福祉による必要かつ合理的な制限を受けることがあるのはいうまでもない。そして、このような自由に対する制限が必要かつ合理的なものとして是認されるかどうかは、制限が必要とされる程度と、制限される自由の内容及び性質、これに加えられる具体的制限の態様及び程度等を較量して決めるのが相当である」とする。また、最二小判平成二三年五月三〇日など三つの小法廷判決(国旗国歌起立斉唱事件)[3]は、公立高・中学校の校長が教諭に対し卒業式または入学式において国旗掲揚の下で国歌斉唱の際に起立して斉唱することを命じた職務命令の合憲性判断につき、「職務命令の目的及び内容並びに上記の制限（個人の歴史観ないし世界観に由来する行動の実行または拒否という外部的行動の制限）を介して生ずる制約の態様等を総合的に較量して、当該職務命令に上記の制約を許容し得る程度の必要性及び合理性が認められるか否かという観点から判断するのが相当である」としている。

そして、差別的取扱いを行う国家行為の合憲性判断について、最大判昭和三九年五月二七日民集一八巻四号六七六頁（待命処分事件）は、憲法一四条一項は、国民に対し絶対的な平等を保障したものではなく、差別すべき合理的な理由なくして差別することを禁止している趣旨と解すべきであるから、事柄の性質に即応して合理的と認められる差別的取扱いをすることはなんら同条の否定するところではない、と述べている。

これらの裁判例にみる限り、最高裁の「判例」として形成されている違憲審査基準としては、「国家行為による権利自由の制約の合憲性は、国家行為の目的および内容ならびに制約の態様等を総合的に衡量して、国家行為に制約を許容し得る程度の必要性および合理性が認められるか否かという観点から判断する、また、法的な差別的取扱いの合憲性は、事柄の性質に応じた合理的な根拠に基づいているか否かという観点から判断する」という枠組み（以下「総合的衡量による合理性判断の枠組み」という）があるだけであると言わざるを得ない。

前記の法令違憲裁判一〇件は、個人の権利自由に対する制約を最も厳しく審査したもので、そこに最高裁の違憲審査の最先端をみることができる。そこで、これらの一〇件を参考として、最高裁は、「総合的衡量による合理性判断の枠組み」にとどまることなく、さらに詳細な審査基準を形成しているかどうかを念のため検証しておくこととする。

（3）　①最二小判平成二三年五月三〇日民集六五巻四号一七八〇頁、②最一小判平成二三年六月六日民集六五巻四号一八五五頁、③最三小判平成二三年六月一四日民集六五巻四号二一四八頁。

3　目的・手段の審査手法の採用状況

前記の法令違憲裁判一〇件のうち、次の六件は、目的・手段の審査手法（個人の権利自由を制約する国家行為が合憲であるためには、国家行為の目的が正当であり、かつ、国家行為の採用する手段が当該目的に適合したものでなければならないとの考えに基づく審査手法）を採用している。

①最大判（尊属殺重罰規定）（注(1)の①）は、「刑法二〇〇条の立法目的は、尊属を卑属またはその配偶者が殺害することをもつて一般に高度の社会的道義的非難に値するものとし、かかる所為を通常の殺人の場合より厳重に処罰し、もつて特に強くこれを禁圧しようとするにあるものと解され」るところ、「かかる差別的取扱いをもつてただちに合理的な根拠を欠くものと断ずることはできず、したがつてまた、憲法一四条一項に違反するということもできないものと解する」、しかしながら「加重の程度が極端であつて、前示のごとき立法目的達成の手段として甚だしく均衡を失し、これを正当化しうべき根拠を見出しえないときは、その差別は著しく不合理なものといわなければならず、かかる規定は憲法一四条一項に違反して無効であるとしなければならない」と判示している。

②最大判（薬局開設距離制限規定）（注(1)の②）は、薬局の開設等の許可基準の一つとして地域的制限を定めた薬事法の規定は、不良医薬品の供給の危険が生じるのを防止すること、薬局等の一部地域への偏在の阻止に

よって無薬局地域または過少薬局地域への薬局の開設等を間接的に促進することを目的とするところ、これらの目的はいずれも公共の福祉に合致するものであり、かつ、それ自体としては重要な公共の利益と言うことができるものの、これらの目的を達成する手段として地域的制限を定めることはこれらの目的のために必要かつ合理的な規制を定めたものと言うことができないから、憲法二二条一項に違反し、無効である、と判示している。

③最大判（共有森林分割請求権制限規定）（注（1）の⑤）は、「財産権に対して加えられる規制が憲法二九条二項にいう公共の福祉に適合するものとして是認されるべきものであるかどうか」の審査について、「立法の規制目的が……公共の福祉に合致しないことが明らかであるか」、または「規制手段が右目的を達成するための手段として必要性若しくは合理性に欠けていることが明らかであつて、そのため立法府の判断が合理的裁量の範囲を超えるものとなる場合に限り、当該規制立法が憲法二九条二項に違背するものとして、その効力を否定することができるものと解するのが相当である」と判示している。

④最大判（郵便法免責規定）（注（1）の⑥）は、公務員の不法行為による国または公共団体の損害賠償責任を免除し、または制限する法律の規定が憲法一七条に適合するものとして是認されるものであるかどうかは、「当該規定の目的の正当性並びにその目的達成の手段として免責又は責任制限を認めることの合理性及び必要性を総合的に考慮して判断すべきである」と判示している。

⑤最大判（婚外子国籍取得制限規定）（注（1）の⑧）は、「日本国籍の取得に関する法律の要件によって生じた区別が、合理的理由のない差別的取扱いとなるときは、憲法一四条一項違反の問題を生ずることはいうまでもない。すなわち、立法府に与えられた上記のような裁量権を考慮しても、なおそのような区別をすることの立

法目的に合理的な根拠が認められない場合、又はその具体的な区別と上記の立法目的との間に合理的関連性が認められない場合には、当該区別は、合理的な理由のない差別として、同項に違反するものと解されることになる」と判示している。

⑥最大判（再婚禁止期間規定）（注（1）の⑩）は、民法七三三条一項が再婚をする際の要件に関し男女の区別をしていることにつき、「そのような区別をすることの立法目的に合理的な根拠があり、かつ、その区別の具体的内容が上記の立法目的との関連において合理性を有するものであるかどうかという観点から憲法適合性の審査を行うのが相当である」と判示している。

しかし、前記の法令違憲裁判一〇件のうち、次の四件は、目的・手段の審査手法を用いることなく、違憲の判断をしている。

①最大判（衆議院議員定数配分規定）（注（1）の③）は、「具体的に決定された選挙区割と議員定数の配分の下における選挙人の投票価値の不平等が、国会において通常考慮しうる諸般の要素をしんしやくしてもなお、一般的に合理性を有するものとはとうてい考えられない程度に達しているときは、もはや国会の合理的裁量の限界を超えているものと推定されるべきものであり、このような不平等を正当化すべき特段の理由が示されない限り、憲法違反と判断するほかはないというべきである」と判示している。

②最大判（衆議院議員定数配分規定）（注（1）の④）も、右と同旨の判示をしている。これらの最大判は、当初は人口に比例していた議員定数配分がその後の人口移動により人口に比例しなくなったケースであるため、目的・手段の審査になじまないと判断したものと考えられるが、これらの事件においても、人口移動にもかかわらず格差を維持することの立法目的と、一定程度の格差の維持という手段の両面から審査することも可能

であり、その方が格差の違憲性がより鮮明になったと考えられる。

③最大判（在外邦人投票権制限規定）（注(1)の⑦）は、「国民の選挙権又はその行使を制限することは原則として許されず、国民の選挙権又はその行使を制限するためには、そのような制限をすることがやむを得ないと認められる事由がなければならないというべきである。そして、そのような制限をすることなしには選挙の公正を確保しつつ選挙権の行使を認めることが事実上不能ないし著しく困難であると認められる場合でない限り、上記のやむを得ない事由があるとはいえず、このような事由なしに国民の選挙権の行使を制限することは、憲法一五条一項及び三項、四三条一項並びに四四条ただし書に違反するといわざるを得ない」と判示している。この最大判は、最高裁判例の中では最も厳しい違憲審査基準を示したものである。最大判は、選挙権の行使を全く認めないという重大な権利制約であったため、敢えて目的と手段に分けるまでもなく違憲であることが明らかであると判断したものと考えられるが、目的・手段の審査手法を用いることも可能ではあったと言える。

④最大決（婚外子相続分差別規定）（注(1)の⑨）は、婚外子相続分差別規定に関連する種々の事柄の変遷等を掲げ、「以上を総合すれば、遅くともAの相続が開始した平成一三年七月当時においては、立法府の裁量権を考慮しても、嫡出子と嫡出でない子の法定相続分を区別する合理的な根拠は失われていたというべきである」と判示している。最大決は、当初は合憲であった規定が近年になって違憲になったと判断したため、目的・手段の審査手法を採用しにくいと考えたのであろうが、同種事件の最大決平成七年七月五日民集四九巻七号一七八九頁と同様に目的・手段の審査手法を採用しても、途中から違憲となったとの判断は十分可能であったと考えられる。

4　制約される権利自由の性質に伴う審査の厳格化の状況

前記の法令違憲裁判一〇件のうち、次の三件は、制約される権利の重要性に着目して違憲判断を導いている。

①最大判（衆議院議員定数配分規定）（注（1）の③）は、「選挙権は、国民の国政への参加の機会を保障する基本的権利として、議会制民主主義の根幹をなす」として、選挙権の重要性を強調し、投票価値の不平等は「国会が正当に考慮することのできる重要な政策的目的ないしは理由に基づく結果として合理的に是認することができるものでなければならないと解されるのであり、その限りにおいて大きな意義と効果を有するのである」とし、「重要な政策的目的ないしは理由」の存在を要求することにより、通常の合理性以上のものを求めている。

②最大判（在外邦人投票権制限規定）（注（1）の⑦）は、「国民の代表者である議員を選挙によって選定する国民の権利は、国民の国政への参加の機会を保障する基本的権利として、議会制民主主義の根幹を成すものであり、民主国家においては、一定の年齢に達した国民のすべてに平等に与えられるべきものである」として、選挙権の重要性を指摘した上、選挙権に対する制約の合憲性を前記のように厳格に審査している。

③最大判（婚外子国籍取得制限規定）（注（1）の⑧）は、「日本国籍は、我が国の構成員としての資格であるとともに、我が国において基本的人権の保障、公的資格の付与、公的給付等を受ける上で意味を持つ重要な法的地位でもある」として、「日本国籍取得の要件に関して区別を生じさせることに合理的な理由があるか否かについては、慎重に検討することが必要である」としている。

なお、最大判（薬局開設距離制限規定）（注(1)の②）は、「職業の自由は、それ以外の憲法の保障する自由、殊にいわゆる精神的自由に比較して、公権力による規制の要請がつよく、憲法二二条一項が『公共の福祉に反しない限り』という留保のもとに職業選択の自由を認めたのも、特にこの点を強調する趣旨に出たものと考えられる」と述べ、精神的自由に対する制約の合憲性は厳格に審査すべきことを示唆している。

5　区別の理由の性質に伴う審査の厳格化の状況

前記の法令違憲裁判一〇件のうち、次の二件は、平等原則違反が問題となった事案で、区別の理由の不当性に着目して違憲判断を行っている。

①最大判（婚外子国籍取得制限規定）（注(1)の⑧）は、「父母の婚姻により嫡出子たる身分を取得するか否かということは、子にとっては自らの意思や努力によっては変えることのできない父母の身分行為に係る事柄である。したがって、このような事柄をもって日本国籍取得の要件に関して区別を生じさせることに合理的な理由があるか否かについては、慎重に検討することが必要である」としている。

②最大決（婚外子相続分差別規定）（注(1)の⑨）は、「父母が婚姻関係になかったという、子にとっては自ら選択ないし修正する余地のない事柄を理由としてその子に不利益を及ぼすことは許されず、子を個人として尊重し、その権利を保障すべきであるという考えが確立されてきている」として、「立法府の裁量権を考慮しても、嫡出子と嫡出でない子の法定相続分を区別する合理的な根拠は失われていた」としている。

なお、最大判（尊属殺重罰規定）（注(1)の①）は尊属と卑属という身分に関わり、最大判（再婚禁止期間規定）（注(1)の⑩）は性別に関わるものであるが、身分や性別に着目したというよりも、立法目的達成の手段として甚だしく均衡を欠く差別、あるいは過剰な差別を問題として違憲の判断をしている。

6　最高裁の違憲審査基準

前記の法令違憲裁判一〇件中六件は、目的・手段の審査手法を用いているが、残りの四件は、この手法を用いていない。目的・手段の審査手法が判例として確立しているとまでは言えない。

また、前記一〇件の中には、制約される権利自由が選挙権・国籍取得という重要なものであることや、法的差別の理由が婚外子であることという不当なものであることを理由に、合理性の判断を厳しくしているものもあるが、厳しくすることの基準に関して一般論を述べるものはない。最大決（婚外子相続分差別規定）（注（1）の⑨）も、憲法一四条一項適合性の判断基準としては、前記**2**の最大判昭和三九年五月二七日（待命処分事件）等を引用して同旨の基準を述べるにとどまっている。

一方、前記の法令違憲裁判が合憲性を厳しく審査した「制約される権利自由」または「区別の理由」についても、次の裁判例は緩やかな審査で合憲の判断をしている。

①最大判（在外邦人投票権制限規定）（注（1）の⑦）において、「国民の国政への参加の機会を保障する基本的権利として、議会制民主主義の根幹を成すもの」とされた「選挙権」についても、投票価値の不平等により選挙権を制約することの合憲性の審査になると、最大判平成二七年一一月二五日民集六九巻七号二〇三五頁は、「憲法は、選挙権の内容の平等、換言すれば投票価値の平等を要求しているものと解される。他方、投票価値の平等は、選挙制度の仕組みを決定する絶対の基準ではなく、国会が正当に考慮することのできる他の政策的目的ないし理由との関連において調和的に実現されるべきものであるところ、国会の両議院の議員の選

挙については、憲法上、議員の定数、選挙区、投票の方法その他選挙に関する事項は法律で定めるべきものとされ（四三条二項、四七条）、選挙制度の仕組みの決定について国会に広範な裁量が認められている」、「選挙制度の合憲性は、これらの諸事情を総合的に考慮した上でなお、国会に与えられた裁量権の行使として合理性を有するといえるか否かによって判断される」と述べ、一人別枠方式の影響を残している選挙区割り規定が是正のための合理的期間を徒過して憲法一四条一項等に違反することになったとまでは言うことができないとしている。

②最大判（婚外子国籍取得制限規定）（注(1)の⑧）において、「父母の婚姻により嫡出子たる身分を取得するか否かということは、子にとっては自らの意思や努力によっては変えることのできない父母の身分行為に係る事柄である」として不当な差別理由とされた「嫡出でない子」についても、最一小判平成二五年九月二六日民集六七巻六号一三八四頁（戸籍法婚外子規定）は、戸籍法四九条二項一号の規定のうち、出生の届出に係る届書に嫡出子または嫡出でない子の別を記載すべきものと定める部分は、憲法一四条一項に違反しないとしている。また、最大判（再婚禁止期間規定）（注(1)の⑩）は、女性についてのみ六か月の再婚禁止期間を設けている民法七三三条一項のうち一〇〇日の再婚禁止期間を設ける部分は憲法一四条一項に違反しないとしている。

③なお、最大判（薬局開設距離制限規定）（注(1)の②）は、「精神的自由」については公権力による規制が慎重であるべきことに言及している。個人の基本的人権の中で最も重要な地位を占めるのは、憲法一九条の思想および良心の自由であるから、思想および良心の自由に対する制約の合憲性については最も厳しい審査を行うべきである。しかし、公立高・中学校の校長が教諭に対し卒業式または入学式において国旗掲揚の下で国歌斉唱の際に起立して斉唱することを命じた職務命令の合憲性について、前記**2**の通り、最高裁の三つの小法

廷は、「総合的衡量による合理性判断の枠組み」による判断をしている。

右のような状況からすると、最大公約数たる「判例」として形成されている違憲審査基準としては、「総合的衡量による合理性判断の枠組み」があるだけであると言わざるを得ない。

最高裁は、多くの裁判例において、目的・手段の審査手法を採用しているが、採用していない裁判例も相当数あり、目的・手段の審査手法が判例となっているとまでは言えない。また、最高裁は、時として、制約される権利自由の重要性や区別理由の不当性を考慮し、権利自由の制約の合理性の審査を厳しくすることもあるが、そのことに何らかの基準があるわけではなく、あくまでもアドホックな審査にとどまっている。「総合的衡量による合理性判断の枠組み」は、違憲審査において如何なる項目を審査するか、如何なる手法・基準で審査するかについて語るところがない。結局のところは、制約や差別の合憲性は「合理性」の有無によって判断すると言っているにすぎない。しかも、「合理性」の有無は、諸般の事情を総合的に衡量して判断するというのであるから、結局は裁判官の主観によって結論が決まるということになる。したがって、裁判官が裁判を行うにあたっての客観的規範として裁判官を規律するものではなく、国民の側からみても、これによって裁判の結果を予測することは困難である。「総合的衡量による合理性判断の枠組み」は、客観的な裁判規範としての違憲審査基準と評価できるものではない。

7　憲法の違憲審査制から導かれる審査の項目、手法および基準

憲法は、日本社会の基本原理として、国民の基本的人権を侵すことのできない永久の権利として保障し、全ての国民を個人として尊重すること、生命・自由・幸福追求に対する国民の権利を公共の福祉に反しない

限り立法その他の国政の上で最大に尊重することをうたい（一一条、一三条）、個人に価値の根源を置いている。そして、個人が全体主義によって犠牲にされることを防ぎ、個人の価値を守っていくため、国民を主権者として据える民主政の体制を採用している。憲法が司法府たる裁判所に違憲審査権を付与しているのは、この民主政の体制そのものが立法・行政府によってゆがめられることのないよう監視させ、国民の基本的人権が立法・行政府の裁量権の濫用によって侵害されることを防ぎ、国民の基本的人権の保障を基本原理とする憲法秩序を維持するためである。憲法が裁判所に違憲審査権を付与しているこのような趣旨に照らせば、裁判所が国民の権利自由を制約する国家行為の合憲性を審査するにあたって、当然に審査すべき項目、審査の手法、立法・行政府の裁量をどの程度尊重するべきかの基準が導かれると考えられる。

第一に、当該権利自由が憲法で保障されているものであるか否かを審査する必要がある（最大判（GPS捜査）（注(2)の⑭）は、GPS捜査によって制約される個人のプライバシーが憲法三五条の保障する「住居、書類及び所持品について、侵入、捜索及び押収を受けることのない権利」に含まれるか否かを審査している）。

第二に、当該権利自由が憲法で保障されたものであれば、それを制約する国家行為は、主権を有する国民の代表者からなる立法府が制定した法律に基づいているか否かを審査しなければならない（法律の留保）。憲法が採用する国民主権による代表民主政から導かれる当然の要件である（最大判（GPS捜査）（注(2)の⑭）は、「GPS捜査は、個人の意思を制圧して憲法の保障する重要な法的利益を侵害するものとして、刑訴法上、特別の根拠規定がなければ許容されない」として、GPS捜査が法律によるべきことを要求している）。

第三に、右の法律が規範の明確性の要件を満たしているかどうかを審査しなければならない（最大判昭和五九年一二月一二日民集三八巻一二号一三〇八頁（税関検査事件）は、「風俗を害すべき書籍、図画」の輸入を規制する規定がその文言不明確の故に違憲無効となるか否かを審査している)。

第四に、国家行為は、その目的において正当性を有しているかどうか、制約の手段がその目的を達成するのに適合したものであるかを審査する必要がある（前記法令違憲裁判の一〇件中六件までが目的・手段の審査手法を採用している)。

第五に、国家行為の目的の正当性と手段の適合性の審査にあたっては、次の通り、制約される権利自由と区別の理由の憲法上の位置付けにより、立法・行政府の裁量を尊重してその判断に必要性および合理性があることを前提とする合憲性推定の原則により緩やかな審査を行うか、合憲性を推定することなく、国家行為に必要性および合理性が存することについて、立法・行政府に積極的な論証を求め、裁判所が厳格に審査すべきかを区別する必要がある（前記法令違憲裁判の一部は、制約される権利自由や制約の区別の憲法上の位置付けに言及している)。

①国民の権利は、公共の福祉に反しない限り、立法その他の国政の上で最大の尊重を受けるものであるが、個人の尊重と公共の福祉の調和のため、いかなる政策を採用するかを判断するのは、憲法が採用する民主政の原則からして、国民の代表である立法府および法律執行機関たる行政府の役割である。政策に誤りがある場合は、国民が選挙を通じて修正していくべきである。裁判所は、国民によって選ばれた機関ではなく、政策立案能力を組織的に有するものでもない。したがって、国民の権利自由を制約する国家行為も、必要性および合理性を備えたものとして合憲性を推定し、明らかに必要性および合理性を欠いている場合にのみ、裁判所は違憲の判断をすべきである。民主政の下では、これが基本である（私が調査官として関与した最大判昭和六〇年三月二七日民集三九巻二号二四七頁（サラリーマン税金訴訟）は、「租税法の分野における所得の性質の違い等を理由とする取扱いの区

別は、その立法目的が正当なものであり、かつ、当該立法において具体的に採用された区別の態様が右目的との関連で著しく不合理であることが明らかでない限り、その合理性を否定することができず、これを憲法一四条一項の規定に違反するものということはできないものと解するのが相当である」と判示した。制約される国民の権利自由が「租税法の分野」に係るものであること、区別の理由も「所得の性質の違い等」であることから、合憲性の推定の上に立った緩やかな審査をしたものである)。

②しかし、思想および良心の自由、信教の自由、言論・出版等の表現の自由等の精神的自由は、個人の自己決定権、人格的アイデンティティの基盤をなすものであって、国民が自律した個人として生き、民主政の政治過程に参加していくためにも不可欠なものであり、憲法が最大限に尊重しているものであるから、精神的自由を制約する国家行為については、必要性および合理性を備えたものとして合憲性を推定すべきではなく、立法・行政府側に合憲性についての論証責任を課し、裁判所において、制約目的が必要不可欠なものか、制約手段が目的達成のため必要最小限のものであるかを厳格に審査すべきである。精神的自由の制約を立法・行政府の広範な裁量に委ねていては、国民が「個人として尊重される」との憲法原理が危ういものとなる。また、国民の権利自由に関する区別の理由が、憲法一四条に掲げる人種、信条、性別、社会的身分、門地等である場合も、「個人として尊重」の憲法原理を危うくするものとして、同様に裁判所において区別の可否を厳格に審査すべきである。

③国民が情報を広め、意見を表明し、集会を開き、政治的団体を結成し、選挙権を行使するという民主政の政治過程を制約する国家行為についても、立法・行政府に広範な裁量を認めるべきではなく、裁判所が真にやむを得ないものであるかどうかを厳格に審査すべきである。選挙権の投票価値に格差を設けるなど、民主政の政治過程そのものがゆがめられた場合、国民が選挙権を行使して是正を求めることはできないのであ

る。

④特定の宗教的、民族的、人種的少数者の権利自由を制約する国家行為についても、裁判所が真にやむを得ないものであるかどうかを厳格に審査すべきである。少数派に属する人々も、個人として尊重されるべきことに変わりはないが、多数決原理の民主政によって少数派の人々の権利自由の回復を図ることは困難であるからである。

違憲審査は、総合的衡量によることなく、右のような項目等を明確に意識して分節的に行うのでなければ、国民の権利自由が十分に保障されない。

ちなみに、最二小判平成二四年一二月七日刑集六六巻一二号一七二二頁（世田谷事件）は、国公法一一〇条一項一九号、一〇二条一項、人事院規則一四－七（政治的行為）六項七号（以下、これらの規定を合わせて「本件罰則規定」という）が憲法二一条一項、一九条等に違反するかどうかについては、「本件罰則規定による政治的行為に対する規制が必要かつ合理的なものとして是認されるかどうかによることになるが、これは、本件罰則規定の目的のために規制が必要とされる程度と、規制される自由の内容及び性質、具体的な規制の態様及び程度等を較量して決せられるべきものである」と言う。これだけにとどまるとすれば、「総合的衡量による合理性判断の枠組み」によったものとも言えるが、最二小判は、本件罰則規定で制約される権利自由の性質について、「国民は、憲法上、表現の自由（二一条一項）としての政治活動の自由を保障されており、この精神的自由は立憲民主政の政治過程にとって不可欠の基本的人権であって、民主主義社会を基礎付ける重要な権利であることに鑑みると、上記の目的に基づく法令による公務員に対する政治的行為の禁止は、国民としての政治活動の自由に対する必要やむを得ない限度にその範囲が画されるべきものである」とした上、本件罰則規定の目的について、「公務員の職務の遂行の政治的中立性を保持することによって行政の中立的運営を確保し、これに対する国民の信頼を維持することにあるところ、これは、議会制民主主義に基づく統治機構の仕組みを定める憲法の要請にかなう国民全体の重要な利益というべきであり、公務員の職務の遂行の政治的中立性を損なうおそれが実質的に認められる政治的行為を禁止することは、国民全体の上記利益の保護のためであって、その規制の目的は合理的であり正当なものといえる」とし、手段について、「禁止の対象とされるものは、公務員の職務の遂行の政治的中立性を損なうおそれが実質的に認められる政治的行為に限られ、このようなおそれが認められない政治的行為や本規則が規定する行為類型以外の政治的行為が禁止されるものではないから、その制限は必要やむを得ない限度にとどまり、前記の目的を達成するために必要かつ合理的な範囲のものというべきである」としている。また、最二小判は、国公法一〇二条一項の人事院規則への委任が憲法上禁止される白紙委任にあたらないとしているから、法律の留保についても審査している。

すなわち、最二小判は、右の第一ないし第五に掲げた違憲審査基準と同じような審査をしているのである。右の違憲審査基準は、決して観念論ではなく、実際の裁判例においても用いられているのである。

ただし、最二小判は、刑罰規定の構成要件となる「政治的行為」について、「公務員の職務の遂行の政治的中立性を損なうおそれが、観念的なものにとどまらず、現実的に起こり得るものとして実質的に認められるものを指し」と限定しながら、公訴事実の新聞配布行為が「勤務時間外である休日に、国ないし職場の施設を利用せずに、それ自体は公務員としての地位を利用することなく行われたものであること、公務員により組織される団体の活動としての性格を有しないこと、公務員であることを明らかにすることなく、無言で郵便受けに文書を配布したにとどまるものであって、公務員による行為と認識し得る態様ではなかったことなどの事情を考慮しても」刑罰規定の構成要件である政治的行為に該当するとしており、この構成要件該当性の判断は誤りと言うべきであろう。しかし、違憲審査基準については、今後も最二小判のような裁判が積み重なって判例となることが期待される。

最高裁の「総合的衡量による合理性判断の枠組み」は、右の第一ないし第五に掲げた違憲審査の項目、手法および基準を無視ないし曖昧なものとするもので、それによる違憲審査が如何に憲法の趣旨から外れたものになるかを、次の三件の裁判例で検証することとする。

Ⅱ　最高裁の憲法裁判例の検証

1　国旗国歌起立斉唱事件

最三小判平成二三年六月一四日（注（3）の③）は、公立中学校の校長が教諭に対し卒業式において国旗掲揚の下で国歌斉唱の際に起立して斉唱することを命じた職務命令が憲法一九条に違反しない、と判断した。

最三小判が判決の冒頭で掲げる事実関係によると、八王子市立中学校教諭であったXは、卒業式において、国旗掲揚の下で国歌斉唱の際に起立して斉唱すること（以下「起立斉唱行為」という）を命じる旨の校長の職務命令に従わず、国歌斉唱の際に起立しなかったところ、東京都教育委員会から、戒告処分を受け、服務事故再発防止研修を受講させられた。

Xは、起立斉唱行為を拒否する理由について、天皇主権と統帥権が暴威を振るい、侵略戦争と植民地支配によって内外に多大な惨禍をもたらした歴史的事実から、「君が代」や「日の丸」に対し、戦前の軍国主義と天皇主義を象徴するという否定的評価を有しているので、「君が代」や「日の丸」に対する尊崇、敬意の念の表明にほかならない国歌斉唱の際の起立斉唱行為をすることはできないと考えている。

①まず、最三小判は、Xの「上記のような考えは、我が国において『日の丸』や『君が代』が戦前の軍国主義や国家体制等との関係で果たした役割に関わる上告人ら自身の歴史観ないし世界観及びこれに由来する社会生活上ないし教育上の信念等ということができる」と認める。

②次に、最三小判は、起立斉唱行為は「国旗及び国歌に対する敬意の表明の要素を含む行為であり、そのように外部から認識されるものである」とし、「自らの歴史観ないし世界観との関係で否定的な評価の対象となる『日の丸』や『君が代』に対して敬意を表明することには応じ難いと考える者が、これらに対する敬意の表明の要素を含む行為を求められることは……個人の歴史観ないし世界観に由来する行動（敬意の表明の拒否）と異なる外部的行動（敬意の表明の要素を含む行為）を求められることとなり、それが心理的葛藤を生じさせ、ひいては個人の歴史観ないし世界観に影響を及ぼすものと考えられるのであって、これを求められる限りにおいて、その者の思想及び良心の自由についての間接的な制約となる面があることは否定し難い」とする。

③そして、最三小判は、個人の思想および良心の自由に対する「間接的な制約が許容されるか否かは、職務命令の目的及び内容並びに上記の制限を介して生ずる制約の態様等を総合的に較量して、当該職務命令に上記の制約を許容し得る程度の必要性及び合理性が認められるか否かという観点から判断するのが相当である」とする。

④最後に、最三小判は、職務命令の目的は「生徒等への配慮を含め、教育上の行事にふさわしい秩序の確

保とともに当該式典の円滑な進行を図るもの」であり、職務命令の内容は前記のようなものであるとする。また、最三小判は、「制約の態様等」の「等」として、国旗及び国歌に関する法律が国旗は日章旗とし国歌は君が代と定めていること、中学校学習指導要領が「入学式や卒業式などにおいては、その意義を踏まえ、国旗を掲揚するとともに、国歌を斉唱するよう指導するものとする」と定めていること、Xが地公法に基づき法令等および職務上の命令に従わなければならない地方公務員であることを考慮しているものと解される。最三小判は、以上のような職務命令の目的および内容ならびに制約の態様等を総合的に較量すれば、職務命令には、思想および良心の自由についての間接的な制約を許容し得る程度の必要性および合理性が認められるから、憲法一九条に違反するとは言えないとする。

しかし、最三小判は、Iの**7**に掲げた違憲審査基準に照らすと、種々の問題点を見過ごしていることがわかる。

①違憲審査においては、制約される権利自由の憲法上の位置付けを審査する必要がある。Xにおいて起立斉唱行為を拒否することが憲法一九条の思想および良心の自由に含まれるのか否か、含まれるとすれば、どの程度の強度で保護されるものなのかを審査しなければならない。最三小判は、この審査を十分に行っていない。

まず、最三小判は、校長の職務命令がXの「思想及び良心の自由についての間接的な制約となる面があることは否定し難い」と言う。この判示は、憲法一九条は起立斉唱行為を拒否する自由も保護していると判断しているのか、憲法一九条はXの歴史観ないし世界観のみを保護しており、歴史観ないし世界観に反する起立斉唱行為を拒否する自由までは保護していないものの、起立斉唱行為を命じる職務命令は歴史観ないし世界観に影響を及ぼすと判断しているのか、曖昧である。そして、最三小判は、起立斉唱行為を拒否する自由がどの程度強く保護されるべきものかについても、判断していない。

しかし、思想および良心の自由は、自己の歴史観ないし世界観を表明する自由を含むことが明らかであり、それと表裏の関係にある自己の歴史観ないし世界観に反する行為を行わない自由も含むと言うべきである。この事件のXとは異なり、自己の宗教上の信念に基づき起立斉唱行為ができない者も存在する。宗教上の信念に反する起立斉唱行為を強制されない自由が憲法二〇条一項および二項の信教の自由の保護範囲に含まれることは明らかである。そのこととの対比からも、起立斉唱行為を行わない自由が憲法一九条の思想および良心の自由の保護範囲に入ると解される。そうすると、校長の職務命令は、思想および良心の自由を直接制約するものというのが相当である。そして、思想および良心の自由は、個人の尊厳と自律の基盤をなすものであり、憲法上最も強く保護される権利自由の一つである。

②違憲審査においては、個人の権利自由を制約する国家行為の目的の正当性を審査し、制約の手段が目的に適合的で真にやむを得ないものであるかを審査する必要がある。最三小判は、目的・手段の審査手法を採用せずに、目的、制約の態様等を総合的に較量して、職務命令に制約を許容し得る程度の必要性および合理性が認められるかどうかという緩やかな審査をするにとどまっている。これでは、職務命令の正当性について必要な分析を行ったとは言えない。

最三小判は、校長の職務命令の目的は「生徒等への配慮を含め、教育上の行事にふさわしい秩序の確保とともに当該式典の円滑な進行を図るものである」と言う。この目的を達成するためであれば、「校歌」・「蛍の光」・「仰げば尊し」の斉唱でも足り、国歌の斉唱が必要不可欠とは言えない。また、職務命令が懲戒処分を伴う強制的なものであることを考えると、起立斉唱行為を命じるという手段が前記目的と均衡のとれたものとは言い難く、目的は別のところにあるのではないか、その目的には正当性があるのかということも疑問となってくる。

③違憲審査においては、個人の権利自由を制約する国家行為が法律上の根拠に基づいて行われているかを審査する必要がある。

最三小判は、Xの思想および良心の自由を制約する国家行為として、校長の職務命令のみを取り上げて、その必要性および合理性を審査している。教諭が校長の職務命令に従わない場合、都教育委員会は、当該教諭に対し、一回目は戒告、[4]二回目は一か月減給一〇分の一、三回目は六か月減給一〇分の一、四回目は停職一か月の懲戒処分にする方針をとっている。[5]また、違反者については、服務事故再発防止研修の受講を命じ、退職後の非常勤嘱託員の採用選考で不合格としている。Xの思想および良心の自由を制約する国家行為は、校長の職務命令と都教育委員会の懲戒処分等であり、両者は一体をなすものである。この両者に法律上の根拠があるかを審査する必要がある。

地公法は、職員は上司の職務上の命令に忠実に従わなければならない、職員が職務上の義務に違反した場合は懲戒処分を行うことができると規定している。しかし、このことは本件では問題ではない。問題は、懲戒処分等の強制力をもって、起立斉唱行為を命じることに法律上の根拠があるかどうかである。

最三小判は、学校教育法は、中学校教育の目標として国家の現状と伝統についての正しい理解と国際協調の精神の涵養を掲げている（三六条一号、一八条二号（平成一九年改正前））、と言う。しかし、これが起立斉唱行為を命じることの根拠とならないことは、文理上明らかである。次に、最三小判は、学校教育法の中学の教科に関する事項は文部科学大臣がこれを定めるとの規定、同規定に基づき定められた学校教育法施行規則の中学校の教育課程については文部科学大臣が公示する中学校学習指導要領によるものとするとの規定、同規定に基づき定められている中学校学習指導要領、を挙げている。そして、中学校学習指導要領が、「教科」とともに教育課程を構成する「特別活動」の「学校行事」のうち「儀式的行事」の内容について、「学校生活に有意義な変化や折り目を付け、厳粛で清新な気分を味わい、新しい生活の展開への動機付けとなるような活動を行うこと」と定め、「特別活動」の「指導計画の作成と内容の取扱い」において、「入学式や卒業式などにおいては、その意義を踏まえ、国旗を掲揚するとともに、国歌を斉唱するよう指導するものとする」と定めていることを挙げている。しかし、中学校学習指導要領は、「指導するものとする」とするにとどまり、都教育委員会および校長に対し、懲戒処分等の強制力をもって起立斉唱行為を命じることを認めるものではない。また、学校教育法が中学の教科に関する事項は文部科学大臣がこれを定めると規定しているからといって、同大臣に対し懲戒処分等の強制力をもって起立斉唱行為を命じることまで定める権限を与えていると解することはできない。最三小判は、国旗及び国歌に関する法律が国旗は日章旗とし国歌は君が代とすると規定していることを挙げるが、同法には、起立斉唱行為を命じる規定はない。最三小判は、懲戒処分等の強制力をもって起立斉唱行為を命じ、思想および良心の自由を制約することが、法律に基づいて行われていることを説明していないのである。

結局、最三小判は、違憲審査として当然に行うべき①起立斉唱行為を拒否することが憲法一九条の思想および良心の自由で保護されているのか、保護されているとすればどの程度の強度で保護されるべきものか、②職務命令および懲戒処分で起立斉唱行為を強制するという手段が職務命令の目的と均衡のとれたものなのか、③起立斉唱行為を強制する職務命令および懲戒処分に法律上の根拠があるのかという審査を行っていない。

（4） 戒告により次期普通昇給四号給中三号給が減となり、次期勤勉手当も二〇％減となる。すなわち、戒告は経済的制裁を伴う。
（5） 最一小判平成二四年一月一六日判時二一四七号一二七頁の宮川光治裁判官反対意見参照。

2 都議会議員定数是正事件

最一小判平成二七年一月一五日判時二二五一号二八頁は、都議会議員の定数並びに選挙区及び各選挙区における議員の数に関する条例（以下「本件条例」という）の議員定数配分規定は、平成二五年六月二三日施行の都議会議員選挙（以下「本件選挙」という）当時、憲法一四条一項等に違反していたものとは言えないと判断した。

本件条例は、四二選挙区に一二七人の定数を配分している。本件選挙当時における最新の国勢調査である平成二二年国勢調査の人口に比例して配分すべき定数と比較すると、本件条例で配分している定数は、練馬区、足立区、八王子市、町田市、北多摩第三（調布市・狛江市）で各一人、江戸川区で二人少なく、新宿区、墨田区、品川区、大田区、中野区、杉並区、北区で各一人多い。七増七減が必要な状態であった。この人口に比例しない定数配分による投票価値の不平等が憲法一四条一項等に違反するか否かが争点である。

最一小判は、まず、本件条例の定数配分規定が公選法一五条八項の「各選挙区において選挙すべき地方公共団体の議会の議員の数は、人口に比例して、条例で定めなければならない。ただし、特別の事情があるときは、おおむね人口を基準とし、地域間の均衡を考慮して定めることができる」との規定に違反していないと判断した。その理由は、次の通りである。

①都道府県議会の議員の定数の各選挙区に対する配分にあたり公選法一五条八項ただし書を適用して人口比例の原則に修正を加えるかどうか、どの程度の修正を加えるかについては、当該都道府県議会にその決定に係る裁量権が与えられていると解される。

②公選法一五条八項ただし書の趣旨は、各地方公共団体の実情等に応じた当該地域に特有の事情として、都市の中心部における常住人口を大幅に上回る昼間人口の増加に対応すべき行政需要等を考慮して地域間の均衡を図る観点から人口比例の原則に修正を加えることができることとしたものと解される。

③本件条例の最後の改正が行われた平成一三年当時と本件選挙当時とで比較すると、選挙区間の人口の最大格差が一対一・九七から一対一・九二に縮小しており、いわゆる逆転現象も一六通りが一二通りに減少していることなどを考慮すると、本件選挙当時における投票価値の格差が、都議会において地域間の均衡を図るために通常考慮し得る諸般の要素をしんしゃくしてもなお一般的に合理性を有するものとは考えられない程度に達していたと言うことはできない。

④したがって、本件選挙当時における本件条例の定数配分規定は、公選法一五条八項に違反していたものとは言えず、適法と言うべきである。

最一小判は、次に、憲法判断に移り、公選法一五条八項ただし書の立法趣旨、本件条例において同項ただし書を適用して各選挙区に対する定数の配分が定められた趣旨、平成一三年条例改正当時および本件選挙当時の特例選挙区以外の選挙区間における議員一人当たりの人口の格差の状況等を総合すれば、本件選挙当時、本件条例による各選挙区に対する定数の配分が都議会の合理的裁量の限界を超えるものとは言えず、本件条例の定数配分規定が憲法一四条一項等に違反していたものとは言えないと判断した。

最一小判は、各選挙区に対する議員定数の配分が憲法に違反するかどうかについて、議会の合理的裁量の限界を超えなければ合憲であるという基準を用いているが、Iの**7**の違憲審査基準で述べたように、民主政の政治過程に対する制約については、裁判所は真にやむを得ないものであるかどうかを厳格に審査すべきである。本件の憲法上の争点は、七選挙区で人口比例による定数よりも多い定数を配分し、六選挙区で人口比例による定数よりも少ない定数を配分して投票価値を差別していることが憲法一四条一項等に違反しないかどうかである。ところが、最一小判は、このような定数配分を行うことが真にやむを得ないものであるかどうかについて、全く審査していない。最一小判は、裁判所の役割に関する認識を欠いており、憲法が法律の上位規範として法律を拘束するということに対する意識自体が極めて薄弱である。さらに詳述すると、次の通りである。

①最一小判は、合憲理由の第一に、前記のような「公選法一五条八項ただし書の立法趣旨」を掲げるが、その立法趣旨が憲法に適合するものであるか否かを審査すべきであるにもかかわらず、その審査を行っていない。

ちなみに、公選法一五条八項（もとは七項）の沿革をたどれば、都議会の議員の各選挙区に対する定数配分は、当初は人口に比例して定められていた。公選法一五条八項も、「各選挙区において選挙すべき地方公共団体の議会の議員の数は、人口に比例して、条例で定めなければならない」と規定していた。しかし、戦後の高度成長に伴い東京都に人口集中が顕著になった反面、これらの人口はほとんど周辺地域に居住するため都心部の常住人口は相対的に寡少となり、特別区二三区内の定数配分が人口に比例しなくなった。そこで、東京都は、政府に対し、二三区内の定数配分は必ずしも人口に比例しなくてもよいようにするための改正を陳情した。その結果、昭和三七年に公選法二六六条二項が新設された。同項は、都議会議員の定数の配分については、まず、特別区の存する区域（二三区の全域）を一選挙区とみなして、二三区以外の区域の各選挙区および一選挙区とみなされた二三区の全域について人口比例により定数を配分し、次に二三区の全域に対して配当された定数を二三区の各選挙区に配分する（二三区内の各選挙区に対する定数配分は必ずしも人口に比例しなくてもよい）という方法によることができることにしたものである。二六六条二項の新設は、比較的大規模な公選法改正の一部にひっそりと加えられたもので、国会での提案理由説明や質疑討論が全く行われなかったものである。その後も、激しい人口の都市集中化が進み、東京都の中では、都心の常住人口が減少し、二三区以外の区域の人口が増加して、二六六条二項だけでは対処できなくなって、昭和四四年の地方自治法の一部を改正する法律で、東京都の議員定数自体を条例で増加できることとし、その附則で公選法一五条八項にただし書を加える改正が行われた。国会では、「都にあっては、その議会の議員の定数について、条例で特別にこれを増加することができるものとし、これとあわせて公職選挙法を改正し、特別の事情があるときは、選挙区ごとの定数について、おおむね人口を基準として、地域間の均衡を考慮して定めることができることとしております」(6)という提案理由説明があっただけで、質疑応答は行われていない。要するに、公選法一五条八項ただし書は、人口の移動があっても、元の定数配分の全部または一部を維持することができるようにするための規定である。しかし、住民は選挙権を担って移動するのであり、選挙権のみ元の住所地に残しておくわけではない。国および地方自治体は、選挙区をどのように画定するかについてはある程度の裁量を有するとしても、ある選挙区には人口比例による定数よりも多く配分し、他の選挙区には少なく配分するというような裁量は有していない。公選法一五条八項ただし書は憲法違反の規定である。

仮に、公選法一五条八項ただし書が、都市の中心部における常住人口を大幅に上回る昼間人口の増加に対応すべき行政需要等を考慮したものであるとしても、選挙権は住所地で行使するものであり、行政需要等にどのように対するかは、選挙された議員全員が議会で決めるべきことで、議員定数配分の中で配慮すべきことではない。現に、都議会は昼間人口の統計を用いて定数配分を行っているわけではない。この点からも、公選法一五条八項ただし書は、憲法違反の規定である。

②次に、最一小判は、議員一人当たりの人口の最大格差が縮小し、逆転現象も減少したことを理由に挙げるが、そのことにより、六選挙区と七選挙区の間において殊更に差別を設けることが正当化されるものではない。

結局のところ、最一小判は、公選法一五条八項自体が憲法に違反しないかどうかを審査すべきであるにもかかわらず、それをしていないのである。最一小判は、本件条例の議員定数配分規定が公選法一五条八項に違反しない以上、合憲であるとしているにすぎない。国民の権利自由の制約が法律に適合するかどうかを審査し、法律に適合していれば合憲であるという手法は、最一小判に限らず、最高裁がしばしば用いるものである。

ちなみに、千葉県議会議員定数配分規定に関する最三小判平成二八年一〇月一八日判時二三二七号一七頁は、四六選挙区のうち九選挙区の定数が人口比例となっていないが（人口比定数より一多いのが五選挙区、一少ないのが一選挙区、一少ないのが三選挙区）、各選挙区間の投票価値の最大格差は一対二・五一にとどまり、人口比例で各選挙区に定数を配分した場合の最大格差の一対二・六〇より小さいから、公選法一五条八項に違反していたものとは言えず、千葉県議会の合理的裁量の限界を超えるものとは言えないから、憲法一四条一項に違反していたものとは言えないと判断している。しかし、これでは、公選法一五条八項に違反しなければ、憲法一四条一項にも違反しないと言っているに等しい。原審の東京高判平成二七年一二月一七日判時二二九六号二三頁は、率直に、「本件選挙当時における本件定数配分規定は、公選法一五条八項に違反していたものとはいえず、適法というべきである。そうであれば、本件条例の定数配分規定が憲法一四条一項に違反するものということもできない」としていたが、最三小判も、結局は同じ趣旨を言っているにすぎない。憲法一四条一項を基準に判断すれば、最大格差がどうであれ、殊更に五選挙区で人口比例による定数よりも多く定数を配分し、四選挙区で人口比例による定数より少ない定数を配分するというようなことが許される道理がない。九選挙区間の差別を解消するだけでも、四選挙区の投票価値は相当程度回復されるのである。さらに言えば、人口比例で定数配分を行っても、投票価値の最大格差が一対二・六〇になるのであれば、選挙区を定める公選法や条例の規定自体が憲法一四条一項に違反していると言うべきである。選挙区の設定を含めて投票価値の格差の合憲性を審査すべきであったのである。

（6）　衆議院地方行政委員会議録昭和四四年三月一九日。

3　夫婦同氏制事件

最大判平成二七年一二月一六日民集六九巻八号二五八六頁は、「夫婦は、婚姻の際に定めるところに従い、夫又は妻の氏を称する」との民法七五〇条は、憲法一三条、一四条一項、二四条一項および二項に違反しないと判断した。

①まず、最大判は、民法七五〇条が「氏の変更を強制されない自由」を不当に侵害し憲法一三条に違反する旨の主張に対し、「氏は、婚姻及び家族に関する法制度の一部として法律がその具体的な内容を規律しているものであるから」、氏に関する人格権の内容も「憲法の趣旨を踏まえつつ定められる法制度をまって初めて具体的に捉えられるものである。したがって、具体的な法制度を離れて、氏が変更されること自体を捉えて直ちに人格権を侵害し、違憲であるか否かを論ずることは相当ではない」とした上、「民法における氏に関する規定を通覧すると」「氏に、名とは切り離された存在として社会の構成要素である家族の呼称としての意義があることからすれば、氏が、親子関係など一定の身分関係を反映し、婚姻を含めた身分関係の変動に伴って改められることがあり得ることは、その性質上予定されているといえる」として、「以上のような現行の法制度の下における氏の性質等に鑑みると、婚姻の際に『氏の変更を強制されない自由』が憲法上の権利として保障される人格権の一内容であるとはいえない。本件規定は、憲法一三条に違反するものではない」と判断した。

②次に、最大判は、民法七五〇条が「九六％以上の夫婦において夫の氏を選択するという性差別を発生させ、ほとんど女性のみに不利益を負わせる効果を有する規定であるから、憲法一四条一項に違反する」との

主張に対し、民法七五〇条は「夫婦が夫又は妻の氏を称するものとしており、夫婦がいずれの氏を称するかを夫婦となろうとする者の間の協議に委ねているのであって、その文言上性別に基づく法的な差別的取扱いを定めているわけではなく、本件規定の定める夫婦同氏制それ自体に男女間の形式的な不平等が存在するわけではない。我が国において、夫婦となろうとする者の間の個々の協議の結果として夫の氏を選択する夫婦が圧倒的多数を占めることが認められるとしても、それが、本件規定の在り方自体から生じた結果であるということはできない。したがって、本件規定は、憲法一四条一項に違反するものではない」と判断した。

③また、最大判は、憲法二四条一項は「婚姻は、両性の合意のみに基いて成立し」として、婚姻をするかどうかについては当事者間の自由かつ平等な意思決定に委ねられるべきであるという趣旨を明らかにしているが、民法七五〇条は婚姻をすることについての直接の制約を定めたものではない、とする。

④さらに、最大判は、憲法二四条二項について、「婚姻及び家族に関する事項は、関連する法制度においてその具体的内容が定められていくものであることから、当該法制度の制度設計が重要な意味を持つものであるところ、憲法二四条二項は、具体的な制度の構築を第一次的には国会の合理的な立法裁量に委ねるとともに、その立法に当たっては、同条一項も前提としつつ、個人の尊厳と両性の本質的平等に立脚すべきであるとする要請、指針を示すことによって、その裁量の限界を画したものといえる」とする。そして、最大判は、家族の呼称を一つに定めることには合理性があること、夫婦同氏制は家族という一つの集団を構成する一員であることを対外的に公示し識別する機能を有していること、家族を構成する個人が同一の氏を称することにより家族の一員であることを実感できること、子がいずれの親とも氏を同じくすることによる利益を享受しやすいこと、夫婦がいずれの氏を称するかは両者の協議による選択に委ねられていること、夫婦同氏

制は婚姻前の氏を通称として使用することを禁じていないことを「総合的に考慮すると」、夫婦同氏制が個人の尊厳と両性の本質的平等の要請に照らして合理性を欠く制度であるとは認めることはできない、という。⑤最大判は、最後に、選択的夫婦別氏制に合理性がないと断ずるものではないものの、その採否は国会で論じられ、判断されるべき事柄である、と言う。

そこで、Ⅰの**7**の違憲審査基準の視点から最大判を点検することとする。

①本件において法律により制約されていると主張されている権利自由は、「婚姻の際に氏の変更を強制されない自由」である。そこで、「氏の変更を強制されない自由」の憲法上の位置付けを見極める必要がある。最大判は、「氏」そのものは、法律で定められたもので、憲法には出てこないから、氏の変更を強制されない自由が憲法で保障されるわけがないと言っているに等しい。憲法上は、国民はその呼び名を持たない存在ということになる。しかし、問われなければならないのは、「氏」が憲法で保障する人権に淵源を有するのでないかどうか、である。最三小判昭和六三年二月一六日民集四二巻二号二七頁は、「氏名は、社会的にみれば、個人を他人から識別し特定する機能を有するものであるが、同時に、その個人からみれば、人が個人として尊重される基礎であり、その個人の人格の象徴であつて、人格権の一内容を構成するものというべきである」と述べている。憲法一三条の「すべて国民は、個人として尊重される」は個人が自己同一性と個性の表現として呼称を持つことを保障していると言っているのである。問題は、憲法一三条の個人の尊重は、呼称の保障にとどまらず、呼称の変更を強制されない自由をも保障しているのか、である。最高裁としては、まずこの問題について判断し、呼称の変更を強制されないの自由が肯定されるのであれば、この自由に対するどこまでの制約が正当化されるかを審査すべきであった。

憲法一三条は、個人が自己の呼称を持つことを保障し、その呼称の変更を理由なく強制されないことをも保障しているところ、「夫婦は、婚姻の際に定めるところに従い、夫又は妻の氏を称する」という制約は、必要やむを得ないものとは言えないと言うべきではなかろうか。

最高裁は、しばしば、憲法の規定よりも、法律が設計している具体的制度の方を重視し、法律制度に必要性と合理性があるから合憲であるという手法を採用する。本件も、その誤った手法の典型例と言える。

②次に、最大判は、民法七五〇条は夫婦がいずれの氏を称するかを夫婦となろうとする者の間の協議に委ねているから憲法一四条一項にも違反しないと言う。しかし、形式論にとどまることなく、民法七五〇条が実質的に民主主義の理念に適うものであるかを審査すべきであった。

九六％以上の夫婦において夫の氏を選択するという結果となっていることは、戦前の家制度の意識が根強く残っていることの現れであろう。憲法が、一四条一項で性別による差別を禁止し、二四条二項で婚姻および家族に関する事項は個人の尊厳と両性の本質的平等に立脚して制定することを命じているのは、戦前の家制度を禁止することを目的としたものである。民法七五〇条は、実質的に妻に改姓を促し、前記の結果をもたらして、家制度の一部を残す働きをしている以上、憲法一四条一項および二四条二項に違反すると解すべきである。

③最大判は、憲法二四条一項違反の問題について、民法七五〇条は婚姻をすることについての直接の制約を定めたものではないと言うが、これも形式論である。婚姻をするには、民法七五〇条により、夫または妻のいずれかが必ず改姓しなければならないのであるから、同条が婚姻をすることに対する一つの制約であることは間違いのないところである。そのことを肯定した上で、その制約が正当性を有するか否かを審査すべ

きであった。

④最大判は、憲法二四条二項違反の問題について、同項の「個人の尊厳と両性の本質的平等に立脚して、制定されなければならない」を単なる「要請、指針」としているが、この規定が、婚姻および家族に関する事項は「個人の尊厳と両性の本質的平等」という枠の中において法律で制定すべきことを命じていることは、文面上も明らかである。

また、最大判は、法律が現に定めている夫婦同氏制にもメリットがあること等を「総合的に考慮すると」夫婦同氏制が合理性を欠く制度であるとは認められないと言う。憲法上の保障である個人の尊厳と両性の本質的平等から導かれる自由であるところの「婚姻の際に氏の変更を強制されない自由」を制約することの目的が正当なものであるか、夫婦同氏を強制することが同目的達成のため必要不可欠なものであるかの審査を行っていない。法律で夫婦同氏を義務付けるのは、いまや世界の中で日本だけであり[7]、欧米では何らかの形の選択的夫婦別氏が導入され、中国や韓国などでは結婚しても氏が変わらない。夫婦同氏制は家族制度を営むのに不可欠な存在ではないのである。その夫婦同氏制によって「氏の変更を強制されない自由」を制約することがなぜ必要なのかを説明すべきところ、最大判にはその説明がない。

⑤最後に、最大判は、選択的夫婦別氏制の採否は国会で論じられ、判断されるべき事柄であると言う。

最大判は、氏が個人の呼称としての意義を有することを認めつつも、社会の構成要素である家族の呼称としての意義を優先させている。つまり、家族を社会の構成要素として捉え、社会の構成要素としての家族の呼称としての氏の意義を重視している。氏が社会の構成要素である家族の呼称である以上、氏の制度設計は社会で決めればよい、すなわち国会の多数決に委ねるべき事柄であるとする。まず国家という社会集団があり、社会集団の構成要素として家族があり、家族の構成要素として個人があるというものである。しかし、憲法一三条は、「すべての国民は、個人として尊重される」としている。国民はまず個人として尊重されるのであり、その個人が家族を作り、家族が国家という社会集団を作っていると考えるべきであり、氏についても個人の呼称としての意義を重視すべきである。個々人の呼称としての意義を重視するとき、氏の制度設計は、国会の多数決による採決に委ねておけばよいというものではなく、裁判所が憲法理念の下で審査すべき事柄であると言うべきである。

さらに、夫婦の九六%以上が夫の氏を選択している日本社会にあって、自己の婚姻前からの氏を保持し続けようとする女性は社会的少数者である。社会的少数者の憲法で保障された権利については、少数者に対する偏見のために民主政の政治過程による保護が働きにくいから、当該権利に対する制約の合憲性は裁判所が厳格に判断すべきである。

結局、最大判は、婚姻および家族制度に関する法律制度の趣旨説明に終始し、違憲審査として当然行うべき①「氏の変更を強制されない自由」が憲法一三条によって保障されているか、②民法七五〇条の立法目的は何なのか、③その目的のため夫婦同氏の強制が必要不可欠であるのか、④夫婦同氏の強制が憲法二四条二項の保障する「個人の尊厳と両性の本質的平等」に適合するのかの審査を十分に行っているとは言い難い。また、最大判が、選択的夫婦別氏制の採否を国会の判断に全面的に委ねているのは、少数者の権利保障については多数決原理の民主政が有効に機能せず、裁判所が積極的に乗り出すべき役割を担っていることの認識を欠いていると言わざるを得ない。

（7）　衆議院法務委員会議録平成二七年三月二〇日における法務省民事局長答弁。

4　違憲審査基準を定立する必要性

以上の三つの最高裁判決を検証しただけでも、「総合的衡量による合理性判断の枠組み」だけでは、違憲立法審査権の適切な行使ができないことが明らかである。やはり、違憲審査基準が判例として形成されていないことが、過去七二年間の違憲裁判が二四件にとどまっていることの大きな原因であると言わざるを得ない。最高裁としては、違憲審査権の行使にあたり、一般的に如何なる項目・手法・基準で審査するかについて、判例を積み重ね、裁判規範として国民に示すべきである。そして、総合的衡量で判断するのではなく、右の項目・手法・基準に基づき分節的に審査することによって、曖昧な判断、恣意的判断を排除すべきである。

Ⅲ　違憲審査基準論の定着の可能性

1　違憲審査基準論

一九六〇年代以降、芦部信喜教授らが米国連邦最高裁の判例理論に依拠して展開してきた違憲審査基準論は、憲法上の権利自由に関する制約（規制・区別）が許されるかどうかを審査するにあたり、制約される権利自由や区別理由の性質に応じて「合理性の基準」、「厳格な合理性の基準」、「厳格な審査基準」という三段階の基準で審査すべきであるとする。

三段階の基準を大まかに要約すれば、「合理性の基準」は、制約の立法目的が正当なものであり、制約の手段が立法目的を達成するために合理的関連性を有すること、「厳格な合理性の基準」は、立法目的が重要なものであり、手段が立法目的と事実上の実質的関連性を有すること、「厳格な審査基準」は、立法目的が「やむにやまれぬ」必要不可欠なものであり、手段がその目的を達成するための必要最小限のものであること、を要求するものである。

そして、経済的自由に対する制約の合憲性の審査は、「合理性の基準」を用いるべきであるとする。「合理性の基準」は、立法府の裁量を前提とし、立法府が合理的と判断したものは原則として合憲と認め、明らかに立法府の裁量の逸脱・濫用があった場合にのみ違憲とするもので、合憲性推定の原則、明白性の原則と結びついた基準であり、立法府に対する謙譲および敬意という、権力分立および民主主義の原理からくる考えを基礎としている。裁判所は、その組織・権限・手続からして、現代国家における経済的自由の規制の合理性を判断する能力を欠いており、議会の判断を尊重すべきであるとするものである。

一方、表現の自由を中心とした精神的自由、移動の自由、選挙権などの基本的権利に対する制約、人種、信条による差別の合憲性の審査は、「厳格な審査基準」を用いるべきであるとする。精神的自由等は民主政の政治過程を正常に機能させるために不可欠なものであり、人種等による差別は民主主義の理念に照らして不合理な事由によるものであるから、これらの制約（差別）については合憲性の推定が働かず、制約の目的および手段が前記の基準に適合することを国側において積極的に論証しなければならないとするものである。

前記二種の人権の中間に位置する生存権、労働基本権、プライバシー権の制約、経済的自由の消極目的による制約、性別・社会的身分による差別などの合憲性の審査は、「厳格な合理性の基準」を用いるべきであるとする。「厳格な合理性の基準」は、手段は目的の達成に実質的に関連していることが必要で、実際には目的との密接な適合性を事実に即して国側が挙証しなければならないとするものである。

2 違憲審査基準論と裁判実務との距離

前記Ⅰの7で述べた違憲審査基準は、もとより、違憲審査基準論を下敷きとし、後に述べるドイツの三段階審査論を参考としたものである。そのことに触れなかったのは、Ⅰの7で述べた程度のことは外国の判例理論を持ち出すまでもなく、日本の憲法の解釈から当然に導かれることを強調したかったためである。

最高裁の調査官は、憲法訴訟担当となれば、ほとんどの場合に、違憲審査基準論を参照している。私も、最大判（サラリーマン税金訴訟）の担当調査官となったとき、違憲審査基準論を参照し、「合理性の基準」で判決案を書き、そのことを最高裁判例解説で紹介した。ただし、これは「合理性の基準」で合憲の判断をした例であるから、あまり重要な意味を持たない。一〇件の法令違憲裁判の担当調査官の例をみると、少なくとも九人が違憲審査基準論を参照していることを最高裁判例解説で触れている。そして、一〇件のうち六件で、違憲審査基準論の目的・手段の審査手法を採用している。ただし、「厳格な審査基準」を用いて違憲判断をしたのは、最大判（在外邦人投票権制限規定）（注(1)の⑦）の一件のみにとどまっている。

このように、裁判の実務において、違憲審査基準論が意識はされているものの、「合理性の基準」はともかくとして、「厳格な合理性の基準」や「厳格な審査基準」が用いられることはまれである。その理由として裁判所側から出てくる声としては、多様な権利自由を予め三段階に分類することは困難である、当該権利自由を三段階のいずれに分類するかによってほとんど結論が決まってしまい、具体的事案の性質に応じた法的分析が遮断されてしまう、事件の事実関係は一件一件異なるから、予め基準を設定して機械的にあてはめるということは困難であり、具体的妥当性を持った結論を導くことにはならない、将来どのような事件が提起されるかわからないのに、違憲審査基準論を判例化すれば、個々の事案に応じた柔軟な対応をすることの妨げとなる、等であろう(8)。しかし、裁判所が違憲審査基準論から距離を置こうとする真の理由は、別のところにあると考えられる。

我が国では、議会が内閣総理大臣を選び、内閣が最高裁裁判官を選び、裁判所の予算案を査定している。最高裁裁判官の出身母体はほぼ固定しており、弁護士枠と学者枠の五人を除けばいわゆる官僚枠である。弁護士出身者も、憲法訴訟を経験している人から選ばれることは少ない。最高裁長官は、内閣総理大臣、衆参議院議長と各種の国家行事で三権の長として行動を共にする。最高裁内部では長官が人事権を持ち、長官の内部昇進が定着している現状では、最高裁裁判官の同質性が生じる。裁判官を支える調査官も、キャリアシステムの中に置かれており、下級裁判所の判事から任命され、首席調査官を長とする調査官室に所属している。このような体制の下にあって、裁判所全体としては、自らも統治機構の一部であるという意識が強くなる。そして、立法・行政府との軋轢は可能な限り避けるのが賢明であるという思考が働き、立法・行政府の裁量をできるだけ尊重し、公権力による規制が著しく不合理であることが明白な場合でない限り、違憲の判断を避けるべきであるという傾向になる。その上、裁判官も調査官も、民事・刑事の通常事件の処理に追われ、憲法問題を掘り下げて研究する機会にも乏しい(9)。したがって、憲法の民主主義体制の下で司法が担うべき役割についての認識が育ちにくいのである。「総合的衡量による合理性判断の枠組み」は、通常の民刑事件における法律の解釈適用手法の延長線上のもので、裁判官になじみやすいものである上に、何よりも、裁判所にとり、事案にかかわらず立法・行政府の裁量に委ねる余地を常に残しておくことのできる誠に都合のよいものである。最高裁が「総合的衡量による合理性判断の枠組み」を判例としている理由は、ここにあると考えられる。

裁判所が「総合的衡量による合理性判断の枠組み」によっていては、憲法によって課された司法の役割を果たすことができない。

最高裁は、国会議員定数是正訴訟において、定数配分または選挙区割りにつき国会に大幅な裁量を認めつつも、五回続けて違憲状態判決を出していた[(10)]。しかし、最大判平成二九年九月二七日民集七一巻七号一一三九頁、最大判平成三〇年一二月一九日民集七二巻六号一二四〇頁に至り、従来の違憲状態・違憲・無効の三段階の判断枠組みをも曖昧にした上、国会の裁量幅をさらに拡大して、最大格差が約三倍（参議院）または約二倍（衆議院）の選挙を合憲と判断した。これで、国会は、憲法の要請する一人一票に向けた動きを停止させるであろう。

Ⅱの**2**で紹介した最一小判（都議会議員定数是正事件）は、七増七減を要する議員定数配分規定を都議会の裁量の範囲内のものとして合憲とした。平成二七年国勢調査による人口を基準とすると、六増六減の是正が必要であるところ、都議会は二増二減の改正をするにとどまった[(11)]。

最大決（婚外子相続分差別規定）（注(1)の⑨）は、「総合的衡量による合理性判断の枠組み」を用いつつも、民法の婚外子相続分差別規定を違憲とした。国会内では従来から同規定の削除に対する根強い反対論があったにもかかわらず、最大決が反対論を抑える形となり、同規定を削除する民法の一部を改正する法律が成立した。しかし、少数者たる婚外子の人権保障は不安定なままである。Ⅰの6で触れた最一小判（戸籍法婚外子規定）は、戸籍法四九条二項一号の規定のうち出生届書に「嫡出子又は嫡出でない子の別」を記載すべきものと定める部分が憲法一四条一項に違反しないとした。「戸籍事務処理の便宜には資する」[12]としても、「必要」とは言えない前記記載の要求を合憲としたのである。衆参両院において、右の民法の一部を改正する法律案に併せて戸籍法の前記規定を削除する法律案の議員提案がされたが、こちらの方は両院のいずれにおいても否決された。参議院では法務委員会で可決されたにもかかわらず、本会議で一票の差で否決され、一議席の重さを示すことになった[13]。

当面取り組むべきは、民主政のシステムの中で司法の担うべき役割について、裁判官の認識を深めることである。そして、経済的自由を制約する立法については、立法府の裁量権を尊重し、合憲性を推定することでよいとしても、民主政システムの機能に欠かせない表現の自由を中心とした精神的自由を制約する立法、選挙権等の参政権を制約する立法、社会的少数者の権利自由を制約する立法については、合憲性の推定を排除し、立法府側に合憲性についての論証責任を課するという二重の基準を浸透させることであると考える。

(8) 最二小判（世田谷事件）の千葉勝美裁判官補足意見は、「基準を定立して自らこれに縛られることなく、柔軟に対処しているのである」と述べ、最大決（婚外子相続分差別規定）（注(1)の⑨）の伊藤正晴調査官解説（ジュリ一四六〇号（二〇一三年）八八頁）は、「最高裁が憲法適合性の判断基準につき、事柄の性質に応じた合理的な根拠に基づくか否かという以上に一般論を明確にしないことは、憲法一四条一項違反が問題となる事柄の多様性も踏まえた、優れて実務的な発想に基づくものといえよう」と述べている。

（9） 法令違憲裁判一〇件のうち六件が裁判長である最高裁長官の退官前一年以内のものである。

（10） ①最大判平成二三年三月二三日民集六五巻二号七五五頁、②最大判平成二四年一〇月一七日民集六六巻一〇号三三五七頁、③最大判平成二五年一一月二〇日民集六七巻八号一五〇三頁、④最大判平成二六年一一月二六日民集六八巻九号一三六三頁、⑤最大判平成二七年一一月二五日民集六九巻七号二〇三五頁。

（11） 東京都議会議員の定数並びに選挙区及び各選挙区における議員の数に関する条例の一部を改正する条例（平成二八年六月二一日条例八九号）。

（12） 参議院法務委員会議録平成二五年一二月三日における法務省民事局長答弁。

（13） 参議院会議録平成二五年一二月五日。

Ⅳ 三段階審査論の可能性

1 三段階審査論の要点

近年、我が国において、ドイツの公法学で育てられ憲法裁判で実践されている違憲審査手法をモデルとした三段階審査論が提唱され、勢いを増してきているようである。(14) それとともに、三段階審査論と違憲審査基準論との比較論も盛んになっている。(15) 三段階審査論の要点は、次のように説明されている。(16)

特定の国家行為による法益侵害的結果が存在する場合、第一に、当事者の主張する利益が憲法のどの基本権に関わり、その基本権は本当に当事者の主張利益を保護しているのか（国家行為によって影響を受ける個人の行為・自由・状態が基本権の保護範囲に入るのか）を審査する。何らかの基本権の保護範囲に該当することが明らかになれば、第二に、その国家行為が当該基本権を「制限」と言い得るほど強く制約しているかどうかを審査する。基本権の制約が確認された場合、第三に、その制約が憲法上正当化できるかどうかの審査を行う。正当化の審査は、形式・実質の両面から行う。形式的正当化とは、基本権の制約が憲法の要求する形式を備えているかどうかの審査で、その典型は基本権の制約が法律の根拠を有するかどうか、すなわち法律の留保原則に適合しているかどうか、規範の明確性の要件を満たしているかどうかの審査である。実質的正当化とは、基本権の制約が憲法の要求を満たしているかどうかの論証であり、その典型は、当該制約が正当な目的を達成するのに適合的かつ必要不可欠で、しかも目的に比して均衡のとれた手段になっているかの審査、すなわち比例原則に適っているかどうかを審査するものである。比例原則とは、正当な規制目的があることを前提に、その目的を達成するための規制手段が、規制目的を達成するための手段として役立つことを要求する（適合性）、規制手段が規制目的を達成するのに本当に必要であることを要求する（必要性）、かつ規制により失われる利益に比して得られる利益が大きいことを要求する（狭義の比例性）もので、当該規制を許容する実質的正当化の論証である。

(14) 松本和彦『基本権保障の憲法理論』（大阪大学出版会、二〇〇一年）、小山剛『「憲法上の権利」の作法〔第三版〕』（尚学社、二〇一六年）等。

(15) 市川正人「最近の『三段階審査』論をめぐって」法時八三巻五号（二〇一一年）六頁、高橋和之「『通常審査』の意味と構造」法時八三巻五号（二〇一一年）一二頁等。

(16) 松本和彦「三段階審査論の行方」法時八三巻五号（二〇一一年）三四頁等。

2　我が国の実務での受容可能性

三段階審査論は、我が国の法律実務家でも、法科大学院を卒業した若手は別として、それ以前の世代には、未だなじみのないものである。しかし、三段階審査論は、民事裁判で要件事実・立証責任、刑事裁判で構成要件・違法性阻却・責任阻却の考察過程で段階的審査を行い、実体判断で比較衡量（比例原則と重なる部分がある）を行っている我が国の法律実務家にとって、親しみやすさを持っている。また、三段階審査論は、違憲審査基準論とは異なり、民主政の下での司法の役割論、基本的人権の三分化といった理念を持ち込んでいない点でも、ドイツと同じく制定法の解釈適用を職務としている日本の法律実務家にとって、抵抗感を持たせないものである。そして、何よりも、三段階審査論は、裁判実務の積み重ねから導き出されたものらしく、審査の対象として挙げる項目のどれをとっても、日本の憲法裁判では外してよいと思われるようなものが見当たらないのである。したがって、我が国においても、三段階審査論を取り入れていくべきであろう。また、三段階審査論を厳密に適用すれば、我が国の違憲審査は満足すべき水準に達することができると考えられる。

三段階審査論は、違憲審査の第一段階で、国民の主張する利益が憲法で定める基本的人権の保護する範囲に入るものであるかどうかを審査する。一方、我が国の最高裁は、憲法について掘り下げた解釈を行わないまま、国民の権利自由を制約している法律制度・国家行為の必要性および合理性の審査に重点を置く傾向がある。憲法の規定は、抽象的な原則の形で書かれているものが多いためか、それは単なる理念であって、そこから国民の具体的権利自由を導くことはできない、法律で規定されることによって、国民は初めて具体的権利自由を取得する、と考える傾向が強い。中でも、立法事務に従事した裁判官にこの傾向が強い。我が国が、英米のような判例を法とする判例法の国とは異なり、法はあくまでも議会の制定した条文であり、判例はそれに対する一つの解釈にすぎないとする制定法の国であることの影響もあると思われる。明治憲法が日本臣民は法律の範囲内において言論等の自由を有するとしていたことの影響を無意識のうちに引きずっているのかもしれない。当事者が憲法違反の主張をしても、「所論は、違憲をいうが、その実質は単なる法令違反を主張するものにすぎない」と一蹴する裁判例は、枚挙にいとまがない。弁護士の間では、憲法を持ち出したら終わり、ということがほぼ定説になっている。憲法を持ち出すということは、主張を根拠付ける法律の規定がないことの証左であろうとみられるのである。

三段階審査論で最も注目すべきことは、違憲審査の第一段階で、当事者の主張する権利自由が憲法で保障する人権の保護範囲に含まれるかどうかを審査することである。これは、裁判所の目を、まず、憲法が保障する人権の内容・範囲に向けさせるものである。

そして、三段階審査論は、審査の項目・段階を明確にして段階的に違憲審査を行うもので、違憲審査を客観化し、その精度を高めている。

我が国が三段階審査論に学ぶべきことは多いと考えられる。

3　違憲審査基準論による補強の必要性

ただし、三段階審査論を採用するとしても、違憲審査基準論の必要性・有用性がなくなるものではない。違憲審査基準論は、憲法が課している司法の役割論を基礎として、精神的自由に対する制約、少数者の人権に対する制約、民主政の政治過程に対する制約については、原則として、立法目的が必要不可欠なものであるかどうか、立法目的達成手段が是非とも必要な最小限度のものであるかどうか、を検討すべきであるとしている。

三段階審査論は、最終段階の実質的正当化の審査において、制約により得られる利益と失われる利益とが均衡しているかを判定するが、判定の基準は設定していないようである。これに対し、違憲審査基準論は、制約により得られる利益と失われる利益を比較衡量するための基準を設定している。(17) 実質的正当化の審査の中に、違憲審査基準論の審査基準を盛り込むべきであると考える。

また、三段階審査論は制約目的が正当であることをある程度前提としているのに対し、違憲審査基準論は制約目的の正当性についても制約される権利自由の性質に応じて厳しさの異なる基準で審査を行う。制約目的、すなわち立法目的の審査には、やはり違憲審査基準論を応用する必要がある。

そして、三段階審査論は、自由権の制約に対する審査の手法であり、平等権、参政権等の分野はカバーしないようであるから、これらの分野では、依然として違憲審査基準論を活用する必要がある。

裁判官に統治機関の一部であるとの意識が強く、裁判官が立法・行政府の裁量の尊重に傾きがちな我が国では、裁判官の恣意を制限し、個人の権利自由を保障するため、違憲審査基準論の基礎をなす司法の役割について、裁判官への啓蒙を続けていくことが重要であることに変わりはない。

(17) 高橋和之『体系憲法訴訟』(岩波書店、二〇一七年)二四一頁。

V　条約適合性の審査

1　条約の法律に対する優位性

条約は、国会の承認を経て締結され、天皇によって公布されるものであり（憲法七三条三号、七条一号）、憲法九八条二項において「日本国が締結した条約及び確立された国際法規は、これを誠実に遵守することを必要とする」と規定されていることからして、条約は、公布によって直ちに国内法的効力を有することが明らかである。そして、このような条約の憲法上の位置付けとともに、条約が国家間の合意であることを考えると、国内法的効力において、条約は法律に優位するものであることが明らかである。

条約の中でも、国内で実施するためには別に立法を必要とするようなものではなく、内容的にそのままの形で国内法として実施することができる自動執行力があるものは、裁判規範となる。[18] 法律や国家行為が自動執行力を有する条約の規定に違反する場合、当該法律等の効力が否定されることになる。

したがって、国民の権利自由に対する制約が憲法および条約に違反すると主張されている事件においては、裁判所としては、当該制約の憲法適合性とともに、条約適合性を判断する必要がある。たとえ、憲法に適合しても、条約に適合しなければ、当該制約の法的効力が否定されるからである。

(18)　申惠丰『国際人権法〔第二版〕』（信山社、二〇一六年）五〇五頁は、条約規定が司法判断のために適用され得る様々な形態を考慮せずに、「自動執行性のある条約／ない条約」というように一律に自動執行性の有無を予断する考え方には問題があるとし、「自動執行力」に代わり「直接適用可能性」の語を用いて、「条約が国内的効力を有する国で、ある条約の規定が裁判で直接適用できるかという直接適用可能性は、当該事案においてその規定が、裁判官にとって、それに依拠して司法判断を行えるだけ明確と判断されるかどうかによる。換言すれば、条約の規定が、ある事案において、裁判官にとって、それに依拠して司法判断を下すことができる程度に明確なものであるとみなされれば、その条約の規定は直接に適用されうる」とする。

2　条約適合性の審査の現状

最高裁の判例で条約の規定から直接に個人の権利自由を導いたものはない。ただし、最大判平成元年三月八日民集四三巻二号八九頁（法廷内メモ採取事件）は、情報等に接しこれを摂取する自由は、憲法二一条一項の趣旨、目的から、いわばその派生原理として当然に導かれるところであるとして、市民的及び政治的権利に関する国際規約（以下「自由権規約」という）一九条二項の規定も、同様の趣旨にほかならない、と述べている。また、最大判（婚外子国籍取得制限規定）（注（1）の⑧）は、国際的な社会的環境等の変化の一つとして、「諸外国においては、非嫡出子に対する法的な差別的取扱いを解消する方向にあることがうかがわれ、我が国が批准した市民的及び政治的権利に関する国際規約及び児童の権利に関する条約にも、児童が出生によっていかなる差別も受けないとする趣旨の規定が存する」と述べている。さらに、最大決（婚外子相続分差別規定）（注（1）の⑨）は、民法九〇〇条四号ただし書前段の立法に影響を与えた諸外国の状況も大きく変化してきているとして、「我が国は、昭和五四年に『市民的及び政治的権利に関する国際規約』（昭和五四年条約第七号）を、平成六年に『児童の権利に関する条約』（平成六年条約第二号）をそれぞれ批准した。これらの条約には、児童が出生によっていかなる差別も受けない旨の規定が設けられている」と述べている。ただし、これらの最大判は、条約の規定から直接に個人の権利自由を導き出してはいない。

一方、最大判（法廷内メモ採取事件）が、法廷警察権による傍聴人のメモを取る行為の制限は自由権規約一九条三項に違反しないと判断しているように、最高裁の判例で、当事者の主張する権利自由が条約の規定でも認めることができないと判断したものはいくつかある。[19] したがって、最高裁も自動執行力を有する条約の規定が裁判規範となること自体は認めていると言うことができる。

しかし、最高裁は、上告人が上告理由として条約違反の主張をしても、ほとんどの場合、当該主張に対して直接答えることなく、「単なる法令違反をいうものであって、民訴法三一二条一項及び二項に規定する事由のいずれにも該当しない」としている。権利自由を制約する法律等が条約の規定に違反すれば、条約の優位性により、当該法律等による制約は効力を有しないことになるのであるから、条約の違反も民訴法三一二条一項の「憲法の違反」に準じるものとして上告の理由に含めるべきである。そのような解釈が進展しないのであれば、民訴法三一二条、刑訴法四〇五条を改正して条約違反を上告理由として明記すべきである。

(19) 泉徳治「グローバル社会の中の日本の最高裁判所とその課題」国際人権二五号（二〇一四年）一三頁参照。

3 条約適合性の審査の必要性

最高裁は、条約が規定する個人の権利自由は憲法が規定する個人の権利自由の中に含まれているから、当該権利自由の制約が憲法に違反しないと判断すれば、重ねて条約違反の主張まで判断する必要がないと考えているようである。

それでは、条約違反の主張に答える必要がないのかどうかを、Ⅱで取り上げた三つの事件で検証してみたい。

①国旗国歌起立斉唱事件の最三小判と同種の最一小判の事件（注（3）の②）の上告理由においては、起立斉唱行為の職務命令が自由権規約一八条一項および二項に違反するとの主張がなされていた。同条の一項は、「すべての者は、思想、良心及び宗教の自由についての権利を有する。この権利には、自ら選択する宗教又は信念を受け入れ又は有する自由並びに、単独で又は他の者と共同して及び公に又は私的に、礼拝、儀式、行事及び教導によってその宗教又は信念を表明する自由を含む」と規定し、二項は、「何人も、自ら選択する宗教又は信念を受け入れ又は有する自由を侵害するおそれのある強制を受けない」と規定している。この一項は、公の行事において信念を表明する自由を保障している。信念を表明する自由は、信念に反する表明行為を行わない自由を含むと解される。二項は、信念を有する自由を侵害するおそれのある強制を受けないと明記している。自由権規約一八条一項および二項が規定するところは、憲法一九条の「思想及び良心の自由は、これを侵してはならない」との規定に含まれるとも言えるが、自由権規約の規定の方が詳細、具体的かつ明確である。最一小判が自由権規約一八条一項および二項に正面から向き合っていれば、校長の職務命令が教諭の思想および良心の自由についての「間接的な制約となる面があることは否定し難い」というような曖昧な認定解釈はできなかったと考えられる。なお、最高裁判例集の各判例の前には、参照条文が掲げられるが、最一小判の参照条文には自由権規約一八条一項および二項が掲げられていない。ここにも、最高裁

の条約軽視の姿勢が現れている。最高裁は、条約を裁判規範として明確に認識する必要がある。

②都議会議員定数是正事件の最一小判の上告理由においては、都議会議員定数配分規定が自由権規約二五条に違反するとの主張がなされていた。自由権規約二五条は、「すべて市民は、第二条に規定するいかなる差別もなく、かつ、不合理な制限なしに、次のことを行う権利及び機会を有する」として、「普通かつ平等の選挙権に基づき秘密投票により行われ、選挙人の意思の自由な表明を保障する真正な定期的選挙において、投票し及び選挙されること」を保障している。投票価値の平等な選挙権で投票する権利などは、自由権規約二五条を持ち出すまでもなく、民主政における選挙権の性格から当然に導かれるものであるが、最一小判は、一三の選挙区において人口に比例しないで定数を配分している不平等を是認してしまっている。最一小判が自由権規約二五条の「平等の選挙権に基づき投票する権利」という単純明快な文言に向き合っていれば、七選挙区で人口比例による定数より一多く配分し、六選挙区で人口比例による定数より一ないし二少なく配分する不平等を黙認することはできなかった可能性がある。最一小判は、自由権規約二五条違反の主張も「単なる法令違反をいうもの」と言うが、条約が公選法や定数配分条例よりも上位の法的効力を有することを無視していると言わざるを得ない。

③夫婦同氏制事件の最大判の上告理由においては、民法七五〇条は女性差別撤廃条約一六条一項(b)および(g)に違反し、これを否定した原判決は憲法九八条二項に違反するとの主張がなされていた。女性差別撤廃条約一六条一項は、「締約国は、婚姻及び家族関係に係るすべての事項について女子に対する差別を撤廃するためのすべての適当な措置をとるものとし、特に、男女の平等を基礎として次のことを確保する」とし、(b)で「自由に配偶者を選択し及び自由かつ完全な合意のみにより婚姻をする同一の権利」、(g)で「夫及び妻の

同一の個人的権利（姓及び職業を選択する権利を含む。）」と規定している。民法七五〇条が女性差別撤廃条約一六条一項に違反するとすれば、その効力が否定されるのであるから、最大判としては違反の有無を審査すべきであるにもかかわらず、何の審査もしていない。女性差別撤廃条約一六条一項が自動執行力を有しないと解釈したのであれば、その説明をすべきであった。また、我が国は、女性差別撤廃条約二条(f)の「女性に対する差別となる既存の法律……を修正し又は廃止するためのすべての適当な措置（立法を含む。）をとること。」との規定により、同条約一六条一項(b)(g)に違反する民法七五〇条を改廃する義務を負っているのであるから、最大判としては、そのことを前提として、民法七五〇条の合憲性の審査をすべきであったが、それもしていない。最大判は、ただ、「論旨は、憲法九八条二項違反及び理由の不備をいうが、その実質は単なる法令違反をいうものであって、民訴法三一二条一項及び二項に規定する事由のいずれにも該当しない」と述べるにとどまっている。

最後に、個人通報制度の導入について一言触れておきたい。

最高裁は、最終判断機関であり、その判断を審査すべき国民審査制度も実質的には機能していないから、緊張を強いられることがない。我が国も自由権規約第一選択議定書等を批准し、権利を侵害されたと考える個人が国連の自由権規約委員会等へ通報できる途を設けるべきである。個人通報制度は、当該個人の救済のほかに、間接的ながら、最高裁の違憲審査のレベルを高め、その人権判断を国際水準に近づけることになると考えられる。

Ⅵ　まとめ

最高裁は、その任命制度から憲法訴訟に関する知識経験を持った人物が構成員となることが少なく、在任期間も短くて、人的体制の面において立法行政の裁量を尊重する傾向になりがちである上、圧倒的多数の通常事件を処理する中で時たま憲法訴訟を扱うという事件処理体制の面からも、憲法が違憲審査権により司法に担わせている役割に関する認識が育ちにくい状況にある。「総合的衡量による合理性判断の枠組み」は、そのような状況の中で生み出されてきたもので、最高裁にはなじみやすく、重宝がられるものである。しかし、この枠組みの下では、国民の権利自由を制約する国家行為の合憲・違憲の判断が裁判官の主観にゆだねられることになる。その結果が、七二年間で二四件という違憲裁判の少なさとなって現れている。アメリカ系の違憲審査基準論およびドイツ系の三段階審査論にヒントを得ながら、我が国憲法の解釈として違憲審査の項目・手法・基準を導いて、分節的な審査を行うことにより、違憲審査に客観性を持たせ、国民の権利自由の不当な制約を防ぐ必要がある。

【座談会】「十字路」の風景——最高裁のなかのドイツとアメリカ

石川健治・山本龍彦・泉　徳治

Ⅰ　はじめに

石川　本研究会の一番大きなモチーフとして、憲法学者の中に存在しているアメリカ派とドイツ派の大きな溝みたいなものを、少し真面目に考えてみたいということがありました。これまで対決を避けてきた面があるわけですが、率直に意見を交換し合うということをやってみたいと。それからもう一つは、このことが現実の法学教育にも影響を与えているということです。かつて芦部（信喜）先生が導入しようとされたアメリカ流の議論に対抗して最近、より判例を説明しやすいのだというふれ込みで、ドイツ流の三段階審査論が法科大学院を中心に法学教育の世界に侵入してきたという現状がある。三番目に、そうした問題はおそらく、実務における憲法解釈をこれからどう持っていくべきなのか、ということと直接関係するのではないかという見通しがありました。どちらがより使いやすいのか、また、どちらがこれまでの判例により適合的なのか、ということを突き合わせながら、日本における――とりわけ裁判官の――憲法解釈のあり方というものを考える糸口を、アメリカからみた視線とドイツからみた視線を交差させることで明らかにできるかもしれない。そういう本研究会における検討の成果について、最高裁で一時代を築き上げられた泉徳治先生に率直なご感想をいただきながら深めていければというのが、この座談会の趣旨です。

II　最高裁のなかのドイツ、最高裁のなかのアメリカ

石川　まず第一に、「最高裁のなかのドイツ」という観点から少し考えてみたいのですが、私が率直に最高裁のなかのドイツを感じるのは、一九七〇年代の最高裁判例です。そこでは非常に構築性の高い議論がなされているわけですが、これは結局、憲法条文の字句解釈からは出てこないものを、ドイツ語で言うところの「ドグマーティク」によって埋めていく作業を自覚的にやっていた時代だ、と言っていいのだろうと思います。例えば、わかりやすいのは薬事法判決（最大判昭和五〇年四月三〇日民集二九巻四号五七二頁）です。薬事法判決というのは本来、スーパーがついでに薬局もやりたいと思ったら、既存の薬店があってそれができなかったというだけの事件で、そもそもこれを憲法問題にできるのかどうか、ということが入り口として非常に重大です。隠れた論点としては、このスーパーという法人が人権を主張できるかという、法人の人権論があるわけですが、これについては先行して八幡製鉄事件（最大判昭和四五年六月二四日民集二四巻六号六二五頁）がありますので、一応解決済みになっていました。

そこでスーパーの薬局開設というのが憲法のどの条文に引っかかるのだろうかということですが、結論から言うと、最高裁は二二条一項の問題だと結論付けたわけです。二二条一項には「職業」と「選択」という二つの要件しか書いていないわけですが、スーパーの営業の自由が二二条の要件にあてはまることを論証するために、薬事法判決はまず「職業とは何か」というところから説き起こします。生計を立てるための活動であるだけではなくて、一方では個性を発揮するという点で人格的価値と不可分であるという側面と、他方では分業社会の一員として社会的な機能分担を果たす、という側面を強調して、職業というものを解説します。これは私が調べたところ

によりますと、法哲学者尾高朝雄の弟さんである尾高邦雄の『職業社会学』（岩波書店、一九四一年）をベースにしたものです。もともとそうではないかと睨んでいたのですが、ある機会に最高裁の図書館を調べに行きましたら、ちゃんとそこに赤い線が引いてありまして、調査官が読んだ跡がありました。そういう職業本質論を展開した上で、そうだとすると職業の選択だけを保障するというのはおかしくて、当然職業を選択した後の活動についても憲法ランクの保障が与えられなければならない――このように言いまして、二二条一項は職業の選択と活動を含めた、職業の自由の条文であると統一的・一体的に解釈するわけです。これは典型的なドグマーティクで、こういったドグマーティクを展開することによって、二二条一項を職業の自由の条文に読み替え、さらに営業の自由が保護範囲に入るのだということを述べる。こういう議論を立てているところが如何にもドイツ的だと思われる部分です。

しかもこの薬事法判決は、明らかにドイツの憲法判例を下敷きにしたであろうと思われる論理を展開していく。ドイツの薬局判決（BVerGE 7, 377）というのを読んだ人でなければ書けない論理を展開するわけです。そして、その中で比例原則の発想が前面に出てくるということになります。それから明示的な類型論こそ示していませんが、明らかにドイツの薬局判決における職業活動と職業選択の自由の区別とか、職業選択の自由の中での客観的な条件と主観的な条件の区別とか、そういったものを念頭に置かなければこうはならない、という議論を展開しています。客観的な許可条件である距離制限に言及したとたん、審査密度が激変して、突如精密検査が始まるのです。ドイツでは、段落理論と呼ばれる考え方が脳裡にないと、あり得ない展開だと思います。

こういったところに、いわば最高裁の七〇年代の判決にみられるドグマーティクの強さ、ドグマーティクへの傾斜――その限りではドイツ的な要素、ドイツ的な発想――が見て取れるということがありました。このドイツ風の構築された憲法法理に対して、アメリカの議論で対抗しようとした芦部先生はとうとう歯が立たなかったと言っていいと思います。こういう最高裁のなかのドイツ――あるいはドイツ的なるもの――というものが、最高裁判例の過去・現在・未来を考えていく上で、相当重要な切り口になるのではないか。他方で薬事法判決におけるドイツ的なるものというのは、その時点での判例評釈では全く見落とされてきたもので、せっかくドイツ風に読めばこれだけ面白い判決が、わざわざつまらなく読まれてきたということも、私の不満であるわけです。そういう意味で七〇年代を克服するには、まさにドイツ流の議論にはドイツ流で対抗しなければ、という気持ちで勉強を始めたのが、私のキャリアの初発の問題意識の一つになっています。こういうことがありまして、最高裁のなかのドイツということに着目したいというわけです。

しかしアメリカ流の違憲審査基準の影響というのも、はっきりと見て取れるわけで、「最高裁のなかのアメリカ」というのも確実に存在するのだと思います。色々な判例にアメリカの法理が影を落としておりまして、例えば政教分離で言えば、レーモン・テストの影を津地鎮祭判決（最大判昭和五二年七月一三日民集三一巻四号五三三頁）以降の判決の中にはっきりと見て取ることができます。ほかにも色々と、アメリカの枠組みで読み解くと初めてわかるような法理の展開も各所に見出されるという現状があります。このへんは、山本さんはどうお考えですか。

山本　「最高裁のなかのアメリカ」については本書収録の拙稿で詳しく論じたつもりですが、最後に石川先生がご指摘されたように、アメリカ流違憲審査基準論の影響は「はっきり見て取れる」と思います。一九七二年の小売市場判決（最大判昭和四七年一一月二二日刑集二六巻九号五八六頁）や、泉先生が調査官を務められた一九八五年のサラリーマン税金訴訟（最大判昭和六〇年三月二七日民集三九巻二号二四七頁）などはその典型でしょう。もちろん、目的手段分析を使ったものでも、それがどこまでアメリカ的か、という問題はあります。例えば、森林法判決（最大判昭和六二年四月二二日民集四一巻三号四〇八頁）や、国籍法判決（最大判平成二〇年六月四日民集六二巻六号一三六七頁）のように、判決文で宣言されている審査基準のレベルと、実際に行われている審査の強度がズレていると思われる判決も少なくない。こうした判決をみると、基準設定の意味が十分に理解されていないのではないかと疑いたくなりますが、権限配分的観点から違憲審査基準を設定した上で、目的手段構造で審査していくという基本的な思考枠組みは、間違いなくアメリカの影響を受けているといえます。

問題の薬事法判決ですが、私も、調査官解説の引用などからみて、確かにドイツ的な発想が色濃く出ているとは思います。他方で、当然と言えば当然ですが、アメリカ的発想がゼロではないというのが私自身の率直な感想です。まず、この薬事法判決以前の小売市場判決の中で、機能的な権限配分という発想が前面に出てきますね。小売市場判決は、機関適性にまで言及して、立法府こそが社会経済政策の妥当性を評価・判断する機能を果たす「適格を具えた」国家機関だと述べています。本書収録の拙稿でも触れましたが、このような機能に基づく権限配分論は、一九五〇年代のアメリカのリーガル・プロセス論の影響を強く受けているように感じられます。薬事法判決も、職業規制が憲法上是認されるかの検討を「第一次的には立法府の権限と責務」と述べ、経済的自由規制について立法裁量を正面から肯定していますから、審査の大枠としては権限配分論に乗っかっていると思います。事の性質による裁量の広狭を認めているわけですが、大きな流れでみれば裁量統制の手法を採用しているとも言える。そうすると、あくまでもイメージですが、権限配分論という、ある種アメリカ的なステージの上でドイツの三段階審査が上演されているような、入れ子的な構造が採用されている。

もう一つは細かい点ですが、薬事法判決の手段審査の場面ではいわゆるLRAに似た手法が採られたわけですが、この厳格な手法は、判決文を読むと、やはり規制目的が消極的、警察的なものであることに由来しているように読めます。つまり、LRA的な密度の濃い審査は、許可制という規制の態様・強度からは出てきていないように思えるんですね。やはり規制目的から出ている。このあたりも、私がこの判決を素直にドイツ風に読めないポイントです。

ちなみに、七〇年代の最高裁判決の鍵を握っていた中村治朗とアメリカとの距離は実際どうなんでしょうか。泉先生のご論文「可部恒雄さんの思い出」(判時二一三五号(二〇一二年)三頁)でも、中村治朗が外務省に派遣されていた時期に、高柳賢三の下でかなり英米法を勉強され、アメリカ判例の知識を豊富にお持ちだったと紹介されています。泉先生は、中村治朗とアメリカ、中村治朗とドイツとの距離をどのようにお考えですか。

泉　中村治朗さんは、昭和二〇年末から二三年初めまでの約二年間、外務省に設置された高柳賢三氏をキャップとする戦争犯罪調査室――後に法律顧問室――へ派遣されたのがきっかけで英米法の勉強を始め、裁判所の中では英米法の大家と言われるようになりました。中村さんは、戦前の旧制六高、東京帝大卒で、東大では末弘厳太郎教授に最も影響を受けている人ですから、ドイツ語の素養をお持ちであったことは間違いありませんが、ドイツ法にどれほど通じていたかはわかりません。その中村さんが、昭和四六年一〇月から五一年七月まで、最高裁首席調査官を務めました。そして、時國康夫さんが昭和四三年四月から四八年四月まで、最高裁の刑事調査官を務めていました。時國さんは、昭和三三年から三六年までの間、第三次日米法学交流計画で留学し、ハーバードで憲法等を勉強した人ですから、アメリカ憲法訴訟については中村さん以上であったかもしれません。

先ほど山本先生がおっしゃった昭和四七年一一月の小売市場判決の担当調査官は田崎文夫さんですが、刑事事件ですから、時國さんや中村さんの指導を受けていることは間違いないと思います。そのため、小売市場判決は、アメリカ憲法判例の影響を強く受けており、従来の公共の福祉適合基準から初めて脱却した判決になっております。小売市場判決でもう一つ注目すべき点は、個人の経済活動に対する法的規制には、消極的警察目的による規制と積極的社会経済政策目的による規制とがあると論じている点です。当時、最高裁には薬事法事件がすでに係属しておりましたから、小売市場判決は、薬事法事件も念頭に置きながら書いたのではないか、逆に言えば、薬事法判決のあらすじのようなものは小売市場判決の時にすでにできていたのではないか、とも思われます。山本先生が、薬事法判決の中にアメリカの影響を感じるとおっしゃったのは、そういうところから来ているのかもしれません。

話を薬事法判決に戻しますと、これがドイツの薬局判決の影響を強く受けていることは間違いありません。裁判所は、最近はともかく、以前はドイツ法の影響を強く受けていました。戦前の大審院の裁判官室には、ドイツのコンメンタールが置かれていて、それを基に議論するので、ドイツ語ができなければ大審院判事になれないと言われていました。昭和五〇年代頃までの最高裁裁判官には、ドイツ法の影響を受けた人が多かったですから、ほかならぬドイツでもこういう判決が出ていると言えば、それをスッと受け入れる素地があったと思います。私などは、薬事法判決でなぜこのような大論文を書かなければいけなかったのか、という感じもするのですが、やはり、ドイツの薬局判決の影響が強かったのだと思います。

山本　先ほど申しましたように、私自身も、薬事法判決では二つの流れが合流しているような印象を持っています。小売市場判決の延長にあるアメリカ的なフォーマットの中にドイツが入っているというイメージです。そこで泉先生にお聞きしたいのは、たまたま薬局判決がドイツにあって、これが非常に本件に近いということで裁判官の方々が勉強されたのか、それとも、この時期の裁判官の方々が常態的にドイツの憲法判例に触れていたのか、ということです。そのあたりはどうなのでしょう。

泉　当時も現在も、裁判官を含め裁判所で外国の憲法判例を日常的に調査研究するということはしておりません。具体的事件が来て初めて調査するのですが、普通は日本語の文献から入っていきます。ところで、この薬局判決はこの当時、日本にも紹介されていたのでしょうか。

石川　いわゆる「判例百選」シリーズの『ドイツ判例百選』などではすでに紹介されていて、日本語で読める状態にはなっていました。

泉　それでは『ドイツ判例百選』を端緒として調査した

のでしょうね。裁判所全体の雰囲気として、アメリカの判決はちょっと遠い国の判例だけれども、ドイツにこういう判決があると言うと、それは非常に近い国の判決であるかのように受けとめる、そういう雰囲気が当時はまだあったと思います。薬事法判決の担当調査官は、富澤達さんで、行政局付も経験した行政訴訟に詳しい方ですが、外国法に詳しい方であったかどうかは私は知りません。しかし、薬事法事件は大法廷事件ですから、首席調査官が直接関与します。首席調査官の中村治朗さんはアメリカ法の大家ですから、ドイツの薬局判決をベースにしながらも、今おっしゃったようなアメリカの影響が入ってきているのではないでしょうか。

石川　なるほど。薬事法判決の調査官解説をみる限りでは、かなりアメリカを勉強した形跡はある。しかし、調査官解説の通りだったら、むしろもっとアメリカンな判決になっていたはずなのに、なぜこんなゴツゴツしたドイツ的な判決になっているのかというのが不思議議です。そうすると知恵者は担当調査官ではなく別にいるはずだ――そう考えれば、首席調査官の中村治朗の存在がクローズアップされてくるということなのではないかと思うんです。ある機会に、蟻川恒正さんが、そう断定しておられましたが、当たっているのではないか。しかも、単にドイツを引き写したというだけでもなくて、かなり大胆にアレンジしていて、むしろドイツより良くなっている面があります。例えば職業の定義などについて言えば、尾高邦雄の『職業社会学』を参照して構築すると。ほかにも、薬局判決以降の動向まで視野に入っている。人格的価値との関係と社会的相互関連性の相関関係から分析している部分などは、むしろ財産権に関するドイツ判例を意識している。だから決して引き写したというのではなくて、独自に勉強して、自分の頭で考えてそうなっているんです。ただ、もともとドイツ式の教育を受けて、なおかつ行政法学は基本的にドイツ系ですからね。行政法的に書こうとするとドイツっぽくなるのが自然という中で、構築的な判決を書くとドイツ色が強まっていくのは、まあ当然と言えば当然という気もします。

むしろ私の関心は、この当時の裁判官が非常にアメリカの勉強をしているというのはなぜなのだろうか、そこなんです。例えば当時の『アメリカ法』という今でも続いている雑誌をみると結構、紹介者が裁判官だったりします。一番派手に活躍しているのは時國康夫さんですが、ほかにも当時最高裁の調査官だった香城敏麿さんだとか、何人かの方がばりばりとアメリカの最新情報を紹介しているわけです。これはみんな、中村首席調査官によってけしかけられて勉強している感じなんですね。だから、アメリカの勉強を中心に裁判官が学問をしていた時代だった、というのが七〇年代のもう一つの特徴なのではないかと思うんです。

泉　その当時の年配の裁判官の素養というのはドイツ法ですよね。我々も「お前はドイツの民事訴訟法を読んでいるか」と先輩から言われた。そういう時代でしたが、戦後にどっとアメリカが入ってきたのです。その先頭に立っていたのは田辺公二判事で、昭和二九年の日米法学交流計画で服部高顕さんなどと氷川丸に乗ってアメリカへ渡り、ハーバードとスタンフォードで勉強してきた方です。この方が日本へ帰ってきて、現在のような司法研修所教育の基礎を築き上げ、司法研修所を拠点にアメリカとの交流を図っておられました。時國康夫さんも、第三次の日米法学交流計画で昭和三三年から三年間ほどハーバード大学に留学して、帰国後の昭和三六年冬から司法研修所において、ハーバードで一時ご一緒だった芦部信喜教授とともに憲法訴訟のジョイントセミナーを開いておられます。日米法学交流計画は、フォード財団の資金援助によるものです。そして、司法研修所が、昭和三三年頃からハーバード大学、サザン・メソディスト大学へ、しばらくしてからワシントン大学、ノートルデーム大学へも若手法曹を留学させるようになりました。これは、アメリカの大学の奨学金を得て留学させるプログラムで、司法研修所が判事補、検事、弁護士を対象に試験を行い、留学生を決めていました。このプログラムができるについても、田辺さんなどの貢献があったと思います。香城さんは、このプログラムで昭和四一年にサザン・メソディスト大学へ留学しておられます。

ではその当時、年配の世代はどうしていたかと言うと、その世代には留学制度というのはありませんでした。代わりに、裁判所予算による三か月ほどの在外研究という制度があったんです。行き先は本人の選択ですが、ドイツが多かった。ですから、単純化すると、年配の世代はドイツの、若手はアメリカの影響を受けていた、そういう時代ではないでしょうか。やはり境目のような時代ではなかったかと思います。

山本　日本国憲法の違憲審査制は基本的にはアメリカのそれを継受したと言ってよいと思います。私の理解では、最高裁の初期メンバーである栗山茂（外務省出身）などは、アメリカのニューディール思想の影響を強く受けていて、初期の判例の個別意見の中でたびたびニューディール期のアメリカ連邦最高裁の「司法消極主義」に言及しています。第三代長官の横田喜三郎も、栗山の思考から多くを学んでいるとともに、直接アメリカの判例も勉強されています（横田喜三郎『違憲審査』（有斐閣、一九六八年））。栗山から横田へと受け継がれた流れが確実にあって、これを「国際法ライン」と呼ぶか「外務省ライン」と呼ぶかは別として（注：横田は国際法学者であり、外務省顧問も務めた）、それが一九三〇年代以降のアメリカの司法消極主義を日本に定着させたと言っていい。その意味では、その後の最高裁でも「アメリカ」の影響が一定程度あったというのは自然なように思えます。

泉　日本国憲法は、GHQの法律家が素案を作ったものですから、その解釈についてアメリカの解釈というものを重視したということはあったと思います。

山本　だから逆に面白いのは、違憲審査制についてアメリカ的下地がある中で、なぜ七〇年代にドグマーティクな構築性の高い判決が集中的に出てきたのかということですね。それは中村治朗さんのパーソナリティに由来しているのか、それとも何か別の背景があったのか。長官石田和外の時代でしょうか。

石川　石田和外からの移行期ですかね。

泉　小売市場判決は石田和外長官、薬事法判決は村上朝一長官ですね。

山本　それから、このときに構築性の高い判決が現れたとして、なぜそれがその後廃れていったのか、その原因がどういうところにあるのか、ということも興味深いですね。やっぱり日本の最高裁には馴染まなかったということなのか。

石川　ただ、余韻は九〇年代ぐらいまで残っていたと思います。八〇年代いっぱいは、それこそ森林法判決などにみられるような、ここまで理屈を書かなくてもいいのではないか、というほどのドグマーティクへの志向があったと思うんです。その反面で、立法事実のみによる論証は、補足意見にとどまっている。私などはまさに「そら見たことか、やはりドイツ式だ」と思ったわけですが、それが少なくとも九〇年代いっぱいぐらいまではあったような気がするんです。でも、だんだん反対意見の方がアメリカ風になってくるところもあって、二〇〇〇年に入るとずいぶん柔軟化する。良きにつけ悪しきにつけ柔軟化という傾向が見られて、柔軟化ということは逆に拘束が緩むということでもあり、政治化するということでもある。柔軟化というのはある意味で時代の趨勢でもあっただろうと思うのですが、割とスッと柔軟化していく。

山本　それは「再アメリカ化」ともまた違う気がします。その柔軟化というのは、おそらく芦部先生が目指された「アメリカ」とも違う。

石川　少し違うと思います。例えばちょうどその時代に、まさに同時代的に村上淳一先生などは、東大を退職される頃からポストモダン法学に傾斜し始めて、その影響で柔軟化ということをずっと言っておられたんです。それはもう避けられないことだ、と。

山本　理論的な構築性がやや弱い、ある意味で融通無碍な近年の最高裁の傾向と、ポストモダン法学のシンクロという論点は興味深いですね。近代的価値にコミットして濃厚なドグマーティクを構築した森林法判決が、二〇〇二年の――「理論」なき――証券取引法事件判決（最大判平成一四年二月一三日民集五六巻二号三三一頁）に取って代わられたというのは象徴的かもしれません。近年の最高裁の傾向については、また後で検討したいと思います。

Ⅲ　三段階審査論、違憲審査基準論の本質と機能

〈1〉三段階審査論について

山本　ここで、三段階審査論、違憲審査基準論のポイント、精髄とは何かについて確認しておきたいと思います。石川先生は、ドグマーティクの機能として、「法の欠缺を埋めていく」とか「基本権競合のような問題をクリアにする」ということがあると指摘されています。この点をもう少し敷衍していただけないでしょうか。

もう一点。薬事法の事件では、許可制によって職業選択そのものが制約されていたわけで、職業遂行の自由は問題になっていませんね。それにもかかわらず、職業遂行の自由の憲法上の位置付けまでもが饒舌に語られている。この事件で問題にされているのは職業選択の自由であって、職業遂行あるいは営業についてまで言及しなくても事案は処理できるけれども、敢えてそれについて言及するということが、ドグマーティクの一つの性質になるのでしょうか。

石川　性質だと思います。そうやって予測可能性を作っていくわけです。ある枠組みを作って、「基本的にこの頭でやっていけば、だいたいこうなるだろう」という予測可能性を作っていくというのが、ドグマーティクのかなり重要な機能であるわけです。だから直近の小売市場判決もきちんと整序して、今後どういうふうに進んでいくかということを予測可能な形で書いたはずだった。ところがその後、森林法判決が出てくる。森林法判決はあからさまに、芦部流では読めないような読み方で、芦部流判例理解を切って捨てたわけです。そういう展開だったのではないかと思います。

山本　今の点については、裁判官の方々はどのように受け止められるでしょうか。ドグマーティクの一つの特徴が、将来の別の事件に対する予測可能性を作っていくことであるとしたら、当該事件を超えるような形で保護範囲を輪郭付けていくということになる。それが日本の最高裁の裁判官の発想に馴染むのかどうか。

石川　あれが特異だったのかそうでないのか、ですね。

山本　面前の事案を一つひとつ解決していくことが裁判所の仕事としてまず重要であるとすると、将来の事案までを見越して憲法上の保護範囲をやや一般的に画定するという作業はなかなか困難なことのようにも思えます。そのあたりは泉先生、いかがでしょうか。

泉　よくわかりませんが、森林法判決の担当調査官は柴田保幸さんで、昭和四三年にサザン・メソディスト大学に留学し、中村治朗さんの一番弟子とも言えるような人ですから、森林法判決もアメリカ的思考で書いていると思うんです。ただ、規制の対象が民法上の共有権、共有物分割請求権という、憲法訴訟としてはやや特殊なものであるため、ご批判のような面が出ているのかもしれません。

山本　アメリカ的な発想で言えば、やはり一方にロックナー時代の記憶がある。ロックナー判決は、抽象的なデュー・プロセス条項から「契約の自由」を彫琢し、それが経済立法に対する厳格審査の手がかりになっていく。それによりニューディール立法が違憲無効とされたために、少なくともデュー・プロセスのような抽象的な条項から積極的に憲法上の権利を描出することには警戒的になっていくわけですね。

このような「ロックナー時代の記憶」が仮に日本の最高裁の深層に残っているとすると、ドグマーティクにはかなりの勇気が必要になると思うんですね。二二条の話から逸れますが、日本の最高裁は、憲法一三条のドグマーティクを未だ構築していないように思います。「私生活上の自由」から「みだりに○○されない自由」を導き出してはいますが、ドイツの憲法裁判所のように「情報自己決定権」といった権利を彫琢し、その侵害についてしっかりと分節化した審査に乗せているわけではない。こうした躊躇いは、良いか悪いかは別として、アメリカの経験と関係があるのかなと思います。

石川　それはありそうですね。ただ憲法の教科書にドグマーティクが出てこないという状況が、少なくともポスト芦部時代にはあったような気がしますので、その影響ということもひょっとしたらあるかもしれませんね。

あと今、同じものをアメリカ流でみるかドイツ流でみるかで見方が違う、ということでいくつかの論点が出てきましたよね。例えば、より緩やかな手段を用いては云々という言い方が出てきたときに、アメリカ憲法をやっている人は、これはLRAだ、出てきた、影響を与えた、とこう読むわけですが、しかしドイツ的な比例原則からすると、LRAなんて関係ないという話になりますよね。それから先ほどの、立法者への敬譲を示すという話も、ドイツ的に言うと——やや微妙なコンストラクションですが——立法裁量論だ、それだけだ、というふうに捉えるわけで、そしてその立法裁量を統制するという発想になって、そこで比例原則を使おうと展開していくわけですね。だから同じものが違うストーリーで読まれていくということがあって、ちょうどこの時期にそれが目立ったような気がするんです。

ことさらにアメリカ流に読もうと、我田引水でアメリカ流に持っていこうとしているわけで、学説の方ではそういう傾向が強かった。また芦部先生はそれを奨励しておられて、「判例の中に違憲審査基準を読み取るのが判例の解釈だ」とおっしゃって、コンストラクションの論理構成についてはほとんど関心を持たれなかったんです。

山本　我田引水で読んでしまうことで重要な論点が見落とされてしまうことには注意しなければならないと思います。両者の視角をすり合わせるということも必要だったのかもしれません。

石川　おそらく中村治朗さんなどは、そこを自覚的に調整していたのだと思うんです。アメリカの議論を念頭にドイツ流に言えばこうなる、という。ところが学説の方では非常に偏頗というか、我田引水な見方をしてしまったという傾向が顕著だったと思います。

山本　小売市場判決には、いわゆる「二重の基準」の採用を示唆するような部分もあり（注：「個人の経済活動の自由に関する限り、個人の精神的自由等に関する場合と異なって……」）、いよいよアメリカ的な審査基準論で進んでいくのではないかという期待感もあったのでしょうね。薬事法判決もこの期待を完全に裏切れなかったのではないでしょうか。その意味で、中村治朗は、アメリカ的なフレームワークにドイツ的な判断手法を接ぎ木して、日本的なものを作り上げようとしたのかもしれません。

石川　まあ、両睨みだったということはあると思いますね。あと、これも学説の我田引水ですが、ちょうどあの頃に営業の自由論争というものがあって、その影響があるのではないかというふうに喜んで読んだわけです。確かにそういう側面はあると思いますよ。

山本　今お話しになったような論点との関連で言うと、薬事法事件より少し前、昭和四四年の京都府学連事件判決（最大判昭和四四年一二月二四日刑集二三巻一二号一六二五頁）の「読まれ方」も面白い。この判決は、実際には、どこをどう読んでも違憲審査基準は出てきません。実際、『憲法判例百選』の初版（芦部信喜編、一九六三年）の解説では、一言も違憲審査基準の話は出てこない。この初版の解説は、むしろ憲法三五条の令状主義との関係に焦点が当たっています。しかし、学説では、この判決が「厳格な合理性」基準を採用したものとして「読まれる」わけですね。そうすると、『百選』の解説も、版を重ねるごとにそういう説明になってくるんです。これは

「厳格な合理性」基準を採用したものだ、と。これも石川流の見方をすれば我田引水と言えるでしょうね。その弊害ももちろんあったわけです。それにより、令状主義や強制処分法定主義といった、刑訴法学と交錯するような重要論点がどこかに行ってしまった。それが近年のGPS判決（最大判平成二九年三月一五日刑集七一巻三号一三頁）にも深い影を落としているように思います。

石川　次世代の解説者は、違憲審査基準を読み取るのが判例の読み方だ、というふうに教育を受けていたと思うんですね。だから例えば『百選』でも、職業の本質について尾高邦雄を勉強して書いたせっかくの力作がカットされてしまうという、そういう状況だったわけです。

山本　確かに当時は、審査基準論バイアスのようなものがあって、このバイアスを通して判決を強引に読んでしまうところがあった。それが最高裁のある種の努力をうまく汲み取れなかった原因になっていたのかもしれません。

石川　そうです。せっかくの努力を無にしてしまったのではないか、という感じはあるんですね。

山本　少し薬事法事件を離れて近年の判決に移ると、泉先生が今回の本書収録のご論文の中で公務員の政治活動に関する世田谷事件（最二小判平成二四年一二月七日刑集六六巻一二号一七二二頁）に言及され、この判決は「総合的衡量による合理性判断の枠組み」を前提にしているが、「分節化」を行っているという点でドイツ的な視点も感じられるとお書きになっています。また、最近のGPS捜査判決（最大判平成二九年三月一五日刑集七一巻三号一三頁）について、法律の留保論も含めて三段階審査にマッチしているのではないかというご示唆もありました。このように最高裁判決をみたとき、三段階審査論が伏在ないし顕在していると感じられるものはありますでしょうか。

泉　日本の最高裁が三段階審査論を意識しているかどうかは怪しいと思うんです。私も、本書の研究会に参加するまで三段階審査論というものを全然知りませんでした。そもそも法科大学院ができてから盛んに議論されるようになったものですから、最高裁としてもそれは意識していなかったのではないでしょうか。

世田谷事件について私が本書の論文で書いたのは、世田谷事件判決はその総論部分で総合的衡量による必要性、合理性の基準で判断するということをまず一行書いて、いかにもその枠内で判断しているように装っておりますが、その中身をみますと、かなりの程度、三段階審査論が審査のポイントとしている事項について判断しているんです。三段階審査論を意識していた形跡はみられないものの、結果的には三段階審査論が押さえている論点に触れている。世田谷事件判決を通して、三段階審査論は日本の憲法の解釈論として十分に受け容れられるものであることがわかる、ということが言いたかったのです。

それからもう一つ、私が本書の論文中でGPS判決について好意的に言及しているという点ですが、日本の憲法裁判における最大の問題は、三段階審査論の最初の段階で問題になる「制約されている権利・自由が憲法上どういう位置を占めているか」ということを飛ばしてしまうことなんですね。同じ刑事関係で言いますと、憲法には弁護人依頼権ということが書いてありますけれど、そもそも弁護人依頼権とはどういうものなのか、弁護人依頼権の範囲はどうなのかという問題を飛ばしてしまうのです。そして、いきなり刑事訴訟法三九条の接見交通権の範囲を論じだすのです。刑事訴訟法三九条は、接見し、書類または物の授受をすることを認めている、接見または授受については日時等の指定をすることを容認している、当該日時等の指定は同条に違反しないかといった、刑事訴訟法の議論に入ってしまうんです。ところがこの点、GPS判決はまず最初に憲法の令状主義というものを持ってきた。そういう意味で、私はGPS判決を好意的にみているわけです。

私は、三段階審査論の一番の良いところは――これは石川先生のお話とは順番が逆になってしまうのですが――問題になっている権利・自由というものが憲法で保護されているのかどうか、憲法の保護範囲に入るのかどうか、というところを真っ先に持ってきているところであって、むしろここが、三段階審査論から学ぶべき点ではないかと思います。日本では憲法でどう書かれているかということを飛ばしてしまって、いきなりその下で構築されている法律上の制度論に入ってしまっている。先ほどの例で言えば、弁護人依頼権の中身についての議論を深めないで、専ら接見交通の問題を論じてしまっている。そういうところがあるので、このGPS判決はその点では非常に評価すべきだと思います。

日本の憲法が保障する弁護人依頼権の現状は非常に貧しいものです。まず弁護人が被疑者と接見するのに時間が制限される。接見室にカメラを持ち込むこともできない。被疑者が拘置所の職員に暴行を受けたというので、弁護人が接見の際に暴行を受けた被疑者の顔写真を撮ろうとすると、禁止されるという状況です。最高裁判決に出てくる一例を挙げますと、検察官が警察に対し当該事件は接見について日時指定をする可能性があるということを連絡していたところ、警察官がそれを忘れて検察官にお伺いを立てずに、被疑者を弁護人に接見させたという事件がありました。警察官が、途中でそのことに気づき、接見室に入って、これは検察官に聞かなければいけない事件だと言って、被疑者を連れ出そうとした、弁護人と被疑者が抵抗したため、警察官は接見室の電気を消し、被疑者の腕を引っ張って連れ出した、検察官に問い合わせたところ、本日は取調べの予定がないという回答だったので、約三〇分後に接見を再開させた、そこで弁護人が国賠を請求したという事件がありました。最高裁は、違憲の主張は実質上刑事訴訟法三九条違反を言うものにすぎない、として憲法判断をしないのです。その上、国賠法上も違法とは言えないとしております。

三段階審査論では、最初に、憲法で保障された弁護人依頼権の範囲を論じることになる。先ほどの例で言えば、接見交通や、被疑者が暴行を受けたというその姿を写真に撮る権利が、憲法で保障する弁護人依頼権の範囲に入るのかどうか、それを中断させたり禁止することは憲法上の弁護人依頼権を制限するのか、そういう議論をしなければいけないのですが、日本ではそれが飛ばされる。刑事訴訟法三九条に違反するかどうかが議論される。その意味で――順番は別としても――三段階審査論が保護範囲というものを押さえているところは、非常に学ぶべきことだと思っています。欧州では弁護人依頼権から弁護人の被疑者取調べへの立会権が導き出されているというのに、日本では弁護人の取調立会権など夢のまた夢という状況です。

もちろん、アメリカの審査基準論でも同じことであって、これも――言葉には出てきていませんが――まず権利が憲法上どういう位置付けをされているかということをみますから、憲法論が一番最初に出てくる。一方、日本の裁判所は、憲法は理念を述べているものにすぎず、裁判所が審査すべきはその下にある刑事訴訟法なり色々な法律上の制度が合理的にできているかどうかである、という姿勢なんですね。だから日本の弁護士から言うと「憲法を持ち出したらもう終わり」と。つまり憲法を持ち出すのは、自分の主張する権利・自由を法律でもって十分に根拠付けられないからではないか、だから仕方なく憲法を持ち出すんだろう、と。そういう受け取り方をされているのです。

石川　なるほど。できない奴だから憲法を持ち出すんだ、と。それはありますね。

泉　これは民法の問題などでもよく言われることで、権利の濫用とか信義則違反と言い出すと、自分の主張する権利を根拠付ける条文がないから一般条項や総則規定を持ち出すんだ、というように受け取られる。

石川　できない弁護士だから、というわけですね。

泉　ええ。だから、そんなものは負ける事件であると。憲法を持ち出すということは、法律でもってあなたの言っている権利・自由を根拠付けられないことを自認しているようなものだろう、という。一般の弁護士は、そういう感じを持っております。違憲判決が七〇年で二四件しかないという日本の憲法裁判の貧しさは、法律制度論の方へ目が行ってしまって、憲法上の権利を十分に深めようとしないところから来ているのではないでしょうか。そういうことからすると、最初に令状主義を持ち出したのは良いことではないかという意味で、GPS判決を評価しました。

山本　確かにGPS判決は、冒頭に憲法論を展開して、憲法三五条の保障対象には，「『住居、書類及び所持品』に限らずこれらに準ずる私的領域に『侵入』されることのない権利が含まれる」と述べています。この点では評価されると思います。ただ、それが「ドグマーティク」と言えるものだったのかはやや疑問です。なぜ三五条が「『住居、書類及び所持品』に限らずこれらに準ずる私的領域に『侵入』されることのない権利」を含むのかの理由や、どういう意味でGPS捜査がこの権利を制限するのかといった論理が必ずしも明確でなく、一三条の「私生活上の自由」との異同を含めて、ドグマーティクの重要な機能である予測可能性を作り出せていない可能性があるからです。他方で、泉先生ご指摘のように、最高裁が、情報通信技術の飛躍的発展を踏まえて、三五条のドグマを再構築しようと努力したことは素直に評価すべきだと思います。

石川先生、改めてドグマーティクの意味や効用についてご説明いただいた上で、今の泉先生のご指摘に対してコメントをいただくことはできませんか。

石川　先ほどの泉先生のご指摘に戻りますとおそらく、三つぐらいの観点から考えられると思います。まずはGPS判決が令状主義を憲法問題として捉えたことの意義について積極的に評価されたというわけですが、ある問題が憲法のどこかの条文に引っかかるということは一応違憲だという結論になるわけで、逆に言うと、それでも合憲の結論を出すためには積極的に合憲性の正当化をしなければいけないはずです。その入り口が曖昧だと、合憲性の正当化をしなければいけないという必然性がなくなってしまう。だからこそ、日本の判例では、法律に固有の条理があればそれでOKだ、ということになってしまうと思うんです。その意味で、何が何でも合憲性の正当化をさせるという入り口が必要だ、ということを指摘なさったのではないかと思うのです。これが一つ。

それから、そうなると憲法というのは非常に隙間の多い法文が並んでいますので、やはりドグマーティクが必要になるという側面があるわけです。ドグマーティクを使わないと埋まらない。それで、色々と理由をつけて「何条に違反するんだ」という入り口に入っていけば、今度は合憲にするために色々と理屈をつけていかなければならなくなるため、より精度の高い解釈になっていきますよね。ということは、憲法学におけるドグマーティクの不在が、憲法論を軽んじさせる原因になっているのではないか、というのが二つめの感想です。これはある意味で時代に逆行する感想かもしれませんが、やはりドグマーティクがなかったということの結果なのではないか。そういう気もするのです。これは——二〇〇四年ぐらいでしょうか——藤田宙靖先生が最高裁におられたときに、たまたま東北大学ＯＢの研究会というのがありまして、藤田先生が東北大学におられた時に東北大学の教員で当時それから東大に移ってきていたような人たちを先生の裁判官室に集めて、研究会をやっていたんです。私はそれに招かれて、そこで三段階審査の話をしたわけなんですが、そのときに藤田先生がおっしゃったのは、「憲法学にはドグマーティクがないから軽蔑されるのだ。こういうことをもっとやってくれ」と。これは私がその後、三段階審査の旗を振るようになるにあたっての大きな励ましになりました。とにかくドグマーティクがないから、憲法解釈論にまともに付き合う必要がないと考えてしまう、そうすると入り口をすり抜けられてしまって、真面目な合憲性の正当化論が展開されなくなっていく。だから——古臭い議論かもしれないけれども——ドグマーティクが一応でもなければ真面目に取り合ってもらえない、ということだったのではないかと思います。

ところが、そういったものが構築される前に、芦部先生はむしろドグマーティクを脇に置いてしまって、「そもそも憲法の条文というのは解釈してもしようがないのであって、解釈に拘泥するよりも裁判官の思考様式を違憲審査基準でコントロールした方が早い」とお考えになって、入り口の条文解釈を軽視されてしまったのです。それで、もうどこに引っかかってでもいいから、ざっくり表現の自由ならばこれで行こうとか、精神的自由ならばこれで行こうとか、あるいは経済的自由ならばこれで行こうとか、そういう議論になってしまった。それを総体として受け入れてもらえればよかったのですが、受け入れてもらえないとなると、結局憲法論自体を軽んじる傾向を促進してしまった、そういう可能性があるのではないかなと感じます。だからやはり古臭いかもしれないけれども、ひとまずはドグマーティクがあって、ここは素通りできないぞ、というのをまずは作らないと、なかなか裁判官に真面目に取り合ってもらえないのではないか。これが二つめの感想です。

それから三つめの感想です。裁判官が三段階審査でものを考えることは実際にはないけれども結果的には結構使いやすいというお話をされたのですが、これは確かにドイツを研究していますと、きれいに三段階審査でまとまった教科書があって、こういうことを日本でもやってみたい、輸入したいという気になるのは自然なことだと思います。しかしそれだと直輸入になってしまうわけで、それは避けるべきだというのが私の考えなんです。むしろ「日本の民事・刑事の裁判官の発想を自然に延長していけば、自ずから三段階になっていくのだ」という道筋を示さないと三段階審査は定着しないし、また違憲審査基準論に対する批判にもなりません。「民事・刑事の裁判官が真面目に考えたら自ずからそうなる」ということを説明するためには、もともとこれが民事や刑事の議論であって、それをベースにしてできあがってきたものだ、という説明をしていく必要があるのではないでしょうか。それが、ドイツで三段階審査論が強調される、本来の文脈でもあるのです。そのように説明していけば、民事・刑事の専門家にとっても、なるほど、こういうことならわかるかもしれない、ということになるのではないでしょうか。いきなり頭ごなしに、ドイツ語をボンと頭から持ってきたのではダメだ、判例にもきちんと表れているではないか、真面目に裁判官が考えれば自ずから三段階になるんだ、ということですね。枠をはめなくても自ずとそうなるんだ、という説明の仕方が有効なのではないかと考えて、私はやってきたわけです。

泉　先ほどの繰り返しになりますが、もう一つの例で。GPS判決は非常に評価できるんですが、いま一つ評価できないのは夫婦同氏制事件判決（最大判平成二七年一二月一六日民集六九巻八号二五八六頁）なんですね。あれなども自分の出生した時からの氏を結婚後も持ち続けることが、憲法の保護範囲内に入るかどうかということを抜きにして、その下にある民法において婚姻制度がどのように構築されているか、その民法で構築した婚姻制度が合理的かどうかという話に行ってしまうんです。その点、このドイツ式の考え方によると、生まれた時からその後ずっと同一の姓を持つ権利というものが憲法で保護されているかどうか、ということにまず目を向けることになる。そういうことがこの三段階審査論の一番良いところではないでしょうか。日本の最高裁の現状からみると、そのように感じます。

石川　そうですね。実のところ勝負はこの実質的正当化論――ドイツで言う比例原則に相当するＬＲＡ――でつく。だから直截にそこへ行けばいいのだと、芦部先生は教えてこられて、司法試験の受験生もそういう答案を書くようになっていった。しかし、今のお話だと、やはり、まずは保護範囲論が頭にあるということに意味があるという、そういうご指摘ですよね。

泉　そういうことです。

石川　これは非常に大きいご指摘ではないでしょうか。

〈2〉違憲審査基準論について

山本　私も、部分的には今のような考え方に同調したいと思っています。ただ、やはりまず、芦部先生が悪かったのか、それともかつての予備校的な——今は違うのかもしれませんが——いわゆる「芦部劣化コピー」が悪かったのか、という問題があるのだろうと。

石川　そうですね。

山本　やはりアメリカ的な違憲審査基準的発想の醍醐味というのは、憲法レベルでの権限配分なのだと思っています。先ほど石川先生は、開放的な憲法条文の隙間を埋めるのがドグマーティクだ、というお話をされたと思います。やや一般論的な話になりますが、隙間を埋める、薄い憲法典を完全化していくのは誰か、どの機関がその権限を持つのか、という発想が真正の審査基準論には含まれていると思うんですね。この点でドイツでは、憲法典の条文構造や、憲法裁判所の地位や制度、憲法裁判所の発展の経緯からして、まずは憲法裁判所だ、という考えが出てくるんだと思います。これに対してアメリカでは、詳しくは拙稿で触れましたが、前提問題として、「誰がその権限を持つのか」という問題、すなわち「Who問題」がシビアな形で出てくる。「民主主義と司法審査」系の問題、言い換えれば、立法府か司法府かという問題は、連邦か州かという管轄問題と同じようにシビアに議論される。後でも触れると思いますが、審査基準が厳しいか緩やかかという問題は、本来は、違憲審査の方法、合憲性判定の方法ではなく、よりメタレベルの、憲法上の権限配分の問題なんですね。

こう敢えて図式化すると、日本国憲法の条文構造や、付随的違憲審査制などからみて、ドイツ的な前提が成り立つのかどうか。私自身も、最高裁によるドグマーティクの構築を期待したいのですが、やはりそれには様々な資源の多寡という意味で限界があるように思います。憲法条文をみても、「法律によって定める」とする条項が多く、裁判所以外の機関に「隙間」を埋める役割を期待しているところがある。先ほどのご議論の中で、三段階審査は日本の民事・刑事の裁判官の発想に馴染みやすいかもしれないというお話がありましたが、こういう点でちょっと疑問なわけです。やっぱり民事・刑事マターと、憲法マターとは違うという発想が裁判官の頭の中にあるのではないか。

そうすると、大ざっぱに言えば、やはり裁判所が積極的にドグマーティクを形成していくべき領域や権利とは何かを限定して捉える必要があると思うのです。三段階審査の射程とも言えるでしょうか。とにかくそこについては裁判所頑張れ、と。それ以外については、立法府その他の機関の権限に敬譲を払う。そのメリハリと申しますか、仕分けが重要になる。それが違憲審査基準の本来的な役割というわけですね。それはおそらく、芦部先生の「違憲審査基準論」でもあったのだと思うんです。ちなみに、ドイツでも、財産権など制度依存的な権利というのは、防御権と同じようなドグマーティクにはならないと聞きますが。

石川　色々なオマケが付いてくるんですね。だからすっきりしないと言うか、ちょっとほかとは様子が違ってきますね。

山本　裁判所が自信を持ってドグマーティクを形成できる領域と他の部門に委ねるべき領域があるという点では、ドイツにも「違憲審査基準論」はあるということなのでしょうか。

石川　これはおそらく——実際に色々な方がおっしゃっていることだと思うのですが——、この違憲審査基準というのはドイツ風に言えば正当化事由のところで働くと、ひとまず考えていいわけです。今のドイツの学者にはアメリカ留学組が多く、ドイツ人がアメリカの判例を自分の中に受容して解釈論を豊かにしていくときも、基本的には正当化事由のところで採り入れていくというのが普通なわけです。もちろん、そんなに自然にアメリカ的なものを接ぎ木できるのかという問題があるとは思うのですが、接ぎ木するとすればそこしかない、ということがあります。そのため比例原則を構成する三つの原則自体、人によって整理の仕方が実は微妙に違ってきます。しかし、入り口のところと、比例原則なりLRAなりの議論の仕方をどうするかというのは、一応切り分けて議論することが重要ではないかと思います。本来政治部門に特有の思考形式である目的・手段という発想は、判決の法的論理構成の中では最後の最後、いわば奥の院に押し込める必要があります。

　けれども、今かなり大事なことをおっしゃったと思うのですが、裁判官で抱えきれる問題とそうでない問題があると。これはまさに芦部先生の問題意識で、全部やらせたら裁判官は憲法から逃げてしまう、過重負担になって逃げてしまうと。だからもっと楽にしてあげなければいけない、ということで憲法解釈論をある意味で当事者主義的にして、論証の責任を両当事者に分配して、こっちが論証できたらこっちの勝ち、こっちが論証できなければこっちの負けとか、そういうようなルールにしたわけです。これで裁判官は楽になったと思う。負担を軽減するためのルールというわけです。しかし負担を軽減するためには、その負担軽減のルールの前提にあるフィロソフィを丸飲みしてもらわないといけないわけですが、その丸飲みが嫌がられた、ということだと思うんです。だから、これが論証責任の分配の仕掛けなんだということを、もう少し自覚的に裁判官に訴えれば、ひょっとしたら受け容れてもらえるのではないかという気もするのです。こういう問題については裁判官が全責任を負わないで、解釈責任を百パーセント負わないで当事者に分配していいのだ、というのが芦部先生の狙いだし、それを丁寧に筋立てれば、この正当化のところに接ぎ木することはできるのではないかと、私個人としては楽観的に考えています。

ところが、法科大学院が立ち上げられる前の答案というのは、違憲審査基準を根拠もなしにいきなり立てて、学生が、眼の前にいもしない当事者に適当に論証責任を分配して、自分の頭では何も考えなくなっていく構造になっていた。そうやって、受験生は自分自身の論証責任を軽減して楽をするようになっていったということだと思います。裁判官なら、本当に生身の人間がいて論証責任を負うわけですが、論証を求められた学生は——非常に怠惰なことに——いもしない当事者に適当に論証責任を振って、ものを考えなくなる。それが芦部先生の違憲審査基準論が教育面でもたらした実にむごたらしい結果だったということがあって、これを何とかしなければいけないというのが法科大学院を立ち上げたときの初発の問題意識でした。そこで、私などは、むしろ裁判官の思考から言えばこちらの方が自然なんだという形で、ドイツ流の議論を代案として出すということで、何とか芦部流を断ち切ろうと考えたわけです。もちろんアメリカを研究している人は、そうでない仕方で、そこのところを豊かにしようと努力してきた。これが、二〇〇〇年代後半の憲法学だったと思います。

それが改めてフィードバックして、どちらが使いやすいか、どちらが説得の論理として裁判官に訴えるかというところは、ぜひ泉先生に伺ってみたいと思っています。

泉　私は、三段階審査論が押さえるべきポイントとして掲げていることは、日本の裁判官にとって非常にすんなりと受け入れられるものだと思います。しかしやはり、日本の憲法が最高裁に違憲審査権を与えている意味というものがあるわけで、それは先ほどからおっしゃっているように立法・行政・司法の役割分担ですよね。三者はそれぞれに別の能力を持ち、その能力に見合った役割を担っている。「この分野はやはりあなたの役割だよ、しかもあなたの能力でできることだよ」というものが日本の憲法の中にあると私は思うのです。それはドイツで言うと比例原則の中で関係してくるのではないかと思います。アメリカの審査基準論というのは簡単に言うと役割論だと思うのです。それはやはり捨てられないのではないか。ドイツだけだとそこのところをあまり意識させませんから、裁判官に「これはあなたがやらないとダメだよ」というところを意識してもらうためには、やはりアメリカの審査基準論というものを言っていくべきではないかなと、私は思っています。

石川　そうなんですよね。下手に悪い方向でマニュアル化されてしまうと、三段階審査というのは根本的な問題を考えずに済ませる、一層安易な枠組みになってしまうおそれがあるわけです。だからせっかく芦部先生たちがここまで議論して、裁判所の役割分担についても問題意識がある程度広まってきたところで、しかも、少なくとも裁判官も司法試験の受験勉強の時分にはそれを一生懸命やってきているところに、それを台無しにするような三段階審査の劣化版の枠組みを定着させるのも変な話だなとは、率直に言って思います。

山本　全てが三段階審査で機械的に片がつくわけではない。

石川　そうです。まさにそのポイント、ポイントで、チェックポイントをちゃんと作っていくということなのだろうと思います。

山本　泉先生の言葉でいう「分節化」ですね。

Ⅳ　各論の検討――法律の留保、目的審査、立法裁量権

〈1〉法律の留保

石川　ここでチェックポイントの話を一言申し上げておきますと、ドイツ流の議論を採り入れるメリットとして当初考えられてきたのは、「法律の留保」という論点を憲法解釈あるいは人権解釈の論点に、いわば再建するということがあったわけです。戦後の日本の憲法学で法律の留保はいけないことだということになって、法律の留保という論点は人権論から消えてしまっているんです。しかしまずは、「法律に根拠を置かなければ権利侵害をしてはいけない」という大前提があって、それは行政法解釈の基盤になっている。ドイツだと、この法律の留保というのがチェックポイントの一つを成していますので、ここまでは行政法、ここからは憲法学の憲法がし得る議論だ、というのがうまく転轍できるのですが、今のままだと憲法の議論は憲法の議論、行政法の議論は行政法の議論ということで、全く接点がない。なぜ接点がないかというと、法律の留保に関する評価がもう一八〇度違うからだ、ということがある。それで、形式的正当化論としては、やはり法律の留保はそれはそれで大事なのだと述べた上で、しかし、ただ法律上の根拠があればそれで

いいということではないのだ、ということで実質的な憲法論に入っていくというのが、実質的な正当化論です。だからまず、とりあえず行政法的なチェックをして、そもそも法律の根拠さえなければ行政法的に言ってもアウト、というようなチェックポイントを作っておけば、行政法の議論と憲法の議論を融合させられるのではないか、という見込みを当初は持っていたわけなんです。

山本　「法律の留保」というステップは、確かにアメリカの違憲審査には明示的にはみられません。泉先生もご指摘のように、これはドイツの議論を取り入れる重要なメリットだと思います。なぜアメリカでは法律の根拠を問う独立のステップがないのか、私自身勉強しなければなりませんが、さしあたり大統領制に付随した問題を指摘できるかと思います。大統領令の民主的な正統性ということもありますが、執行府と立法府の緊張関係によって、法律なく、あるいは法律から離れて執行府が勝手なことをやることに対して議会の統制がきく。両者の抑制と均衡が働くから、敢えて裁判所がチェックしなくてもよい、という側面があるのかもしれません。もしこうした見立てが間違っていなければ、政治制度が異なる日本ではアメリカと同じようには考えることができず、裁判所のチェックが何としても必要だ、ということになるでしょう。

〈2〉目的審査

石川　法律の留保の話が出ましたが、次は目的審査の論点ですね。目的審査論の中心はcompelling interestの審査だと思うんです。目的自体を追及することで、色々な怪しい立法を炙り出していくことができる、と。目的審査には目的審査の固有の強みがあるということが、特にアメリカの議論では強調されているところがあるわけですが、ドイツなどの場合だとせいぜい重要な目的か正当な目的か、それぐらいしか区別をしないんです。薬事法判決も「重要な目的」と言っています。ドイツでも一応目的審査はあるのですが、重要な立法目的を前提にしているか、ひとまず正当ならばいいか、というぐらいの区別しかないので、目的審査はほとんど機能していない。

ところが「正当」「重要」の上にcompellingというのがあるのがアメリカで、「その立法にはcompelling interestがあるのか?」とまで言われる。芦部先生は「やむにやまれぬ政府利益」という訳にこだわられましたが、まあ、「必要不可欠な」と訳した方が法律論らしいでしょうね。そうやって本当に必要不可欠なのかと問いつめられると、「いや、そこまでは必要ありません」という形でボロが出てくるわけです。だから、本当に「やむにやまれないのか」ということを突きつけて、初めて立法側の隠された動機を炙り出すという、この審査の固有の意義というものを主張したいというわけです。実際、特にこれは、差別問題などで大いに役に立ってきた。ところが日本でそれを受け止める土壌があるのだろうか、というのが一つ、問題になると思うんです。日本では目的審査がそのように機能した例はないと言っていいと思います。「重要な目的」ぐらいの審査はやっているという点で、薬事法判決はある程度目的審査が効いているとも言えるのでしょうが、compelling interestみたいな議論が日本に受容可能なのかどうかは、大いに関心があるところです。

山本　この点は確かに重要ですね。十分に機能する形で受容されるには、いくつか理論的に解決しなければいけない問題があるように思います。一言で言えば、「やむにやまれぬ利益」とは何かを、厳格審査そのものの位置付けとともに明確化していく必要があります。アメリカでさえ、「やむにやまれぬ利益」が何なのかはっきりしていない。連邦最高裁も、事案によって、女性への差別の根絶、胎児の生命保護、未成年者保護といったものから、出版制度の維持といったものまで様々なものを実際には認定してきているし、学界でもその内実や機能が何かについて争いがあります。例えばこれを、侵害される権利利益と政府利益との衡量を行う場面として捉える見解や――この見解では、侵害される権利利益の性質によって、「やむにやまれぬ利益」として許容される政府利益の内容が変わってくることになります――、「やむにやまれぬ利益」とは憲法上フィックスされているというはずだ、という類型的な見解もある。さらに、先ほど石川先生がご指摘されたように、厳格審査そのものを、不当な動機を燻り出すための審査と捉え、この観点から目的審査と手段審査の関係を位置付けなおす見解も有力です。

こういう言い方をすると元も子もないのですが、連邦最高裁は未だにこの点について統一的な理論を持っていないように思えます。歴史的にみれば、もともと目的審査は、州の権利制限的立法が州に留保されたポリスパワーの範囲内にとどまっているかといった、連邦制にも関連する客観法的審査の一部として類型的になされていました。そこでは、立法の規制目的が州の主権に由来する権限に含まれるか――例えば、公衆の健康、道徳、安全の保護か――が類型的に審査された。しかし、ロックナー期以降は、憲法が予め与えている、あるいは許容している「目的」を前提に、主張される規制目的がこれに含まれるか否かを審査するというよりも、主張される規制目的が、侵害される権利の重大性と釣り合いがとれているかといった、衡量的な審査が主流になっていきます。この場合は、「やむにやまれぬ利益」の内容が憲法上予めフィックスされているわけではなく、文脈によって変わってくることになる。近年は、このようなアドホックな目的審査に対する批判から、ロックナー期の審査が再評価されたり、不法な動機の燻り出し機能が強調されたりしていますね。アメリカでもこういう状況ですので、日本において目的審査、特に「やむにやまれぬ利益」基準がすんなり馴染むはずはありません。

目的審査を利益衡量的に位置付けるならば、ドイツの比例原則と本質は変わらないことになりますよね。ただ、私自身は、ポリスパワーの審査で行われたような憲法解釈的な目的審査に、compelling interest論を定着させるヒントがあるように感じています。つまり、憲法が、「やむにやまれぬ利益」として何を許容しているのかを解釈的に確定させていくという方向性です。

この点で、「芦部憲法」が、「公共の福祉」の実体論を違憲審査基準論という手続論に解消してしまった、少なくとも、解消してしまったように見えることが気になります。本来、「公共の福祉」は解釈的な概念だったわけですが、違憲審査基準論は、この内容を憲法上確定するという問いから離れて、利益衡量的に考える方向へと誘導してしまったように思えるんですね。そうすると、結局目的審査は空転し、あるいは目的審査の本来的な意味はどこかに行ってしまって、違憲審査基準論は利益衡量論の言い換えでしかなくなるわけです。特に明確な答えを持っているわけではないのですが、私自身はこうした方向に少々違和感を覚えていて、目的審査固有の意味を見出していく必要があるのではないかと考えている次第です。

石川　おそらく、二つの問題が今のお話に含まれています。要は、compelling interestの審査を日本の判例に定着させたいという問題と、より一般的に目的それ自体を論ずる場があるのかないのか、ということですよね。

山本　そうですね。

石川　個人的な感想としては、例えば刑法の正当防衛などにおいて目的説と衡量説の対立があって、日本の解釈論だと衡量説が圧倒的に強いですよね。目的説というのは——少しドイツからの輸入の仕方が良くなかった面もあると思いますが——目的が手段を正当化してしまうという発想なのでダメだと、平野龍一先生などリベラルな刑法学者が説いてきたところがあった。その結果、目的手段審査についての問題意識が根腐れのようになってしまっているところがあるのではないかと思うんです。実務家にとって馴染みがあるのは衡量の方であって、目的をそこに加味するというのは何となく良くないことなのではないか、という意識があったような気がします。だから目的審査を定着させるというのは、それなりにハードルが高いと思うのです。でもそれをやらないと、アメリカの議論を導入するメリットのかなりの部分が失われてしまうおそれがあると思います。

山本　それはその通りだと思います。

石川　例えば——これは具体的な例を挙げて泉先生に考えていただいた方がいいと思うのですが——差別的な立法があったとして、それが本当に良いことなのか悪いことなのか実は曖昧である、というときに目的審査をする。「その法律は本当に必要不可欠なのですか」と問いつめて、「それほどでもありません」ということになると。そうすると実はそこに「建前上の目的とは違う、隠れた差別的な動機がある蓋然性がある」ということで、自信を持って違憲だと言っていいということになる。これがcompelling interestの審査です。もしcompelling interestの審査を要求すれば、たいていの法律というのはかなり怪しいということになって、バタバタ倒れていくことになるわけです。相当効き目のある議論なんですよね。だから、compelling interestを要求しなければいけないのはなぜか、という理由付けが必要になるわけですが。

逆に——これは一部のアメリカの議論で言われていることですが——例えばアメリカで黒人を優遇する政策を採ったとして、白人優位の中でわざわざ黒人を優遇しようというわけだから、この場合にcompelling interestを追及したら違憲になってしまうかもしれないけれども、目的が良さそうなのでそこまで言わないでおこう、というような形で議論する人もいるわけです。こういう議論を何とか日本でできないかな、という話ですよね。

これは、何かおよそ見込みのない議論をしている気もするけれども、講義では、教育だからということもあって「こういう発想がどこか頭に残ってくれていれば、いつか根付いてくれるかな」ということで結構、熱心にやっています。表現の自由についても、目的の観点から言えば、政府というのは潜在的には批判を抑圧したいという動機を持っている。これはどんな善い政府だって必ず持っているわけで、ですからcompelling interestの審査を要求すると、疑わしい動機が炙り出されてくる。表現の自由の規制に関しては疑わしい動機がある蓋然性が高いので、compelling interestを審査しなければならない。しかし、そうでないときにはそこまでやらなくてもいいですよ、というような仕分けをしたりもするんです。だからこれは、二重の基準の正当化のためにも結構説得力がある着眼点だと言われていて、これが日本で使えるようになると相当、判例も活性化する。

山本　アメリカで言う不法な動機の燻り出し論ですね。泉先生、いかがでしょうか。

泉　私は、全ての法律には目的の正当性と手段の相当性というのが当然必要だと思うのですが、目的審査が重要だと感じたケースとして今思い出すのは二つで、一つは衆議院議員小選挙区選出議員の定数配分における一人別枠方式です。一人別枠方式を設けた目的というのが非常に怪しい。それからもう一つは君が代起立斉唱事件（最二小判平成二三年五月三〇日民集六五巻四号一七八〇頁）です。校長の職務命令の目的が何であるかというと、最高裁の判決をみると「生徒等への配慮を含め、教育上の行事にふさわしい秩序の確保とともに当該式典の円滑な進行を図る」ことが目的だと書いてある。要するに、式典の厳粛さを保つことが目的だというようなことが書いてある。そうすると、そのような目的のためなぜ君が代でなければならないのか、という問題が出てくる。

石川　まさにそうです。全然compellingではないんです。

泉　これは本当に、考える人によって目的が全然違ってくるのではないでしょうか。

石川　その通りです。

泉　だから私は、そういう意味で目的の正当性というのはどんな場合でも当然必要だと思いますが、特にこの二つのケースでは目的審査が有効だなと思いましたね。

石川　なるほど。

山本　今のお話は手段審査にも関連しますね。「厳粛さを保つ」という目的はとりあえずＯＫだけれども、その手段として君が代を歌わせることが果たして適切なのかどうか、と。そうでないとすると、そもそも「厳粛さを保つ」という目的が嘘なのではないかと考えられる。

泉　そうですね。表面上の厳粛さを保つという目的だったら、国旗に向かって起立し国歌を斉唱することを校長の職務命令として命じるということが、目的達成にどうしても必要な手段なのか、という。

山本　はい。

泉　そして、その教育委員会が言っている「目的」というのは本当の目的なのか、という疑問もわく。隠れた目的があるのではないか、というように。

山本　目的審査との関係でずっと気になっていたのですが、ある規制手段の目的をアイデンティファイする作業というのは、具体的にどういうプロセスで行うのでしょうか。例えば公衆浴場の距離制限の目的を消極目的と捉えるか、積極目的で捉えるかは、結論をも左右する重要問題ですね。実際、公衆浴場に関する二つの判決は、認定する目的を異にして結論を操作しているところもあるわけですね。薬事法事件もそういう側面があります。薬局の距離制限にも、消極目的的な側面と積極目的的な側面があるわけですが、最高裁は前者を主たる目的、後者を従たる目的と認定している。

石川　ここで勝負がついたと言ってもいいところですね。

山本　そうですね。なぜ前者が主たる目的なのか、必ずしも自明ではないわけですが、その具体的理由が判決文には出てこないわけです。

泉　我々はよく国会議事録で立法の提案理由を読みますけれども、訴訟の場面で言えば、まず権力側がどう言っているか、では権力側が言うその目的は正当なのか、それと手段は適合しているのか、こういうふうに捉えればいいのではないかと思っています。

山本　そうすると、当事者、特に国側が主張している目的をまずは前提にするということでしょうか。

泉　はい。制約している側がどういうことを目的に掲げているかという、それで行けばいいのではないかなと私は思うのですが。

山本　なるほど。

泉　だから君が代起立斉唱事件で言えば——本当の目的については色々な考え方があり得るのですが——、教育委員会はこう言っている、ではそれを前提にして考えましょう、ということでよいのではないかなと思います。訴訟の場合は、ですが。

山本　まさに手段審査で隠れたる目的が燻り出されるということですね。

泉　そうですね。

山本　薬事法事件でも業界保護的な、隠れたる目的があったわけですよね。

石川　本当に消極目的のためだったら距離制限はいらないわけですので、そもそも立法として合理性を欠いているという話になってきてしまうんですね。だから必要性を問う前に、ここで勝負はついたと。

山本　ロースクールなどでは、事案から本当の目的が透けて見えるときに、それを審査の表舞台に引っ張り出していいのかという質問をよく受けます。不法な動機燻り出し論の影響を少なからず受けているという印象もあります。ドイツ流の比例原則だと、燻り出すという目的は後景化するから、ここで引っかかるということはないのでしょうね。

石川　まあ、そんなに難しい話はないというくらいでしょうか。

山本　やはり利益衡量論ベースですよね。ここではあくまでも、「これだけの権利侵害をしているのだから、これぐらいの目的が求められる」という「釣り合い」が求められるにとどまる。

石川　目的というのは得られる利益です。だから得られる利益が重いものか、そうでないかは、衡量論にも直に影響してきます。重いか軽いかぐらいのチェックはするわけです。ただ、それで何かを炙り出そうという話では最初からない。もちろん、目的審査を全然しないという議論はないわけで、手段を語る以上、必ず目的に一言言及するのですが。

そういう、目的審査で勝負がつくようなことは日本であり得るのでしょうか。裁判官がその気になればできるものなのか、いや、やはりそれはちょっと無理筋でしょうということなのか、そのあたりはいかがでしょうか。

泉　一般的には非常に難しいですね。ただ一人別枠方式などは、目的として地方の保護だ、あるいは激変緩和だということが挙げられます。ではその目的が良いのかどうか、これは審査できるのではないかと私は思います。選挙権というものは民主主義においては本来平等であるべきなので、地方を優遇することが許されるのか、あるいは激変緩和として差別の解消を半分にとどめておくことがそもそも許されるのか、と。一人別枠方式の本当の目的は、たぶん竹下登さんの、島根県の定数を四から二にするのはいかがか、三は認めることにしようということにあったのではないかと思うんですがね。一人別枠方式などは目的面から攻撃できると思うのです。

石川　なるほど。良いか悪いかは、規範的な判断になりますから、衡量的発想とは一線を画しますよね。その意味では、アメリカのロックナー期、あるいはそれ以前の類型的審査の系譜に通じるものがある。この場合、目的審査自体が、ある意味で一つのドグマーティクになりますよね。厳格審査を衡量的に捉える傾向が強くなっているとはいえ、アメリカでは、「やむにやまれぬ利益」とは何かとか、アファーマティブ・アクションを正当化する「目的」とは何かが規範的によく議論されます。利益衡量論は、基本的に政策的で経験的な思考ですが、こういう観点からなされる「目的審査」は法律学的な思考とも言えます。ドイツや日本と比較して、これだけはっきりした違いが生じるのは、やはりアメリカには人種差別、黒人差別という明らかな問題があったからなんでしょうね。明らかにこれは不正義だと思われるような差別問題が存在していて、そのためにこれが有効だということがはっきりしているという、そういう問題があるかないかというのはかなり大きいですね。日本だって実は差別問題があるんだけれども、差別問題が差別問題として可視化されているかどうかというのがかなり大きいのではないか。

山本　なるほど。衡量では済まないと誰もが思うような深刻な人権問題がどれぐらい可視化されているか。アメリカでは人種差別がそれだ、と。厳格審査は、衡量で済まない人権問題を扱うもので、だから「目的」が重要なのだとすれば、そうした人権問題が可視化されないドイツや日本では比例原則でよい、ということになる。厳密に言えば、本当は良くないのだけれど、衡量的な発想が馴染んでしまうということになる。

石川　そうすると逆に、ここで関心を引くのは、日本の一四条一項の後段の解釈が、一貫して「後段は例示にすぎないから」ということで、意味のない論点になってしまっていることです。一般的な平等原則として一四条を読もうというのが、判例の不動の読み方ですよね。「差別」の論点も一般的な「平等」の問題に解消されるという前提がある。学説は何とか差別条項として一四条一項後段を読み込んで、一般的な平等原則に尽きない差別問題を主題化しようとしている。その差別項目に該当したら目的審査で一発違憲、みたいな議論に持って行きたがっているわけです。なぜそれが裁判所に受け容れられにくいのか、ということについては泉先生、何か感触がおありでしょうか。ただ確立した判例だから、ということなのでしょうか。

泉　一四条一項の列挙事由というのは、裁判所でもそれなりに考慮されているのではないかと思います。

山本　表面上は単なる例示と言っているけれども……。

泉　まあ、例示は例示ですけどね。

石川　ただ、反対意見レベルだと結構、考慮しているものがある。

山本　そうですね。泉先生も社会的身分性を重視した意見を書かれていましたよね。

泉　はい。伊藤正己先生もサラリーマン税金訴訟の昭和六〇年三月二七日大法廷判決で、「例えば性別のような憲法一四条一項後段所定の事由に基づいて差別が行われるときには、合憲性の推定は排除され、裁判所は厳格な基準によってその差別が合理的であるかどうかを審査すべき」と書かれていましたね。

石川　そうですよね。ただ、法廷意見にはなっていませんでした。

山本　けれども、泉先生がおっしゃるように、婚外子差別の事例など、最近は、自らの意思や選択でどうにもならない事由で不利益を課すことについては敏感になっている。婚外子差別が深刻な人権問題として「可視化」されていけば、衡量を許さない厳格審査の基礎もできていきますね。

石川　そうですね。これは長い目でみると変わっていく可能性はあるということかもしれません。そうだとすると、それを手がかりに目的審査が日本にも定着する可能性がないわけではないということになります。

山本　はい。婚外子相続分規定違憲決定（最大決平成二五年九月四日民集六七巻六号一三二〇頁）でも、手段審査的発想が前面には出てきていません。理屈の見えにくい判例ですが、目的に注目したものと言えるかもしれない。

石川　可能性は意外にないわけではないと思います。やはり、そこを学生に頑張って教えないといけないですね。

山本　そうですね。

〈3〉議員定数不均衡訴訟と立法裁量論

石川　最高裁は消極的だと言われる中で、選挙権だけは一生懸命やってきましたよね。このあたりのことも、泉先生に差し支えない範囲で伺いたいと思います。選挙権の問題というのは、それこそ泉先生のように、事務総局を経由してきた最高裁のいわばエリート中のエリートと言いましょうか、中枢の最高裁裁判官の熱心さが際立っていると思うんです。そして最近、だんだんマグマが蓄積されている感じもあります。このままだといつか選挙無効の判決を出してしまうのではないかという、何か「本気だぞ」という感じが窺える判決が出てくる。ひと頃は判決内容がルーティン的になっていましたが、最近本気度が高まってきたというか、マグマが高まっているように思います。そこで泉先生にお聞きしたいのは、まず、選挙権に限って非常に最高裁が熱心である理由、メカニズムについて、何か思い当たることがおありでしょうか。そして、マグマがここまで高まってくると、いつか選挙無効の判決を出してしまうのではないか、この予測についてお伺いしたいと思います。

そしてさらに、中間的な結論として、いわゆる将来効判決の論理的可能性が開かれたことにも興味があります。例の婚外子相続分規定違憲決定では、この判決は将来に向けてのみ効力を発揮するのだということで、最高裁がついに将来効判決を出してしまったわけですので、選挙の議員定数に関して将来効判決を理論的に阻む障害はもうなくなったと思うんです。だとするとあとはもう本気度の問題で、選挙無効はまずいけれども将来効判決で行ってみるということになりはしないか。今までみたいに違憲警告判決と違憲宣言判決の無限ループみたいなものではなくて、この際将来効判決を出してみるというような方向で、マグマが噴出しはしないかという気もするんです。そこで、この将来効判決の可能性とか見通しについてもお伺いしたいと思います。

泉　選挙権の場合には、平等であるべきだということが非常にわかりやすい。格差が一対五でいいというのは逆に説明がつかない。だから、この分野は非常に進んできたわけですね。そういう問題の単純さと言いますか、それが一番だと思います。

それから、選挙無効判決を本気で出す可能性はないのかという二番目のご質問ですが、それはないと思います。私は、出す必要もないと思っているのです。やるべきことは、合理的期間というのをやめることだと思っています。そして、はっきりと、最大格差が二倍以上になる部分は違憲である、あるいは平均値から上下二割以上の格差を設けている部分は違憲であると、理由中で違憲部分を明示して、主文で違憲の宣告をし、違憲部分を改めさせるようにするのがよいと思います。違憲宣言を行って、三年、四年という時間はあっという間に経ってしまう。その間に判決で指摘された違憲部分を解消させればいいのです。一方、無効判決は、混乱を招きますので、すべきではないと思っています。しかし、違憲宣言が続いているにもかかわらず直さないというときに、初めて将来効判決を考えればいい。それは最後の最後です。今は、違憲宣言をすること自体に、非常に怖気づいているんですね。

石川　今は、ということですよね。

泉　五回も続けて違憲状態判決なのです。マグマがたまっているようにも見えますが、違憲状態の中身がちょっと弱くなっております。違憲状態を解消する方法にも、国会に大幅な裁量があると言い出しております。

石川　なるほど。むしろ上がったマグマが少し下がってきたと。

泉　下がってしまっているんですね。だからそれは、外圧が高まったからなのか、最高裁の中の意識が弱まったからなのかはわかりませんが、客観的には弱くなっておりますね。それから、裁判所として無効はまず出さないと思いますね。違憲部分を明示して違憲宣言をすれば、目的は十分達せられます。一時期、「無効にすべきだ」という勇ましい少数意見が出て、新聞記者も無効判決ということに非常に関心を持っていた。しかし、私の主張は、その前の違憲宣言で「どこを直せ」ということを判決の理由の中ではっきり書きなさい、ということです。それがまずやるべきことなんです。でも、それをやらないですよね。そういう状態のところに千葉勝美さんのいわゆるキャッチボール論が出てきた。国民を無視して、国民の頭越しに裁判所と国会でキャッチボールをしようという。国会にちょっと考えてくださいよと言ってボールを投げ返して、具体的な改正は国会に委ねる。選挙権行使の主人公である国民は、キャッチボールを下から眺めていなければならないんです。

山本　私のイメージでは、そもそもこの分野では、合理的期間論と事情判決の法理で「守られている」から積極的なことが言えた、ということもあったように思います。要するに壁があるから、違憲やら違憲状態やらを宣言できた。シェルターの中で守られているが故に攻撃的なことが言えたという意味では、やはり守りの「消極」かなと。

そしてもう一つ、四七条の選挙事項法定主義をどう理解するかも重要ですよね。四七条の、選挙区などについては「法律で定める」という条文が、昭和五一年判決も含めて大きなポイントになってしまっている気がするんです。この条文があることで、最初から立法裁量の問題になってしまう。

泉　四七条は確か、伊藤正己さんが書かれて、その頃は四七条が前面に出ていましたが、最近は四七条を中心に据えるということはなくなってきているように思いますが、どうでしょうか。少なくとも最近は少し影が薄くなってきているのではないでしょうか。

山本　なるほど。そうだとすると、それはかなり重要な変化ですね。立法裁量を否定できれば判決も大きく変わりますよ。

泉　四七条はあくまでも憲法上の平等権であるとか、民主主義であるとか、国民主権であるとか、そういう枠組みの中での話ですからね。四七条を根拠に平等な選挙権を制約することはできない、我々はずっとそう言ってきたのですが、最近、それが割と理解されてきたように思います。

山本　立法裁量を本当に食い破れるかはわかりませんが、泉先生のおっしゃるような方向で行けば、やはり山が動くような気がします。四七条がずいぶん足枷になっていましたからね。

泉　はい。ただ最近は、四七条が大きな壁として立ちはだかるという状況ではなくなってきているというふうに私は理解しておりました。もっとも、平成二五年一一月二〇日の衆議院議員定数是正訴訟大法廷判決（民集六七巻八号一五〇三頁）あたりから、また後ろ向きになり出したという危惧は抱いておりますが。

石川　それは、四七条が邪魔なんだったら選挙原則をそこに書くなり改正が必要だと、政治部門に問題を丸投げしてしまったから失敗だったんだ、という話につながりますよね。だけど、四七条がそもそもそんなに大きな問題ではないのだとすれば、それはそれで、ということになりますね。

〈4〉立法事実論と事情変更

石川　それから立法事実論ですが、これは最近では普通に聞かれるようになってきましたけれども、おそらく、ちょうどこの議論が定着していくプロセスの中で泉先生が裁判官をされていたような気がするんですね。立法事実論というのは、どの程度定着していると考えればよいでしょうか。

泉　私の経験の中では、立法事実に真剣に直面したということはなかったように思います。

石川　なるほど。まあ、立法事実を言う文脈も色々ですので。立法事実それ自体を考慮するということと、その立法事実をどう検出するかということとは輻輳した論点ではあると思うのですが。今、「その後立法事実が変化したから……」みたいな説明が割とみられるようになっています。これは千葉裁判官などが中心におやりになるのですが、やはりこれは、比較的最近に定着したと言ってよいのでしょうか。

山本　明示的にそれをやるようになったのは最近なんでしょうね。おそらく、立法事実論が憲法訴訟法学的にきちんと発展してこなかった隙をついて、「変化したから」風の議論が出てくることになった。本当は、裁判所がどの時点での事実を、どのように考慮できるのかが明確にされていなければならなかったと思うんです。薬事法判決が参照しているような立法事実は、基本的に立法制定時の背景的事実ですよね。それが正統な立法事実論のようにもみえる。他方で、最近の判例や、森林法判決、第二次公衆浴場判決（最二小判平成元年一月二〇日刑集四三巻一号一頁）のような、時間的にかなり昔の立法を扱う場合には、時間軸がブレてくる。このあたりの訴訟法的な課題があるわけですが、ともあれ、薬事法判決では立法事実がモノを言った。

石川　芦部先生はとても喜ばれたわけですよね。初めて自分の立法事実論が最高裁に受け容れられた、というように受け止められた。もっとも、大した議論をしていないとも言えるわけですよね。すごく直感的な事実判断しかしていないわけですから。

泉　そうすると、国籍法違憲判決はいかがでしょうか。

山本　事件時の現在的事実をみていますよね。日本との密接な結びつきを求めるという制定時の目的と、婚姻要件とが、現在的な事実に照らすとズレてきている、と。現在的事実として参照されているのは、外国法の変遷や、ライフスタイル・家族形態の変化などです。広義の立法事実とは言える。

石川　そうですね。

泉　あの判決は、そういう日本との結びつきの緊密さという点の認定が、非常にラフですよね。

山本　そう思います。立法事実をどう使ってよいかという「型」がないので、やむを得ないところもありますが。

泉　はじめにああいう差別をしてはいけないという結論があって言っているところがあるので、そこのところは軽く流しているという感じですね。法律解釈の一環だから、立法事実の認定も非常に自由にやらせてもらっているというところがあります。また、自由にやらせてもらわないと、なかなかうまくいかない。手足を縛られてしまいますから。「本当に日本との結びつきの判定に影響を与えるほど家族形態等の変化があったのか」と言われると、なかなか難しいです。

山本　なるほど。

泉　日本との結びつきの判定の上ではやはり結婚という事実が重要ではないか、という考え方だってあり得るわけですから。

山本　一つの議論の方向性としてはおそらく、本書の巽論文などで示唆されているように、民訴法学の知見を借りながら、精緻な事実認定論を練り上げていくことですよね。ただ、今のお話ですと、ある程度融通無碍に事実認定ができることで、積極的な違憲審査が可能になることもある、と。

泉　確かに、立法事実が司法事実とは区別されるといえども、当事者にとって不意打ちになるようなことは避けるべきなのだろうと思います。しかし、立法事実について厳密な立証を要求するとなると、憲法判断が非常に窮屈になりますね。

山本　どこまでの厳密さを求めるかという問題もあると思いますが、やはりどの時点の事実を、どのような方法で認定していくかという目安がないと、逆に裁判官も困ってしまうようにも思えます。

もう一点伺いたかったのは、立法過程に関わる事実の問題です。例えば議員定数不均衡訴訟の中で、立法者が是正に向けてしっかり努力しているのかをみることになっていますよね。合理的期間論も、立法者の行為の評価に関連している。このように、立法過程や立法者の行為を「審査」するという手法が、果たして最高裁に馴染むのかどうか。行政の判断過程審査とは違いますよね。

泉　議員定数などの問題の場合には、例えば参議院なら、参議院選挙制度協議会の議事要旨がずっと出ていますし、議員定数の場合には比較的やりやすい。もちろん、国会議事録もあります。

選挙制度協議会の議事要旨などは法廷に証拠として出ていない、それを我々がインターネットで見て判断材料にしていいのかどうか、という問題はあります。しかし、公の機関である参議院がウェブサイト上に掲載しているのだから、判断材料にしてもよいのではないかと考えております。最初の脇雅史座長が立派な改革案を出した。それがだんだんつぶされていくという様子が、議事要旨をみればよくわかるわけです。

石川　少し例を変えますと、森林法判決というのは、立法事実が失われたということだけでも違憲判決の判断に至り得た判決だと思うんですね。実際、坂上壽夫裁判官の補足意見が立法事実をかなり丁寧にトレースしています。森林法というのは古い法律ですから、「もともとあった目的との関係でそれを基礎付ける事実がもうなくなった」ということになれば、もはや立法の合理性が失われているということになるわけで、仮にこの一〇年ぐらいの判例であればそれだけで違憲になるはずなんですよ。ところが最高裁はその論理は採らずに、単独所有云々といったかなりゴツゴツとしたドグマーティクを提供したわけです。あれは非常に印象的で、芦部先生風に言えば普通に違憲なのに——芦部先生ご自身はあれは違憲だと思っていなかったようですが——、立法事実を言えばそれで正当化できるかもしれないような違憲の推論を敢えて退けて、ドグマーティクで構築していったわけです。あれが、私の助手時代にあたる、一九八七年ぐらいの最高裁のあり方だった。それなのに今はがらりと変わって、「世の中変わったから」という、それだけで違憲になってしまっている。立法事実論で論証が済んでしまうと考えているような節すらある。ところがもともとの最高裁は、それは絶対ダメだと思っていたのではないか。泉先生はちょうどこの過渡期の最高裁で判決を書いていらしたのだと思うのですが、何か変化の兆しみたいなものをお感じになったことはありますか。

泉　立法事実としていた事情が変わった、だから違憲になったと判断していても——世の中が変わったということもないわけではないのですが——本当のところは、もともと違憲だったというケースが多いのではないかと思うのです。国会に対しても、最初から違憲だったというより、「もともとは問題なかったのです。あなた方がやったことは間違いではなかったのです。しかし世の中が変わりました」と説明した方が説得力を持つからではないでしょうか。そうすると国会も「ああ、そうか」と言って法律を早く改正してくれるというわけです。そういう——私は「生活の知恵」と言っているのですが——部分もあると思うのですね。婚外子の相続分差別も、私はもともと違憲であると考えておりますが、確かに世の中が変わったということも事実です。世の中も変わったし、世界の国々の法制も変わってきたことも事実ですよね。

石川　平成七年の決定（最大決平成七年七月五日民集四九巻七号一七八九頁）なんかは、立法者が法律を変えようと思っていたのに合憲判決を出してしまったわけですよね。本当にあの時は驚きましたけれども、それは結局、理屈が立たないからです。理屈が立てば違憲だと言ってあげるけれども理屈が立たない、ということだったわけです。だからまだ平成七年ぐらいの段階では、「理屈が立たなきゃ判決を変えないぞ」ということだったはずなのです。

山本　それは、その頃、つまり九〇年代までは、先ほども話に出た中村治朗の影響が残っていたということでしょうか。

石川　そう。まだドグマーティクがあって、だったら立法事実なんて言っていないで対抗ドグマーティクを考えて、相手をやっつけなきゃダメじゃないかということだったわけです。でも今なら、説得力のある立法事実を出せば結論を変えてもらえるかもしれないというふうに、変わってきてしまいましたね。

山本　そういう意味では、まさに「ドグマーティクからの解放」があったことで違憲判決の数が増加してくるという、皮肉な関係がありますね。

石川　その通りです。

山本　すると、問題は「それでよい」と考えるのかどうか。そういう意味で、三段階審査論がやや気になるのは、リジッドになることによるデメリットです。

石川　憲法判例の変更について伊藤正己先生は、普通の判例よりも簡単に変更できるべきだと説いておられたのですが、最近はそんな感じになってきているのかもしれません。要は「判例を変更するのは大変なことだ」というルールを作るな、と。改正ルール、言い換えれば事情変更をやりやすくしてくれたのが伊藤先生だったわけですが、どうも事情変更で全てOKということになってきてしまった。そのデメリットについては後で考えてみたいのですが、比較的流布しているのは、やはり千葉勝美元裁判官の影響だという見方ですね。これについては泉先生、いかがでしょうか。それとも、一人の裁判官の影響でここまで変わるほど容易いものではないでしょうか。

千葉さんは持論として、それこそ香城敏麿的なドグマーティクはいらないというお考えを調査官時代から持っておられた。例えば成田新法事件（最大判平成四年七月一日民集四六巻五号四三七頁）の調査官解説などでそういう趣旨がにじみ出ていた。そういう方がいよいよ最高裁に入って、もうドグマーティク抜きで、しかも判例変更もしないで、立法事実論でどんどん実質的な判例変更を進めていって、今やこういう立法事実だけで事実上判例変更が進んでいく、しかも判例は変わっていないと言い張るという、そういう感じになっていますよね。

泉　はい。

石川　そうだとすると、やはりそれは千葉さんが最高裁に入ったからこうなったのだと説明したくなるわけです。ただ私は、前段階としてこの九〇年代の、それこそ泉先生が最高裁におられた頃に変化が起こっていたという印象を持っています。たまたま先ほど藤田先生の裁判官室へ行った時の話をしましたけれども、そのときに藤田先生が「これから石川君たちが批判するような判決がどんどん出てくると思う。だけど自分はそれでいいと思っている」とおっしゃったのです——根拠のあることかどうかちょっとわかりませんが——。それで出たのが、在外国民選挙権事件（最大判平成一七年九月一四日民集五九巻七号二〇八七頁）とか小田急事件（最大判平成一七年一二月七日民集五九巻一〇号二六四五頁）とか国籍法事件とか。一連の判決がどっと出てくるわけです。これから違うものが出てくる、それでいいと思っている、と藤田先生がおっしゃったのは、本当に在外国民選挙権事件の直前だったのです。泉先生は、その頃に何か画期があったというご感触はおありでしょうか。そうだとすると、もはや千葉さん云々という話ではなくて、その頃にはもうすでに変わっていたのだという話になるのだと思うのですが。

泉　国籍法事件のときの首席調査官は千葉さんでしたね。

石川　そうでしたか。それは大きいですね。

泉　私はあまり意識していなかったのですが、確かに、当事者の救済をしつつ、立法機関との衝突を避けるには、事情変更の理論を使うのもいいかもしれない、という感じは受けましたが。

山本　最近の判決をみていると、あたかも活路を見出したかのように思えますね。「日本の最高裁の進むべき道が見えた」とでも言いたいような……。それは、やはり立法機関との緊張関係が背景にあるのでしょうか。

泉　そういうことだと思いますね。

山本　立法機関とのガチンコの対立を避けながら違憲判断を出せる事情変更という考え方は、一つの狡知であると。

泉　国籍法の問題は――婚外子相続分規定の問題ほど強烈ではないですけど――やはり保守系の人たちからの反対が結構ありましたね、「日本民族の純血性」ということで。そういう中で、最高裁内部的には違憲であるという意見が強くなってきていた。それならば衝撃を少し和らげるために事情変更を入れましょう、という発想を誰かがしたのかなと私は思っているのですが。

婚外子の問題についても、これは完全に国会における多数派と価値観が対立しますよね。だからそれを和らげないといけないし、かつ、法律も改正してもらわないといけない。だからそこへ事情変更とか、あるいは世界の趨勢とか、そういうものを持ち込んだ。やはり、事情変更があったから違憲になったというのではないと思うのです。婚外子相続分差別が違憲であることは間違いない。しかしそれを国会に対して説得するには、「世の中が変わりました」と言うのが、やはり一番やりやすい、ということなのではないでしょうか。

山本　そうだとすると、ドクマーティクはもとより、違憲審査基準論さえいらなくなるという話になってくる。実際、国籍法事件判決では、審査基準が厳しく設定されていたわけではない。表示されている審査基準と、審査の実体とがズレている。それでも、もう構わないという感じですよね。

泉　「世の中が変わったから」と言うのは表向きの説明の部分で、本質的に「これは平等原則に反するね」という頭がある。それを判決文として出す場合に、事情変更を持ち出すことによって皆さんに納得してもらって、しかも法律も改正してもらう。言ってみれば政治的な判断、手段といいますか、そういうところもあるのではないかと思いますね。本来的に違憲であるという判断がなければ、事情変更だけでは違憲とはしにくいと思います。本質的に違憲であるという判断があって、事情変更というコーティングをして世に出されるという面があることを見落とすべきではないと思います。

石川　判例変更であれば、かつての反対意見が肯定意見になるという形でなければいけなかったわけで、我々はそれを期待したわけですよね。実際、やはり反対意見の方がよくできていたと思いますので。ところが何かこう、うやむやな、判例を変更したのかどうかもわからないし、でも何かがどこかの時点で変わった、みたいな感じです。

泉　私は、婚外子相続分差別規定は最初から憲法違反だという反対意見を書いておりましたが、国籍の取得についてもそもそも婚外子を差別すべきではないという考えが基礎にあり、あまり刺激的にならないように事情変更というコーティングをしたのではないでしょうか。

石川　なるほど。レトリックとしての事情変更というわけですね。

泉　そういうことだと思います。

石川　でも何らかのこだわりが揺るがないと、それは出てこないはずなんです。事情変更の議論というのは昔からあって、国籍法にせよ婚外子にせよ最近の判決で言われたような理由付けというのは、もう九〇年代前半ぐらいにはほぼ原告や学説の側では確立していた議論だったんです。でも、その当時は通用しなかった。言っていることはわかるけれども理屈が立ちません、と。ところがその理屈がなくなって事情変更でOKになったということは、どこかで何かが緩んだ、ということでしょう。まあ、それはなし崩し的に行われたのだと思いますが、どこかで緩み始めて、最後に完全に緩みきったという感じで変わっていったのだと思うんです。要するに、おそらく何か発端があって、一定のプロセスを経てそうなっているという気がするのですが、ではその発端というのがどこなのか。ちょうど泉先生の現役時代だと思うのですが、特にお心当たりはありますでしょうか。

泉　「もう、この婚外子の差別というのは持たないね」という感覚を多くの人が持っていたことは間違いなくて、「だから変更しなければいけないね」ということになったのも間違いありません。多くの人がそういう感覚になったということは、それは世の中が変わったということで、それが大きいかもしれない。確かに世の中も変わってはいるんですね。シングルマザーも増えているわけですし、そういうふうに婚姻関係というものが変わってきたことも間違いない。だから、多数の人は「こういう差別はいけませんね」という感覚になったのかなと、私は想像するのです。ただ、それだけではなく、判決の衝撃を少し和らげて、皆さんに受け容れやすいものにしましょう、という配慮も加わっているのではないでしょうか。

石川　なるほど。そして、実際そういう効果があったということですね。

泉　私はそう思います。

山本　言葉は悪いかもしれませんが、味を占めた。

石川　これでいいならこれで行こう、というわけですね。では泉先生ご自身は、それが良いことだと考えておられるのでしょうか、あるいは、そうでないとお考えでしょうか。

泉　私自身はあまりこだわりを持っていません。我々実務家というのは、「この事件」を解決すればそれでいいわけですし、また——論理的に説明できるかどうかは別としても——とにかく今後、そういう差別がなくなってくれればいいのですから、実務家としてはあまり論理性にはこだわらないですね。

石川　なるほど。そうすると、これはもう、判例の流れの中では不可逆的変化という感じですね。まさに味を占めて、これでいいならもうこれで行こう、という。

山本　そうすると次に気になるのは、例えば実際の訴訟当事者や代理人弁護士が憲法訴訟をやりやすくなったのか、やりにくくなったのかですね。一方で、先例を覆すためにドグマーティクを構築する必要はない。外国法の状況や社会通念の変化を調べて「時代は変わった」ということを経験的・実証的に主張すればよい。ある種ブランダイス・ブリーフのような社会学的正当性の世界ですよね。最近も、アメリカの連邦最高裁の判断手法について「経験的転回（empirical turn）」が語られたりします (Lee Epstein, Barry Friedman & Geoffrey R. Stone. *Foreword: Testing Constitution*, 90 N.Y.U. L.Rev. 101 (2015))。しかも、それが積極的に評価されている。

他方で、そうした事実をどこまで、どのように主張すれば勝てるのかの基準がない。これは先ほどの立法事実論の不足とも関連していますが、やはり「やりにくさ」、「わかりにくさ」と結びつきます。要するにunaccountableだ、と。

それともう一つ、事情の変化を是とする場合、新しい法律は違憲にしづらいですよね。時代の変化を待たなければならないので。

石川　本当にそうだと思います。

山本　アメリカで言うと、例えばオバマケアのように、最高裁として、比較的最近にできた立法を審査するということがあり得ます。しかし、事情の変化論では事情が変わるまで待たなければいけなくなりますから、非常に時代錯誤的な古い法律でないと違憲にできないというデメリットがある。婚外子にしてみれば、生まれた時代が悪かったと諦めなければならない。一体それが、本当の意味での違憲審査の活性化につながるのかどうかは疑問がないわけではありません。そういう意味では、やはりドグマーティクでも審査基準でもよいのですが、やはり「理論」が必要になってくる場面もあるのではないかと思います。

石川　なるほど。都合のいい理屈を学説が考えておけば、それを使ってもらえる可能性が出てくる。

山本　そうです。だから、憲法学者もまだ頑張らないといけない。

泉　私は、弁護士の人たちに対しては、外国の事例をどんどん持ち出すべきだ、そしてそれを学者の意見書として出してもらうべきだ、ということを盛んに言っております。同種の問題についての外国の法制や判例は、裁判所に対し一番の説得力を持っているからです。その成功例の一つが、成年被後見人の選挙権の問題です。判決をご覧になれば明らかなように、あれは完全に、ヨーロッパ人権裁判所の判決が決め手になっていますね。私は、世界的にこうなんですよ、というのが一番説得力があると思う。裁判官の向こうには国会があって、その後ろには色々な考えの国民がいる。その人たちに説明するにはやはり世界の流れというものを持ち出すのが一番いい。

山本　それは非常に「日本的」ですね。政治を縛るのは日本国憲法ではなくて、国際標準だということになる、と。蟻川恒正先生は、集団的自衛権を肯定する安倍政権の「法の支配」は「国際法の支配」だと批判したことがありますが、誤解を恐れずに言えば、何か似たような雰囲気すら感じます。しかし違憲判断自体は、こうした手法によって増える。研究者として評価が難しいですね。

泉　そうですね。論理的に言えば、それでいいのかということはもちろんあります。

山本　蟻川恒正先生は、また別の文脈で、最近の最高裁の違憲判例の論理性の低さを問題にされている。他方で、山元一先生のようなグローバル法系の先生方がそれを再批判している。いったい何が悪いのか、と。

泉　難しいかもしれませんが、だけどそういうこともまた大事なのではないかなと、私は思いますけどね。世界の判例の流れというか、そういうものを採り入れるというのは大事なのではないかと思うのですが、そのつなぎとして自由権規約等の人権条約がある。ということで、私が本書の論文で条約のことをわざわざ引っ張ってきたのは、世界の流れとのつなぎとして自由権規約といったものを使うのがいいのではないかと思ったからです。

山本　二点、コメントさせてください。一つは、事情の変化が使いやすいという場合、やはりそれを理論化する必要があるのではないか、ということです。それにより、最高裁だけでなく、下級審や訴訟当事者にガイダンスを与えることが必要だと思います。近年の「違憲の主観化」の議論、つまり、事情の変化への対応を怠った立法者の行為の責任を問うという議論の方向性は、その一つなのかもしれません。この場合、審査対象は法令ではなく立法者の行為ということになりますから、理論的には大きな転換が求められますね。

もう一つは、先ほど「日本的」という話が出ましたが、ドグマーティクにしても、先例拘束性にしても、事前のルールに縛られることを嫌い、プラグマティックに対応しようというのも、また「日本的」かもしれない、ということです。最近、東京大学社会科学研究所のケネス・盛・マッケルウェインさんが、日本国憲法自体非常に条文数が少なくて、カバーしているトピックも非常に少ない、しかも法律事項に委ねているものが多いと指摘しています。憲法事項が少なく、通常政治による解決に多くを投げているというのは「日本例外主義」だと。事前にルールを決めて自らそれに拘束されるということが、憲法典レベルですらあまりなされていないわけですから、いわんや判例でも、というわけです。このような日本人のプラグマティックな性格をどういうふうに捉えるべきか。

石川　自然と作為というやつですね。日本はやはり自然に流れていくという。

山本　さっきの事情の変化論というのは多分にそういうところがありますよね。事物が流転していく。それに委ねるのだ、と。日本人的といえば日本人的。

石川　一件一件、カズイスティクでやっていくんだと割り切ってしまえば、まあそれでもいいのだろうとは思いますが、まずは、そもそもカズイスティクでいいのか、それとも、それなりに筋の通ったものがなければいけないと考えるのかどうかですよね。それで、カズイスティクではないのだということになれば、それでは今の形でいいのか、という話になるわけで。裁判所の意識として、とりあえず本件限りで一件一件これがいいかなと思うものを出していけばいい、というふうに変わってきたと考えた方がいいのでしょうか。

泉　いや、私はやはり、きちんとした違憲審査基準というものを作るべきだと思うのです。それは三段階審査論も含めて、そうしなければいけない。

山本　「型」のようなものですね。

泉　日本の最高裁が、「総合的衡量による合理性判断」という茫漠とした基準とも言えないようなものを作っているのは、やはり憲法判断というのがどうしても国会との対立、価値観の対立になるから、そのへんの「空気」を読みたいからですよね。空気を読んで、そしてこのケースでは違憲判断を出してもそれほど問題はない、でもこれはちょっと危ないね、というところがある。そういう空気を読みたいというところが出てくるのではないでしょうか。だから、わざとああいう基準とも言えないものを掲げておいて、どちらへも行けるようにしておいて、空気を読んでいると。極端な言い方をすると、そういうところがあると思うのです。

山本　日本的リアリズムですかね。それは、アメリカの、ホームズ流のリアリズムとも違う。

泉　だから夫婦同氏制事件と、再婚禁止期間事件が同時に大法廷へ行きましたが、直感的に結論がわかりましたね。こっちは大勢に従って合憲、もう一方は必要がなくなった部分を違憲とする、ああこれで行くんだなというのがわかる。それはやはり最高裁の違憲判断というものが、割と空気を読んでいる面があるということだと思いますね。でも、それだと本当に救うべきものが救われないですよね。だから、それではダメだということを私は言いたいのです。

石川　ダメだということになると、少しでもマシな方向に変えていく糸口がなければ、やはりこれが便利だということで、そっちに流れてしまうわけですから、その糸口をどこにつかむかというのは、おそらくかなり大事な話題だと思うんです。そして、それこそドイツ的な切り口がいいのか、アメリカ的な切り口の方が受けるのか、ということになるわけですね。そういうことも含めて泉先生のご感触としては、やはり先ほどのように、憲法問題として憲法何条のこれがこうだと、つまり入り口のところをしっかりするのが有効なのではないか、ということだというふうに理解してよろしいでしょうか。

泉　少なくとも三段階審査論が言っている「チェックポイントは通りなさい」というのは大事だと思います。

石川　その糸口がGPS判決に見出せるかもしれない、ということですね。

泉　そうですね。それから、司法の役割というものをもっと認識しなさいと言うべきだと、私は思うのです。それがベースにあった上できちんとした判断が出るのであれば、それをどういう形で表現するかという段階で、事情変更の法理をちょっとカモフラージュに使うというようなことは、まあ目をつぶってもいいのかなと。
石川　有効に議論してくれさえすればいい、ということですね。
泉　そういう実務的な感覚なんです。

V　日本における違憲審査の可能性

〈1〉違憲審査基準論の意義

山本　今、日本における違憲審査がどうあるべきか、という大きな問題が出てきました。ここで改めてアメリカの視点から問題提起させていただければと思います。

　まず、先ほども申し上げましたが、ニューディーラーたちがGHQの施政下で日本国憲法や最高裁に影響を与えてきたという歴史的な事実がある。その影響の一つが司法消極主義です。彼らは、ニューディール的な積極国家、あるいは積極政治を実現するためには裁判所が違憲審査権を謙抑的に行使すべきであると考えていた。進歩主義思想とも結びついた、理念のある「消極主義」とも言えるかもしれません。初期最高裁のメンバーである栗山や、第三代長官の横田喜三郎、あるいはその後の横田正俊長官あたりまでは、このような「理念ある消極主義」を継受していた節があります。それは個別意見の中にもたびたび現れます（注：本書の山本論文参照）。それが、石田長官の時代になってくると、理念なき消極主義と申しますか、単に政治に忖度する忖度主義になっていったように思います。

　それはそれで批判的に検討されるべきなのですが、日本の最高裁の基層に司法消極主義が根付いていることは確かだと思うんですね。ある意味で「染みついて」しまっている。そういう意味では、裁判所が他の機関とどういうふうにコラボレートしながらやっていくのかという発想を深化させることが、この「基層」を踏まえると日本的で、かつ現実的だと思うのです。例えば泉先生が調査官解説を書かれたサラリーマン税金訴訟判決は、確かに立法府にかなり敬譲を払っている。しかし、その理由は、ある意味でドグマーティクのような構成をとっています。財政民主主義に関する憲法規定を引用して、租税に関する権限は立法府にある、という「憲法解釈」を行っているわけです。この権限配分の部分にドグマーティクがあるような気すらしてきます。

　こう言うと怒られるかもしれませんが、議員定数不均衡訴訟の立法裁量論にも、実はある種のドグマーティクがあります。憲法四七条の選挙事項法定主義をベースにしたそれです。この部分は、先例として、後の最高裁を、がちっと縛っているわけですね、良きにつけ悪きにつけ。要するに、権利の保護範囲についてはそうでないかもしれないけれど、権限の範囲についてはドグマーティクがあったのかもしれない。消極主義が基層にあるとすれば、裁判所が全てを丸抱えするのではなく、憲法に基づいて国家機関の役割分担を明確にして、権限を振られた国家機関の権限行使をモニタリングする、という二段構えのやり方が日本における一つの違憲審査の方法であるように思えるのです。

　近年の違憲判断も、立法裁量を従来通り認めた上で、その行使を——例えば、社会変化をしっかり考慮し、立法をアップデートしていないというように——問題にしたものと考えることができるかもしれない。この点を強調する場合、アメリカ流の違憲審査基準論のポイントは、「厳格か、緩やかか」という、司法府と立法府との権限配分の部分にあるのであって、目的手段構造にあるのではないとも言える。まずは憲法に従って、機能的な権限配分を行う、と。「厳格」ということは、その問題は裁判所の領分ということですから、そこでは思い切った審査が可能になる。三段階審査につなげることも可能でしょう。しかし、まずは「Who問題なのだ」と。

石川　権限配分の議論を、直感的でなく裁判官ができるようにしないといけない、ということですよね。

山本　はい。この部分が「違憲審査基準論」の本質的要素だったと思うんです。しかし、それが合憲性判定の手法として受け止められてしまったことで、何かこう、中途半端になった。合憲性判定の手法としては本来空疎なわけですよね。それよりも、これは立法府に委ねるべき事項なのかどうかがポイントになる、ブランダイス、フランクファーター、ストーンに流れる系譜は、まずその根拠を積極的に探求しようとしたわけです。そこに違憲審査基準論の源流がある。実はハーバードへの留学から帰られた芦部先生がまず最初に書かれたのは、合憲性推定の原則に関するご論文なんですね。要するに「緩やかな審査」の探究から始められた。これは、「源流」から考えるとまったく正しい。そこには進歩主義的な消極主義という理念があります。「緩やか＝ネガティブ」という発想はない。ブランダイスしかり、立法府の方がうまく憲法価値を実現できるという発想があるわけです。明るい消極主義。

石川　おそらくこういう立法機関・行政機関と裁判機関の間の、作用ないし権限の配分、いわゆる機能法的観点といったものが、いわゆる二重の基準の本体です。芦部先生が二重の基準でやろうとされたことというのは、私のみるところ、実体法的な側面もあるけれど、そういう権限配分の側面が非常に強い。だから、そういう意味での二重の基準の受容可能性というのが、今後裁判所でこういうタイプの議論全体が深まっていくかどうかの、一つの試金石なのではないだろうかと思います。その点に関しては、泉先生は比較的消極的なご感想をお持ちでしょうか。例えば二重の基準ということを芦部先生が打ち出されたときに、これはちょっと使えないとか、使いたくないとか、あるいはそもそもよくわからないということだったのか、さらにあるいは、ちょっと使ってみようということだったのか、ということです。

泉　私は「使える」と思いましたね。確かにアメリカの精緻な違憲審査基準論は、なかなか日本の裁判所で受け容れられないだろうと思います。しかし、それを二重の基準といったように、もう少し大まかにして説明すれば、腑に落ちるという人が多いのではないかと思います。アメリカの違憲審査基準論は、実際の判決の面では表に現れてきていませんが、今まで法令違憲判決を書いた調査官一〇人のうち九人までは、きちんと勉強しているのです。勉強した上で、ただその通りにはなかなか書けないだろう、後々どのような事件が来るかもしれない、基準を書くと、後々の事件で手足を縛られることにならないか、フリーハンドにしておくのが無難だと考えるわけです。二重の基準を表に出すと、外部の反発を招き、情勢を読みながらの判断をしにくくなる。そこで、事情変更といったようなことで誤魔化しているわけです。調査官は、二重の基準論を知識としては持っているが、これを裁判に活かさなければならないと意識するまでには至っていないというところかと思います。裁判官の方もほぼ同じような状況だろうと思います。

日本の憲法裁判を論じる上で、日本の最高裁の独特の構造ということを考えなくてはならない。つまり、憲法訴訟についてほとんど経験を持たない人たちが集まっている。しかも、長年公務員生活を送り、統治者側の一員という意識の強い人が多い。そして、日常は通常事件の処理に追われている。憲法裁判所という認識、違憲立法審査権を持つ司法の役割に関する認識があまり育っていない。そういう人たちに、個人の人権救済機関としての司法の役割を認識してもらわなければならない。違憲審査基準論、三段階審査論を論じることによって、国家権力による個人の人権に対する制約を最小限に抑えるのが司法の役割であるという認識を育ててもらわなければならないと思っております。私の感覚で結論的に言うと、三段階審査論はいくつかのチェックポイントを設定していて、そこを通過できるかどうかをみようとするものです。そのチェックポイントも、我々のような実務家にとって、なるほどその点は審査しなければならないね、と理解しやすいものです。三段階審査論は、実務家として非常に馴染みやすい。これから受け容れられていくのではないかと、私は思います。

一方、違憲審査基準の方は、民主主義、三権分立の下における司法の役割、国家権力と個人の権利自由の関係――といった理念的なものが入ってくるから、実務家側にはその受け容れに抵抗感を持つのだろうと思います。ただ、多少の抵抗感はあっても、二重の基準といった大まかな区分けであれば腑に落ちるという人も多いのではないかと思います。そこで、あなた方は毎年五〇〇〇件の通常訴訟事件を処理していて大変だろうけれども、違憲審査権という大事なものがあって、違憲審査権の行使にあたっては、少なくともここのところは押さえる必要がありますよ、ということを声高に言ってもらわなければならないと思うのです。

石川　なるほど。二重の基準というのは、精神的自由が問題になったときには司法積極主義に正統性があるのだ、もっと頑張っていいのだというような、正統性を付与する側面が一方にあって、その意味では裁判官の背中を押そうという側面があるわけです。ですが、もう片方では経済的自由についてはあまり一生懸命やるなよという、いわば正統性を剥奪するという側面があって、両方の側面があるわけですね。そこで、どちらの側面がどのように作用するのだろうか、というのは少し興味があるんです。つまり、精神的自由は少し難しいけれども背中を押してくれるから頑張ってみるか、という形になるのか、それとも経済的自由についてはやめておくかという形で機能するのか、ですね。そのあたりはどうなのでしょうか。

泉　今は全体が消極的ですからね。経済的自由の面では国家に相当の裁量権があるという方向では、すんなり受け容れる傾向にありますが、精神的自由の面では最高裁が前面に出てこなければいけませんよ、精神的自由の保護は最高裁がやらないとほかの機関はやりませんよ、裁判所の役割ですよという、そこを強調すべき段階なのではないかと思っています。

石川　では、それなりに励まされる部分はあるということでしょうか。

泉　はい。それで「なるほど、この問題では我々が前面に立たなければならない」ということをわかってくれればと思うのですが。

山本　ただ、経済的自由領域や、社会権領域のように裁判所が「一生懸命やらない」のにも積極的な理由があるということを忘れるべきではないと思います。単なる不作為ではなく、憲法価値をよりよく実現するための積極的な不作為である、と。本書の尾形論文が紹介するセイガーの「司法の過少執行（underenforcement）」の理論にもこの思想がありますよね。司法の「過少執行」には積極的な理由があるのだ、と。「理念ある消極主義」には、ある問題領域は「立法府が一生懸命やる」ということを前提にしています。ですから、「立法府が一生懸命やっていない」ならば、裁量統制のような手法で突っ込みを入れる必要も出てくる。理念なき忖度主義ですと、これは立法府の仕事だからね、と「放ったらかし」になってしまう。これも問題です。

先ほど石川先生がおっしゃったように、違憲審査基準のポイントはある特定の国家機関の背中を押すという憲法上の役割分担、「Who問題」にあるので、違憲審査の判定方法、つまり合憲性判定の手法——裁判所が、如何に——というのは本来別次元の問題になる。三段階審査論というのは、後者の、「裁判所が、如何に」のレイヤーの話ですから、「Who問題」にポイントを置いた違憲審査基準論とはその限りで全く矛盾しません。別次元の話をしているということになる。

違憲審査基準論には二つのレイヤーがあるという話は、以前から江橋崇先生、松井茂記先生、市川正人先生、内野正幸先生などもご指摘されていたのですが、一般的には、どうも「違憲審査基準論＝合憲性判定のテスト」というイメージがある。要するに目的手段構造だ、と。ただ、アメリカの歴史をみてみると、権限の所在とか権限布置の話が本質のように思えます。そうなると、違憲審査基準論＝権限配分のルール、三段階審査＝合憲性判定テストということになりますから、両者は理論的には両立し得る。

石川　先ほど——少しそれに関連すると思うのですが——目的審査の話が出てきましたね。目的の観点からみて、例えば差別問題については裁判所は一生懸命にやらなければならないとか、表現の自由についてはもともと潜在的に抑圧したいという動機をどんな政府も持っている以上、そこは本当にcompellingなのかと問い詰めなければならないとか、そういう形で、いわば目的の観点から二重の基準なりその他の大まかな問題を説明しようとしているわけです。ただしそれは、なるほど説明能力は高いのですが、これで判決を書く事態というのが望ましいとはちょっと思えないわけですよね。立法の疑わしい動機云々とかいう判決文を書いてくれとは毛頭言っていないわけです。とはいえ、憲法判断を迫られた裁判官の、それこそ動機の部分に働きかけることはできる。目的の観点からみると、自信を持って違憲判断に踏み込んでいいのかそうでないかの目安になりやすいところはあると思うのです。

例えば、政府には批判を抑圧する潜在的な動機があるとか、差別の動機があるとかいうのはわかりやすい話なので、だったらここは審査密度を高めて頑張ろうとかですね、そうでもないならば踏み込まないで……とか。自信を持って踏み込んでいいかどうか、いわばお腹の中で仕分けをする。そういうレベルでは使ってもらえるのではないかと思うんです。だから今、二重の基準の話になりましたけれど、仮にその判決文が「世の中が変わった」式の判決だったとしても、それを支える論拠が前提として何かあると、裁判官としては支えになるということはあるわけですよね。

泉　ええ、そうですね。

石川　だから、我々はやはり今後も、そこのところの開発を頑張って進めていかなければならないのではないでしょうか。判決を書くメトーディク、方法としてではなくて、自分自身の推論の確固とした足場になるような、表には出さないけれども、確実に支えになるような論拠を提供するというのは、今後の学説の大きな役割になってくるのではないでしょうか。それは決して判決の文章には反映しないかもしれないけれど、結果としてそれが影響してくれればいいという。

山本　心のどこかに留まっていれば、いずれ判決文として表出する可能性はありますからね。判決文には書かれないけれども調査官解説に書かれるということもある。

石川　まあ、内々の会議なんかではそういうことは本音ベースで語ってもらえばいいとして。だから、我々も諦めずに教育を進めていかなければなりませんね。

泉　裁判官も調査官も一年あたり五〇〇〇件の通常事件の山に埋もれているわけですね。しかし憲法では違憲審査という重要な任務を与えられている、国民の権利自由を国家権力から保護する責務を負っている、ということを認識してもらわなければならない。それが――極端に言えば――、国家が裁量権をよほど乱用したというような場合でない限り、立法や行政の分野に顔を出さない方がいい、という程度の感覚だと思うのです。一般的な感覚としては。私は三段階審査というのは、三段階というよりはむしろ「分節的なチェック審査法」だと思っているのです。国家の裁量権を尊重しておればよい場合もあるけれども、それだとこういう不都合があって、少なくとも違憲審査のときにはこの点はチェックしてくださいよ、という。

石川　関門がたくさんあるというわけですね。

泉　はい。それらの関門だけはくぐらないといけないですよ、ということですね。それから二重の基準については、やはり司法と立法・行政の役割分担の考えから「ここではあなたが前面に出なければダメですよ」、「何でもかんでも国家の裁量権の影に隠れていてはダメですよ」というところに力点があるということを、わかってもらわなければならないと思うのです。

〈2〉まとめ

石川　結論になるのかどうかはわかりませんが、アメリカかドイツか、あるいは違憲審査基準か三段階審査かというのは、有り体に言えば「答案を書き抜くための方法論の良し悪し」みたいなところで戦わされている感じがあるわけですが、それとは違う、より深い論点が実務の世界にはあって、しかもそれをコントロールするために、いわば論点を分節化するための仕掛けとしてそれぞれが強みを持っている。このことは、どうも確認できたような気がします。

山本　その通りだと思います。

石川　だから、それぞれの強みをもっと高めていくということと、それから文面に表れる部分と、そうでない、いわば思考をコントロールする部分、やはりこれら両方を考えて訴えていかなければならない。使える議論というのは、道具として直接使えるものばかりではなくて、その正統性を付与したり剝奪したりという、裁判官の方の「自信」あるいは「確信」の部分に訴える部分もあるのではないか、ということですね。それは今日の話ではかなり、まだ可能性はありそうだと思いました。

他方でちょっと気になるのは、判例変更のルールの緩和というか、消失というか、蒸発というような状況があって、かねてこれは問題にされていることなんですよね。日本の最高裁というのは、自らの先例に真面目ではないのではないか、もし先例を大事にしているのであれば事案が違うという形でアメリカで言う「区別」の作業を行っていくはずで――薬事法判決に一部それが出てくるのですが――先例とどう違うのかという議論を真面目にやるはずである、と。ところが、しばしば先例への言及がないものも出てくる。例えば公安条例事件なんかがそうでしょう。これがまさに政治的な判決ですね。また先例に言及するとしても割とおざなりに、一応羅列しました、みたいなものがほとんどで、なぜこれが引用されているのかよくわからないものが多いということがある。最高裁における先例の意識というのは、むしろ今非常に深刻な問題になっているのではないか。ドグマーティクが消失しているのだとすればなおさら、先例への拘束性の希薄化は自己拘束そのものの消失ということであり、実は立憲主義、法治主義が失われていて最高裁が政治化しつつある、ということになりかねませんよね。

そこで――下級審は当然、先例を気にしますけれども――最高裁自体は先例をどう扱おうとしているのか、あるいは先例への言及は誰がどのようにして決めているのか。このあたりの内幕を泉先生に少し語っていただければ、大変勉強になるのではないかと思います。

泉　先例の扱いを誰がどう決めているか、という問題については、特に意識したことがありません。先例を調査し、多数意見の原案を起案しているのは調査官ですから、この問題で調査官の関与が大きいことは間違いありません。ただ、最高裁全体として、先例を厳格に解釈し、先例を尊重していく、先例に従わないのであれば、判例変更の手続を踏むということに、ややルーズな面がありますね。

判例を変更するには、事件を小法廷から大法廷へ回付し、大法廷では必ず弁論を開かなければなりません。判例変更が少ない理由として一番よく言われているのは、大法廷に事件を回付すると、ただでさえ忙しいほかの小法廷の皆さんに迷惑をかけるということで、多少無理をして先例とは事案を異にするとして、小法廷で処理してしまうということです。

もう一つは、事件担当の小法廷は、事件を自分たちのものとして、自分たちの名前で判決を書きたがる、という傾向があるという指摘もあります。矢口洪一長官は、小法廷が事件を自分たちのものとして、なかなか大法廷に持ってこない、最高裁を大法廷のワンベンチとして、大法廷で全ての事件を受理し、そこで小法廷で処理すればよいと判断したものを小法廷に配付するようにすべきだ、と言っておられました。

また、事件を大法廷に回し、そこで弁論を開き、判例変更となりますと、それだけ世間の耳目を集めますから、そのことを嫌って、多少無理をしても小法廷で処理しているとの非難を受けることもあります。最高裁の政治化という非難も、そういう点を指摘しているのかもしれません。

また、事件が大法廷に回付されても、大法廷自体が先例を無視するという現象もないわけではありません。議員定数訴訟の判決で、前の判決で言っていたことを無視している事例を見かけます。一般論として、こういう点に一番神経を使うのは裁判長たる長官と言えるかもしれませんが、なかなか先例変更と言いたがらないのは裁判所全体の傾向かもしれません。立法不作為に対し国家賠償を認容した大法廷判決も、判例変更とは言っておりませんが、実質的には先例変更だと思いますね。ただ、それをなぜ先例変更としないか、はっきりとしたことは言えませんね。あまり国家賠償を広げたくないという配慮が働いたのかもしれません。

石川　いっそ変えてしまってもいいような気もするのですがね。

泉　ええ。裁判所は論理の一貫性にルーズな面があると非難されても仕方がないという面は、確かにありますね。我々実務家としては結論が大事なのだという感覚があって、結論がこうであればこれでいいのではないか、といったところがありますね。それから、猿払事件（最大判昭和四九年一一月六日刑集二八巻九号三九三頁）と世田谷事件の問題で言えば、やはりそういう世間的な、政治的なインパクトを弱めようとしたのかもしれません。当事者は救うけれども、大法廷で国家公務員の政治活動の問題を真正面から論ずる時期ではない、という。

石川　確かに、それは大事ですよね。

山本　先ほど話題になった、ルール・オブ・ローとプラグマティズムとの対立がここでも出てきていますね。厄介なのは、政治に対する帰結、インパクトがあまりに強く考慮されている。

泉　はい。今、そういった問題を大法廷に回して国家公務員の政治行為のようなものを議題に乗せて真正面から取り組んで判例化するのかと言われれば、それは正直言って、なかなか度胸のいることですよね。しかし、あの事件で高裁判決をひっくり返すのも、結果の妥当性から考えるとなかなか難しいということで、ああいう形にしている。だから、裁判所としての論理の一貫性は放棄しているところもあるけれども、結果の妥当性で行こうじゃないか、ということではないでしょうか。そういうわけであれを大法廷に回すことを躊躇したのだと、私は思います。裁判所全体として「大法廷でもう一回国家公務員の政治行為をやるのか」という感覚だったのではないかと。

石川　なるほど。そうすると――ちょっと話がズレるかもしれませんが――例えば適用違憲みたいな考え方に、そろそろ最高裁が習熟していってもよさそうな気がするのです。本件限りで違憲である、他は関係ありませんよという逃げ道も、もうあと一歩でやりそうな気がするのですが、公式にはまだ認めていませんね。

泉　そうですね。

石川　そのあたりの乖離が、やはり気になります。適用違憲を認めないということは、やはり「裁判所がルールメーキングをしているのだ」という意識を持っているということなんでしょう。だとすれば、ルールメーキングをするなら、ドグマーティクを持つか先例拘束性を強く意識するか、どちらにしても何らかの拘束を自ら持っていなければならないはずです。そうでないと、裁判所が、誰もコントロールできない万能ルールメーカーになってしまいますからね。けれども、とりあえず当事者を救えということであれば、むしろ適用違憲が常態であって法令違憲が例外であるという理解の方が自然であって、それはひょっとすると、憲法の予定した最高裁の姿かもしれないわけですよね。それなのに、なぜ適用違憲ということを最高裁が言ってくれないのかというのは、下級審での裁判例を活性化するという点も含めて、憲法訴訟を考える者からすると非常に不思議というか、今後の発展を妨げている桎梏になっている感じもあるんです。これには何か特別な意識があるのでしょうか、それとも特に考えてはいなくて、何となくここまで来てしまった、ということなのでしょうか。

泉　おそらく、後者の方ではないでしょうか。

石川　しかし、猿払事件などは、当事者を適用違憲で救えということを下級審段階でやってきたわけで、別に法令を違憲にしろということは言っていない。猿払みたいなところで郵便局員がこれくらいのことをやっても別にいいじゃない、という判決を出させようとしたのに、最高裁はだめだと言ったわけですね。そして、その判例は、少なくとも今日まで維持されているわけですよね。だから何か、ちょっと矛盾している感じがあるわけです。最高裁が本当に一件一件解決していくことを考えるのであれば、適用違憲判決をばりばり出していった方がやりやすいわけですね。ところが例えば堀越事件（最二小判平成二四年一二月七日刑集六六巻一二号一三三七頁）にしても、適用違憲はダメだという判例を変えないわけですから仕方がなかったのかもしれませんが、この堀越さんを救うための堀越さん限りの違憲判決となったわけで、まさに猿払を変えないがための適用違憲の否定にすぎず、実質的な適用違憲判決になっています。これはほんの一歩ですよね。

泉　そうですね。だから私はある意味、「生活の知恵」で目の前の事件を救済すればいいのではないかということを先ほど言いましたけれども、それによって犠牲になるものもたくさんあるのです。だからやはり先ほどの私の発言は、ちょっと言い過ぎだったかもしれません。先ほどの発言は現場の裁判官の感覚として言っただけであって、もちろんそれでいいというわけにはいきません。それによって違憲にすべきものが合憲のままにされているというものもたくさんあるわけですので、決してそれでいいという意味で先ほどのことを言ったわけではなく、現状を、そうではないかと分析した結果のことです。やはり先生がおっしゃったようなことを、呼びかけていかなければならないのでしょうね。

石川　にもかかわらず――今はどうかわかりませんが、伝統的には――最高裁はやはりルールのことを考えてきた。だからこそ、事件の解決に必要のない合憲判決も出してきた。それは「念のため」という形であったり、ともかく判例の統一ということに非常に神経を使ってきたということがあるわけで、判例を通じた法改正に極めて自覚的だったということがある。この点、実際八一条の条文自体をみると、憲法裁判所の条文みたいな感じなわけですね。

泉　そうですね。

石川　八一条は「一切の法律、命令、規則又は処分が憲法に適合するかしないかを決定する」というふうに言っていますが、これは端的に規範統制そのものを述べた文言です。だから内々には、実は憲法裁判所の役割を担ってきた側面が、戦後ある時期までは確実にあったはずなので、そういう、ドイツ風に言えば抽象的な規範統制の機能というものと、それから権利救済の機能というものを、両方使い分けてきた感じがあるわけです。それが重点は徐々に権利救済の機能に移ってきて、規範統制への問題意識が希薄になってきたとも受け取れるのですが、八一条の本来要求している規範統制の仕事と七六条が要求する権利救済の仕事、このあたりの塩梅みたいなものは、やはり変わってきたのでしょうか。これはドグマーティクにこだわらなくなったことと軌を一にしているような気もするのですが。

泉　全体の流れとして変わったのか、その時の状況に合わせた乗りやすい波に乗っているのかは、ちょっとわかりかねますね。必ずしも論理性を捨てたとは思いませんが、権利救済の方に重点を置いているという面がありますね。それが今後も続いていくような気がしますね。

石川　なるほど。

山本　当事者を救済できるかどうかという帰結を考えて判断するというのは、正調なプラグマティズムだと思いますが、政治への忖度、政治への帰結ばかりを気にしながら判断するというのはもはやプラグマティズムでもないですよね。適用違憲にしても、事案に応じて立法を適当に切り刻んで「違憲」と宣言するわけですから、やっぱり立法府との緊張関係が生じる。その点で、憲法適合的解釈をとった堀越判決は「賢い立法府様はもともとこういう適用を予定していなかったのだから、当然無罪ですよね」、と。これは、表面上は立法府への非難を含みませんから、最高裁としてはやりやすいんだけれども、実はかなり立法府を馬鹿にしているわけです。法令の適用範囲をしれっと書き換えているわけですから。ある意味、慇懃無礼。これ、本当はもっと立法府も怒らなければならないと思うんですよ。勝手に適用範囲を限定されているわけですからね。立法府を「大人」とみるならば、ちゃんと違憲と言ってあげて、向こうに書き直すチャンスを与えるべきです。そうでないと、立法府も大人になれない。

こう考えてみて思うのは、日本の場合には八一条のような、明確な違憲審査権の根拠があるにもかかわらず、なぜそこまで政治部門との関係を気にするのでしょうかね。

石川　憲法上、ばっちり根拠があるにもかかわらず、ということですね。

山本　アメリカの場合、ローズヴェルト大統領のコートパッキングプラン（一九三七年二月）が、ある種のトラウマになっているかもしれない。これ以上ニューディール政策を違憲として否定するならば最高裁裁判官を増員してニューディーラーで囲い込むぞ、と。これは確かに司法の危機で、トラウマになる可能性がある。日本の場合、何かトラウマのようなものがあるんでしょうかね。労働基本権や労働者の政治活動を容認した全逓東京中郵事件判決（最大判昭和四一年一〇月二六日刑集二〇巻八号九〇一頁）や都教組事件判決（最大判昭和四四年四月二日刑集二三巻五号三〇五頁）のあたりで、政治側は当時の最高裁に敵意をむき出しにするわけですが、こうした政治側の反応がトラウマになっているとか。このあたりから司法消極主義の意味も変わってきたような気がします。

石川　それは、戦後当初のさつき会とか、青法協とか、そういう話でしょうか。

山本　それもあると思います。これは思い付きでしかありませんが、やっぱりこの頃から民主主義という理念や機関特性に着目して憲法価値の協働的な実現を図る、攻めの消極主義から、守りの消極主義に変わってきたように思うのです。私自身は、究極的には主権者国民の政治的判断に委ねるという入江俊郎流の統治行為論などは、攻めの消極主義だと思っています。しかし、それがだんだんと守りの消極主義に、理念なき忖度主義に変わっていく。

泉　そもそも体質的に消極的ですよね。齋藤朔郎さんが、議員定数不均衡に関する昭和三九年二月五日（民集一八巻二号二七〇頁）の判決の中で、フランクファーターの考え方がいいのだということを書いていますよね。それだけ勉強されていたのはすごいと思いますが、ああいう考え方というのは、一般の裁判官の中に今もあると思いますね。だからよほどのことがない限りは出ていかないという、そういう感覚がもともとあるんです。それで、そういう人たちが選ばれてきているんです。最高裁のメンバーとして、ですね。

山本　フランクファーターの評価も難しいですが、ニューディーラーとしてのフランクファーターの消極主義は、ある意味で、実現したい国家観や憲法価値のある、攻めの消極主義とも言えますよね。

泉　そうですね。だからフランクファーターさんには申し訳ないかもしれないけれども、ともかく、もともとそういう思考が最高裁全体の中にある。そして最高裁の構造ですよね。出身母体が固まって、出身母体の枠を守っていこうとする意識も強い、そして七〇歳で定年という、そういう構造の中でなかなか消極主義から脱却できないところがそもそもありますよね。

山本　よく指摘されることですが、やはり構造的・制度的条件もある。泉先生のご著書でも書かれていますが、最高裁のメンタリティを変えていくには、構造的・制度的条件の改革もやはり必要になってくるというわけですね。

泉　そうですね。やはり構造的な問題がベースにあるのです。だからこそ、そういう基準というものを声高に言って、意識してもらわなければなりません。

石川　意識づけ、ということですね。

（二〇一七年八月二三日収録）

【編者紹介】

石川 健治（いしかわ・けんじ）
東京大学法学部卒業。現在、東京大学法学部教授。主要著作として、『自由と特権の距離―カール・シュミット「制度体保障」論・再考〔増補版〕』（日本評論社、2007年）など。

山本 龍彦（やまもと・たつひこ）
慶應義塾大学大学院法学研究科後期博士課程単位取得退学（博士（法学））。現在、慶應義塾大学大学院法務研究科教授。主要著作として、『AIと憲法』（編著、日本経済新聞出版社、2018年）、『プライバシーの権利を考える』（信山社、2017年）、『憲法学のゆくえ』（共編著、日本評論社、2016年）など。

泉　 徳治（いずみ・とくじ）
京都大学法学部卒業、元最高裁判所判事。現在、ＴＭＩ総合法律事務所顧問弁護士。
主要著作として、『私の最高裁判所論―憲法の求める司法の役割』（日本評論社、2013年）など。

【執筆者紹介】

青井 未帆（あおい・みほ）
東京大学大学院法学政治学研究科博士課程単位取得満期退学。現在、学習院大学専門職大学院法務研究科教授。主要著作として、「適用上違憲と処分違憲に関する一考察」高橋和之先生古稀記念『現代立憲主義の諸相』所収（有斐閣、2013年）など。

遠藤比呂通（えんどう・ひろみち）
東京大学法学部卒業。前東北大学法学部助教授。現在、弁護士（西成法律事務所）。主要著作として、『希望の権利』（岩波書店、2014年）、『人権という幻―対話と尊厳の憲法学』（勁草書房、2011年）など。

尾形　 健（おがた・たけし）
京都大学大学院法学研究科博士後期課程研究指導認定退学（博士（法学））。現在、同志社大学法学部・法学研究科教授。主要著作として、『福祉国家と憲法構造』（有斐閣、2011年）など。

巽　 智彦（たつみ・ともひこ）
東京大学大学院法学政治学研究科法曹養成専攻修了（博士（法学））。現在、成蹊大学法学部准教授。主要著作として、『第三者効の研究―第三者規律の基層』（有斐閣、2017年）など。

松本 和彦（まつもと・かずひこ）
大阪大学大学院法学研究科博士後期課程単位取得満期退学（博士（法学））。現在、大阪大学大学院高等司法研究科教授。主要著作として、『基本権保障の憲法理論』（大阪大学出版会、2001年）など。

【編　者】
石川　健治　　東京大学法学部教授
山本　龍彦　　慶應義塾大学大学院法務研究科教授
泉　　徳治　　元最高裁判所判事、ＴＭＩ総合法律事務所顧問弁護士

【執筆者】
青井　未帆　　学習院大学専門職大学院法務研究科教授
遠藤比呂通　　弁護士（西成法律事務所）
尾形　　健　　同志社大学法学部・法学研究科教授
巽　　智彦　　成蹊大学法学部准教授
松本　和彦　　大阪大学大学院高等司法研究科教授

憲法訴訟の十字路――実務と学知のあいだ

2019（令和元）年11月30日　初版１刷発行

編　者　石川健治・山本龍彦・泉徳治
発行者　鯉渕 友南
発行所　株式会社 弘文堂　101－0062 東京都千代田区神田駿河台１の７
TEL03(3294)4801　振替00120－6－53909
https://www.koubundou.co.jp

装　幀　宇佐美純子
印　刷　大盛印刷
製　本　牧製本印刷

ISBN978-4-335-35782-4